정치경제학 입문

박종철출판사는 신의와 신념을 위해 죽은 우리의 벗을 기억하고자
1990년에 설립되었으며, 그와 함께 꿈꾸었던 세상을 만드는 데
보탬이 되고자 합니다.

정치경제학 입문

로자 룩셈부르크 지음 황선길 옮김

박종철출판사

차 례*

Ⅰ. 정치경제학이란 무엇인가 7

1. 7
2. 15
3. 22
4. 54
5. 62
6. 86

Ⅲ. 경제사와 관련된 것 (Ⅰ) 106

1. 106
2. 133
3. 155
4. 178

Ⅳ. 경제사와 관련된 것 (Ⅱ) 192

1. 192
3. 244

Ⅲ. [상품생산] 260

1. 260
2. 277
3. 289
4. 305

Ⅳ. 임금노동 313

1. 313
2. 324
3. 337
4. 343
5. 352
6. 360
7. 368

Ⅶ. 자본주의경제의 경향 371

1. 371

후주 384

인물 해설 394

문헌 목록 403

해제 410

* 번호가 겹치거나 빠진 것은 원고에 따른 것이다.

일러두기

1. 이 책은 1985년 독일사회주의통일당Sozialistische Einheitspartei Deutschlands(SED) 중앙위원회 산하 맑스주의-레닌주의연구소가 편집해 디츠출판사Dietz Verlag에서 출판한 『로자 룩셈부르크 전집 Rosa Luxemburg Gesammelte Werke』 제5권 524쪽에서 778쪽을 번역한 것이다. 참조한 영어판은 The Complete Works of Rosa Luxemburg, Volume I: Economic Writings I, Verso, 2013, pp. 89~300이다.
2. 제목, 본문, 각주에서 [ ] 안에 보충한 것은 모두 독일어판 편집자의 것이다.
3. 각주는 대개 저자의 것이며, 원고에서는 각주가 아니었던 것들도 《로자 룩셈부르크의 여백 메모》 또는 《로자 룩셈부르크가 삽입한 메모》로 표시하고 각주로 처리했다.
4. 후주로 처리한 것의 대부분은 한국 독자들을 위해 역사적 사건 등을 설명하거나 이미 번역된 문헌의 해당 부분을 표시한 것이다. 원문의 편집 상태를 설명한 독일어판 편집자들의 주석이나 그 밖의 영어판 편집자들의 주석도 일부 참조했다.
5. 원서에 이탤릭체로 강조되어 있는 것은 굵은 글씨로 표시했다.
6. 외래어는 1986년 「외래어 표기법」(문교부 고시 제85-1호)을 꼭 따르지 않고 원음에 가깝게 표기했다.

I. 정치경제학이란 무엇인가?

1.[1]

정치경제학은 기묘한 학문이다. 이 학문 분야에 발을 들여놓자마자 '이 학문의 본래 대상이 무엇인가?'라는 가장 기본적인 문제에서부터 어려움과 의견 충돌이 시작된다. 정치경제학이 가르치는 것이 무엇인가에 대해 생각이 막연할 뿐인 평범한 노동자는 자신이 이에 대해 생각이 불명확한 것을 자신에게 공공교육이 부족한 탓으로 돌릴 것이다. 하지만 이제 그런 노동자는 어떤 의미에서는, 정치경제학에 대해 두툼한 책을 썼다거나 대학에서 공부하는 젊은이들에게 정치경제학을 강의하고 있는 많은 유식한 박사나 교수와 그 불행을 나눌 것이다. 믿기지 않게 들리겠지만, 대부분의 정치경제학 전문가가 자신들 박학다식의 실재 대상에 대해 지니고 있는 개념은 매우 애매하다.

전문가 양반들에게는 정의를 가지고 작업하는 것이 관례라 하니, 즉 전문가 양반들은 복잡한 사실의 본질을 몇몇 잘 정리된 문장으로 다 논해야 한다고 하니, 우리는 정치경제학의 공무상 대표자라는 사람을 시험 삼아 이 학문이 엄밀히 말해 무엇인지를 경험하고자 한다. 우선 교수 세계의 연장자이며, 엄청나게 두꺼운 헤아릴 수 없을 정도의 많은 교과서의 편집자이며, 이 분야에 대해 잘 얘기할 줄 아는, 이른바 "역사학파"의 창시자

빌헬름 로셔가 그 문제에 대해 안다고 말하는 것을 들어 보자. 1854년 출간되어 이후 제23판까지 발행된 그의 첫 번째 대작 『정치경제학 원론. 사업가와 학생을 위한 안내서 겸 독본』 제2장 제16절에서 우리는 다음과 같은 내용을 읽을 수 있다.

"우리는 정치경제학을 국민경제학, 곧 국민경제의 발전 법칙과 국민의 경제생활에 대한 학설(폰 만골트에 의하면 국민경제사에 대한 철학)이라고 이해한다. 정치경제학은 국민 생활에 대한 다른 모든 학문처럼, 한편으로는 개별 인간에 대한 관찰과 연관이 있으며 다른 한편으로는 인류 전체에 대한 연구로 확장된다."

그렇다면 이제 "사업가와 학생"은 국민경제학이라는 것을 무엇이라고 이해하게 되는가? 바로 국민경제에 대한 학설이라고 이해하게 된다. 뿔테 안경이란 무엇인가? 뿔로 된 테에 둘러싸인 안경이다. 짐을 실어 나르는 당나귀란 무엇인가? 짐이 실리는 당나귀다. 이는 사실 꼬마 아이들에게 복합어 사용을 설명하는 가장 단순한 방식이다. 여기서 생길 수 있는 유일한 해악이라면, 단어가 어떤 식으로 조합되든, 문제의 단어를 이전에 이해하지 못하고 있던 사람은 더 똑똑해지지 않는다는 점이다.

이제 다른 독일 학자, 즉 현재 베를린대학 정치경제학 교수이며, 공무가 된 그 학문의 권위자 가운데 하나이며, "대륙을 훨씬 넘어 바다 건너까지" 잘 알려진 슈몰러 교수에게 시선을 돌려 보자. 콘라트 교수와 렉시스 교수가 독일 교수들의 글을 모아 편집한 『국가학 중형 사전』에 실린 국민경제학에 관한 한 논문에서 슈몰러는 그 학문은 어떤 것인가라는 질문에 이렇게 답

변하고 있다. "나는 국민경제학이란 국민경제적 현상을 묘사하고 정의하고 원인들로 설명할 뿐만 아니라 연관된 하나의 전체로 파악하려는 학문이라고 말하고 싶다. 물론 이 경우에 국민경제가 이전에 올바르게 정의됐다는 사실을 전제로 한다. 이 학문의 중심에는 오늘날의 문화민족들에게 반복되는 전형적 현상들, 즉 분업, 노동조직, 교역, 소득분배, 사회적 경제제도 등이 놓여 있으며, 여기서 사회적 경제제도는 사법과 공법의 특정한 형태에 의존하며, 동일하거나 유사한 정신적 힘에 제압되며, 유사하거나 동일한 명령이나 세력을 만들며, 총체적 설명에서는 현재 경제적 문화 세계의 정적 상태, 즉 평균적 제도를 나타낸다. 국민경제학이라는 학문은 이러한 중심으로부터 개별 국민경제 사이의 차이점과 이곳저곳에서의 조직의 상이한 형태를 확인하고자 했고, 이러한 상이한 형태들이 어떻게 연결되며 그 결과는 무엇인가를 질문했고, 이 형태들 상호 간의 인과적 발전에 대한 이미지와 경제적 상황의 역사적 연속성에 도달했다. 이렇게 국민경제학은 정태적 연구에 역동적 연구를 추가했다. 그리고 처음 등장할 때 이미 이상형을 세우기 위해 도덕적이고 역사적인 가치판단에 도달할 수 있었던 것처럼, 국민경제학은 이러한 실천적 기능을 일정한 정도까지 언제나 유지했다. 국민경제학은 이론 이외에도 언제나 생활을 위한 실천적 학설을 세웠다."

후유! 한숨 돌리자. 그래서 어떻다고요? 사회적 경제제도 — 사법과 공법 — 정신적 힘 — 유사한 것과 동일한 것 — 동일한 것과 유사한 것 — 통계 — 정태 — 역동 — 평균적 제도 — 인과적 발전 — 도덕적이고 역사적인 가치판단...[2] 이 모든 설명에도 불구하고, 보통사람에게는 머릿속에서 물레방아 바퀴가 돌고 있는 듯 멍할 것이 확실하다. 고집스레 강한 지식욕과 전문가다운 지혜의 샘에 대한 맹목적 믿음에서, 그는 어떤 분명한 의미를 찾아내기 위해 애써 수다를 떨며 두 번 세 번 전반적으로 논하는 노력을 기울였다. 우리는 이 수고가 헛되지 않을까 걱정된다. 여기에 제공된 것은 꾸며낸 미사여구와 같은 그럴듯한 상투어일 뿐이다. 그리고 이에 대한 분명한 징조가 있다. 명확하게 생각하거나 자신이 말하고 있는 사실을 완벽하게 잘 알고 있는 사람은 명확하고 이해하기 쉽게 표현한다. 그리고 철학이나 종교적 신비주의의 몽상에 대한 순수한 사유의 결과가 아닌 경우라면, 애매하고 일상을 벗어나게 표현하는 사람은 그가 논하는 사실을 자신도 잘 모르고 있음을 보여 주거나 명확성을 피해가려는 의도를 가지고 있음을 보여 줄 뿐이다. 우리는 정치경제학의 본질에 대한 이 부르주아 학자의 애매하고 혼돈스러운 표현이 우연히 나온 것이 아님을 나중에 보게 될 것이며, 그 표현 속에는 오히려 두 가지 점, 즉 슈몰러 씨 자신에게 명확성이 부족하고 또 특정 입장을 옹호하는 경향이 있다는 점과 슈몰러 씨가 문제에 대한 실제적 해명을 완고하게 혐오하고 있다는 점이 명백하게 드러나고 있음을 나중에 보게 될 것이다.

정치경제학의 본질에 대한 명확한 규명이 실제로 해결되지 않은 문제라는 것은 어떤 외부 사정을 통해 납득할 수 있다. 정치경제학이라는 학문의 연령에 대해 극히 모순적 의견이 표명됐다는 사실을 말하는 것이다. 유명한 옛 역사가이며 빠리대학의 정치경제학 교수였던 아돌프 블랑끼 — 유명한 사회주의 지도자였으며 꼬뮌 전사였던 오귀스뜨 블랑끼의 동생 — 는 예를 들면 1837년 출간된 『경제발전사』의 제1장을 다음과 같은 표제로 시작하고 있다.[3] "정치경제학Politische Ökonomie(Nationalökonomie의 프랑스식 표현 — 로자 룩셈부르크)은 우리가 생각하는 것보다 더 오래됐다. 그리스인과 로마인에게는 이미 자기네 정치경제학이 있었다." 정치경제학에 대한 또 다른 역사가, 예를 들어 베를린대학의 강사였던 오이겐 뒤링은 블랑끼와는 반대로 정치경제학의 연령은 우리가 통상적으로 생각하는 것보다 훨씬 낮으며 이 학문은 본래 18세기 하반기에 생성됐다는 사실을 강조하는 것이 중요하다고 생각했다. 이에 대한 사회주의자의 판단을 인용한다면, 라쌀레는 슐째-델리쮜를 논박하는 고전적 저술 『자본과 노동』의 서문에서 1864년에 이렇게 언급했다.

"정치경제학은 이제 막 시작됐으며 아직도 만들어지고 있는 학문이다."

이와는 반대로 칼 맑스는 이로부터 3년 후에 출간된 경제학 주저 『자본』에, 라쌀레가 언급한 기대를 충족시키는 듯, "정치경제학 비판"이라는 부제를 붙였다. 이러한 방식으로 맑스는 자신의 저작을 기존의 정치경제학 외부에 배치했으며, 정치경제학을 이미 완결된 것, 완벽한 것으로 고려하면서 비판을 가했다. 어떤 학문에 대해 어떤 사람들은 기록된 인류사만큼 오래됐다고 주장하며, 다른 사람들은 150년도 안 됐다고 주장하며, 또 다른 사람들은 아직 초기 단계에 있다고 주장하지만, 또 다른 사람들은 이미 생을 다했으며 비판적으로 매장할 시간이라고 주장하고 있다는 점은 명확하다. 이러한 학문이라면 매우 기이하고 복잡한 문제를 드러내고 있음이 명백하다.

이 학문의 공무상 대표자 가운데 한 사람에게 도대체 이 기묘한 사실을 어떻게 설명할 것인지 질문한다면, 현재 지배적인 의견처럼 정치경제학은 매우 최근인 150년 전에야 성립됐다는 잘못된 조언을 듣게 될 것이다. 예를 들어, 뒤링 교수는 고대 그리스인과 로마인에게는 정치경제학적인 것에 대해 아무런 학문적 개념도 없고 다만 일상적 경험으로부터 나오는 "책임 능력이 없고", "피상적이고", "가장 통상적인" 관념만 있으며 중세 사람들은 가장 "비과학적"이었다고 엄청나게 유창한 말솜씨로 우리와 논쟁할 것이다. 특히 중세에 대해 일반화하면서 매우 잘못된 길로 인도하는 것을 논외로 하더라도, 이러한 학술적 설명은 우리를 한 걸음도 앞으로 나아가지 못하게 할 것이 명백하다.

또 다른 독창적 설명은 슈몰러 교수가 완성했다. 『국가학 중형 사전』에서 이미 인용했던 논문에서 그는 아래와 같은 이야기를 들려준다.

"수백 년 동안 개개의 사경제적 사실들과 사회경제적 사실들이 관찰되고 설명됐으며, 개개의 국민경제적 진리들이 인식됐고, 도덕체계와 법체계에서 경제문제들이 상세히 설명됐다. 17세기에서 19세기에 이르는 동안 국민경제적 문제들이 국가의 경영과 관리에서 그 이전에는 생각할 수 없었던 의의를 얻게 되자, 그와 관련된 개별적 부분들이 하나의 특별한 학문으로 통합

될 수 있었으며, 수많은 저술가가 그 문제를 다루었으며, 공부하는 젊은이들에게 이 문제를 가르치는 것이 필요하게 됐으며, 이와 동시에 18세기 중요한 저술가들이 시도했던 것처럼 과학적 사고 일반의 도약이 일어나 수집된 국민경제적 명제들과 진리들을 확실한 근본 사상 — 화폐와 교환, 국가의 경제정책, 노동과 분업과 같은 — 을 통해 하나의 독립적이고 결합된 체계로 연결했다. 이후 국민경제학 또는 정치경제학은 독자적 학문으로 존재했다."

이 긴 이야기를 요약하면 우리는 아래와 같은 가르침을 얻는다. 오랫동안 흩어져 있던 개개의 정치경제학적 관찰들은 "국가의 경영과 관리"의 요구로서 하나의 특별한 학문으로 통합됐다. 말하자면 요구에 따라 정부에 제출됐으며, 이러한 목적을 위해 대학에서 정치경제학을 가르치는 것이 필요하게 됐다. 어떤 독일 교수에게는 이 설명이 얼마나 경이롭고 얼마나 모범적인가! 크게 칭찬을 받을 만한 정부의 "요구"로부터 비로소 강단이 만들어졌고, 직무에 열성적인 교수가 거기에 자리를 잡는다. 그 다음에는 당연히 이에 알맞은 학문이 생성되어야 했으니, 그렇지 않다면 그 교수는 무엇을 가르친다는 말인가? 이때 누가 군주정이 계속 유지되어야 한다고 주장하는 왕실 의전관儀典官을 생각하지 않게 된단 말인가? 그런 의전관이 없다면 왕정이 세상에 없는데 말이다. 하지만 사태의 핵심을 말하자면, 정치경제학은 근대국가의 정부에게 그 학문이 필요하기 때문에 생성됐다는 것이다. 정부의 주문이 정치경제학의 본래의 탄생 증명서다. 오늘날 교수의 사고방식, 즉 그때그때의 제국 정부의 학문적 시종으로서 제국 정부의 위탁을 받아 정부 입맛에 맞는 해군법안, 관세법안, 세법안을 위해 "학문적" 선동을 행하거나 전쟁이 벌어지는 동안 전장의 하이에나로서 국민에게 쇼비니즘을 선동하고 정신적 잔인함을 설교하는 그러한 교수의 사고방식에는, 제후의 금전상의 필요, "제후 금고"의 이익, 정부의 명령 한 마디면 완전히 새로운 학문을 맨땅에서 만들어 내는 것이 그 자체로 충분하다고 착각하는 것이 물론 완벽하게 걸맞은 일이라 하겠다. 그렇지만 국고에서 급료를 받지 못하는 나머지 사람들은 이렇게 생각하기가 어렵다. 무엇보다 이러한 설명은 새로운 수수께끼를 내고 있다. 이제 다음과 같은 것들을 질문해야 하기 때문이다. 17세기경을 지나며 무슨 일이 일어났는가? 슈몰러 교수가 주장하는 것처럼, 이전 수백 년 동안 학문적 원리 없이 고리타분한 조상들이 쓰던 방식으로도 성공적으로 일을 처리한 근대국가의 정부가 갑자기 학문적 원리를 근거로 사랑스러운 신민들을 속여 이득을 보고자 하는 욕구를 느끼게 됐단 말인가? 문제를 뒤죽박죽 만들지 않으려면, 새롭게 유행하는 "제후 금고"의 욕구라는 것을 19세기 중엽쯤에 새로운 학문인 정치경제학을 싹트게 한 저 엄청난 역사적 격변의 기대에 못 미치는 결과일 뿐이라고 보아야 하는 것인가?

요약하자면, 정치경제학이 본질적으로 다루는 것이 무엇인지를 동료 현학자에게서 알아 낼 수 없게 된 다음에도, 우리는 아직 언제 그리고 어떤 이유로 정치경제학이 성립했는지조차 알지 못한다.

2.

물론 한 가지는 분명하다. 앞에서 인용한 부르주아 학자들의 모든 정의가 언제나 "국민경제Volkswirtschaft"에 대해 이야기하고 있다는 점이 그것이다. 정치경제학Nationalökonomie이란 국민경제학Volkswirtschaftslehre에 해당하는 외래어일 뿐이다. 국민경제라는 개념은 이 학문의 모든 공식적 대표자에게 설명의 중심에 놓여 있다. 그렇다면 국민경제란 본질적으로 무엇인가? 『국민경제의 탄생』이라는 저술로 독일뿐만 아니라 외국에서도 매우 커다란 명성을 누리고 있는 뷔허 교수는 이 문제에 대해 아래와 같은 정보를 주고 있다.

"어떤 국민 전체의 욕구 충족을 불러일으키는 실행과 제도와 선례의 총체가 국민경제를 형성한다. 국민경제는 다시 수많은 개별경제로 분해되는데, 이 개별경제는 교류를 통해 서로 연결되어 있으며, 그리고 각 개별경제는 다른 모든 개별경제를 위해 일정한 임무를 떠맡으며 다른 개별경제가 자신을 위해 그러한 임무를 떠맡도록 함으로써 다양한 방면에서 서로 의존한다."

이 학술적 "정의" 역시 보통사람들이 쓰는 언어로 바꿔 보자.

우리가 우선 어떤 국민 전체의 욕구를 충족시키도록 정해진 "제도와 선례의 총체"에 대해 듣는다면, 있을 수 있는 모든 것을 생각해야 한다. 공장과 작업장에 대해 생각해야 하고, 경작과 목축에 대해 생각해야 하고, 철도와 백화점에 대해 생각해야 하고, 또한 교회에서의 설교와 파출소에 대해 생각해야 하고, 발례 공연, 호적을 떼 주는 관공서, 천문대에 대해 생각해야 하고, 국회의원 선거, 국부國父, 직업군인에 대해 생각해야 하고, 체스 클럽, 개 전시회, 결투 따위에 대해 생각해야 한다. 왜냐하면 이 모든 것이, 그리고 게다가 일련의 다른 "제도와 선례"의 끝없는 사슬이 오늘날 "어떤 국민 전체의 욕구 충족"에 이용되기 때문이다. 그렇다면 국민경제란 하늘과 땅 사이에서 진행되는 모든 것이며, 정치경제학이란 어떤 라틴 속담이 말하는 것처럼 "모든 것과 그 이상에 대한" 보편적 학문일 것이다.

라이프찌히 사람인 이 교수의 통 큰 정의는 분명히 축소되어야 한다. 아마도 그는 어떤 국민의 **물질적** 욕구의 충족에 유용한, 또는 더 올바르게 이야기하자면 물질을 통한 욕구 충족에 유용한 "제도와 선례"에 대해 논하고자 했을 뿐인지도 모른다. 그런 경우에도 "총체"가 지나치게 폭넓게 파악되면 자칫 다시 안개 자욱한 곳으로 사라져 버릴 수 있다. 그래도 우리는 그 안에서 능력껏 올바른 길을 찾고자 한다.

모든 사람에게는 살기 위해 먹을 것, 마실 것, 비바람을 막을 잠자리가 필요하며, 추운 지역에서는 옷이 필요하며, 나아가 집에서 일상적으로 사용하는 각종 도구가 필요하다. 이러한 물건들은 단순한 것과 세련된 것, 소박한 것과 호사스러운 것 따위로 나뉠 수는 있어도 여하튼 모든 인간 사회가 존재하기 위해 필수불가결한 것이며, 따라서 인간이 ― 호박이 넝쿨째 굴러떨어지기를 기다릴 수 없기에 ― 지속적으로 생산해야 하는 것들이다. 모든 문명 상태에서는 물론, 생활을 더 아름답게 하고 정신적이고 사회적인 욕구의 충족에 유용한 가지각색의 물건과적으로부터 보호하기 위한 무기가 추가로 필요하다. 이른바 야만인들에게는 춤출 때 쓰는 가면, 활과 화살, 우상의 형상이 필요하며, 우리에게는 사치품, 교회, 기관총, 잠수함이 필요하다. 이 모든 물건을 제작하려면 재료가 될 다양한 종류의 자연소재가 필요하며, 이 소재로 물건을 제조할 다양한 도구가 필요하다. 또한 돌, 목재, 금속, 식물 등과 같은 소재는 인간 노동을 통해 지각地殼에서 얻어지며, 이때 이용되는 도구 역시 인간 노동의 산물이다.

이렇게 조잡하게 다듬어진 생각에 우선 만족한다면, 국민경제를 대략 아래와 같이 생각할 수 있을 것이다. 어떤 국민이라도 생활에 필요한 다량의 물건 — 식량, 의복, 건물, 가재도구, 장신구, 무기, 숭배 대상 등등 — 을 지속적으로 자신의 노동으로 만들며, 이러한 물건을 제작하는 데 필수적인 소재와 도구를 만든다. 어떤 국민이 이러한 노동을 실행하는 방식, 제작된 재화가 개별 구성원들 사이에 분배되는 방식, 재화가 이용되는 방식과 영원한 삶의 순환에서 새로운 구성원들에 의해 제작되는 방식, 이 모든 것이 어떤 주어진 국민의 경제, 곧 "국민경제"를 형성한다. 이것이 대강 뷔허 교수의 정의의 첫 번째 문장에 담긴 의미일 것이다. 하지만 해제를 좀 더 달아 보기로 하자.

"국민경제는 다시 수많은 개별경제로 분해되는데, 이 개별경제는 교류를 통해 서로 연결되어 있으며, 그리고 각 개별경제는 다른 모든 개별경제를 위해 일정한 임무를 떠맡으며 다른 개별경제가 자신을 위해 그러한 임무를 떠맡도록 함으로써 다양한 방면에서 서로 의존한다." 여기에서 우리는 새로운 문제에 직면한다. 우리가 어렵사리 올바르게 생각해 낸 저 "국민경제"로 분해되어야 하는 "개별경제"란 무엇인가? 가장 먼저 아마도 우리는 개별경제라는 것을 개별살림이나 가족경제로 생각해야 할 것이다. 실제로 이른바 문명국의 각각의 국민은 가족의 총수로 구성되며, 각각의 가족은 보통 스스로 "경제"를 운영한다. 이러한 사경제의 본질은 성인 구성원이 일을 해서 번 것이든 다른 원천으로부터 나온 것이든 가족이 일정한 화폐소득을 얻고 이를 가지고 식량, 의복, 집 등등의 욕구를 충족하는 데 드는 비용을 부담한다는 점에 있으며, 그럴 경우 우리가 어떤 가족경제에 대해 생각한다면 보통 그러한 관념의 중심에는 가정주부, 부엌, 옷장, 아이들 방이 떠오른다. "국민경제"가 이러한 "개별경제"로 분해되어야 하는가? 우리는 확실히 곤경에 빠지게 된다. 우리가 바로 앞에서 구상한 것처럼, 국민경제에서는 무엇보다도 생활과 노동에 필요한 식량, 의복, 집, 가구, 도구, 소재 등 모든 재화의 **제작**이 문제다. 국민경제의 중심에는 **생산**이 있다. 이에 반해 가족경제에서는 가족이 자신의 소득으로 조달하는 완제품의 **이용**이 문제일 뿐이다. 우리가 알고 있듯이, 현대국가에서 대부분의 가족은 오늘날 거의 모든 식료품, 의복, 가구 등 완제품을 상점에서, 시장에서 구매한다. 가정경제에서는 구매한 식료품으로 식사를 준비하거나 기껏해야 구매한 소재로 옷을 만든다. 매우 뒤처진 농촌 지역에서만, 농장에서 자신의 노동으로 생활에 필요한 것 대부분을 조달하는 농민 가족을 볼 수 있다. 다른 한편, 물론 현대국가에도 가정에서 다양한 공산물을 대량으로 제조하는 가족이 많이 있는데, 가내 직조업자가 그러하고 기성복 제조업자가 그러하다. 또한 우리가 알고 있는 것처럼, 촌락 전체에서 장남감이나 이와 유사한 것들을 가내공업으로 제조하는 곳도 있다. 이런 경우에는, 가족이 제조한 생산물은 이를 주문하고 값을 지불하는 기업주의 것이지, 생산물 가운데 단 하나도 가내에서 노동한 가족이 이용하는 것으로, 즉 그 가족의 경제로 이전되지 않는다. 가내노동자는 자신의 살림살이를 위해 적은 수입을 써서 다른 가족과 마찬가지로 거의 완제품을 구매한다. 따라서 뷔허의 명제, 즉 국민경제는 수많은 개별경제들로 분해된다는 명제를 다른 말로 바꾸면 대략 다음과 같은 결과, 즉 국민 전체의 생존수단의 제작은 개별 가족에 의한 생활수단 이용으로만 "분해된다"는 결과에 도달할 수 있을 것이다. 매우 어리석은 이야기처럼 보이는 명제라 하겠다.

다른 의혹도 생긴다. 뷔허 교수에 따르면 "개별경제"는 교류를 통해 서로 연결되어 있으며, 따라서 다양한 방면에서 서로 의존하는데, 이는 각 개별경제가 다른 모든 개별경제를 위해 일정한 임무를 떠맡기 때문이다. 그렇다면 우리는 어떤 교류와 어떤 의존을 생각하게 될까? 다양한 사적 가족 사이에 이루어지는 친목을 위한 이웃끼리의 교류 같은 것이 생긴다는 것일까? 하지만 이러한 교류가 국민경제, 경제 일반과 어떤 관계에 있다는 것일까? 모든 유능한 주부가 주장하는 것처럼, 가정에서 이웃과 교류가 적으면 적을수록 경제와 가정 평화에 더 유익하다는 것일까? 앞서 말한 "의존"에 관해 보자면, 금리생활자 마이어 씨의 가정경제가 김나지움 정교사 슐쩨 씨의 경제를 위해 어떤 "임무"를 지니고 있으며 "그리고 다른 모든 개별경제"를 위해 어떤 임무를 떠맡는지 결코 생각해 낼 수 없다. 우리는 완전히 길을 잃었으며, 문제를 다른 측면에서 다루어야 한다.

개별 가족경제가 뷔허 교수의 "국민경제"가 분해되는 개별 경제가 될 수 없다는 사실은 명백하다. 그 개별경제가 개별 공장, 개별 작업장, 개별 농업 기업이나 그와 이와 유사한 것일 수는 없을까? 이번에는 올바른 방향으로 가고 있는 것이 확실해 보인다. 이러한 모든 기업체에서는 실제로 전체 국민의 부양에 유용한 다양한 것들이 제조되고 생산되며, 다른 한편으로 그런 기업체들 사이에 실제로 교류와 상호 의존이 있다. 예를 들어, 바지에 달 단추를 만드는 공장은 자신의 상품 구매자를 찾을 수 있는 재봉 작업장에게 전적으로 기대는 한편, 재봉사는 바지에 달 단추 없이는 바지를 만들 수가 없다. 다른 한편, 재봉 작업장은 옷감이 필요하기 때문에 모사 방적업자와 면사 방적업자에게 기대고, 또 그들은 양치기와 면화 상인에게 기대고, 등등이다. 여기에서 우리는 광범위하게 세분된 생산의 연관을 실제로 알아차릴 수 있다. 이 각각의 기업이 "다른 기업을 위해" "임무"를 "떠맡는" 것에 대해 논하는 것은 약간 허풍인데, 왜냐하면 바지에 달 단추를 재봉사에게 판매하는 것과 양모를 방적 공장에 판매하는 것 등등은 가장 평범한 판매에 해당되기 때문이다. 그러나 우리는 무의식중에 내뱉은 실언을 전문가다운 난해한 언어라 치고 한 번은 감내해야 한다. 이런 난해한 언어는, 슈몰러 교수가 매우 잘 언급한 것처럼, 기업주 세계에서 벌어지는 이윤을 추구하는 작은 사업을 시적인 것과 "윤리적 가치판단"으로 휘감기를 좋아한다. 바로 여기에서 또 다른 불쾌한 의

문이 생긴다. 개별적인 공장, 농업 기업, 탄광, 제철소 따위 역시 "국민경제"가 "분해되는" 그만큼의 수의 "개별경제"이어야 한다. 하지만 "경제"라는 개념에는, 최소한 우리가 국민경제에서 생각했던 것처럼, 생활수단의 제조와 사용, 생산과 이용이 일정한 테두리 안에 분명하게 포함되어야 한다. 공장, 작업장, 광산, 제작소에서는 생산만 하며, 게다가 남을 위해 생산한다. 이곳에서는 원료가 되는 소재와 그 소재를 가공하는 데 필요한 도구만 이용된다. 완성된 생산물은 개인이 소비하는 것이 아니라 기업체로 간다. 바지에 달 단추 단 하나도 공장노동자는 말할 것도 없고 공장주나 그 가족이 소비하지 않으며, 단 하나의 쇠 파이프도 제철소 소유자나 그 가족이 소비하지 않는다. 게다가, 우리가 "경제"를 더 상세하게 규정하려고 한다면, 여하튼 우리는 경제를 그 자체로 어느 정도 폐쇄적인 총체, 즉 대략 인간의 생존에 필요한 중요한 생활수단의 생산과 소비로 이해해야 한다. 아이들도 다 알다시피, 오늘날의 개별 공업 기업과 농업 기업은 인간을 부양하는 것과 동떨어지지 않은 생산물을 단 하나, 많아야 몇 개 공급할 뿐이다. 물론 그 생산물들 가운데 대부분은 아직 전혀 소비할 수 없는 생활수단의 한 부품이거나 이를 위한 원재료거나 도구다. 오늘날의 생산 기업들은 단지 어떤 경제의 한 조각일 뿐이다. 이들은 자체로는 경제적 측면에서 아무런 의미나 목적이 없으며, 바로 이러한 이유로 그것들 각각은 그 자체로는 결코 "경제"가 아니며 경제의 형태 없는 조각을 나타낼 뿐이다. 따라서 국민경제, 즉 한 국민의 욕구를 충족시키는 제도와 선례의 총체로서의 국민경제가 다시 개별경제인 공장, 작업장, 광산 등으로 분해된다고 말하는 것은 인간 유기체의 모든 기능을 실행하기 위한 생물학적 기구의 총체가 인간 자체이며 이 인간 유기체는 다시 코, 귀, 발, 팔 등등 수많은 개별유기체로 분해된다고 말하는 것과 똑같은 것이다. 사실 오늘날 어떤 공장이 대략 하나의 "개별경제"라는 것은 코가 하나의 개별기관인 정도에서만 그렇다.

우리는 이런 방식으로 하나의 부조리에 도달한다. 외면적 특징에 불과한 것과 단어 쪼개기 위에 세워진 부르주아 학자의 정교한 정의에는 사태의 진정한 핵심을 회피하고자 하는 명백한 근거가 있다는 증거에 도달한다.

이제 우리 스스로 국민경제라는 개념을 좀 더 상세히 검사해 보는 일을 떠맡아 보기로 하자.

3.

사람들은 국민의 욕망에 대해, 하나의 서로 연관된 경제 안에서의 이러한 욕망의 충족에 대해, 그리고 이러한 방식으로 국민의 경제에 대해 이야기한다. 정치경제학은 국민경제의 이러한 본질에 대해 자세히 설명하는 학문이어야 하며, 말하자면 국민이 노동을 통해 부를 창조하고 증식하며 개별 국민에게 분배하며 소비하며 또 새로이 창조할 때의 법칙들을 설명하는 학문이어야 한다. 따라서 연구 대상을 구성하는 것은 사경제 또는 개별경제가 무엇을 의미하든 그와는 반대로 국민 전체의 경제생활이어야 한다. 정치경제학의 아버지라 불리는 영국인 애덤 스미스가 1776년에 출간한 『국가의 부……』라는 제목의 획기적 저작이 이러한 견해를 증명하고 있는 것으로 보인다.

그러나 우선 물어야 할 것이 있다. 실제로 국민의 경제 같은 것이 존재하는가? 국민이 각각의 개별적인 특별한 가계, 하나의 폐쇄된 경제생활을 스스로 운영하는가? "국민경제", "국민경제학"이라는 표현은 특히 독일에서 아주 즐겨 사용됐으니, 시선을 독일로 돌려 보자.

독일 남녀 노동자들의 손으로 해마다 농업과 공업에서 어마어마한 양의 다양한 소비재가 생산된다. 그런데 이 소비재 전부는 독일제국에 사는 주민들만 사용하려고 생산되는 것일까? 우리는 독일의 생산물 가운데 엄청난 부분이, 그리고 해마다 더 많은 부분이 이 세계의 다른 국가들과 다른 대륙들의 다른 국민들에게 수출되는 것을 알고 있다. 독일 철강 제품은 독일에 인접한 유럽 국가들과 멀리는 남아메리카와 오스트레일리아 등으로 향한다. 피혁과 피혁 제품은 독일에서 유럽 모든 국가로 향한다. 유리 제품, 설탕, 장갑은 영국으로. 모피는 프랑스, 영국, 오스트리아-헝가리제국으로. 염료인 알리자린은 영국, 미국, 인도로. 비료로 사용되는 토마스 광재鑛滓는 네덜란드, 오스트리아-헝가리제국으로. 코크스는 프랑스로. 석탄은 오스트리아, 벨기에, 네덜란드, 스위스로. 전선은 영국, 스웨덴, 벨기에로. 장난감은 미국으로. 독일 맥주, 인디고, 아닐린과 다른 콜타르 염료, 독일의 약품, 셀룰로오스, 금제품, 양말, 면직물과 모직물, 의복, 독일의 궤도는 독일과 무역을 하고 있는 거의 모든 나라들로 보내진다.

그리고 이와 반대로, 독일 국민도 노동이나 일상적 소비를 보자면 도처에서 외국과 다른 국민들의 생산물에 의존하고 있다. 우리는 러시아 곡물로 만든 빵을 먹고, 헝가리, 덴마크, 러시아 가축에서 얻은 고기를 먹는다. 우리가 소비하는 쌀은 동인도산이거나 북아메리카산이다. 담배는 네덜란드령 인도산과 브라질산이다. 우리는 서아프리카산 카카오 열매, 인도산 후추를 구입한다. 미국산 돼지기름, 중국산 차, 이탈리아산, 에스파냐산, 미국산 과일, 브라질산, 중앙아메리카산, 네덜란드령 인도산 커피, 우루과이산 고기 추출물, 러시아산, 헝가리산, 불가리아산 계란, 쿠바 섬에서 온 엽권련, 스위스산 손목시계, 프랑스산 샴페인, 아르헨티나산 쇠가죽, 중국산 이불용 깃털, 이탈리아산과 프랑스산 견사, 러시아산 아마와 대마, 미국산, 인도산, 이집트산 면화, 영국산 양질의 모, 인도산 황마, 오스트리아-헝가리제국에서 온 엿기름, 아르헨티나산 아마인亞麻仁, 영국산 이러저러한 종류의 석탄, 오스트리아산 갈탄, 칠레산 질산염, 무두질에 필요한 아르헨티나산 옻나무 목재, 러시아산 건축용 목재, 포르투갈산 코르크 목재, 미국산 구리, 네덜란드령 인도산 주석, 오스트레일리아산 아연, 오스트리아-헝가리제국산, 캐나다산 알루미늄, 캐나다산 석면, 이탈리아산 아스팔트와 대리석, 스웨덴산 도로포장용 돌, 벨기에산, 미국산, 오스트레일리아산 납, 실론산 흑연, 아메리카산과 알제리산 야광석, 칠레산 요드, 등등. . .

매일 사용하는 가장 소박한 식량에서부터 엄선된 사치품과 꼭 필요한 원료와 도구에 이르기까지 그 대부분은 직간접적으로 완제품으로든 일정한 부품으로든 외국산이며 외국 국민 노동의 생산물이다. 이렇게 우리는 독일에서 생활하고 노동하기 위해 거의 모든 국가, 국민, 대륙이 우리를 위해 노동하게 만들며, 우리 역시 모든 나라를 위해 노동한다.

이 엄청난 규모의 교환을 생생하게 그려내기 위해, 공식 수출입 통계에 눈길을 돌려 보자. 1914년 『독일제국 통계연감』에 따르면, 순수한 거래(말하자면, 독일을 경유했을 뿐인 외국 상품은 제외한 거래)의 총액은 다음과 같이 구성되어 있다.

1913년도 독일의 수입은 아래와 같다.

원료	52억5300만 마르크
반제품	12억4600만 마르크
완제품	17억7600만 마르크
식량과기호품	30억6300만 마르크
살아있는동물	2억8900만 마르크
총계	116억3800만 마르크[4]

곧 거의 120억 마르크에 달한다.

같은 해 독일의 수출은 아래와 같다.

원료	17억2000만 마르크
반제품	11억5900만 마르크
완제품	66억4200만 마르크
식량과기호품	13억6200만 마르크
살아있는동물	700만 마르크
총계	108억9100만 마르크

곧 거의 110억 마르크에 달한다. 수입과 수출을 합치면 독일의 연간 해외무역은 220억 마르크를 넘어선다.

그런데 규모가 독일보다 조금 크거나 작긴 하지만 현대의 다른 나라들도 독일의 상황과 동일하다. 말하자면, 정치경제학은 모든 나라의 경제생활과 전적으로 관련되어 있다. 이 모든 나라는 서로를 위해 생산하고, 부분적으로는 멀기 그지없는 대륙을 위해 생산하지만, 또한 그럼으로써 그 나라로 보자면 도처에서 모든 대륙의 생산물을 소비와 생산에 이용하게 된다.

이렇게 상호 교환이 엄청나게 발전했는데 어떻게 어떤 국민의 "경제"와 다른 국민의 경제 사이에 경계를 그을 수 있으며, 또한 수많은 "국민경제"가 경제적으로 완전히 개별적으로 고려되는 영역이라고 말할 수 있는가?

그런데 국제 상품교환이 증가하고 있다는 사실은 부르주아 학자들에게 알려지지 않은 새로운 발견이 물론 아니다. 공식 통계조사를 해마다 보고서로 발표하여 관련 사실이 교육받은 사람 모두의 공동자산이 된 것은 오래전 일이다. 사업가와 산업노동자는 이에 관한 사실을 일상생활로부터 알고 있다. 세계무역이 급속하게 증가하고 있다는 점은 오늘날 너무도 보편적으로 알려져 있으며, 더 이상 부인하거나 의심할 수 없는 것으로 인정되고 있다. 하지만 정치경제학 전문가들은 이러한 사실을 어떻게 파악하고 있는가? 순전히 외형적인 느슨한 연관인 듯, 생산물 가운데 한 나라의 필요를 넘어서는 이른바 "초과분"의 수출인 듯, 그 나라 경제에 "결핍된 무엇"의 수입인 듯 파악하고 있으니 — 이것이 바로 그들이 여전히 "국민경제"와 "국민경제학"에 대해 논하는 것을 전혀 막을 수 없게 만드는 맥락이다.

예를 들어 뷔허 교수는 오늘날의 "국민경제"를 역사적 경제형태들의 순서에서 가장 고도로 발전된 최후의 단계라고 장황하게 가르친 다음에 이렇게 선언하고 있다.

"자유주의 시대에 국제교역이 쉽게 이루어질 수 있게 됐다는 사실로부터 국민경제 시대는 쇠하고 세계경제 시대가 자리를 차지하게 된다는 결론을 끌어내도 되지 않을까 생각한다면 오류다.…… 우리가 오늘날 확실하게 보고 있듯이, 유럽에서 일련의 국가는 재화 조달에서 독립성이 없어 식량과 기호품의 엄청난 양을 해외로부터 구입해야 하는 반면에 공업 생산능력은 국가의 수요를 많이 웃자라 지속적으로 초과분을 해외에 공급하고 해외 소비 지역에서 가치증식을 해야만 할 정도가 됐다. 하지만 상호 의존하고 있는 이러한 공업국과 원료 생산 국가들이 나란히 존재한다는 사실, 곧 이러한 '국제 분업'이라는 것을 이전에 있었던 단계에 **세계경제**라는 이름으로 대립시켜야 하는 새로운 발전 단계로 인류가 막 올라서고 있다는 징후로 보아서는 안 된다. 그 이유는 한편으로는, 어떤 경제 단계도 완전히 독자적인 욕구 충족을 지속적으로 보증하지 못해, 각각의 경제 단계에는 여하튼 메워야 할 일정한 빈틈이 있기 때문이다. 또 다른 한편으로는, 본질적 특징에서 국민경제와 구별되는 이른바 세계경제라는 것이 아직까지 등장하지 않았고 또 그런 것이 머지않아 등장하리라는 점은 대단히 의심스럽기 때문이다."*

뷔허 교수의 젊은 동료인 좀바르트는 더 비범해서, 우리가 세계경제로 성장해 들어가는 것이 아니라 그와 반대로 점점 더 세계경제로부터 멀어질 것이라고 단연코 주장한다. "그래서 오히려 나는 문화민족들이 오늘날 (그 민족들의 전체 경제에 대한

---

* [칼 뷔허,] 『국민경제의 탄생[. 강연과 시론]』, 제5판, [튀빙겐,] 141~142쪽.

비율로 볼 때) 거래 관계를 통해 서로 현격하게 더 많이 연결되어 있는 것이 아니라 오히려 더 적게 연결되어 있다고 주장하고자 한다. 오늘날 개별 국민경제는 100년 전이나 50년 전보다 세계시장에 오히려 덜 편입되어 있다. 하지만 적어도 …… 국제거래 관계가 현대 국민경제에서 상대적으로 점점 더 큰 의미를 얻게 된다고 가정하는 것은 오류다. 그 반대가 맞다." 좀바르트 교수가 확신하는 바에 따르면, "개별 국민경제는 훨씬 더 완벽한 소우주(말하자면 작은 폐쇄된 세계—로자 룩셈부르크)가 될 것이며, 중요성으로 볼 때 국내시장이 모든 산업에서 세계시장을 능가할 것이다."*

경제생활에 대한 모든 일상적 인식을 거리낌 없이 후려치는 이러한 번쩍이는 바보짓으로 인해 다행스럽게도, 세계경제를 인간 사회의 새로운 발전 국면으로 인정하는 것에 대해 보였던 동료 현학자 양반의 저 완고한 혐오감이 잘 드러나 있다. — 우리가 제대로 알아내야 했고 그 감춰진 뿌리를 추적해야 했던 그 혐오감 말이다.

따라서 "이전에 있었던 경제 단계"에서도, 예를 들어 네부카드네자르 왕 시절에도 이미 교역을 통해 인간의 경제생활에 있는 "일정한 빈틈"을 메웠기 때문에, 오늘날의 세계무역이란 아무 의미가 없으며, 따라서 "국민경제"에 머무르게 된다는 것이다. 이것이 뷔허 교수의 의견이다.

세칭 예리하고 심오한 경제사적 통찰력, 바로 그것에 기인하

* [베르너] 좀바르트, 『19세기 독일의 국민경제』, 제2판, [베를린,] 1909년, 400~420쪽.

여 명예를 얻은 학자의 역사적 견해가 보이는 조야함에 어울리지 않는가! 그는 수천 년에 걸쳐 분리되어 있던 다양하기 그지없는 문화 단계와 경제 단계의 국제무역을 하나로 묶어 무미건조한 도식 하나로 처리했다. 물론 교역 없는 사회형태는 존재하지도 않았으며 존재하지도 않는다. 발굴된 것 가운데 가장 오래된 선사시대 유물들, "노아의 방주 이전" 인류에게 거주지로 사용된 조잡하기 그지없는 동굴, 옛날 옛적부터 내려온 원시적이기 그지없는 무덤, 이 모든 것들은 꽤 멀리 떨어진 지역 사이에 일정한 생산물 교환이 있었다는 증거다. 교환은 인류의 문화사만큼 오래된 것이며, 교환은 옛날부터 인류의 지속적인 동반자였으며 강력한 후원자였다. 우리의 학자께서는 시대, 문화 단계, 경제형태가 지닌 모든 특성을 이러한 일반적인 모호한 인식과 그 모호한 인식의 일반성 안에 빠뜨려 익사시켰다. 밤에는 모든 고양이가 잿빛이듯, 천양지차의 교환형태들도 이 전문가다운 이론의 어둠 속에서는 하나이고 동일한 것이다. 브라질의 보토쿠도족 호르드[5] 사이에는, 한 호르드는 춤출 때 쓰는 가면을 자기 나름의 방식으로 독특하게 만들고 다른 호르드는 활과 화살을 정교하게 완성해 여기저기서 이따금 바꾸는 원시적 교환이 있었다. 바빌로니아의 광채 나는 창고에는 오리엔트 궁정생활을 치장할 물건들이 쌓여 있었다. 고대 코린트 시장에서는 초승달이 뜰 때면, 오리엔트의 아마포, 그리스의 질그릇, 티루스산 종이, 시리아와 아나톨리아에서 온 노예 등이 부유한 노예소유자를 위해 매물로 나와 있었다. 중세 베네치아의 해상무역은 유럽의 봉건 궁정과 도시 귀족의 저택에 사치품을 공급했다.

그리고 오늘날의 자본주의 세계무역은 오리엔트와 옥시덴트, 북과 남, 모든 대양과 세계 구석구석을 자신의 그물망에 가두어 버렸다. 모든 것이 — 거지가 매일 사용하는 빵과 성냥으로부터 부유한 애호가가 지닌 정선된 예술 작품에 이르기까지, 단순한 토지 생산물로부터 복잡한 도구에 이르기까지, 모든 부의 근원인 인간의 일손부터 전쟁에 사용되는 살인 도구에 이르기까지 — 연연세세 엄청난 양으로 이곳저곳으로 돌아다니고 있어도, 우리의 정치경제학 교수에게는 이 모든 것이 하나이고 동일한 것이다. 독립적 경제유기체의 "일정한 빈틈"을 단순히 "메우는 것"이란다!. . .

50년 전에 슐쩨 폰 델리쮜는 독일 노동자들에게 이렇게 이야기했다. 누구나 오늘날 우선 자기 자신을 위해 일정한 생산물을 생산하지만 "자기 자신을 위해 사용하지는 않는 것"은 "다른 사람과의 교환에서" 넘겨준다고. 이런 터무니없는 말에 대한 다음과 같은 라쌀레의 대답은 잊히지 않고 있다.

"슐쩨 양반! 세습판사 양반! 당신은 오늘날의 사회적 노동의 현실적 모습에 대해 전혀 개념이 없단 말입니까? 비터펠트와 델리쮜를 한 번도 벗어난 적이 없단 말입니까? 도대체 당신은 중세의 세기에 살고 있으며 당신의 그런 시각은 여전한 것이란 말인가요? …… 그렇다면 오늘날의 사회적 노동은 누구나 자신이 직접 사용할 수 없는 것을 생산한다는 바로 그 점으로 특징지어진다는 사실을 당신은 전혀 모른단 말입니까? 대공업 이후로 그렇게 되어야만 했다는 것, 이 점에 오늘날 노동의 형태와 본질이 있다는 것, 이 점을 예리하게 이해하지 못하면 우리의 오늘날 경제적 상황의 단 하나의 측면도, 우리의 오늘날 경제 현상의 단 하나도 파악할 수 없다는 것을 전혀 모른단 말입니까?

당신 말에 따르면, 구스짜에 사는 레오너 라이헨하임 씨는 우선 자신에게 필요한 무명실을 생산합니다. 딸들이 양말이나 가운으로 더 이상 가공할 수 없는 딱 그만큼의 초과분은 그가 다른 것과 교환합니다.

보르지히 씨는 우선 자기 가족에게 필요한 기계를 생산합니다. 그런 후 초과분의 기계는 판매합니다.

장례용품 취급업자는 우선 자신 가족이 사망할 경우를 미리 생각하고 일합니다. 가족의 사망이 별로 일어나지 않아 장례용품이 남아 있게 되면 교환하게 됩니다.

이곳 전신소의 주인인 볼프 씨는 우선 자신이 남에게 훈계하거나 자신의 기쁨을 전하기 위해 급보를 접수합니다. 충분할 정도로 만족한 다음에도 남는 것은 증권거래소의 굶주린 늑대나 신문사 편집국원과 교환하고, 그러면 그 대가로 볼프 씨는 초과분의 통신기사와 주식을 대접받게 됩니다!…… 따라서 우선 자신의 필요를 위해 생산하고 난 뒤 초과분을 남에게 제공했던 것, 말하자면 주로 자연경제를 경영했던 것은 바로 이전 사회단계에 나타나던 다른 것과 구별되고 또렷하게 확인할 수 있던 노동이 지닌 성격입니다.

그런데 누구나 자신에게 전혀 필요 없는 것을 생산하는 것, 즉 이전에는 누구나 주로 이용가치를 생산한 것처럼 교환가치만 생산하는 것이 현대사회의 노동이 지닌 다른 것과 구별되는 성격, 즉 독특하게 분명한 것입니다.

그런데 슐쩨 씨 당신은 이런 사실이 현대사회에서처럼 분업이 매우 발전된 사회에서 필연적이며 점점 더 퍼져 나가고 있는 '노동조직 형태와 방식'이라는 것을 납득하지 못하는 겁니까?"

라쌀레가 여기서 슐쩨에게 자본주의 사기업에 대해 명확하게 하고자 한 것은 오늘날 이러한 경제양식으로 나날이 강력하게 발전하고 있는 영국, 독일, 벨기에, 미국 같은 자본주의 나라들에 적용되는 것이며, 나머지 나라들도 차례로 이 나라들을 뒤따르고 있다. 노동자들을 잘못된 방향으로 이끌고 있는 비터펠트 출신의 이 진보적 세습판사는 세계경제 개념에 대해 오늘날 의도적으로 반박하고 있는 뷔허 같은 사람이나 좀바르트 같은 사람보다 훨씬 순진할 뿐 조잡하지는 않다.

한 독일 교수는 고지식한 관료답게 자기 관할구역에서 질서를 바란다. 질서를 위해 그는 세계를 예쁘고 단정하게 차곡차곡 학문적 도식의 서랍에 담기도 한다. 그는 책을 책장에 정돈할 때와 완전히 똑같이 상이한 나라들을 책장 두 개에 분배했다. 여기에는 공산물을 제조하여 거기서 "초과분"이 생기는 나라들이 있고, 저기에는 농업과 목축을 경영하는 나라들이자 앞서 말한 다른 나라들에게 부족한 원료가 나오는 나라들이 있다. 국제무역은 이로부터 탄생하고 이에 기인한다고 한다.

독일은 세계의 공업국 가운데 하나다. 이 도식에 따르면, 독일은 러시아 같은 농업 강대국과 왕성하게 교역해야 한다. 그런데 독일의 가장 중요한 무역 파트너가 미국과 영국이라는 두 공업국이라는 상황은 어찌하여 벌어지게 되는가? 독일의 미국과의 교역량은 1913년 경 24억 마르크, 영국과의 교역량은 23억 마르크에 달하며, 러시아는 비로소 3위로 고려된다. 그리고 특별히 수출만 본다면, 바로 세계 최대 공업국이 독일 공업의 최대 구매자여서, 독일에서 1년에 14억 마르크를 수입하는 영국이 최고이며 다른 모든 나라들은 훨씬 뒤에 있다. 식민지를 포함한 대영제국으로 보면 전체 독일 수출품의 5분의 1을 받아들이고 있다. 이러한 기묘한 현상에 대해 전문가다운 도식은 뭐라고 말했던가?

여기에 있는 공업국과 저기에 있는 농업국. 이런 것이 뷔허 교수와 그의 동료 대부분이 다루고 있는 세계경제관계의 경직된 골격이다. 자, 1860년대에 독일은 농업국이었다. 독일은 농산물 초과분을 수출했으며, 필요한 공업제품을 영국에서 공급받아야 했다. 이후 독일 자체가 공업국이 됐으며, 영국의 강력한 경쟁자로 변했다. 미국은 독일이 1870년대와 80년대에 겪었던 것과 동일한 것을 더 짧은 기간 동안 겪었으며, 현재는 변화의 와중에 있다. 미국은 여전히 러시아, 캐나다, 오스트레일리아, 루마니아와 나란히 세계 최대 밀 생산 국가이며, 최근(1900년도 것이지만)의 조사에 따르면 미국 전체 인구 가운데 36%가 농업에 종사하고 있다고 한다. 하지만 이와 동시에 미국의 공업은 전례 없는 속도로 전진하고 있어서, 그 결과 영국과 독일의 위험한 경쟁자로 등장했다. 그래서 우리는 뷔허 교수의 도식에서 미국을 농업국 칸에 보관해야 할지 공업국 칸에 보관해야 할지를 정하는 문제를 상급 정치경제학부에 출제하고 상금을 걸기로 하겠다. 러시아도 천천히 동일한 궤도를 따르고 있어서, — 구시대적 국가형태의 족쇄를 벗어버리자마자 — 엄청난 인구와 무진장한 천연의 부 덕분에, 엄청난 속도로 지체를 만회해서, 아마 현재 살고 있는 우리의 눈앞에서 강력한 공업국으로서 독일, 영국, 미국을 추월하지는 못해도 그에 필적하게 될 것이다. 따라서 세계는 어떤 교수의 가르침처럼 경직된 골격이 아니며 운동하고 살아 있고 변하고 있다. 따라서 국제교역을 유일하게 발생시킬 것이라는 공업과 농업 간의 극단적 대립이란 유동적 요소다. 그 대립은 문화 세계의 권역으로부터 훨씬 멀리 그 주변으로 밀려난다. 그러는 동안 이 문화권 내부의 무역에는 어떤 일이 발생했는가? 뷔허의 이론에 따르면, 무역은 점차 오그라들어야 한다. 그러나 무역은 오그라들지 않고 — 기적이다! — 공업국 사이에서도 훨씬 더 활발해지고 있다.

지난 25년 동안 현대 경제권에서 나타난 발전이 우리에게 보여 준 모습보다 이에 대해 더 많은 교훈을 주는 것은 없다. 1880년대 이래로 유럽의 모든 공업국 및 강대국과 아메리카에서 보호관세가 참으로 난무했던 것, 즉 "국민경제" 상호 간의 인위적 차단이 벌어졌던 것을 경험했음에도 불구하고, 동일한 기간 동안에 세계무역의 발전은 멈추지 않았고 급속한 질주 상태에 빠져 있다. 어떻게 이때 바로 공업화의 진전과 세계무역이 동시에 진행됐는지는 영국, 독일, 미국 등 주요 세 나라를 본다면 누구라도 읽어 낼 수 있다.

석탄과 철은 현대 공업의 영혼이다. 1885년부터 1910년까지 석탄 채굴은 아래와 같이 증가했다.

영국	1억6천2백만 톤에서 2억6천9백만 톤으로
독일	7천4백만 톤에서 2억2천2백만 톤으로
미국	1억1백만톤에서 4억5천5백만톤으로

동일한 기간에 선철 생산은 아래와 같이 증가했다.

영국	7백5십만 톤에서 1천2십만 톤으로
독일	3백7십만 톤에서 1천4백8십만 톤으로
미국	4백1십만 톤에서 2천7백7십만 톤으로

이와 동시에 연간 해외무역(수입과 수출)은 1885년부터 1912년 사이에 아래와 같이 증가했다.

영국	130억 마르크에서 274억 마르크로
독일	62억 마르크에서 213억 마르크로
미국	55억 마르크에서 162억 마르크로

그리고 최근 지구상의 모든 중요한 나라의 전체 해외무역(수입과 수출)을 보자면, 1904년도 1,050억 마르크였던 것에서 1912년도 1,650억 마르크로 증가했다. 이는 8년 만에 57% 증가했음을 의미한다! 실로, 지금까지의 세계사 전체에서 유사한 전례가 없는 숨을 멎게 할 것 같은 속도의 경제발전이다! "죽은 자가 더 빨리 말을 달린다."[6] 자본주의"국민경제"는 자신의 생존능력의 한계를 소진하기 위해, 생존권의 유예 기간을 단축시키기 위해 서두르는 것처럼 보인다. 그럼에도 불구하고 도식은 "일정한 빈틈"에 대해, 공업국과 농업국 사이의 슬로우 댄스에 대해 무엇을 말하고 있는가?

현대 경제생활에서는 이러한 수수께끼가 더 있다.

교환된 상품 가치 총액이나 그 총액의 일반적인 큰 범주에 만족하지 말고, 독일의 수입과 수출을 보여 주는 표를 좀 더 신중하게 고찰하기로 하자. 시험 삼아, 독일 무역에서 가장 중요한 상품 종류를 차례차례 떠올려 보기로 하자.

1913년도 독일의 수입과 수출은 오른쪽 표와 같다.

표를 피상적으로 관찰한 사람에게도 두 가지 사실이 여기서 곧바로 눈앞에 떠오른다. 첫째는 액수는 다르지만 동일한 종류의 상품이 표 양쪽에 나타나는 일이 여러 번 있다는 것이다. 독일은 엄청난 액수의 기계를 외국에 팔고 있지만, 그와 동시에 8천만 마르크라는 상당한 액수의 기계를 외국에서 들여오고 있다. 이와 동일하게 석탄이 독일에서 수출되는 동시에 외국 석탄이 독일로 수입되고 있다. 동일한 현상은 면직물, 털실, 모직물에도 적용되고, 쇠가죽과 모피와 표에 열거되지 않은 다른 많은 상품에도 적용된다. 우리의 정치경제학 교수께서 알라딘의 마술 램프처럼 현대 세계무역의 모든 비밀을 밝히는 데 도움을 준 공업과 농업의 공허한 대립이라는 관점에서는, 이러한 기묘한 중복이 전혀 이해되지 않으며 정말이지 완전히 난센스다. 그렇다면 어떠한가? 독일은 기계에서 "필요를 넘어서는 초과분"이 있는가 아니면 반대로 "일정한 빈틈"이 있는가? 그리고 석탄과 면직물에서는? 그리고 쇠가죽에서는? 그리고 수많은 다른 물건에서는! 달리 말하면, 어떻게 한 "국민경제"가 동시에 그리고 동일한 생산물들에 대해 어쩌다 있을 "초과분"과 "일정한 빈틈"을 지속적으로 내보일 수 있는가? 알라딘의 램프가 불

1913년도 독일의 수입과 수출

수입		수출	
	대략의 금액 (마르크)		대략의 금액 (마르크)
원면	6억7천만	기계류 일체	6억8천만
밀	4억1천7백만	철강 제품	6억5천2백만
양털	4억1천3백만	석탄	5억1천6백만
보리	3억9천만	면직물	4억4천6백만
구리	3억3천5백만	모직물	2억7천1백만
쇠가죽	3억2천2백만	종이와 종이 제품	2억6천3백만
철광석	2억2천7백만	모피와 모피 제품	2억2천5백만
석탄	2억4백만	봉강棒鋼	2억5백만
계란	1억9천4백만	견직물	2억2백만
모피와 모피 제품	1억8천8백만	코크스	1억4천7백만
칠레산 질산염	1억7천2백만	아닐린과 기타 타르 제품	1억4천2백만
생사	1억5천8백만		
고무	1억4천7백만	의복	1억3천2백만
침엽수 목재	1억3천5백만	구리 제품	1억3천만
무명실	1억1천6백만	구두 가죽	1억1천4백만
털실	1억8백만	피혁 제품	1억1천4백만
침엽수 원목	9천7백만	장난감	1억3백만
송아지 가죽	9천5백만	철판	1억2백만
황마	9천4백만	털실	9천1백만
기계류 일체	8천만	쇠 파이프	8천4백만
양 가죽과 염소 가죽	7천3백만	쇠가죽	8천1백만
면직물	7천2백만	철사	7천6백만
갈탄	6천9백만	궤도 등	7천3백만
빗질된 양모	6천1백만	선철	6천5백만
모직물	4천3백만	무명실	6천1백만
고무제품	5천7백만		

안정하게 깜박거린다. 관찰된 사실이 설명할 수 있는 것은 분명히 다음과 같은 사실뿐이다. 독일과 다른 나라들 사이에 복잡하고 심오한 경제적 연관이 존재한다고 가정한다면, 대단히 세분되어 있으면서 개별적으로 행해지는 분업이 있어서 동일한 생산물의 일정한 종류들은 독일에서 다른 나라들을 위해 제작되게 하고 다른 종류들은 외국에서 독일을 위해 제작되게 하며 일상적 왕래를 만들어 내며 개별 나라들을 거대한 전체의 유기적인 부분으로 보이게 한다는 사실이 그것이다.

게다가 누구나 표를 본 순간 한눈에 다음과 같은 사실에, 즉 수입과 수출이 대략 한 곳에서는 자체 경제의 "빈틈"으로 설명되고 다른 곳에서는 "초과분"으로 설명되는 두 가지 분리된 현상으로 나타나는 것이 아니라 오히려 상호 간에 인과적으로 사슬로 이어져 있다는 사실에 놀라야 한다. 독일의 엄청난 면화 수입이 독일 인구 자체의 필요에 의해 책정되는 것이 아님은 매우 분명하며, 오히려 애초부터 면화 수입량은 면화로 만든 소재와 의복을 독일에서 대량으로 수출하는 것을 가능하게 할 정도여야 하는 것이다. 양모 수입과 모직물 수출 사이의 연관도 이와 동일하며, 외국 원광석의 엄청난 수입과 온갖 형태의 철강제품의 수출 사이의 연관도 마찬가지이며, 도처에서 그렇다. 따라서 독일은 수출할 수 있기 위해 수입하는 것이다. 독일은 인위적으로 "일정한 빈틈"을 만드는데, 이는 나중에 그 빈틈을 바로 그만큼의 "초과분"으로 바꾸기 위해서다. 따라서 독일 "소우주"는 처음부터 어느 모로 보나 하나의 거대한 전체의 조각으로, 세계의 작업장의 하나로 나타난다.

하지만 "훨씬 더 완벽한 독자성"을 지녔다는 이러한 "소우주"를 한 번 더 자세히 살펴보자. 어떤 사회적이고 정치적인 파국으로 인해 독일 "국민경제"가 진정으로 다른 세계와 단절되어 홀로 서 있다고 생각해 보자. 어떤 그림이 우리의 눈앞에 펼쳐질까?

일상적으로 먹는 빵으로 시작해 보자. 독일의 농경은 미국 두 배의 수확 능력을 보이고 있으며, 질적 측면에서는 세계 농업국 가운데 일등을 차지하고 있으며, 훨씬 더 집약적인 벨기에, 아일랜드, 네덜란드에만 뒤처져 있다. 50년 전, 당시에는 농업이 지금보다 훨씬 더 후진적이던 독일이지만 유럽의 주요 곡물 생산 지역에 속했으며 자국에서 필요한 것의 초과분인 빵으로 다른 나라를 부양했다. 오늘날 독일의 농경은 수확 능력이 늘어났음에도 불구하고 자기 국민과 자기 가축을 부양하기에는 많이 부족하다. 식량의 6분의 1을 외국에서 들여와야 한다. 다른 말로 하면 이런 것이다. 독일 "국민경제"를 세계로부터 차단하면, 국민의 6분의 1인 1,100만 명 이상의 독일인이 식료품을 빼앗기게 된다!

독일 국민은 해마다 커피 2억2천만 마르크어치, 카카오 6천7백만 마르크어치, 차 8백만 마르크어치, 쌀 6천1백만 마르크어치를 소비하며, 대략 1천2백만 마르크어치의 다양한 향신료와 1억3천4백만 마르크어치의 외국산 담뱃잎을 소비한다. 이 모든 생산물은 일상적 습관에 속하며, 우리의 삶을 유지하는 데 필요하며, 이 생산물 없이는 오늘날 가장 가난한 사람도 자신의 삶을 연명할 수 없지만, 독일 기후가 적절하지 않아 독일에서는 전혀 생산되지 않는다(또는 담배 농사는 아주 조금만 이루어진다). 만약 독일을 세계와 지속적으로 차단한다면, 오늘날의 문명이 탄생한 그 독일 국민의 생계는 모두 무너진다.

식량 다음으로는 의복을 살펴보자. 광범위한 국민 대중의 속옷과 옷은 오늘날 거의 예외 없이 면화로 만든 것이며, 부유한 시민층의 속옷은 아마포로 만든 것이고 이들의 옷은 양질의 양모와 견사로 만든 것이다. 독일에서는 면화와 견사가 전혀 생산되지 않으며, 매우 중요한 섬유 소재인 황마도 생산되지 않고, 전 세계에서 영국이 독점하고 있는 양질의 양모도 생산되지 않는다. 독일에는 대마와 아마도 엄청나게 모자란다. 독일을 세계와 지속적으로 차단해 외국에 있는 원료와 재고를 독일에게서 빼앗는다면, 무엇보다도 필요한 의복을 모든 계층의 독일 국민에게서 약탈하게 될 것이고, 오늘날 의류 제조업을 합쳐 1백4십만 명의 성인노동자와 청년노동자를 부양하고 있는 **독일 섬유업**은 파멸할 것이다.

더 나아가 보자. 오늘날 대공업의 척추는 이른바 중공업, 즉 **기계 생산**과 **금속가공**이며, 또한 거기서의 척추는 원광原鑛이다. 독일은 (1913년) 일 년 동안 선철 약 1천7백만 톤을 소비했다. 독일 자체의 선철 생산도 마찬가지로 1천7백만 톤에 달한다. 얼핏 보면 독일 "국민경제"가 자체의 철 수요를 스스로 거의 충족시킨다고 주장할 수도 있다. 그런데 선철을 생산하려면 철광석이 필요하다. 독일 자체가 채굴하는 철광석은 약 1억1천만 마르크 가치에 달하는 2천7백만 톤에 그치며, 독일 금속공업을 꾸려나가는 데 없어서는 안 될 2억만 마르크가 넘는 1천2백만 톤의 고가의 원광석이 스웨덴, 프랑스, 에스파냐에서 들어온다.

다른 금속들과 관련해서도 우리는 대략 동일한 모습을 본다. 독일의 1년 아연 소비는 22만 톤이고 자체 생산은 270,000톤인데, 생산된 아연 가운데 100,000톤은 수출되는 한편 50,000톤 이상의 외국 아연이 독일의 수요를 충족시켜야 한다. 필요한 아연광석도 일부만, 즉 5천만 마르크 가치에 달하는 약 50만 톤만 독일에서 채굴된다. 4천만 마르크 가치에 달하는 더 양질의 광석 300,000톤은 외국에서 들여와야 한다. 납을 보자면, 독일은 94,000톤의 완성품 납과 123,000톤의 광석을 수입한다. 마지막으로 구리에 관해서 말한다면, 독일에서 해마다 사용되는 241,000톤 가운데 206,000톤은 외국에서의 수입[7]에 의존하고 그 나머지를 독일에서 생산한다. 주석은 전량을 외국에서 들여온다. — 독일을 세계로부터 지속적으로 차단한다면, 대단히 값진 금속들의 공급이 사라지고 독일 철제품과 독일 기계류의 엄청난 외국시장이 사라지면서, 노동자 662,00명을 고용하고 있는 독일 금속가공업과 남녀 노동자 1,130,00명이 생계를 꾸리는 기반인 독일 기계공업은 그 존재 기반이 사라지게 된다. 그리고 금속가공업과 기계공업이 붕괴하는 것과 함께, 원료와 도구를 수입하는 산업부문, 원료와 보조재를 공급하는 탄광 같은 산업부문, 그러한 공업부문의 엄청난 노동자 군대를 위해 생활수단을 생산하는 산업부문 등 일련의 다른 산업부문 전체가 붕괴한다.

노동자가 168,000명이며 전 세계를 위해 생산하는 **화학공업**도 언급해 두자. 오늘날 노동자 450,000명을 고용하고 있지만 외국산 건축용 목재와 쓸 만한 목재 없이는 사업을 대부분 접어야 하는 **목재공업**을 언급해 두자. 그리고 마찬가지로 외국산 피혁과 외국에서의 대량 판매가 없다면 노동자 117,00명이 거리로 쫓겨나야 하는 **피혁공업**을 언급해 두자. **화폐 재료**이면서 그 자체로도 오늘날의 경제생활 전체에서 필수불가결한 토대를 이루고 있지만 독일에서는 거의 전혀 생산되지 않는 귀금속인 금과 은에 대해 언급해 두자. 이 모든 것을 생생하게 눈앞에 두고 이렇게 질문해 보자. 독일 "국민경제"란 무엇인가? 말하자면, 독일이 실제로 그리고 지속적으로 나머지 세계로부터 차단되고 자신의 경제 전체를 홀로 운영해야 한다고 가정한다면, 오늘날의 경제생활은 어찌 될 것이며 그럼으로써 오늘날 독일의 모든 문화 전체는 어찌 될 것인가? 생산 분야가 차례차례 무너질 것이고, 한 생산 분야가 다른 생산 분야를 파멸로 이끌 것이고, 엄청난 프롤레타리아 대중이 일자리를 잃을 것이고, 인구 전체가 무엇보다 필요한 식량, 기호품, 의복을 빼앗길 것이고, 상업은 자신의 토대와 귀금속화폐의 토대를 빼앗길 것이고, "국민경제" 전체가 — 잔해 더미, 부서진 난파선이 될 것이다!. . .

이리하여 독일 경제생활에 놓인 "일정한 빈틈"이 드러나며, 전문가다운 이론의 창공 안에서 스스로 도취하여 몸을 흔드는 "훨씬 더 완벽한 소우주"도 드러난다.

하지만 잠깐! 그런데 1914년의 세계 전쟁, 곧 "국민경제"의 본보기에 대한 대규모 실험은? 그 전쟁은 뷔허와 좀바르트를 더할 나위 없이 빛나게 정당화해 주지 않았는가? 그 전쟁은 독일 "소우주"가 세계교역으로부터 봉쇄되어 차단됐어도, 견고한 국가 조직과 독일 기술의 수완 덕분에 훌륭하게도 생존 가능하고 건강하고 강하다는 것을 질투심 많은 세계에 보여 주지 않았는가? 외국 농업 없이도 국민을 부양하는 데 완전히 충분하지 않았는가? 외국으로부터의 공급 없이, 외국으로의 판매 없이도 공업의 톱니바퀴는 유유히 돌아가고 있지 않았는가?

무엇이 사실인지를 자세히 살펴보자.

우선 식량을 보자. 독일 농업이 식량을 도맡은 것이 전혀 아니다. 군대에 소속된 수백만 성인 남성 인구는 전쟁 기간 거의 내내 외국이 먹여 살렸다. 벨기에, 북부 프랑스, 그리고 부분적으로는 폴란드와 리투아니아가 먹여 살렸다. 독일 국민을 먹이기 위해 독일 자체 "국민경제"의 면적은 독일이 점령한 벨기에와 북부 프랑스 전역으로, 전쟁 두 번째 해에는 러시아제국의 서부 지역으로까지 확대되어, 이들 지역은 독일에 공급되어야 하는 것의 부족분을 자신들 농산물로 상당량 메워 줘야 했다. 이를 보완하며 쌍을 이루게 된 일은 점유된 외국 지역에서 살던 토착 주민들에게 지독한 식량 결핍이 발생해 이제 그들은 — 벨기에의 예에서처럼 — 자선에 호소해 미국 농산물로 생계를 유지하게 된 것이다. 이를 보완한 두 번째 일은 독일에서 모든 식료품의 가격이 100~200%까지 상승해 토착 주민 대부분 계층이 놀랄 만한 영양실조에 시달렸다는 것이다.

다음은 공업의 톱니바퀴를 살펴보자. 이미 매우 중요하다고 알게 된 외국산 원료와 다른 생산수단이 공급되지 않고서 어떻게 공업의 톱니바퀴가 기업에서 계속 작동할 수 있었는가? 어떻게 이런 기적이 일어날 수 있었는가? 이 수수께끼는 가장 단순하게, 아무 기적 없이도 풀린다. 독일 공업이 계속 작동할 수 있었던 유일한 이유는 바로 필수불가결한 외국산 원료를 지속적으로 공급받았고, 게다가 다음과 같은 세 가지 방식으로 얻어냈기 때문이다. 첫째, 독일 국내에 이미 다양한 형태로 확보되어 있는 면화, 양모, 구리 등등의 대량 재고에서, 곧 그 재고가 숨어 있는 곳에서 끄집어내어 유동적이게 만들기만 하면 됐다. 둘째, 벨기에, 북부 프랑스, 부분적으로는 폴란드와 리투아니아와 같은 다른 나라들에서 다시 군사적 점령을 통해 확보하여 독일 자국 공업에 이용할 수 있게 된 재고에서 얻었다. 마지막으로 셋째, 중립국(과 룩셈부르크)의 중재로 이루어졌고 또한 전쟁이 지속되는 내내 멈추지 않은 외국으로부터의 지속적인 공급에서 얻었다. 이러한 "전시경제" 전체에 필수불가결한 전제조건이며 전시경제가 순조롭게 진행되는 데 전제 조건인 것이 독일의 은행에 쌓여 있던 엄청난 양의 외국 귀금속 비축분이라는 사실을 여기에 추가한다면, 독일 공업과 거래가 외부 세계로부터 봉쇄되어 차단됐다는 이야기는 토착 농업으로 독일 주민을 먹여 살리는 데 충분했다는 이야기와 마찬가지로 하나의 전설이라는 점이 증명되며, 또한 독일 "소우주"가 세계 전쟁에서 독자적으로 버텼다고들 하는 것이 위의 두 가지 허황된 이야기에서 기인하고 있다는 점이 증명된다.

끝으로, 지구의 모든 지역에서 상당한 정도로 확인되듯이 독일 공업이 멈추는 일이 있었다. 전쟁 기간 동안 독일 공업은 국가의 특별한 군수품으로 대체되며 멈추었다. 다른 말로 하자면, 가장 중요한 공업 분야인 금속공업, 섬유공업, 피혁공업, 화학공업이 개조되어 군대에 납품만 하는 산업으로 바뀌었던 것이다. 독일 납세자들이 전쟁 비용을 충당했던 것이므로, 이처럼 공업이 군수산업으로 바뀌었다는 사실은 독일 "국민경제"가 생산물 대부분을 교역을 위해 외국에 보낸 것이 아니라 전쟁에서 지속적으로 파괴되도록 내맡긴다는 것을 의미했으며, 그렇게 발생한 손실은 경제가 미래에 거둘 성과에 수십 년에 걸쳐 공적 신용제도를 통해 부담을 주게 된다는 것을 의미했다.

모든 사실을 종합할 때 명백한 것은 전쟁 속에서의 "소우주"의 경이로운 번영이란 각각의 방향에 따른 하나의 실험을 나타낸다는 사실이며, 그 실험과 관련하여 질문이 있다면 이 인공 건축물이 사상누각처럼 붕괴되지 않고 과연 얼마나 오래 지속될 것이냐는 것뿐이다.

이제 기묘한 현상 하나에 시선을 돌려 보자. 독일의 해외무역을 총액에서 보면 수입이 수출보다 상당히 많다는 사실이 눈에 띈다. 1913년 수입은 1억1천6백만 마르크이고, 수출은 1억 9백만 마르크다. 이런 관계는 1913년이 예외인 것이 아니라 오랜 기간 동안 확인된다. 영국의 경우도 마찬가지여서, 1913년에 모두 130억 마르크에 해당하는 수입품을 들여왔고 100억 마르크에 해당하는 것을 수출했다. 프랑스, 벨기에, 네덜란드에서도 사정은 유사하다. 어떻게 이러한 현상이 가능한 것인가? 뷔허 교수가 "자신의 수요를 넘어서는 초과분"과 "일정한 빈틈"이라는 자신의 이론으로 우리를 깨우치려고 하지 않을까?

만약 다양한 "국민경제" 상호 간의 경제관계라는 것이 교수님께서 우리에게 가르치다시피 네부카드네자르 시대에 이미 그랬던 것처럼 개별 "국민경제"가 각자의 초과분을 서로 던져 주는 것에 그친다고 한다면, 즉 이러한 "소우주" 가운데 하나를 다른 "소우주"로부터 분리하는 푸른 우주공간을 건너는 유일한 다리가 단순상품교환이라고 한다면, 한 나라는 수출한 것과 같은 양의 외국 상품을 수입할 수 있을 뿐이라는 사실은 명확하다. 하지만 화폐는 단순상품교환에서 그저 매개자일 뿐이며, 결국 자국 상품으로 외국 상품의 값을 지불하게 되는 셈이다. 그렇다면 어떻게 하나의 "국민경제"는 자신의 "초과분" 수출보다 많은 것을 외국에서 지속적으로 수입한다는 곡예를 무사히 마칠 수 있는 것일까? 아마도 교수는 비웃듯이 우리에게 소리칠 것이다. 해결책은 세상에서 가장 간단한 것이라고 말이다. 수입국이 수출을 넘어서는 수입 초과분을 현금으로 정산하면 된다고. 실례지만, 혼자 힘으로! 해외무역의 나락에서 엄청난 액수의 현금을 다시는 영원히 볼 수 없는 곳으로 해마다 내던지는 이러한 사치를 부릴 수 있는 곳은 기껏해야 자체에 비옥한 금광과 은광이 있는 나라뿐이며, 독일도 프랑스도 벨기에도 네덜란드도 이에 해당되지 않는다. 게다가 우리는 — 오 놀라워라! — 다음과 같은 뜻밖의 사실을 보고 있다. 독일은 수출하는 것보다 더 많은 상품뿐만 아니라 더 많은 현금도 지속적으로 수입한다! 1913년도 독일의 금과 은 수입은 4억4천1백3십만 마르크이고 수출은 1억2천8백만 마르크이며, 이런 비율은 수년 전부터 같다. 이러한 수수께끼에 대해 뷔허 교수는 자신의 "초과분"과 "빈틈"으로 무어라 말하는가? 마술 램프는 초라하게 깜박거린다. 실제로 그러하다. 세계무역에서 볼 수 있는 수수께끼 같은 징후의 배후에는 단순상품교환과는 완전히 성질을 달리하는 개별 "국민경제들" 사이의 경제관계가 존재해야 한다는 사실을 우리는 알아채기 시작했다. 자신이 주는 것보다 많은 생산물을 다른 나라들에서 지속적으로 받을 수 있는 것은 분명히 그 다른 나라들에 대해 경제적 청구권 같은 것을 지닌 나라뿐이다. 동등한 나라 사이의 교환과는 완전히 다른 권리를 말하는 것이다. 그리고 전문가다운 이론은 알지 못한다 할지라도, 나라 사이의 이러한 청구권과 주종 관계는 실제로 도처에 존재한다. 그러한 주종 관계, 그것도 가장 단순한 형태의 주종 관계는 식민지에 대한 이른바 모국의 관계다. 영국은 자신의 가장 큰 식민지인 영국령 인도로부터 해마다 10억 마르크에 달하는 다양한 형태의 공물을 끌어온다. 그리고 이에 걸맞게 우리는 인도의 상품 수출이 해마다 수입을 12억 마르크 초과하는 것을 본다. 이러한 "초과분"은 영국 자본주의에 의한 인도 식민지 착취의 경제적 표현에 불과하다 — 그 상품을 직접 영국을 위해 쓰기로 예정된 것으로 생각하든 아니면 해마다 12억 마르크의 상품을 영국 착취자에게 공물을 납부하도록 인도가 모든 가능한 국가에게 특별히 판매해야 했던 간에 그러하다.* 그러나 정치적인 폭력적 지배에 토대를 두지 않는 다른 경제적 주종 관계도 존재한다. 러시아는 해마다 수입하는 것보다 10억 마르크 더 많이 상품을 수출한다. 해마다 러시아 밖으로 흘러 나가는 이 엄청난 상품의 흐름이 대략 자체 "국민경제"의 수요를 넘어서는 농산물의 대

* 《로자 룩셈부르크의 여백 메모》 인도에서의 배경: 농민 공동체의 "국민경제"가 붕괴했다. 공업... 수입과 수출과 관련된 무언無言의 숫자가 이에 대해 강렬히 말하고 있다.

량 "초과분"일까? 이러한 방식으로 곡식을 그 나라에서 내보내는 러시아 농민은 알려진 바처럼 영양실조로 인한 괴혈병을 앓고 있으며 나무껍질이 많이 섞인 빵을 자주 소비한다! 빵 원료가 되는 곡식을 대량으로 수출하는 것은 바로 순전히 러시아 국가에 필요한 생활필수품을 그 목적에 어울리는 국내 금융제도와 조세제도를 이용해 수출한다는 것인데, 이는 러시아 국가가 해외에서 빌려온 차관으로 인해 생긴 의무를 이행하기 위함이다. 끄림전쟁에서 비롯된 유명한 파탄 이래로, 그리고 알렉싼드르 2세의 개혁에 의한 근대화 이래로, 러시아 국가기구는 필요한 비용을 서유럽으로부터, 주로 프랑스로부터 차입한 자본을 통해 지출해 왔다. 프랑스에서 차입한 돈에 이자를 지급하기 위해, 러시아는 해마다 대량의 밀, 목재, 아마, 대마, 소, 가금류를 영국, 독일, 네덜란드에 판매해야 한다. 따라서 러시아의 엄청난 수출 초과분은 채무자가 채권자에게 바치는 공물을 대표하며, 이는 프랑스의 입장에서는 엄청난 수입 초과분에 상응하는 관계, 대부자본이 얻은 이자를 나타낼 뿐인 관계라 할 수 있다. 하지만 러시아 자체에서는 경제적 연관의 사슬이 더 길게 뻗어나간다. 빌려온 프랑스 자본은 10년 전 이래로 주로 두 가지 목적, 즉 국가 보조금을 이용한 철도 건설이라는 목적과 군대 무장이라는 목적에 이용됐다. 이 두 목적을 위해 러시아에서는 1870년대 이래로 — 고율의 보호관세 제도의 보호 아래 — 강력한 대공업이 탄생했다. 오래된 자본주의국가인 프랑스의 대부자본이 러시아에서 신생 자본주의를 육성했지만, 그 러시아의 신생 자본주의로 보자면 기술적으로 앞선 공업국인 영국과 독일에서 기계와 다른 생산수단을 대량으로 수입하여 지속적으로 후원을 받고 보완할 필요가 있었다. 이렇게 러시아, 프랑스, 독일, 영국 사이를 경제적 연관이라는 끈이 휘감고 있으며, 그 연관들 가운데 상품교환은 최후의 간결한 단어일 뿐이다.

하지만 연관의 다양성은 이로써 끝나지 않는다. 터키나 중국 같은 나라는 전문가다운 도식에게 새로운 수수께끼를 낸다. 러시아와는 반대로, 그리고 독일과 프랑스와 유사하게, 이런 나라는 여러 해 동안 거의 수출의 두 배에 달하는 엄청난 수입 초과를 보여 주었다. 터키나 중국은 그 국민경제가 그에 조응하는 "초과분"을 결코 제공할 수 없는데도 어떻게 "국민경제"에 있는 자신들의 "빈틈"을 넉넉히 메울 수 있는 사치를 누릴 수 있단 말인가? 유럽의 서양 열강이 그리스도의 사랑으로 해마다 수억 마르크에 달하는 온갖 형태의 유용한 상품을 국기에 반달을 그린 터키와 댕기머리의 제국인 중국에 선사했다는 말인가? 그러나 어린애도 알고 있다시피, 터키와 중국은 오히려 유럽 고리대금업자의 발톱에 머리끝까지 장악되어 있으며, 영국, 독일, 프랑스의 은행에 이자로 엄청난 공물을 지불해야 한다. 러시아의 예에 따르면, 터키나 중국은 오히려 그와는 반대로 서유럽 자선사업가들에게 이자를 지불하기 위해 자국 농산물 수출이라는 "초과분"을 내보여야 한다. 그러나 터키나 중국에서는 이른바 "국민경제"라는 것이 러시아의 국민경제와는 근본적으로 다르다. 해외 차관은 완전히 동일하게 철도 건설, 항만 시설, 군대 무장에 사용된다. 하지만 터키에는 지금까지 자체의 공업이 거의 없어서, 원시적 농경과 십일조를 유지하고 있는 중세적 농업 자연경제라는 토대로부터 갑자기 뚝딱하고 공업을 만들어 낼 수는 없다. 편차가 있긴 해도 중국에서도 사태는 대략 그와 같다. 따라서 주민에게 필요한 모든 공산물뿐만 아니라 교통 설비 건설과 군대와 함대의 무장에 필요한 모든 보조수단을 완제품으로 서유럽에서 들여와야 하며, 이는 모두 유럽의 기업주, 기술자, 엔지니어 등이 유럽 현장에서 완성하는 것이다. 정말이지 차관은 빈번히 사전에 그런 식의 공급에 묶여 있다. 예를 들어, 중국은 스코다와 크룹[8]으로부터 일정한 양의 군수 장비를 주문한다는 조건으로만 독일과 오스트리아의 은행자본으로부터 차관을 따낸다. 다른 차관들은 애초부터 철도 수출 특허에 묶여 있다. 이렇듯 터키와 중국을 향해 떠난 유럽 자본은 대부분 똑같이 이미 상품(군수 장비)으로서 또는 기계, 철 등등의 모습인 현물의 산업자본으로서 떠돌아다녔다. 마지막으로 언급한 상품들은 교환을 위해서가 아니라 이윤 창출을 위해 흘러들어온 것이다. 이 자본에 대한 이자는 그 밖의 이윤과 함께 유럽 자본가들이 유럽의 금융 통제 아래, 그에 걸맞은 조세제도의 도움으로, 터키 농민이나 중국 농민에게서 그들 나라 자체 내에서 가로채게 된다. 따라서 터키나 중국의 수입이 많고 그에 상응하여 유럽의 수출이 압도적으로 많은 것으로 나타나는 간결한 수치의 배후에는 부유한 거대한 자본주의 서양과 이 서양에게 빨리는 가난하고 후진적인 오리엔트 사이의 기이한 관계가 은폐되어 있으니, 서양은 오리엔트에게 가장 현대적이고 우수한 운송 설비와 군사 시설을 주면서 그와 동시에 낡은 농업 "국민경제"의 급격한 파괴도 주고 있는 것이다.

우리에게 또 다른 경우를 보여 주고 있는 것은 미국이다. 러시아처럼 미국에서도 수출이 수입을 상당히 능가하고 있다. 1913년 수입은 74억 마르크이며 수출은 102억 마르크에 달한다. 그러나 이러한 현상의 원인은 러시아에서와는 본질적으로 다르다. 물론 엄청난 크기의 유럽 자본이 미연방도 먹어 치우고 있다. 이미 19세기 초반 이래로 런던 증권거래소는 미국 채권과 증권 때문에 나타난 충격을 모두 흡수했다. 미국의 회사 설립 및 유가증권에 대한 투기는 1870년대까지 마치 체온계처럼 번번이, 영국에서 거대한 공업공황과 상업공황이 머지않아 발발할 것을 예고했다. 그때 이래로 영국 자본의 미국으로의 유입은 멈추지 않았다. 이 자본은 미국으로 부분적으로는 도시와 개인 회사에 대부자본으로서 이동했지만 그래도 대부분은 산업자본으로서 이동했다. 런던 증권거래소에서 미국의 철도 채권과 산업 채권을 구매한 것이거나, 영국의 공업 카르텔이 높은 관세장벽을 피하기 위해 미국에 자회사를 건립한 것이거나, 세계시장에서의 경쟁에서 벗어나기 위해 현지 기업들의 주식을 매점한 것이거나 한 것이다. 그래서 미국은 오늘날에도 고도로 발전되어 있고 점점 급속하게 전진하고 있는 대공업을 보유하고 있어서, 이 대공업으로 지속적으로 유럽의 화폐자본이 유입되고 있는 한편 이미 이 대공업 자체는 산업자본 — 기계류와 석탄 — 을 캐나다, 멕시코, 그리고 중앙아메리카와 남아메리카의 다른 나라들로 점점 더 많이 수출하고 있다. 미국은 이러한 방식으로 오래된 자본주의국가들로의 면화, 구리, 밀, 목재, 석유 따위의 원료의 엄청난 수출과 공업화를 시작하고 있는 신생 자본주의 국가들로의 점점 더 많은 공산물 수출을 겸비하고 있다. 이렇듯 미국의 대규모 수출초과에는 자본을 받아들이는 농업국에서 자본을 수출하는 공업국으로의 고유한 이행단계, 즉 오래된 자본주의 유럽과 신생의 후진적인 아메리카 대륙 사이의 연결 고리의 역할이 반영되어 있다.

오래된 공업국들에서 신생 공업국들로 자본이 이처럼 대규모로 이동하는 것과 이에 조응하여 그 자본에서 뽑아낸 소득이 오래된 공업국들로 회귀하는 것, 곧 그 소득이 신생 공업국들의 공물로서 오래된 공업국들로 다시 흘러가는 것을 전체적으로 개관하면, 세 가지 강력한 흐름이 주요하게 생겨난다. 1906년도 추정에 따르면, 영국은 이미 당시에 식민지와 외국에 540억 마르크를 투자했으며, 이로부터 매년 이자로 28억 마르크의 소득을 올리고 있었다. 같은 시기 프랑스가 해외에 투자한 자본은 320억 마르크에 달했으며 매년 최소한 13억 마르크의 소득을 올리고 있었다. 마지막으로 독일은 10년 전에 이미 260억 마르크를 외국에 투자해 매년 약 12억4천만 마르크의 소득을 얻는다. 그 후 이러한 투자와 소득은 급속하게 증가했다. 그런데 이 거대한 주요 흐름은 최종적으로 가느다란 지류들로 갈라진다. 미국이 아메리카 대륙에 자본주의를 확산시키는 것처럼, 러시아조차 — 아직도 완전히 프랑스 자본, 영국과 독일의 공업이 공급하고 있긴 하지만 — 이미 대부자본뿐만 아니라 공산물을 자신의 아시아 배후지인 중국, 페르시아, 중앙아시아로 이전하고 있고, 중국에서 철도 건설 등등에 참여하고 있다.

이와 같이 우리는 국제무역에 대한 무미건조한 상형문자의 배후에서, 전문가다운 지혜에만 존재하는 단순상품교환과는 아무런 관계가 없는 경제적 얽힘의 그물망 전체를 발견한다.

우리는 학식 있는 뷔허 씨가 제시한 공업국 및 원료 생산Rohproduktion 국가에 따른 구분, 곧 그가 국제교역을 끼워 넣으려 하는 그 목조 틀 자체가 전문가다운 도식의 조잡한 산물rohes Produkt임을 발견한다. 향수, 면화, 기계는 동일하게 공산품이다. 그러나 프랑스의 향수 수출은 프랑스가 전 세계 부유한 부르주아지라는 얇은 층을 위해 사치품을 생산하는 나라라는 사실을 보여 줄 뿐이다. 일본의 면화 수출은 일본이 동아시아 전체에서 서유럽과 경쟁하며 재래식 농업 생산과 수공업 생산을 파괴하고 세계무역을 통해 몰아내고 있다는 사실을 증명한다. 그런데 영국, 독일, 미국의 기계 수출은 이 세 나라가 대공업 자체를 세계의 모든 지역으로 이식한다는 사실을 보여 준다.

따라서 우리는 오늘날 수출되고 수입되는 "상품"이라는 것이 네부카드네자르 왕 시대에는 알려지지 않았고 고대와 중세 역사 시기 전체 동안에도 알려지지 않았던 **자본**임을 발견한다. 그리고 이 상품은 외국 "국민경제"의 일정한 "빈틈"을 메우기 위해 사용되는 것이 아니라 그와는 반대로 빈틈을 만들어 내는데, 고대풍의 "국민경제"의 벽에 생긴 균열을 여는 데 사용되며, 그 균열에 파고드는 데 사용되며, 폭약이 작용하듯이 이 "국민경제"를 조만간 잔해 더미로 바꾸어 버리는 데 사용된다. 자본이라는 "상품"과 함께 훨씬 더 기묘한 "상품들"이 점점 더 대량으로 몇몇 오래된 나라들에서 전 세계로 운반된다. 현대 교통수단, 원주민 종족 전체의 박멸, 화폐경제와 농민층의 부채, 부와 가난, 프롤레타리아트와 착취, 생존의 불안정화와 공황, 무정부성과 혁명 따위가 운반된다. 유럽 "국민경제"는 지구의 모든 나라와 민족을 자본주의적 착취의 거대한 그물망 안에 넣고 목을 조르기 위해 촉수를 뻗친다.

4.

이 모든 사실에도 불구하고 뷔허 교수는 세계경제의 존재를 믿지 않는 것일까? 그렇다. 학자께서는 세계의 모든 지역을 주의 깊게 살피고 아무 것도 발견하지 못한 후 이렇게 설명하고 있기 때문이다. 나도 달리 어쩔 도리가 없고, "본질적 특징에서" 어떤 국민경제와 "구별되는" "특수한 현상"을 찾지 못했고, "그런 것이 머지않아 등장한다는 점이 대단히 의심스럽다."

이제 무역과 무역통계로부터 완전히 떠나서, 직접적으로 생활로, 즉 현대 경제관계의 역사로 방향을 바꾸어 보자. 다채로운 거대한 광경들 가운데 유일하게 소소한 주제일 뿐인 것으로 방향을 바꾸어 보자는 것이다.

1768년에 영국 노팅엄에 기계로 작동하는 면 방적기가 아크라이트에 의해 최초로 설치됐고, 1783년에는 카트라이트가 기계식 직조기를 발명했다. 영국에서 이에 바로 뒤따라 벌어진 결과는 수직手織의 전멸과 기계식 제작의 급속한 확산이었다. 한 추산에 따르면, 19세기 초반 영국에는 약 백만 명의 수직업자가 있었지만, 이제 사양길로 들어서서 1860년경이 되면 영국에는 수직업자가 몇 천 명 존재하고 그 대신에 면공업 분야에는 공장노동자가 50만 명이 넘는다. 1863년에 글래드스턴 수상은 노동자계급은 어떤 몫도 차지하지 못한 채 영국 부르주아지에게 범람한 "부와 권력의 감격적인 증식"에 대해 의회에서 연설했다.[9]

영국 면방직공업은 원료를 북아메리카에서 끌어온다. 랭커셔 지구에 공장이 증가하면서 미국 남부에 거대한 면화 플랜테이션이 생겼다. 사탕수수 플랜테이션, 쌀 플랜테이션, 담배 플랜테이션과 아주 똑같이 면화 플랜테이션에서의 살인적 노동을 위해 쓸 저렴한 노동력으로 아프리카에서 흑인이 수입됐다. 아프리카에서 노예무역이 예외적으로 활기를 띠어, "검은 대륙" 내부에서 흑인 부족 전체를 사냥했고, 족장이 폭리를 취해 팔아, 미국으로 판매되기 위해 수로와 육로의 어마어마한 구간을 거쳐 운반했다. 문자 그대로의 검은 "민족대이동"이 일어났다. 어떤 추산에 따르면, 18세기 말인 1790년에 미국에는 흑인이 697,000명뿐이었지만 1861년에는 4백만 명이 있었다고 한다.

노예무역과 미국 남부에서의 노예노동의 엄청난 확대는 북부 주들이 이러한 비기독교적인 만행에 맞서 십자군원정을 일으키도록 했다. 1825~1860년에 영국 자본이 대규모로 들어와 미국 북부에서 생동감 넘치는 철도 건설이 일어났고 자체 공업이 시작되도록 생기를 불어넣었으며, 그와 함께 현대적 형태의 착취, 자본주의 임금노예제에 빠져 있는 부르주아지에게 생기를 불어넣었다. 북부의 경건한 청교도들이 보기에는, 노예를 7년 이내에 죽음에 이르도록 혹사시킬 수 있었던 남부 플랜테이션 소유자들의 믿기지 않는 장사는 기후 조건으로 자신들 주에

낙원을 세우지 못했던 것보다 더 참을 수 없는 일이었다. 이리하여 북부 주들의 촉구로 1861년에 법령에 의해 연방 전역에서 모든 형태의 노예제가 폐지됐다.[10] 골수에 사무친 남부의 농장주들은 이러한 일격에 노골적인 반란으로 화답했다. 남부 주들은 연방 탈퇴를 선언했고 거대한 내전이 터졌다.

전쟁이 곧바로 낳은 결과는 남부 주들의 황폐화와 경제적 몰락이었다. 생산과 상업은 위축됐으며 면화 수출은 중단됐다. 그리하여 영국의 공업은 원료를 박탈당했으며, 1863년에 영국에서 끔찍한 공황, 이른바 "면화 기근"이 일어났다. 랭커셔 지방에서 노동자 250,000명이 완전히 일자리를 잃었으며, 166,000명은 부분적으로만 고용됐으며, 120,000명만 완전고용상태였지만 그래도 임금은 10~20%가량 하락했다. 끝도 없는 빈곤이 이 지방의 주민들을 지배했으며, 50,000명의 노동자는 영국 의회에 청원서를 보내 아내와 아이들을 데리고 영국에서 이주하는 데 필요한 국가 자금을 승인하라고 요구했다. 자본주의의 도약이 시작되어 그에 필요한 노동력이 부족했던 오스트레일리아의 주들은 — 원주민들이 유럽 이주자들에 의해 거의 남김없이 박멸된 후 — 일자리가 없는 프롤레타리아들을 영국에서 받아들일 것을 이미 선언했다. 하지만 영국 공장주들은 곧 예기되는 공업의 도약에 다시 필요할 수도 있는 자신들의 "살아 있는 기계"의 이주에 격렬하게 항의했다. 이주를 위한 자금을 노동자들에게 지급하는 것은 거부됐으며, 노동자들은 공황의 공포를 질리도록 맛보았다.

미국이라는 원료 공급처가 소용없게 되자, 영국의 공업은 다른 먼 곳에서 원료를 공급받고자 눈길을 동인도로 돌렸다. 동인도에 면화 플랜테이션이 열정적으로 조성됐으며, 수천 년 이래로 주민의 일상적 식량을 제공하고 생존의 토대를 이루던 쌀농사는 투기업자들이 이윤을 기대하게 되면서 광활한 구간에서 사라질 수밖에 없었다. 쌀농사를 몰아낸 것에 뒤이어, 몇 년 후에 심각한 고물가와 기근으로 1866년 벵골 북쪽에 위치한 오리사 지방에서만 100만 명 이상이 굶주림으로 목숨을 잃었다.

두 번째 실험은 이집트에서 있었다. 남북전쟁에서 발생한 호경기를 이용하기 위해, 이집트 총독 이스마일 파샤는 대단히 재빨리 면화 플랜테이션을 조성했다. 토지 소유관계와 농업에서 진정한 혁명이 일어났다. 광활한 구간에서 농지가 약탈되어, 왕의 소유지로 공포되고 대대적으로 플랜테이션으로 사용됐다. 수천의 부역농민은 총독을 위해 댐을 설치하고 운하를 건설하고 쟁기질을 하기 위해 채찍질을 당하면서 플랜테이션으로 내몰렸다. 그러나 총독은 차입금으로 가장 현대적인 영국산 증기쟁기와 조면기를 구매하면서 점점 더 깊이 영국과 프랑스 은행가들에 대한 채무에 빠져들었다. 미국에서 평화협정이 맺어진 뒤 며칠 만에 면화 가격이 4분의 1 수준으로 다시 떨어지자, 이 거대한 투기는 일 년 후에 이미 파산으로 끝났다. 이집트에게 좋았던 면화 시절의 결과는 농민경제의 급속한 몰락, 재정의 급속한 붕괴, 그리고 최종적으로는 영국 군대에 의한 이집트의 급속한 점령이었다.[11]

이러는 사이에 면방직공업은 새로이 정복을 이루었다. 1855년 끄림전쟁으로 인해 러시아산 대마와 아마의 운송이 차단됐으며, 이는 서유럽에서 아마포 제조업의 혹독한 공황으로 이어졌다. 면화가 여러 차례 아마포의 자리로 파고들었고, 면방직공업은 아마포 생산을 희생시키며 계속 확장됐다. 러시아에서는 끄림전쟁 시기의 구체제 붕괴 이래 정치혁명, 농노제 철폐, 자유주의적 개혁, 자유무역, 철도의 급속한 건설이 동시에 진행됐다. 이리하여 엄청난 공산물 판로가 거대한 제국 내부에 열렸고, 영국 면방직공업이 최초가 되어 러시아 시장으로 밀고 들어갔다. 1860년대 일련의 피비린내 나는 전쟁 후 중국 역시 영국 무역을 위해 개척됐다.[12] 영국은 세계시장을 제압했으며, 면방직공업은 영국 수출품 가운데 절반을 공급했다. 1860년대와 1870년대는 영국 상인들의 가장 찬란한 돈벌이 시기인 동시에, 노동자에 대한 조그만 양보를 통해 "일손"과 "산업 평화"를 확보하려는 경향이 영국 자본가들에게 가장 많았던 시기기도 하다. 이 시기에 면방직과 면사 방적에 종사하는 노동자를 선두로 하는 영국의 노동조합은 의미심장한 결과를 얻었으며, 그와 동시에 이때는 영국 프롤레타리아트에게 차티스트운동의 혁명적 전통과 오언의 이념이 최종적으로 소멸되고 보수적 노동조합주의가 고착된 시기이기도 하다.[13]

그러나 곧바로 국면이 변한다. 영국이 면 생산물을 수출하던 대륙 도처에서 점차로 면방직공업이 생겨났다. 이미 1844년 슐레지엔과 보헤미아에서 기아로 인해 수직공手織工들이 일으킨 봉기는 3월혁명의 최초의 징후를 연주했다.[14] 그리고 영국 자체의 식민지들에서도 토착 공업이 생겨났다. 봄베이의 면화 공장은 곧 영국의 경쟁자가 됐으며, 1880년대에 세계시장에서 영국의 독점을 타파하는 데 일조했다.

끝으로, 러시아에서는 1870년대에 국내 면직물 제조업이 도약하면서 대공업과 보호관세의 시대가 열렸다. 높은 관세장벽을 돌아가기 위해 작센에서, 포크트란트에서, 직원과 함께 공장 전체가 러시아-폴란드로 이전했는데, 그곳에서는 우처, 즈기에시 같은 공장 중심지가 캘리포니아처럼 갑자기 대도시로 성장하고 있었다. 1880년대 초반 면방직공업 지역인 모스크바 블라지미르에서 노동자 소요가 벌어져 짜르제국 최초의 노동자보호법을 제정하게 됐다. 1896년에는 뻬쩨르부르크의 면화 공장 노동자 6만 명이 러시아에서 최초로 대규모 파업을 벌였다. 그리고 9년 후인 1905년 6월 면방직공업의 세 번째 중심지인 우처에서 독일인을 선두로 하는 10만 노동자가 위대한 러시아혁명의 최초의 바리케이드를 쳤다...

우리는 여기서 몇 줄 안 되는 글로 현대 공업 분야의 140년 역사를 눈앞에서 보고 있다. 다섯 대륙 모두를 휘감는 역사, 수백만 인간의 삶을 내동댕이치는 역사, 여기서는 공황으로 저기서는 기근으로 터져 나오는 역사, 때로는 전쟁으로 때로는 혁명으로 타오르는 역사, 그 여정 어디에나 부의 황금 산과 빈곤의 심연을 남기는 역사 — 이 역사는 인간 노동이 이루어 낸 피로 물든 광활한 땀의 물결이다.

이는 삶의 몸부림이며 인민의 내장까지 움켜쥐는 텔레파시지만, 국제무역통계라는 무미건조한 수치에는 이에 대한 어렴풋한 낌새조차도 담겨 있지 않다. 영국에 현대 공업이 진입한 이래 150년이 되어서야 자본주의세계경제는 모든 인류가 고통을 겪고 경련을 일으키게 하며 본격적으로 형성됐다. 자본주의 세계경제는 산업 분야를 차례차례 손아귀에 쥐었으며 국가를 차례차례 차지했다. 증기와 전기, 포화와 칼로 자본주의세계경제는 극히 멀리 떨어진 지구 구석까지 입구를 만들어 냈고, 중국의 만리장성도 헐어 버렸고, 오늘날 인류가 경제적으로 하나에 속한다는 일체감을 세계 공황 시기를 통해, 공동으로 겪는 주기적 파국을 통해 처음으로 알렸다.[15] 조국의 자본으로 인해 국내에서 비참함을 겪어 내몰려 아르헨티나나 캐나다로 이주하게 된 이탈리아 프롤레타리아들은 이미 그곳에서 미국이나 영국에서 수입된 자본의 완벽하고 새로운 굴레를 발견했다. 그리고 고향에 머물며 성실하게 살아가려 했던 독일 프롤레타리아들은 도처에서 자신들의 행복과 불행을 전 세계의 생산과 무역에 의존하고 있다. 일자리를 찾을지 찾지 못할지, 임금이 아내와 아이들을 배불리 먹이는 데 충분할지 그렇지 못할지, 일주일에 여러 날을 어쩔 수 없이 놀지 밤낮으로 지옥 같은 잔업을 선고받을지 — 이 모든 것은 미국에서의 면화 수확, 러시아에서의 밀 수확, 아프리카에서의 새로운 금이나 다이아몬드 채굴지의 발견, 브라질에서의 혁명의 소용돌이[16], 다섯 대륙에서의 관세 투쟁과 외교 갈등과 전쟁 따위에 달려 있는 채로 지속적으로 요동친다. 오늘날의 어느 무엇보다 두드러지며 오늘날의 사회생활과 정치생활의 모든 모습에 결정적인 것은 모순, 곧 나날이 점점 더 긴밀하고 견고하게 함께 성장해 모든 민족과 국가를 하나의 전체로 연결하는 경제적 토대를 한편으로 하고 국경 푯말, 관세장벽, 군국주의로 인위적으로 민족을 그 수만큼 많은 낯설고 적대적인 부분들로 분리하고자 하는 국가의 정치적 상부구조를 다른 한편으로 하여 둘 사이에 벌어진 모순이다.

그런데 이 모든 것이 뷔허와 좀바르트와 그들 동료들에게는 존재하지 않는다! 그들에게는 "훨씬 더 완벽한 소우주"만이 존재한다! 그들은 시선이 미치는 도처에서 어떤 국민경제와 "본질적 특징에서 구별되는" "특수한 현상"을 보지 못하고 있다! 수수께끼가 아닌가? 충만함과 번득거리는 번개와 같은 빛으로 모든 관찰자들의 의식을 덮치는 현상, 다른 어떤 학문 영역이 아니라 정치경제학을 그렇게 덮치는 현상에 대해 그 학문의 공식적 대표자들이 보이는 유사한 몽매함인 것일까? 만약에 이와 마찬가지로 자연과학에서 지구가 태양 주위를 회전하는 것이 아니라 태양계가 지구를 중심점으로 삼아 회전하고 있다는 관점을 오늘날 공공연히 대표하려 하는 학자가 자신은 "본질적 특징에서" 이러한 자신의 관점에 모순되는 "어떤 현상도 알지 못한다"라고 주장한다면 — 이 학자는 학계 전체에서 커다란 비웃음을 사게 될 것이 분명하며 결국 근심스러운 친척들의 주선으로 정신 상태를 검진 받게 될 것이다. 물론 400년 전에는 이러한 관점을 처벌 받지 않고 퍼트릴 수 있었을 뿐만 아니라, 이러한 관점이 잘못됐다는 것을 공공연히 보여 주고자 했던 사람은 장작더미에서 화형을 당해 생을 마칠 위험에 스스로 빠져야 했다. 당시에는 지구가 세계의 중심이고 별자리 운동의 중심이라는 잘못된 의견을 유지하는 것이 가톨릭교회가 강요하는 이해관계에 어울리는 것이었으며, 우주공간에서 지구가 누리는 상상된 존엄에 대한 어떠한 공격도 교회의 정신적 학정과 속세 토지에서의 십일조에 대한 암살이기도 했다. 따라서 당시에는 지배적인 사회체제의 예민한 급소가 자연과학이었으며 자연과학적 신비화가 압제의 필수불가결한 도구였다. 자본의 지배 아래 있는 오늘날에는 사회체제의 예민한 점이 푸른 하늘에서 지구가 지니는 사명에 대한 믿음에 있는 것이 아니라 지구 위에서 부르주아국가들이 지니는 사명에 대한 믿음에 있다. 그런데 세계경제의 강력하고 거대한 파도 위로 이미 짙은 안개가 피어올라 한 덩어리로 뭉쳤기 때문에, 부르주아국가의 "소우주"를 대지로부터 닭장처럼 쓸어버릴 폭풍이 그곳에서 준비되고 있기 때문에, 자본 지배의 학문상의 "스위스 위병"은 숨이 붙어 있을 때까지 자본 지배를 방어하려 자본 지배의 아성인 "민족국가"의 문 앞으로 돌진했다. 오늘날 정치경제학이 내뱉는 첫마디, 곧 기본 개념은 부르주아지 이해관계를 위한 학문적 신비화다.

5.

때때로 정치경제학은 매우 단순하게 정의되기도 한다. "인간의 경제관계에 대한 학문"이라는 것이다. 이렇게 간결하게 정식화하는 사람들은 문제를 애매하게 일반화하고 "인간"의 경제 일반에 대해 논하는 것으로 "국민경제"와 세계경제의 난관을 돌파할 수 있다고 믿고 있다. 그러나 사태는 이렇게 푸르스름해지면서 더 명확해지는 것이 아니라 오히려 더 혼란스러워진다. 이제 다음과 같은 새로운 문제가 발생하기 때문이다. "인간"의 경제관계, 말하자면 모든 시대와 모든 상황에서의 모든 인간의 경제관계에 대한 특별한 학문이라는 것이 필요한가 필요하지 않은가, 필요하다면 왜 그런가?

임의로 인간의 경제관계를 보여 주는 아무 예를, 가능한 한 단순하고 한눈에 알 수 있는 예를 택해 보자. 오늘날과 같은 세계경제가 아직 없었고 상품무역은 고작 도시에서나 번성했으며 이와 반대로 시골에서는 자연경제, 말하자면 거대한 장원과 소규모 농민 소유지에서 자급자족이 지배하던 시대로 가 보자. 1850년대에 듀갈드 스튜어트에 의해 묘사된 스코틀랜드 고지대에서의 관계를 예로 들어 보자.

"스코틀랜드 고지대의 몇몇 지역에서는 — 통계자료에 따르면 — 아내와 아이가 있는 수많은 양치기와 소작농의 모습을 볼 수 있었다. …… 그들은 스스로 무두질한 가죽으로 만든 신을 신고 있었으며, 스스로 양에게서 깍은 재료나 스스로 재배한 아마를 주고 얻은 재료로 남의 손 하나 빌리지 않고 자기 손으로만 만든 옷을 입고 있었다. 송곳, 바늘, 골무, 실 짜는 데 사용되는 아주 작은 철제 부품을 제외하면, 옷을 만드는 데는 구매한 품목이 거의 포함되지 않는다. 염료는 여성들 스스로 나무, 관목, 풀에서 얻었다."[17]

아니면 러시아의 예를 들어 보자. 러시아의 농민경제는 비교적 얼마 전인 1870년대 말에 아래와 같은 상태였다.

"그[스몰렌스크 주州 브야스마 군郡의 농민 - 로자 룩셈부르크]가 경작하는 토지는 그에게 식량, 의복, 그리고 그의 생존에 필요한 거의 모든 것, 즉 빵, 감자, 우유, 고기, 계란, 아마포, 수건, 따뜻한 옷을 만들기 위한 양 가죽과 양모 따위를 제공한다.

…… 그가 돈을 주고 구입하는 것은 장화, 그리고 허리띠, 모자, 장갑과 같은 몸치장에 필요한 사소한 물건, 흙이나 나무로 만든 그릇, 부지깽이, 주전자 등과 같은 마찬가지로 몇 안 되는 필요한 살림도구뿐이다."*

이러한 농민경제는 오늘날에도 보스니아와 헤르체고비나, 세르비아, 달마티아에 존재한다. 이렇게 스스로 꾸려나가는 스코틀랜드 고지대나 러시아, 보스니아나 세르비아의 농민에게 우리가 "경제의 목적"과 "부의 생산과 분배" 등과 같은 통상적인 전문가다운 정치경제학적 질문을 던진다면, 분명히 놀라서 눈을 동그랗게 뜰 것이다. 왜 그리고 어떤 목적으로 나와 내 가족은 노동하는가, 또는 학문적으로 표현하면, 어떤 "동기"가 우리로 하여금 "경제행위"를 하도록 하는가를 물으면, 그 농민은 이렇게 소리 칠 것이다. '살아야 한다. 호박이 넝쿨째로 굴러떨어지진 않는다. 우리는 노동하지 않으면 굶어 죽어야 한다. 따라서 우리는 생계를 꾸려나가려고, 즉 배불리 먹고 깨끗하게 입고 거처를 얻으려고 노동한다. 우리가 무엇을 생산하며 우리 노동을 "어떤 방향"으로 쏟느냐고? 또 다시 매우 단순한 질문이다! 우리는 우리에게 필요한 것, 모든 농민 가족에게 생계에 필요한 것을 생산한다. 우리는 밀과 호밀, 귀리와 보리를 경작하며, 감자를 심고, 형편에 따라 양과 소, 닭과 오리를 기른다. 겨울에는 여성이 할 일인 실잣기가 있고, 우리 남성들은 살림에 필요한 것을 도끼, 톱, 망치로 마련한다. 당신이 이것을 예컨대

* 니꼴라이 지베르, 『데이비드 리카도와 칼 맑스』, 모스크바, 1879년, 480쪽.

“농업”이라 부르든 “산업”이라 부르든, 어쨌든 우리는 이 모든 것을 조금씩 행해야 한다. 집과 밭에서는 오만가지가 필요하기 때문이다. 우리는 이 노동을 어떻게 “나누냐”고? 참 기묘한 질문이다! 당연히 남성들은 남성만의 힘이 요구되는 일을 하고, 여성들은 집과 소와 양계장을 돌보고, 아이들은 이 일 저 일을 돕는다. 아니면 당신은 내가 아내를 벌목하도록 보내고 내 자신은 소에게서 젖을 짜야 한다고 생각하는가? (선량한 사람은 알지 못하는 — 우리 측에서 추가할 — 것이 있다. 수많은 원시 종족에서는, 예를 들어 브라질 인디언 사이에서는 숲에서 장작을 모으고 뿌리를 캐고 열매를 따는 것은 바로 여성들이며, 반면에 아프리카와 아시아의 유목민 사이에서는 남성들이 가축을 돌볼 뿐만 아니라 젖도 짠다. 그리고 오늘날에도 달마티아에서는 여성이 힘겹게 무거운 짐을 등에 지고 가는 반면에 매우 힘센 남성은 그 옆에서 한가로이 당나귀를 타고 파이프 담배를 피우는 것을 볼 수 있다. 우리의 농민에게는 자기가 나무를 베고 소에게서 젖을 짜는 것이 당연한 것과 완전히 마찬가지로 이러한 “분업”은 자연스럽게 보인다.) 그리고 계속해 보자, 내가 나의 “부”라고 부른 것은 무엇인가? 삼척동자도 다 알고 있다! 가득 채워진 창고, 잘 채워진 외양간, 상당한 수의 양떼, 큰 양계장이 있는 농민은 부유하다. 부활절 기간이 되어야 곡식 가루를 빠듯하게 얻고 비가 오면 방에는 천장에서 빗물이 떨어지는 농민은 가난하다. “내 부의 증식”은 무엇에 달려 있냐고? 도대체 또 어떤 질문을 할 수 있을까? 나에게 넓은 좋은 땅이 있다면 당연히 더 부자가 될 것이고, 신의 가호가 막아야 할 일이긴 하지만 여

름에 세차게 우박이 떨어진다면 마을의 모든 사람이 24시간 만에 가난하게 될 것이다.'

우리는 여기서 정치경제학의 학술적 질문에 농민이 답하도록 꾹 참고 있었다. 하지만 확신컨대, 그 교수는 수첩과 만년필을 들고 학문적 연구를 위해 스코틀랜드 고지대나 보스니아의 농가에 와도 질문의 절반을 내놓기도 전에 다시 문으로 나가 밖을 거닐어야 할 것이다. 사실, 이런 것과 관련된 농업경제의 모든 관계들이란 당연히 너무 단순하고 투명하기에, 정치경제학자가 쓰는 수술칼로 그런 관계를 분해한다는 것은 쓸데없는 장난 같다는 느낌을 준다.

궁색한 방식과 차원 때문에 엄청나게 단순해져 버린 자급자족하는 매우 작은 농민경제를 주시하느라 우리가 아마도 예를 서툴게 선택했다는 반박이 물론 있을 수도 있다. 그러니 다른 예를 들어 보자. 세상을 잊은 벽지에서 보잘 것 없는 존재를 연명하고 있는 작은 농가를 떠나, 강력한 제국의 최정상으로, 샤를마뉴의 경제로 시야를 돌려 보자. 9세기 초반 독일제국을 유럽에서 가장 강력하게 만들었으며, 자신의 제국의 확대와 강화를 위해 53회나 출정했고, 오늘날의 독일 외에도 프랑스, 이탈리아, 스위스, 에스파냐 북부, 홀란드, 벨기에를 자신의 지배하에 통일한 그였지만, 자기 소유지와 농장에서의 경제관계에 대해서는 매우 신중했다. 그는 자기 농장에서 지켜야 할 경제 원리와 관련하여 70개 조항으로 이루어진 특별 법령 증서를 몸소 작성했다. 유명한 Capitulare de villis, 즉 장원법을 말하는 것이다. 역사적으로 전승된, 가치를 따지기가 불가능한 이 귀중품은 다행히도 원본이 먼지와 곰팡이를 뒤집어쓰고 문서실에 보존돼 있다. 이 증서는 두 가지 이유에서 매우 특별히 주목할 만하다. 첫째, 샤를마뉴의 농장 대부분이 때때로 강력한 제국 도시가 되어서, 예를 들어 아헨, 쾰른, 뮌헨, 바젤, 슈트라스부르크와 그 밖의 많은 대도시는 예전에는 농촌이었던 샤를마뉴의 농장이었다. 그런데 둘째, 샤를의 경제제도는 중세 초기의 모든 대규모 세속적 장원과 종교적 장원의 전형이 됐다. 샤를의 농장은 전쟁에서 공을 세워 귀족이 된 신생 게르만족의 거친 환경에 이식되기 위해 고대 로마의 전통과 로마 귀족의 대저택의 세련된 생활방식에서 전승된 것을 수용했으며, 포도 재배, 원예, 과일 재배, 채소 재배, 가금 사육 등등에 대한 그의 법령은 문화사적 업적이었다.

이제 그 증서를 자세히 살펴보자. 거기서 위대한 황제는 우선 황제를 정직하게 섬길 것과 몸종들을 재화로 돌보아 가난으로부터 보호할 것을 요구해서, 능력을 벗어나는 노동으로 부담을 주어서는 안 되고, 밤이 되도록 노동한 사람은 보상을 받아야 한다. 그러나 몸종 측으로 보자면, 성실하게 포도 재배에 공을 들여야 하며, 짜낸 포도주가 손상되지 않도록 병에 담아야 한다. 의무를 다하지 않으면 "등이나 다른 곳"을 맞는다. 더 나아가 황제는 자기 소유지에서 벌과 거위가 사육되어야 한다는 규칙을 정하고 있으며, 가금류는 잘 길러 그 수를 늘려야 한다고 한다. 또한 암소와 암말의 수를 늘려야 하며 그와 마찬가지로 양에게도 큰 공을 들여야 한다고 한다.

황제가 계속 쓰고 있는 바에 따르면, 숲은 합리적으로 경영돼야 하고, 절대로 개간되어서는 안 되고, 숲에 새매와 매가 있어야 한다. 언제나 마음대로 처분할 수 있는 살찐 거위와 병아리를 길러야 하며, 자체적으로 소비되지 않는 계란은 시장에서 판매해야 한다. 농장마다 양질의 깃털 이불, 침대용 요, 침대 덮개, 구리 그릇, 주석 그릇, 철 그릇, 목재 그릇, 사슬, 불 위에 주전자를 고정시키는 고리, 손도끼, 송곳 등을 비축해, 어느 것도 다른 사람에게 빌릴 필요가 없어야 한다. 황제가 계속 규정하고 있는 바에 따르면, 황제 소유지에서 나온 수확에 대해, 게다가 각각의 것에서 얼마나 산출됐는지에 대해 황제에게 정확하게 보고서를 제출해야 하는데, 그가 나열한 각각의 것이란 채소, 버터, 치즈, 꿀, 기름, 식초, 무 등 그 유명한 증서의 텍스트에서 "그 밖의 사소한 것들"이라 부른 것이다. 황제가 계속 규정하고 있는 바에 따르면, 자신의 왕령王領마다 모든 기술을 획득하려고 애쓰는 충분한 수의 다양한 수공업자가 있어야 하고, 황제는 다시 그 종류를 정확하게 하나하나 나열하고 있다. 나아가 황제는 크리스마스 축일을 자신이 매년 자신의 부에 대해 회계를 청구하는 시점으로 정했으며, 가장 작은 규모로 농사를 짓는 농민도 농장에 있는 가축 하나하나와 계란 하나하나를 위대한 황제 샤를보다 더 주의 깊게 세지 못했다. 증서의 62조에는 이렇게 적혀 있다. "우리가 특히 무엇을 가지고 있으며 얼마나 가지고 있는가를 아는 것이 중요하다." 황제는 다시 황소, 제분기, 목재, 배 모양의 물통, 포도나무, 채소, 양모, 아마, 황마, 과일, 벌, 생선, 가죽, 밀랍과 꿀, 오래된 포도주와 신선한 포도주 따위와 자신에게 공급될 것들을 나열했다. 그리고 이 모든 것을 공급해야 할 사랑스러운 몸종들을 위로하기 위해 진심으로 아래의 문구를 추가했다. "이 모든 것이 여러분에게 너무 고되게 보이지 않기를 희망한다. 왜냐하면 자기 소유지에서는 누구든 주인이라서 여러분 입장에서도 청구할 수 있을 것이기 때문이다." 나아가 우리는 위대한 황제의 통치에서 특별히 근심거리를 이뤘던 것으로 보이는 포도주의 포장 방법과 운송 방법에 대한 정확한 규정들을 찾을 수 있다. "포도주는 튼튼한 철사로 테두리를 마무리한 벌통에 담아 옮겨야지 절대로 가죽부대에 담아서는 안 된다. 곡식 가루에 대해 말하자면, 이중으로 보호되는 수레에 가죽으로 덮어 운송해서 손실 없이 강을 넘어 옮겨야 한다. 짐朕은 또한 매년 도축되는 짐의 사슴과 염소의 뿔과 늑대의 가죽에 대해 정확한 보고를 제출하기를 원한다. 5월에는 어린 새끼 늑대들에게 무자비한 전쟁을 알리는 것을 게을리 해서는 안 된다." 끝으로 마지막 조항에서 샤를은 자신의 정원에서 재배된다고 알고 있는 모든 꽃, 나무, 풀을 열거하고 있다. 장미, 백합, 로즈마리, 오이, 양파, 무, 캐러웨이 등등. 이 유명한 법령은 다양한 사과 종류를 나열하는 것으로 대강 끝난다.

이것이 9세기 황제 경제의 모습이며, 비록 중세의 가장 강력하고 부유한 제후의 경제에 대한 것이긴 하지만, 그의 경제와 경제 운영 원칙이 놀랍게도 우리가 앞서 고찰한 아주 작은 농가를 상기시킨다는 점은 누구든 인정해야 한다. 또한 우리가 부의 본질, 생산의 목적, 분업 등등에 관해 이미 알려진 정치경제학의 기본 질문을 황제에게 제기하려 한다면, 황제인 주인은 우리에게 왕다운 손짓으로 곡물 더미, 양모와 황마, 벌통에 담긴 포도주, 기름과 식초, 암소와 수소와 양으로 가득 찬 외양간을 살펴보도록 지시할 것이다. 이렇듯 우리는 이 경제에서 참으로 경치경제학이 어떤 비밀스러운 "법칙"을 연구하고 수수께끼를 해결했는지를 정말로 알지 못하겠으니, 모든 상관관계, 원인과 결과, 노동과 그 결과가 손바닥에 놓인 것을 보듯 매우 명백하기 때문이다.

어쩌면 여기서 독자는, 우리가 또 한 번 예를 잘못 선택했다고 우리에게 주의를 환기시키기를 즐길지도 모른다. 모든 점에서 볼 때 샤를마뉴의 증서에서 분명한 것은 독일제국의 공적 경제관계가 문제가 아니라 황제 소유지의 사경제가 문제라는 사실이다. 하지만 누군가 이 두 개념을 서로 대립시키려고 한다면, 분명히 중세에 관해 역사적인 오류를 범하는 것이다. 물론 법령은 샤를 황제의 궁정과 소유지에서의 경제와 연관되어 있었지만, 황제는 이 경제를 사인私人이 아닌 지배자로서 관리하고 있다. 더 올바르게 말하자면, 황제는 궁정 땅의 영주였지만, 중세의, 특히 샤를마뉴 이후 시기의 모든 귀족 출신 대영주는 규모는 작아도 대체로 샤를마뉴 같은 황제여서, 말하자면 자신이 자유롭게 처분할 수 있는 귀족 소유지에서 기인하는 힘으로 인해 이미 자기 소유지의 주민에 대한 입법자, 세리, 재판관이었다. 우리가 알게 된 샤를의 경제 규정이 실제로 정부 조서詔書였음은 그 형태 자체가 증명하고 있다. 그 규정은 샤를이 작성하여 해마다 열리는 제국의회에서 공포되는 65개 법안 가운데 하나 또는 샤를의 "법령들" 가운데 하나를 이루고 있다. 무에 대한 규정과 철사로 봉한 포도주 통에 대한 규정의 원천이 되는 절대 권력과 그 규정이 작성된 방식은 예를 들면 Capitula Episcoporum, 즉 「추기경 법령집」에 나오는 성직자에 대한 훈계와 동일해서, 거기서 샤를은 주님의 종들에게 저주하지 말 것이며, 술에 취하지 말 것이며, 부적절한 장소를 방문하지 말 것이며, 첩을 두지 말 것이며, 성찬聖餐을 너무 비싸게 팔지 말 것을 엄중하고 강력하게 경고한다. 중세에서 원하는 곳 어디를 찾아도, 귀족의 장원이 문제가 되는 한에서나 아니면 각각 자체적으로 경영하는 농민 가족이든 공동으로 경영되는 마르크조합이든 간에 단순한 농가가 문제인 한에서, 우리는 앞서 말한 샤를마뉴를 본보기와 전형으로 삼지 않은 농업 경영을 시골 어디서도 찾을 수가 없다.

앞의 두 가지 예에서 매우 두드러지는 사실은 여기서는 인간의 삶의 욕구가 직접적으로 노동을 이끌고 규정하며 그 결과는 의도와 필요에 정확하게 일치한다는 것, 따라서 많든 적든 그 관계는 저 놀라운 단순성과 투명성을 유지하고 있다는 것이다. 자기 농지에 있는 소농도 자기 영지에 있는 대군주처럼 자신이 생산을 통해 이루고자 하는 것이 무엇인지를 매우 정확하게 알고 있다. 게다가 그걸 안다는 것은 요술이 아니다. 소농과 군주는 먹을 것, 마실 것, 입을 것, 생활 편의 따위를 추구하는 인간의 자연스러운 욕구를 충족하려 한다. 차이가 있다면, 농민은 짚으로 만든 요에서도 편히 자고 대영주는 부드러운 깃털 이불에서 잔다는 것, 농민은 맥주와 꿀 아니면 깨끗한 물이라도 마시고 영주는 연회에서 고급 포도주를 마신다는 것뿐이다. 차이는 생산된 재화의 양과 종류뿐이다. 그러나 경제의 토대와 과제, 곧 인간적 욕구를 직접적으로 충족시킨다는 과제는 동일하다. 이러한 자연스러운 과제에서 출발하는 노동은 그 결과와 당연하게도 일치한다. 그래도 노동과정에서는 다시 차이가 존재한다. 농민은 가족 구성원과 함께 스스로 노동하며, 자기 노동의 열매 가운데 자신의 농지나 자신에게 할당된 공용지共用地에서 산출할 수 있는 딱 그만큼만, 더 정확하게는 — 지금 우리는 중세의 부역농민에 대해 논하고 있기 때문에 — 농장 소유자와 교회에 사용료와 부역을 바친 후에 그에게 남겨진 만큼만 갖는다. 황제나 귀족 출신의 다른 어떤 영주들도 노동하지 않으며 자신들을 위해 몸종이나 소작농이 노동하게 한다. 그러나 농민 각각이 자신을 위해 자신의 가족과 노동하든, 그 모두가 함께 촌장이나 부역 감독관의 지휘 아래 영주를 위해 노동하든, 이 노동의 결과는 일정한 양의 포괄적 의미에서의 생활수단, 말하자면 정확히 필요한 것이자 대략 필요한 만큼이다. 사람들이 원한다고 해서 이러한 상태의 경제를 빠져나갈 수는 없으며, 또한 이 경제에서는 심오한 연구를 통해서나 특별한 학문을 통해 해명해야 할 수수께끼를 찾을 수 없다. 가장 우둔한 농민조차도 중세에는 자신의 "부", 아니 오히려 가난이라는 것이, 영주의 토지와 농민의 토지를 때때로 엄습하는 자연현상을 제외하면, 무엇에 달려 있는지 정확히 알고 있었다. 농민인 자신이 궁핍한 데는 매우 단순하고 직접적인 다음과 같은 원인이 있다는 것을 매우 잘 알고 있었다. 첫째는 장원이 부역과 사용료를 이용해 벌이는 한없는 강탈이었고, 둘째는 그 장원이 공유지, 숲, 목초지, 물을 이용해 벌이는 도둑질이었다. 그리고 농민은 자신이 알고 있던 것을 농민전쟁에서 세상을 향해 크게 소리쳤으며, 자신의 피를 빨아먹는 흡혈귀 집에 불을 지르는 것으로 보여 주었다. 이런 경우 과학적으로 연구해야 하는 것으로 남는 것은 이러한 관계의 역사적 기원과 발전뿐이다. 즉 어찌하여 유럽 전체에서 이전에는 자유로운 농민의 토지였던 것이 소작료와 사용료를 바칠 의무가 있는 귀족의 장원으로 바뀌었는지, 어찌하여 이전에는 자유로웠던 농민 신분이 부역 의무가 있고 나중에는 경작 의무도 있는 몸종 집단으로 바뀌었는지에 대한 문제뿐이다.

우리가 오늘날의 경제생활에서 나오는 어떤 현상을 주시하자마자 사태는 전혀 다르게 보인다. 가장 주목할 가치가 있고 가장 두드러진 현상 가운데 하나인 상업공황을 예로 골라 보자. 우리 누구나 이미 수차례에 걸친 거대한 상업공황과 공업공황을 경험했으며, 또한 이를 직접 관찰한 프리드리히 엥엘스에 의해 아래와 같이 고전적으로 서술된 진행과정을 알고 있다. "거래는 정체되고, 시장은 포만 상태가 되고, 생산물은 산더미처럼 팔리지 않은 채 시장에 있고, 현금은 볼 수 없게 되고, 신용은 사라지고, 공장은 조용히 서 있게 되고, 노동대중이 생활수단을 너무 많이 생산한 탓에 노동대중에게는 생활수단이 부족하고, 파산이 줄을 잇고, 강매가 속출한다. 쌓여 있던 상품 덩어리가 다소간의 가치저하로 결국 유출될 때까지, 생산과 교환이 점차 다시 진행될 때까지, 정체는 여러 해 동안 지속되고 생산력과 생산물은 대량으로 허비되고 파괴된다. 걸음걸이는 점차 빨라져 속보로 바뀌고, 이 산업상의 속보는 구보로 넘어가고, 구보는 다시 속력을 더욱 높여 고삐를 채우지 않은 채 산업, 신용, 투기의 장을 마구 내달리는 장애물 경마의 질주로 변하며, 그러다가 마침내 목숨을 건 도약 끝에 파산의 구덩이에 다시 빠지게 된다."[18] 우리 모두는 이러한 상업공황이 모든 현대국가에게 공포라는 것을 알고 있지만, 매우 주목할 만한 것은 공황이 다가오고 있음이 예고되는 방식이다. 몇 년 동안 번창과 좋은 실적을 경과한 후에야 비로소 여기저기 언론에서 불명확한 낭설이 시작되며, 증권거래소에서 파산과 관련된 몇몇 불안한 소식이 전해지며, 그런 다음에 언론에서 보내는 눈짓은 더 확실해지고, 증권거래소는 훨씬 소란해지고, 국립은행은 할인율을 높여, 말하자면 보증된 신용을 어렵게 하고 제한하는데, 이런 일은 파산과 정체에 대한 보도가 집중호우처럼 나올 때까지 진행된다. 그리고 공황이 완전히 진행되면, 그때는 누가 공황을 책임져야 하는지를 둘러싸고 논전이 시작된다. 사업가들은 은행이 냉혹하게 신용을 거절한 것에 책임을 돌리며, 은행은 증권거래소 사람들의 투기 광분에 책임을 돌리며, 증권업자들은 산업계에 책임을 돌리고, 산업계는 국내의 화폐 부족에 책임을 돌리는, 등등이다. 그리고 결국 거래가 시작되어 다시 움직이면, 증권거래소도 시세를 공표하고, 신문들은 안도하며 회복의 첫 징후를 알려 결국 희망, 평온, 안전이 한동안 다시 찾아온다. 그럼에도 불구하고 기묘한 것은 모든 관련자나 사회 전체가 공황을 인간의 의지와 인간의 계산 영역 외부에 존재하는 어떤 것인 듯이, 보이지 않는 힘에 의해 우리에게 던져진 운명인 듯이, 엄청난 악천후, 지진 또는 홍수 같은 하늘이 내린 시험의 일종인 듯이 관찰하고 다룬다는 상황이다. 상업신문이 공황에 대해 습관적으로 보도하곤 하는 언어는 "지금까지 맑던 경제계의 하늘이 어두운 구름으로 덮이기 시작했다"라는 표현을 이미 애용하고 있으며, 또는 신문은 은행이 할인율을 냉혹하게 높였다고 알려지면 피할 수 없는 제목인 "폭풍 조짐" 아래 기사를 제공하며, 그와 마찬가지로 그 이후에 우리는 일과성 악천후와 청명해진 지평선에 대해 읽게 된다. 이러한 표현 방식은 경제계가 놀리는 볼펜의 추악함 이상의 무언가를 표현하고 있으니, 기이하기도 한 이른바 공황의 자연법칙과 같은 영향이라는 것과 관련하여서는 전형적인 것이라 하겠다. 현대사회는 공황이 임박함을 공포에 질려 알아차리고, 쏟아지는 우박의 타격에 덜덜 떨고 굴복하면서, 시험이 끝나기를 기다리고, 그런 후 다시 머리를 높이 들고 일단은 두려워하고 의심하지만, 결국에는 진정된다. 이는 중세에 인민이 심각한 기근이나 페스트가 발발할 것을 각오했던 것과 같은 방식, 오늘날 농민이 우박을 동반한 엄청난 악천후를 참고 견디는 방식, 곧 어려운 시험을 마주하고 보이는 것과 동일한 당황과 무기력이다. 최종적으로는 사회현상임에도 불구하고, 기근과 페스트는 우선은 직접적으로 자연현상의 결과, 말하자면 흉작의 결과이거나 병을 일으키는 균이 확산된 결과이거나 그 밖의 결과이다. 악천후는 물리적 자연의 천재지변이며, 최소한 오늘날 자연과학과 기술의 수준에서는 누구도 악천후를 초래하거나 방해할 수 없다. 그런데 현대의 공황이란 무엇인가? 우리가 알고 있는 것처럼, 현대의 공황은 판매처를 찾지 못하는 지나치게 많은 상품이 생산된다는 사실과 그 결과로 상업이 침체되고 이와 함께 산업도 침체된다는 사실에 그 본질이 있다. 상품의 제작, 상품의 판매, 상업, 공업 — 그런데 이런 것은 순전히 인간관계다. 상품을 생산하는 것은 바로 인간이며, 상품을 구매하는 것도 바로 인간이며, 상업은 인간과 인간 사이에 이루어져서, 현대의 공황이 만들어낸 상황 가운데 인간행위 외부에 존재하게 되는 요소를 우리는 하나도 찾을 수 없다. 따라서 인간 사회 자체 말고는 어떤 것도 공황을 주기적으로 야기하지 않는다. 하지만 이와 동시에 우리는 공황이 현대사회에게 진정한 채찍이라는 것, 사람들은 공황을 공포에 떨며 기다리고 절망적으로 견디어 낸다는 것, 그 누구도 공황을 바라지 않고 공황이 오기를 원하지 않는다는 것을 알고 있다. 그렇다면 공황 때 다른 사람들을 희생하여 급속히 부유하게 되기를 노리는 몇몇 증권거래소 늑대를 제외하면, 물론 그 늑대 자신도 자주 사기를 당하긴 하지만, 공황은 모두에게 최소한 위험이거나 교란이다. 아무도 공황을 원하지 않지만, 그래도 공황은 온다. 인간은 공황을 자기 손으로 만들지만, 그래도 결단코 공황을 원하지 않는다. 사실 여기에는 관련자들 가운데 어느 누구도 우리에게 설명할 수 없는 경제생활의 수수께끼가 있다. 중세의 농민이 자기 분할지에서 생산했던 것의 일부는 영주가 원하고 영주에게 필요한 것이었고, 다른 일부는 곡물과 가축, 식료품 같이 그 자신이 원하고 자신에게 필요한 것이었다. 중세의 대영주는 그가 원하고 그에게 필요한 것을 그를 위해 생산하도록 농민에게 시켰는데, 그와 왕실을 위한 곡물과 가축, 고급 포도주와 세련된 옷, 식료품과 사치품이 그런 것이었다. 하지만 오늘날의 사회는 자신이 원하지도 않고 자신에게 필요하지도 않는 것을 생산한다. 공황을 생산한다. 오늘날의 사회는 때때로 사용할 수 없는 생활수단을 생산하고, 팔 수 없는 생산물을 엄청나게 저장해 두고도 주기적으로 기근에 시달린다. 욕구와 충족, 노동의 과제와 결과는 더 이상 일치하지 않으며, 그것들 사이에는 무언가 불분명한 것, 수수께끼 같은 것이 숨겨져 있다.

일반적으로 알려져 있고 만국의 노동자들에게 잘 알려진 다른 것을 예로 들어 보자. 실업을 말하는 것이다.

이제 실업은 공황처럼 사회를 때때로 엄습하는 지각변동이 아니다. 오늘날 실업은 정도야 어떻든 경제생활에 동반되는 지속적이고 일상적인 현상이 됐다. 가장 잘 조직되고 가장 임금을 많이 받는 노동자 부류라도 실업자 명단에 숫자를 올리는 일이 매년, 매월, 매주 끊이지 않는다. 그 숫자는 심하게 변동하지만 결코 완전히 사라지지는 않는다. 오늘날의 사회가 실업, 곧 노동자계급에게 내리치는 이 무서운 채찍에 대해 얼마나 무기력하게 대항하는지는 실업이라는 재해의 규모가 매우 커져서 입법부로 하여금 이 재해를 다루지 않을 수 없게 만들 때마다 드러난다. 그러한 토의가 벌어질 때 나타나는 한결같은 과정을 보자면, 오랫동안 우왕좌왕한 후에, 현존 실업자 수에 대한 앙케트, 즉 설문 조사를 실시하기로 결정하는 것으로 그 절정에 다다른다. 보통 이 조사는 홍수 때 수위계를 보고 물의 양을 측정하듯이 재해의 그때그때의 상태를 측정하는 것에 제한될 뿐이며, 최상의 경우라 해 봐야 재해 자체를 제거하려고는 한 번도 시도하지 않고 실업자 보조금 형태의 약발 적은 미봉책 — 대개 고용된 노동자들이 비용을 부담하는 — 을 통해 그저 재해의 영향을 어느 정도 완화시키는 것에 제한될 뿐이다.

19세기 초반에 영국 부르주아지의 위대한 예언자 맬서스 목사는 자신의 마음을 상쾌하게 하는 잔인한 원칙을 공표했다. “이미 남들이 차지해 버린 세계에 태어났는데 가족이 부양해 줄 수도 없고 사회에서 자신의 노동이 필요하지도 않은 사람이라면, 그에게는 최소량의 식량에 대한 권리도 없다. 그런 사람은 사실 땅에 너무도 널려 있다. 자연이 베푸는 큰 잔치에 그의 몫은 없다. 자연은 그에게 사라지라고 알리고는 이를 지체하지 않고 집행한다.”[19] “사회 개혁적”인 양 겉치레하는 오늘날의 공적 사회는 이처럼 노골적인 솔직함을 금기시한다. 그러나 사실 오늘날의 공적 사회는 결국 “사회에서 자신의 노동이 필요하지 않은” 일자리 없는 프롤레타리아들을 이런저런 방식으로 속도는 달라도 이 세계로부터 “사라지라고” 하며, 이를 대비해 준비된 것이 대공황 때마다 볼 수 있는 질병, 유아 사망률, 재산에 대한 범죄 따위의 증가다.

우리가 사용한 실업과 홍수의 비교야말로 우리가 우리 자신의, 전적으로 사회적인, 순전한 인간사人間事보다 물리적 자연 자체의 천재지변에 덜 무기력하다는 인상적인 사실을 보여 주고 있다! 봄에 독일 동부에 엄청난 손실을 입히는 주기적 홍수는 결국은 전적으로 우리가 지금 수리水利를 방치한 것 전체가 낳은 결과일 뿐이다. 기술 자체로 보자면, 오늘날 수준에서 이미 물의 힘으로부터 농업을 보호할 수단, 나아가 물의 힘을 실용화할 수 있는 수단이 충분히 제공되고 있다. 다만 그 수단은 홍수가 완전히 엄습한 지역을 개축하고, 농토와 목초지를 적절하게 이전하고, 댐과 수문을 설치하고, 강을 정돈하는 따위의 서로 연관되어 있는 합리적인 대규모 수리가 가장 높은 단계에 이르러야만 이용될 수 있다. 물론 이러한 대혁신은 착수되지 않고 있는데, 이는 부분적으로는 사적 자본가나 국가가 이러한 사업에 자금을 대려 하지 않기 때문이며, 부분적으로는 문제가 되는 거대한 지역에서 사적 토지 소유권이 대단히 여럿에게 속해 있다는 한계에 부딪히기 때문이다. 그래도 오늘날의 사회는, 곧 바로 사용할 수 있는 상황은 아닐지라도, 물의 위험에 대처하고 광포한 자연의 힘에 족쇄를 채울 수단을 이미 수중에 지니고 있다. 하지만 실업에 대처할 수단은 오늘날 사회에서 아직 고안되지 않았다. 그런데 실업은 자연의 힘도 아니며, 물리적 자연현상도 아니며, 초인간적 힘도 아니며, 경제관계에서 기인하는 그저 인간이 낳은 산물이다. 그리고 바로 여기서도 우리는 다시 하나의 경제적 수수께끼 앞에 서게 되며, 그 수수께끼란 누구도 의도하지 않았으며 누구도 의식적으로 노력하지 않았지만 자연현상처럼 규칙적으로 모습을 드러내고 인간의 두뇌를 넘어서는 어떤 현상이다.

그러나 우리는 공황이나 실업처럼 오늘날의 삶에서 그처럼 눈에 띄는 현상, 따라서 사태의 일상적 진행에서 나타나는 통상적 생각에 따르면 예외적으로 특이한 자연의 재앙과 사건으로 보이는 현상만 손에 쥐고 있을 필요가 전혀 없다. 모든 나라에서 수도 없이 반복되어 일상에서 가장 평범한 것, 곧 **상품의 가격 변동**을 예로 들어 보자. 모든 상품의 가격은 고착되어 변하지 않는 어떤 것이 아니라 그와 반대로 거의 매일, 때로는 매시간 오르거나 내린다는 사실은 어린아이도 알고 있다. 아무 신문이나 손에 들고 펼쳐서 생산물 시장에 대한 보도를 보면, 어제의 가격 변동에 대해 읽을 수 있다. 밀 가격은 오전에는 약세였다가 정오 즈음에는 어느 정도 살아나고 장이 끝날 때에는 거래소가 가격을 끌어올리거나 그 반대라는 식이다. 구리와 철, 설탕과 채유菜油의 경우도 동일하다. 그리고 다양한 기업들의 주식의 경우도 마찬가지고, 유가증권 거래소에서의 국채와 회사채도 마찬가지다. 가격 변동은 오늘날의 경제생활에서 지속적이고 일상적이며 매우 "정상적인" 현상이다. 그런데 가격 변동으로 인해 매일 매시간 이러한 생산물과 유가증권의 소유자의 재산 상태에 변화가 발생한다. 면화 가격이 상승하면, 면화 재고를 창고에 비축하고 있는 모든 거래상과 공장주의 재산은 일시적으로 증가한다. 가격이 하락하면, 이에 조응해 거래상과 공장주의 재산은 줄어든다. 구리 가격이 올라가면 구리광산의 주식을 지니고 있는 사람은 더 부유해지고, 가격이 하락하면 그 사람은 더 가난해진다. 그래서 사람들은 거래소 소식을 전하는 전보를 토대로 한 가격 변동만으로도 몇 시간 안에 백만장자가 될 수도 있고 거지가 될 수도 있으며, 그리고 사기 주식투기는 본질적으로 이러한 사실에 기인한다. 중세의 영주는 풍작이나 흉작으로 더 부자가 되거나 더 가난해질 수가 있었다. 아니면 지나가는 상인을 잠복하고 기다리는 도둑기사로서 좋은 덫을 놓아 부유해졌다. 아니면 — 언제나 가장 확실하고 인기 있는 수단이었지만 — 예전에 그랬듯이, 부역과 사용료를 더 많이 요구하여 농노들에게서 더 많이 짜낼 수 있게 되면서 부를 늘렸다. 오늘날에는 누구의 도움도 없이, 손가락도 까딱 않고, 어떤 자연현상도 없이, 게다가 누군가에게서 선물을 받거나 누군가에게 폭력적으로 약탈당하지 않아도 갑자기 부유해지거나 가난해질 수가 있다. 가격 변동이란 말하자면 인간의 배후에서 보이지 않는 힘에 의해 조정되어 사회적 부의 분배에 지속적인 변동과 불안정을 야기하는 비밀스러운 운동이다. 사람들은 온도계에 나타난 온도를 읽어내고 기압계에 나타난 기압을 읽어내는 것처럼 그저 이러한 운동을 기록할 뿐이다. 그런데 상품 가격과 가격의 운동은 명백하게 순전한 인간사人間事지 결코 마술이 아니다. 자기 손으로 상품을 제작하고 가격을 정한 것은 인간 이외의 어느 누구도 아니며, 여기서 다시 그의 행위로부터 발생하는 어떤 것은 어느 누구도 의도하거나 노력한 것이 아니며, 여기서 다시 인간의 경제적 행위의 욕구, 목적, 결과는 서로 틈이 벌어진 불균형에 빠진다.

이러한 일은 어디에서 유래하는가? 그리고 인간의 배후에서 인간 자신의 경제생활이 오늘날 이러한 기이한 결과를 낳게 하는 이해할 수 없는 법칙들은 무엇인가? 이는 과학적 연구로만 밝혀진다. 이 모든 수수께끼를 풀려면, 말하자면 인간의 경제적 행위의 결과가 더 이상 인간의 의도, 의지, 간략히 말해 인간의 의식과 일치하지 않는 상황을 낳는 감추어진 연관을 찾아내려면, 연구 과정에서 심오한 숙고, 분석, 비교가 필요하다. 따라서 사회적 경제 내부에서 의식이 결핍된 것으로 보이는 것은 과학적 연구의 과제라는 결론이 나오며, 여기서 우리는 곧바로 정치경제학의 뿌리에 도달한다.

다윈은 자신의 세계 여행 이야기를 하면서 티에라델푸에고 주민에 대해 이렇게 전하고 있다.

"그들은 자주 기근에 시달린다. 나는 이 지방 원주민을 매우 잘 알고 있는 바다표범 사냥꾼들의 대장인 로우 씨가 서쪽 해안에 사는 매우 여위고 대단히 궁핍한 원주민 130명 사회의 상태에 대해 기묘하게 묘사하는 것을 들었다. 일련의 폭풍우로 인해 여성들은 바위에서 조개를 채취할 수 없었으며, 바다표범을 잡기 위해 카누를 출항시킬 수 없게 됐다. 이 사람들 가운데 작은 집단이 어느 날 아침에 출발했고, 다른 인디언들은 로우 씨에게 그들이 식량을 얻기 위해 나흘간 여행을 떠난 것이라고 설명했다. 그들이 돌아왔을 때 로우 씨는 그들을 만나기 위해 그곳으로 갔고, 로우 씨는 그들이 매우 지쳐 있음을 발견했다. 그들 각각은 커다란 사각형 모양의 부패한 고래 지방 가운데 난 구멍에 목을 끼우고 있었는데, 가우초가 판초나 외투를 입고 있는 것 같았다. 이 고래 지방을 천막으로 운반하자마자, 어떤 고령의 남성이 얇고 작은 조각으로 고래 지방을 잘랐고, 그 위에 대고 몇 마디 중얼거렸고, 일 분 동안 그슬린 후 그동안 내내 깊은 침묵을 지키고 있던 굶어죽기 직전의 패거리들에게 나누어 주었다."*

이것이 지구에서 가장 비천한 사람들의 삶이다. 여기는 경제의 의지와 의식적 질서를 관리할 수 있는 경계가 여전히 매우

* D., 245쪽. [찰스 다윈, 『한 자연과학자의 세계 여행』, 제2판, 슈투트가르트, 1899년, 231~232쪽.]

좁다. 인간은 여기서 외부의 자연이 조종하려고 만든 끈에 완전히 묶여 있으며, 자연의 총애와 눈총에 종속되어 있다. 그러나 이 좁은 경계 내부에서는, 전체의 조직이라는 관점이 150명 가량의 개인으로 구성된 이 작은 사회에서 유효하다. 미래를 위한 준비는 부패한 고래 지방을 비축해 둔다는 궁색한 모습으로나 나타난다. 그러나 궁색하게 비축해 둔 것은 일정한 의전儀典을 치루는 가운데 모두에게 분배되며, 먹이를 찾는 노동에는 계획적 지도 아래 모두가 똑같이 참여한다.

그리스의 오이코스, 즉 대체적으로 볼 때 실제로 하나의 "소우주", 곧 그 자체로 작은 세계를 형성했던, 노예가 딸린 고대 가정경제를 보자. 여기서는 이미 가장 큰 사회적 불평등이 지배하고 있다. 원시적 빈궁은 인간 노동의 열매가 쾌적하게 남아도는 상태에 자리를 내주었다. 그러나 육체노동은 어떤 사람에게는 저주가 됐고 다른 사람에게는 특권을 위한 여유가 됐으며, 노동하는 사람 자신은 노동하지 않는 사람의 소유가 됐다. 하지만 이러한 지배 관계로부터 경제의, 노동과정의, 분배의 가장 엄격한 계획성과 조직이 생겨났다. 지배자의 특정한 의지가 이 지배 관계의 원칙이었으며, 노예 감시인의 채찍이 그 응징이었다.

중세의 봉건적 부역 농장에서는 이미 일찍이 전제적專制的 경제제도가 상세하고 완성되어 있는 법전의 양상을 띠고 있었고, 그 법전에는 노동계획, 분업, 각자의 의무와 주장할 수 있는 권리가 분명하고 확실하게 요약되어 있었다. 이 역사 시기의 문턱에 이르면 우리가 이미 알게 된 저 훌륭한 문서가 있다. 여전히 떠들썩하고 쾌활하게 육체적 쾌락의 풍요로움을 탐닉하던 샤를마뉴의 「장원법」을 말하는 것인데, 이 법령집 하나에 의해 경제가 조절됐던 것이다. 이 역사 시기의 문턱 끝에는 족쇄 풀린 금전욕 때문에 봉건영주가 강요한 부역과 사용료에 대한 암울한 법전이 등장해, 16세기[20]에 독일 농민전쟁이 일어나게 됐고, 몇백 년 뒤에야 인권과 시민권을 위한 투쟁으로 가는 대혁명의 날카로운 경종을 통해 비로소 일깨워진 프랑스 농민들을 비참하고 반半동물적인 존재로 만들게 됐다. 그러나 혁명의 빗자루가 봉건왕실을 일소하지 않는 한, 그 비참한 상태에서 봉건 경제의 연관을 피할 수 없는 운명처럼 확실하고 분명하게 규정하고 있던 것은 직접적 지배 관계였다.

오늘날 우리는 주인도 노예도 알지 못하고 봉건남작과 농노도 알지 못한다. 자유와 법 앞에서의 평등이 형식상으로는 모든 전제적 관계를 제거했고, 적어도 오래된 부르주아국가들에서는 그랬다. 하지만 식민지에서는 — 알려진 바와 같이 — 바로 이 오래된 부르주아국가들에 의해 노예제와 농노제가 자주 처음으로 대량으로 도입됐다. 하지만 부르주아지가 있는 곳에서는 경제관계와 관련하여 **자유경쟁**이 유일한 법칙으로서 지배한다. 그런데 그럼으로써 어떠한 계획도, 어떠한 조직도 경제에서 사라진다. 물론 개별 사기업, 현대적 공장이나 크룹[8]과 같은 강력한 공장과 작업장의 복합체, 북아메리카에 있는 초대형 농장을 들여다본다면, 거기서는 엄격하기 그지없는 조직, 지나칠 정도의 분업, 과학적 인식에 토대를 둔 치밀하기 그지없는 계획성 따위를 발견한다. 거기서는 모든 것이 경이롭기 그지없게 하나의 의지, 하나의 의식의 지도를 받는다. 그러나 공장이나 농장의 문을 나서자마자 벌써 혼란이 우리를 사로잡는다. 수많은 개별 부분들 — 오늘날의 사기업이 아무리 거대하기 그지없을지라도 그것은 지구 전체에 걸쳐 뻗어 있는 경제라는 커다란 끈의 부스러기에 불과하다 — 은 매우 엄격하게 조직되어 있는 반면에, 이른바 "국민경제" 전체, 말하자면 자본주의세계경제는 전혀 조직되어 있지 않다. 대양들과 대륙들을 휘감고 있는 전체에서는 어떠한 계획, 어떠한 의식, 어떠한 규제도 효력이 없다. 알려지지 않았고 길들여지지 않은 힘의 맹목적 처분이 인간의 경제적 운명에 변덕스럽게 장난을 치고 있을 뿐이다. 물론 오늘날에도 하나의 초강력 지배자가 노동하는 인류를 통치하고 있으니, 그것은 **자본**이다. 그러나 자본의 정체政體는 전제정치가 아니라 **무정부성**이다.

바로 이러한 사정으로 인해 사회적 경제는 거기에 관여하는 인간 자신들로서는 예상할 수 없는 수수께끼 같은 결과들을 낳게 됐으며, 또한 그와 같은 사정으로 인해 사회적 경제는 우리에게 낯설고 외화外化됐고 우리에게서 독립된 현상이 됐으니, 우리는 바로 이 현상의 법칙들을 외부의 자연현상들을 탐구하는 것처럼, 식물계와 동물계의 생활, 지각변동, 천체 운동 따위를 지배하는 법칙들을 탐구하는 것처럼 연구해야 한다. 그런 뒤에 과학적 인식은 의식적 계획이 처음부터 지시한 것이 아닌 사회적 경제의 의미와 규칙을 발견해야 한다.

이제 왜 부르주아 정치경제학자들에게는 자신들 학문의 본질을 확실하게 끄집어내고 사회질서의 아픈 곳을 손가락으로

찌르고 그 사회질서 내부의 나약함을 고발하는 것이 불가능했는지가 명백하다. 무정부성이 자본 지배의 생존 요인임을 인식하고 인정하는 것은 단숨에 자본 지배에 사형선고를 내리는 것이며, 자본 지배의 생존에게 최종 유예 기간만 보증되어 있을 뿐이라고 말하는 것이다. 이제 왜 자본 지배의 공식적이고 학문적인 옹호자들이 온갖 말솜씨로 사태를 감추려 하는지, 또한 눈길을 알맹이에서 껍질로, 세계경제에서 "국민경제"로 향하게 하려 하는지가 명백하다. 정치경제학적 인식의 문턱을 넘는 첫 걸음에서 이미, 그리고 정치경제학이란 도대체 무엇이며 그 근본문제란 무엇인가라는 최초의 근본적인 질문에서 이미, 오늘날 부르주아 인식과 프롤레타리아 인식의 길은 구별된다. 그토록 추상적이고 현재의 사회적 투쟁에서 중요하지 않아 보이는 이 첫 번째 질문과 함께, 학문으로서의 정치경제학과 혁명적 계급으로서의 현대 프롤레타리아트 사이에 특별한 인연이 맺어진다.

6.

앞에서 얻은 관점에 서면, 처음에는 불확실하게 보였던 다양한 것들이 명백해진다.

우선 정치경제학의 연령이 명확해진다. 무정부적 자본주의 생산방식의 법칙들을 발견하는 것을 과제로 하는 학문은 분명이 생산방식 자체보다 먼저 형성될 수는 없었으며, 또한 그 학문은 현대 부르주아지의 계급 지배를 위한 역사적 조건들이 차례차례 정치적, 경제적 변동을 통해 여러 세기에 걸쳐 모여 하나의 작품을 이루게 됐을 때보다 먼저 형성될 수는 없었다.

뷔허 교수에 따르면 오늘날의 사회질서의 성립은 당연히 지나간 경제적 발전과는 거의 관계가 없는 매우 단순한 사건이다. 말하자면 그저 절대주의적 제후의 드높은 의지와 탁월한 지혜의 열매다.

뷔허 교수는 우리에게 다음과 같이 — 그런데 우리는 "국민경제"라는 개념이 부르주아 교수에게는 자본주의적 생산을 신비화하여 달리 쓴 것일 뿐임을 이미 알고 있다 — 설명한다. "국민경제의 완성은 본질적으로 정치적 집중화의 열매이며, 그 집중화는 중세 말경에 영토상의 국가 형성과 더불어 시작하여 현재 통일민족국가라는 창조물과 더불어 종결된 것이다. 경제적 힘의 통합은 전체라는 상위의 목적에 정치적 특수한 이해관계를 굴복시키는 일과 제휴하며 이루어졌다. 독일을 보자면, 지방 귀족 및 도시와의 투쟁에서 근대적 국가 이념을 분명히 말하고자 했던 것은 제법 규모가 있는 지역 제후들이다."

그런데 나머지 유럽에서도, 즉 에스파냐, 포르투갈, 영국, 프랑스, 네덜란드에서도 이러한 위업을 달성한 것은 제후의 권력이다.

"강도는 서로 다를지라도 이런 모든 나라들에서 중세의 특별한 권력과의 투쟁, 곧 고위 귀족, 도시, 수도회 교구, 종교 단체, 세속 단체 따위와의 투쟁이 나타났다. 확실히 무엇보다도 정치적 통합이 나아갈 길을 방해하는 독립적 무리들을 절멸하는 것이 문제였다. 그러나 제후 절대주의의 완성으로 나아간 운동의 깊디깊은 밑바탕에는 세계사적 사상, 곧 인류의 새로운 위대한 문화적 과제가 민족 전체의 하나의 통일된 조직, 위대하고 생기 넘치는 이해관계 공동체를 요구하고 있다는 세계사적 사상이 졸고 있었다. 그리고 그 사상은 공동경제라는 토대 위에서라야 잠에서 깰 수 있었다."

이곳에서 우리는 독일 정치경제학 교수들에게서 이미 알게 된 사상이 드러내는 저 비굴함이 피운 가장 아름다운 꽃을 보고 있다. 슈몰러 교수에 따르면, 정치경제학이라는 학문은 계몽된 절대주의의 명령으로 성립했다. 뷔허 교수에 따르면, 자본주의 생산방식 전체는 절대주의적 제후의 주권자로서의 의지와 하늘을 요동치게 할 계획이 맺은 열매일 뿐이다. 이제 에스파냐와 프랑스의 강력한 전제자專制者들과 독일의 소소한 전제자들에게 중세 말기에 오만한 봉건영주들과의 싸움박질 때나 네덜란드 도시들과의 피비린내 나는 십자군원정 때 이러저러한 "세계사적 사상"과 "인류의 문화적 과제"에 신경을 썼다는 혐의를 씌운다면 그들을 몹시 옳지 못하게 평가하는 것이 된다. 참으로 역사적 사실마저 뒤죽박죽으로 만드는 것이다.

물론 중앙집권적이고 관료제적인 강대국의 수립은 자본주의 생산방식의 필수불가결한 전제 조건이었지만, 그러한 강대국의 수립을 또한 그와 마찬가지 정도로 새로운 경제적 요구의 결과일 뿐이므로, 상당히 올바르게도 뷔허의 명제를 뒤집어 이렇게 설명할 수도 있다. "본질적으로" 정치적 집중화는 무르익던 "국민경제", 말하자면 자본주의적 생산의 열매였다고 말이다.

그러나 절대주의가 이러한 역사적 준비 과정에 참여했다는 것이 논박할 수 없이 명백한 한, 절대주의는 역사적 발전 경향의 맹목적 수단이 되어 바로 그렇게 어리석고 경솔하게 이러한 역할을 수행한 것이며, 적절한 기회마다 그 경솔함으로 이러한 경향에 저항할 줄도 알았다. 예를 들면, 신의 은총을 입은 중세의 전제자들이 자신들과 함께 봉건영주에 맞서 동맹을 맺은 도시들을 강탈 대상으로만 간주했을 때, 그 전제자들은 이 최초의 기회에 그 도시들을 다시 봉건제에 팔아넘긴 것이었다. 예를 들면, 전제자들이 새로 발견된 대륙을 그 대륙의 사람들과 문화에도 아랑곳하지 않고 곧바로 그리고 전적으로, 가장 짧은 시일에 "제후 금고"를 금 덩어리로 채운다는 "더 높은 문화적 목적"을 위해 가장 잔인하고 악랄하고 거친 싹쓸이 약탈에 매우 적절한 사냥터로 간주했을 때 그러했다. 예를 들면 이후에도, 자본 지배가 방해받지 않고 발전하는 것에 꼭 필요한 것은 물론이려니와 정치적 통일과 중앙집권화된 강대국 자체에도 꼭 필요한 부르주아-의회 체제라 불리는 종이 한 장을 왕권신수설과 자신의 "충성스러운 국민"들 사이에 밀어 넣기 위해 완강히 저항했을 때 그러했다.

사실 중세 말기에 새로운 경제양식이 도래하기 시작되도록 하기 위해, 유럽 국민들의 경제생활 속에서는 완전히 다른 힘이 작동하고 있었고 거대한 변동이 진행 중에 있었다.

아메리카의 발견과 아프리카의 회항, 즉 인도로 가는 항로의 발견으로 인해 예상치 못했던 무역의 도약과 변동이 일어나자, 봉건주의와 도시에서 힘을 미치고 있던 길드 통치가 해체되기 시작했다. 새로 발견한 나라들에서 벌어진 폭력적 정복과 토지 취득과 약탈 행진, 신세계로부터의 귀금속의 갑작스러운 대량

유입, 인도와의 대규모 향신료 무역, 아메리카의 플랜테이션에 아프리카 흑인을 공급한 노예무역의 확대, 이 모든 것이 짧은 기간 동안 서유럽에서 새로운 부와 새로운 욕구를 창조했다. 수천의 족쇄가 채워진 길드 수공업자의 소규모 작업장은 필요한 생산 확장과 생산의 급속한 진전에 방해물임이 드러났다. 거상들은 도시 관할 구역 외부에서 대규모 매뉴팩처로 수공업자들을 규합하는 것으로 해결책을 마련했는데, 여기서는 엄격한 길드 규정에 개의치 않고 자신들 명령 아래 더 빠르고 더 좋게 생산하도록 할 수 있었던 것이다.

영국에 농업혁명을 통해 새로운 생산방식이 도입됐다. 플랑드르에서 양모 매뉴팩처가 번성한 것과 양모에 대한 수요가 커진 것이 영국의 봉건귀족들을 자극하여 엄청난 구간에서 농경지를 양 방목지로 바꾸게 했고, 이때 영국 농민층은 대대적으로 집과 농장에서 추방됐다. 이를 통해 무산 노동자, 프롤레타리아가 대량으로 만들어져, 대두하는 자본주의적 매뉴팩처의 처분에 맡겨져야 했다. 교회 재산의 몰수를 야기한 종교개혁도 동일한 방향으로 작용하여, 몰수한 것을 일부는 궁정 귀족과 투기업자에게 선물로 주었고 일부는 헐값에 팔았으며, 교회 재산에 딸려 있던 농민 인구 대부분도 땅에서 쫓겨났다. 그리하여 매뉴팩처 운영자와 자본주의적 토지 임차인은 프롤레타리아화된 가난한 주민을 대거 발견할 수 있었다. 그 가난한 주민들은 봉건적 족쇄와 길드의 족쇄로부터 벗어나 있었으며, 방랑 생활과 공공 노동 수용소를 거치고 법률과 경찰의 피비린내 나는 박해를 받고 나서는 새로운 착취계급의 임금노예제가 피난처라고 생각하게 됐다. 곧바로 매뉴팩처에서 거대한 기술혁신도 이어져, 점점 더 박식한 숙련 수공업자 대신에, 또한 그런 숙련 노동자와 나란히 무지한 임금프롤레타리아를 대규모로 쓸 수 있게 됐다.

새로운 관계의 이 모든 분투와 충동은 곳곳에서 봉건적 장벽에, 또한 타락 상태가 낳은 비참함에 맞닥뜨렸다. 봉건주의에 제약되면서 봉건주의의 본질에 놓여 있는 자연경제라는 것과 농노제의 무제한 압박으로 인한 인민대중의 빈곤화라는 것은 본성상 매뉴팩처 상품의 판매를 위한 국내시장을 옥죄었고, 그와 동시에 다른 한편으로 도시에서 길드들은 가장 중요한 생산조건인 노동력에 아직도 족쇄를 채우고 있었다. 끝없는 정치적 분열, 부족한 공공 안전, 잘못된 관세정책과 무역정책으로 인한 혼란 따위에 휩싸인 국가기구는 새로운 교역과 새로운 생산을 도처에서 제지하고 괴롭혔다.

서유럽에서 발돋움하고 있던 시민층이 자유로운 세계무역과 매뉴팩처의 대리자로서 자신의 세계사적 사명을 완전히 포기하려 하지 않는 한 이 모든 걸림돌을 이런저런 방식으로 제거해야만 한다는 것은 분명했다. 그들은 프랑스대혁명에서 봉건주의를 산산조각 내기 전에 일단 봉건주의와 비판적으로 담판을 벌였으며, 그리하여 정치경제학이라는 새로운 학문이 중세 봉건국가에 맞서는 투쟁에서, 현대 자본주의 계급국가를 위해, 부르주아지의 가장 중요한 이데올로기적 무기로서 성립됐다. 파괴적으로 다가오던 경제질서는 우선 자신을 급속하게 생성된 새로운 부라는 형태로 드러냈는데, 이때의 부란 서유럽 사회로 흘러든 것이었고, 남은 방책으로는 이미 어찌 할 수 없게 된 가부장제 방식의 봉건적 농민 혹사와는 전혀 다른 더 비옥하고 외관상 무진장한 원천에서 나온 것이었다. 새로운 치부의 가장 두드러진 원천은 처음에는, 대두하고 있던 새로운 생산방식이 아니라 그 생산방식의 선도자인 무역의 힘찬 도약이었다. 정치경제학의 최초의 질문과 이 질문에 대답하려는 최초의 시도가 수면위로 떠오른 곳 또한 중세 말기 세계무역의 가장 중요한 본거지, 곧 지중해 연안의 부유한 이탈리아 무역 공화국과 에스파냐다.

부란 무엇인가? 국가는 무엇을 통해 부유해지고 무엇을 통해 빈곤해지는가? 이것이 봉건사회의 낡은 개념이 새로운 관계의 소용돌이에 휘말려 그 전승된 효력을 상실한 후에 나타난 새로운 문제다. 부란 무엇이든 구매할 수 있는 금이다. 따라서 무역이 부를 창출한다. 따라서 금을 많이 유입하고 나라 밖으로 유출하지 않는 상태에 있는 국가는 부유해진다. 따라서 세계무역, 신세계에서의 식민지 정복, 수출품을 제작하는 매뉴팩처 따위는 국가가 장려해야 하며, 나라에서 금을 빼나가게 하는 외국 생산물 수입은 금지해야 한다. 이런 것이 16세기 말에 이미 이탈리아에서 수면 위로 떠오르고 17세기에 영국, 프랑스에서 큰 효력을 얻게 된 최초의 정치경제학 학설이다. 이 학설은 매우 조잡하긴 하지만, 봉건적 자연경제의 개념 세계와 최초로 냉혹하게 단절한 것이었으며, 그 개념 세계에 대한 최초의 비범한 비판이었으며, 무역과 상품생산에 대한 최초의 이상화理想化였으며, 또한 그런 형태에 있는 자본의 이상화였으며, 마지막으로는 발돋움하는 신생 부르주아지의 마음에 드는 최초의 국가정책 프로그램이었다.

곧바로, 상품을 생산하는 자본가가 상인을 대신해 중심에 밀려들어왔지만, 아직은 조심스럽게 봉건 지배자의 곁방에서 초라한 시종의 가면을 쓰고 있었다. 부는 결코 금이 아니며 금은 상품과의 거래에서 매개자일 뿐이라고, 18세기 프랑스의 계몽주의자들[21]은 선언했다. 번쩍이는 금속에서 국민과 국가의 행복의 담보를 보다니 얼마나 유치하게 현혹된 것이란 말인가! 그 쇠붙이가 내가 배고픔을 느낄 때 나를 배부르게 할 수 있으며 내가 헐벗어 추울 때 나를 추위로부터 지켜줄 수 있단 말인가? 금으로 된 보물을 손에 쥐고 있는 페르시아의 왕 다리우스가 싸움터에서 갈증이라는 지옥 같은 고통에 시달렸어도, 물 한 모금에 대한 대가로 그 보물을 넘겨줄 의사가 없었단 말인가?[22] 그렇다. 부는 왕이든 거지든 우리 모두가 욕구를 충족하게 되는 식량과 소재로 된 자연의 선물이다. 주민이 자신들의 욕구를 더 호화롭게 충족하면 할수록 국가도 더 부유해지는데, 왜냐하면 그럴수록 국가도 세금으로 더 많이 벌이가 생기기 때문이다. 그런데 빵 만드는 곡물과 우리 옷을 잣는 실과 집과 가재도구를 만들 나무와 철을 자연에서 얻어내는 것은 무엇인가? 농업이다! 부의 진정한 샘을 이루는 것은 농업이지 무역이 아니다. 따라서 농업인구 대중, 손으로 모든 부를 창조하는 농민 대중을 한없는 비참함에서 구제해야 하며, 봉건적 착취로부터 보호해야 하며, 살 만하게 북돋아야 한다! (그렇게 되면 나는 내 상품을 위한 판로를 찾을 수 있다고 매뉴팩처 자본가는 조용히 덧붙인다.) 따라서 농업에서 부 전체를 수중으로 모아가는 것은 대지주와 봉건남작이어야 하며, 이들이 세금을 납부해 국가를 부양하는 유일한 사람들이다. (따라서 부라는 것을 창출하지 못하는 나는 세금을 납부할 필요가 없다고 자본가는 미소를 지으며 또 한 번 중얼거린다). 따라서 자연의 품속에서 이루어지는 노동인 농업이 봉건주의의 모든 족쇄로부터 해방되기만 하면 되고, 그렇게 되면 국민과 국가를 위한 부라는 분수噴水는 자연스럽게 풍요로움으로 흘러가고, 그럼으로써 모든 사람의 최고의 행복은 저절로 필연적으로 전체와 자연스러운 조화를 이룬다는 것이다.

자본가다운 부르주아지는 다가오고 있던 바스띠유 돌격의 함성을 계몽주의자들의 이러한 학설에서 이미 분명하게 들을 수 있었고, 그리하여 곧바로 자신들이 충분히 강력하여 굴종의 가면을 벗고 전면으로 힘차게 나서 단도직입적으로 국가 전체를 자신들이 제시한 본보기를 따라 개조하라고 요구할 수 있다고 느꼈다. 농업이 결코 부의 유일한 원천이 아니라고 밝힌 것은 18세기 말 영국의 애덤 스미스였다. 상품생산을 위해 끌어댄 임금노동이라면 모두 농장에서든 매뉴팩처에서든 부를 창조한다! (애덤 스미스는 **노동**이라면 모두라고 말했다. 그러나 그에게나 그의 추종자에게나 — 벌써 그들은 대두하는 부르주아지의 주둥이에 불과했다 — 노동하는 인간이란 당연히 자본주의 임금노동자였다!) 왜냐하면 임금노동이라면 모두 노동자 자신의 부양에 무엇보다도 필요한 임금을 창조하는 이외에 지주의 부양을 위한 지대와 자본 소유자인 기업주의 부인 이익도 창조하기 때문이다. 그리고 자본의 명령 아래 작업장에 끌어댄 노동자 무리가 많으면 많을수록, 또 그들 사이에 분업이 정확하고 주도면밀하면 할수록, 부는 더 커졌다. 그러므로 이것이 비로소 진정한 자연스러운 조화이며, 국가의 진정한 부다. 노동이라면 모두, 노동자에게는 생계와 어쩔 수 없이 계속되는 임금노동을 유지하는 데 필요한 임금을, 지주에게는 걱정 없는 삶에 충분한 지대를, 기업주에게는 좋은 기분으로 사업을 계속하도록 유지시키는 이윤을 가져다준다. 그리하여 봉건주의의 낡고 어설픈 수단 없이도 모두를 보살핀다. 따라서 전체가 작동되도록 유지하고 부의 금빛 혈관인 임금노동에게서 피를 뽑아내는 자본주의 기업주들의 부를 장려하면 "국가의 부"를 장려하는 것이다. 따라서 지나간 좋은 시절의 모든 족쇄 및 걸림돌과 관련된 일이 착착 진행되며, 새로이 빛을 쐬게 된 아버지 같은 국가를 행복하게 해 주는 방법과 관련된 일도 착착 진행된다. 자유경쟁, 사적 자본의 자유로운 만개, 자본주의 기업주에게 도움이 되는 조세기관과 국가기관 전체 — 이 모든 것들이 이러한 최상의 세상에서 최상으로 작동될 것이다!

이것이 모든 베일을 걷고 나온 부르주아지의 경제 복음이었으며, 이로써 정치경제학은 그 핵심과 진정한 모습에서 최종적으로 영세를 받았다. 물론 봉건국가에 대한 부르주아지의 실제적인 개혁 제안과 훈계는 그 시도 단계에서 대단히 절망적으로 좌초했으며, 새 포도주를 낡은 부대에 부으려던 역사적 시도 또한 다시 좌초했다. 반세기에 걸친 개혁적인 땜질 시도가 이루지 못한 일은 혁명의 망치가 24시간 만에 완수했다. 실로 부르주아지에게 지배의 조건을 손에 쥐어준 정치적 권력 탈취 행위였다.

그런데 정치경제학은 계몽 시대의 철학이론, 자연권 이론, 사회이론과 함께, 그리고 그 가운데서도 가장 중요하게, 자성의 수단이었고 부르주아지 계급의식의 정식화였고 그 자체로 혁명적 행동을 위한 전제 조건과 자극이었다. 유럽에서, 아는 것이 가장 적은 곁가지에 이르기까지 세계를 갱신하는 작업에 무언가를 제공한 것은 고전학파 정치경제학 사상이었다. 영국에서 부르주아지는 세계시장에서 자신들의 지배를 개시하게 한 자유무역을 위한 투쟁의 질풍노도 시대에 스미스-리카도의 병기창에서 무기를 꺼내왔다. 예나에서 타격을 받은 후에 프로이센의 봉건적 잔재를 무언가 근대적인 것으로 올바르게 꾸미고 생존력 있게 만들려 했던 슈타인-하르덴베르크-샤른호르스트 시대의 개혁[23] 또한 자신의 이념을 영국의 고전에 나오는 학설에서 찾았으며, 그리하여 1810년에 독일의 젊은 정치경제학자 마르비츠는 나뽈레옹 외에 애덤 스미스가 유럽에서 가장 강력한 지배자라고 적을 수 있었던 것이다.

이제 정치경제학이 왜 고작 150년 전에야 성립됐는지를 파악했다면, 그와 동일한 관점에 서면 정치경제학의 앞으로의 운명 또한 명확해진다. 정치경제학이 자본주의 생산방식의 특수한 법칙에 대한 과학을 서술하는 것이라면, 그 존재와 기능은 명백히 자본주의 생산방식의 생존과 묶여 있게 되며, 그 토대는 자본주의 생산방식이 존속하기를 멈출 수밖에 없게 되자마자 없어진다. 달리 말하자면, 학문으로서의 정치경제학은 무정부적 자본주의경제가 계획적 경제질서에게, 노동하는 사회 전체에 의해 의식적으로 조직되고 지도되는 경제질서에게 자리를 내주자마자 그 역할을 다하게 된다. 따라서 현대 노동자계급의 승리와 사회주의의 실현은 학문으로서의 정치경제학의 종말을 뜻한다. 여기서 정치경제학과 현대 프롤레타리아트의 계급투쟁 사이에 특별한 연관이 맺어진다.

자본주의 생산방식의 성립, 발전, 확산의 법칙을 밝히는 것이 정치경제학의 과제이며 대상이라면, 그로부터 나오는 부정할 수 없는 결론이란 정치경제학은 더 나아가 자본주의 쇠퇴의 법칙, 곧 자본주의가 이전의 경제형태들과 마찬가지로 영원히 지속되는 것이 아니라 하나의 일시적인 역사 단계일 뿐이며 사회발전의 끝없는 사다리의 하나의 가로장일 뿐이라는 법칙 또한 폭로해야 한다는 것이다. 자본주의 대두에 대한 학설은 이처럼 논리적으로 자본주의 몰락의 학설로, 자본의 생산방식에 대한 학문은 사회주의의 과학적 논증으로, 부르주아지의 이론적 지배 수단은 프롤레타리아트 해방을 위한 혁명적 계급투쟁의 무기로 급변한다.

물론 정치경제학의 일반적 문제의 이 두 번째 부분은 프랑스의 부르주아계급의 학자도 영국의 학자도 해결하지 못했고, 독일에서는 더욱더 그렇다. 자본주의 생산방식의 이론에서 최종적 결론을 끌어낸 것은 처음부터 혁명적 프롤레타리아트의 관점에 서 있던 사람, 칼 맑스였다. 그럼으로써 사회주의와 현대 노동자운동은 처음으로 과학적 인식의 확고한 토대 위에 서게 됐다.

인간의 평등과 우애에 기인하는 사회질서의 이상형으로서, 꼬뮌주의 공동체의 이상형으로서 사회주의는 수천 년 된 것이다. 최초의 기독교 사도들에게, 중세의 다양한 종파에게, 농민전쟁에서, 사회주의 이념은 언제나 현존 사회에 대한 분개를 가장 발본적으로 표명하며 활활 타올랐다. 언제나 또 어떤 역사적 환경에서나 하나의 이상형으로 추천될 수 있었던 바로 그 이유로 인해, 사회주의는 개별화되어 있던 몽상가들의 아름다운 꿈에 지나지 않았고, 금빛 찬란한 환상에 지나지 않았고, 구름층을 배경으로 허공에 떠 있는 모습의 무지개처럼 다다를 수 없는 것에 지나지 않았다.

18세기 말과 19세기 초에 최초로 사회주의 이념은 종교적-종파적 몽상에서 분리되어, 대두하고 있던 자본주의가 사회에 야기한 공포와 황폐화의 반조返照로서 힘차고 확고하게 등장했다. 하지만 아직도 사회주의는 엄밀히 말해 하나의 꿈일 뿐이며 몇몇 비범한 두뇌의 발명품이다. 우리는 프롤레타리아트의 혁명적 반란의 최초의 선봉장 그라쿠스 바뵈프의 이야기를 듣게 된다. 그는 프랑스대혁명이 벌어지는 동안 폭력을 통해 사회적 평등을 도입하고자 기습을 감행한 사람이며, 그가 꼬뮌주의자로서 노력을 기울일 때 의지할 줄 알았던 유일한 사실이란 현존 사회질서의 지나친 부당함이었다. 그 부당함에 가장 우중충한 색을 입히기 위해, 그는 지치지 않고 정열적인 논문과 소책자를 썼으며, 자신에게 사형선고를 내린 법정에서 변론했다. 그가 전한 사회주의 복음이란 현존 사회의 부당함, 노동대중의 역경, 고통, 비참, 굴욕 따위를 고발하기를 단조롭게 되풀이하는 것이었고, 노동대중의 희생으로 한 줌의 게으른 자들이 부유해지고 지배하고 있다는 것이었다. 바뵈프에 따르면, 현존 사회질서는 충분히 몰락할 만하며, 따라서 1793년에 자꼬벵[24]이 정치권력을 잡고 공화국을 설립한 것처럼 국가권력을 장악하고 평등 체제를 도입할 단호한 인간 집단이 나타났다면 수백 년 전이라도 그 즉시 이미 몰락했을 수도 있었다.

세 명의 위대한 사상가인 프랑스의 생-시몽과 푸리에, 영국의 오언은 방법은 전혀 달랐어도 본질적으로는 같은 토대에서 기인하여, 지난 세기 20년대와 30년대에 훨씬 독창적이고 빛나게 사회주의 이념을 주장했다. 물론 사회주의 실현을 위한 혁명적 권력 장악에 대해서는 거명된 사람들 가운데 어느 누구도 전혀 생각하지 않았다. 그와는 반대로 그들은 대혁명 이후의 세대 전체가 그렇듯, 모든 사회적 전복과 모든 정치에 환멸을 느끼고는 순전히 평화적인 선전 수단을 대놓고 신봉했다. 물론 사회주의 이념의 토대였던 것은 이들 모두에게 동일했다. 본질적으로 프로젝트, 곧 천재적 두뇌의 발굴일 뿐이어서, 들볶이고 있는 인류를 부르주아 사회질서의 지옥에서 구하기 위해 그 두뇌가 인류에게 스스로를 화신化身으로 추천한다는 것이다.

그리하여 앞서 말한 사회주의 이론들은 비판이라는 힘과 미래 이상형의 마력이라는 힘에도 불구하고 당대의 현실운동과 투쟁에 별다른 영향을 끼치지 못했다. 바뵈프는 혁명사의 한 페이지에 빛나는 짤막한 한 줄을 남기는 것 말고는 다른 흔적도 없이 한 줌의 친구들과 함께 반혁명의 큰 파도 속에서 흔들리는 작은 배처럼 몰락했다. 생-시몽과 푸리에가 낳은 것은 감격하던 재능 있는 신봉자 분파뿐이며, 그 신봉자 분파는 사회 이념, 비판, 시도와 관련하여 내실 있고 결실 있는 자극을 마련하고는 얼마 후 흩어지거나 새로운 다른 방향으로 나아갔다. 오언은 프롤레타리아트 대중에게 가장 많은 영향을 끼치긴 했으나, 그것도 1830년대와 40년대에 영국 노동자의 엘리트 군대를 감격시킨 후에는 흔적도 없이 사라졌다.

새로운 사회주의 지도자 세대는 1840년대에 등장했다. 독일의 바이틀링, 프랑스의 프루동, 루이 블랑, 블랑끼가 그들이다. 노동자계급은 이미 자본 지배에 대한 자신들의 투쟁을 시작하여, 프랑스에서는 리옹 견직공의 초보적 봉기로, 영국에서는 차티스트운동으로 계급투쟁의 신호를 보냈다. 그러나 피착취 대중의 이러한 자연 발생적인 동요와 다양한 사회주의 이론 사이에는 직접적 연관이 없었다. 혁명적으로 일어선 프롤레타리아 대중은 특정한 사회주의적 목표를 안중에 두고 있지 않았으며, 사회주의 이론가들 또한 자신들의 이념으로 노동자계급의 정치투쟁을 뒷받침하려 하지 않았다. 그들의 사회주의란 일종의 꾀를 부려 궁리해 낸 제도, 즉 정당한 상품교환을 위한 프루동의 인민은행이나 루이 블랑의 생산조합 같은 것을 통해 실현될 터였다. 사회혁명의 실현을 위한 수단으로 정치투쟁에 의지한 유일한 사회주의자는 블랑끼였으며, 그럼으로써 그가 그 시기의 프롤레타리아트 및 그들의 혁명적 계급 이해관계의 유일하고 현실적인 대표자였다. 그렇지만 그의 사회주의라는 것도 엄밀히 말하면, 혁명적 소수의 단호한 의지의 결실이자 그들이 수행하는 급작스러운 전복의 열매로서 실행되기만 하면 언제든 실현 가능한 식의 프로젝트였다.

1848년은 낡은 사회주의의 모든 변종의 정점인 동시에 위기가 됐을 터였다. 이전의 혁명적 투쟁의 전통에 영향을 받고 다양한 사회주의 제도에 흥분한 빠리 프롤레타리아트는 정당한 사회질서라는 애매한 이념에 열정적으로 몰두했다. 루이-필립의 시민왕정이 실각하자마자, 이제 빠리의 노동자들 측에서 권좌를 이용해, 깜짝 놀란 부르주아지에게 "사회 공화국"과 새로운 "노동조직"의 실현을 요구했다. 프롤레타리아트의 임시정부는 이 프로그램을 시행하라고 잘 알려진 3개월이라는 기한을 허용했고, 그동안 노동자들은 굶주리며 기다렸지만, 부르주아지와 소시민층은 조용히 무장하고 노동자 진압을 준비했다. 이 기한은 기억할 가치가 있는 6월학살로 끝났고, 언제든 실현 가능한 "사회 공화국"이라는 이상은 빠리 프롤레타리아트가 흘린 피에 질식했다. 1848년혁명은 사회적 평등의 제국을 가져온 것이 아니라 부르주아지의 정치적 지배를 가져왔고, 제2제국 하에서 벌어진 자본주의적 착취의 예기치 못한 도약을 가져왔다.

하지만 낡은 학파의 사회주의가 6월반란의 부서진 바리케이드 아래 영구히 매장된 것처럼 보이던 바로 그 시기에, 사회주의 이념은 맑스와 엥엘스에 의해 전혀 새로운 토대 위에 세워졌다. 이 둘은 사회주의를 위한 거점을 현존 사회질서에서 벌어지는 도덕적으로 비난받을 일에서도 찾지 않았으며, 오늘날의 국가에 사회적 평등이 어느새 도입될 수도 있다는 식의 있을 수 있는 한에서 가장 매력적이고 유혹적인 프로젝트를 고안하는 것에서도 찾지 않았다. 그들은 오늘날 사회의 경제관계에 대한 연구에게 도움을 청했다. 이와 관련하여, 자본주의 무정부성의 법칙들 그 자체에서 맑스는 사회주의적 노력을 위한 진정한 단서가 될 만한 점을 발견했다. 프랑스와 영국의 정치경제학 고전들이 자본주의경제가 생존하고 발전하는 법칙을 발견했다면, 맑스는 그들이 멈춘 바로 그곳에서 50년 후에 작업에 착수했다. 그로 보자면, 오늘날의 경제질서가 드러내는 바로 그 법칙들이 어떻게 그 경제질서 자체의 몰락을 목표로 노력하고 있는지를, 즉 무정부성이 만연하게 함으로써 점점 더 사회의 존립을 위협하고 파괴적인 경제적 및 정치적 파국이 사슬처럼 이어지도록 만들면서 경제질서의 몰락을 목표로 노력하고 있는지를 밝혔다. 말하자면 맑스가 증명한 바처럼, 전 사회와 인류 문화가 고삐 풀린 무정부 상태의 경련 속에서 몰락하지 않는다면, 일정한 성숙 단계에 이르렀을 때 노동하는 사회 전체에 의해 의식적으로 조직되는 계획적인 경제양식으로 이행하는 것이 불가피하도록 만드는 것은 바로 자본 지배 자체의 발전 경향이다. 그리고 지배하는 자본 스스로가 장래에 자본 자신의 무덤을 팔 사람들인 프롤레타리아를 점점 더 거대한 무리로 결합시킴으로써, 그리고 자본이 지구 모든 나라로 확대되어 무정부 상태의 세계경제를 만들고 그와 동시에 자본주의 계급 지배를 제거하기 위한 혁명적 세계 권력으로 만국의 프롤레타리아트를 결집시킬 토대를 창조함으로써, 이 운명의 시간을 더욱 정력적으로 가속화했다. 그럼으로써 사회주의는 하나의 프로젝트이기를, 어떤 아름다운 망상이거나 각각의 나라에서 개별 노동자 집단이 혼자 힘으로 감당하는 실험이기를 멈춘다. 국제 프롤레타리아트 공동의 정치적 행동강령으로서 사회주의는 **역사적 필연**이니, 사회주의는 자본주의가 드러내는 경제적 발전 경향이 맺은 열매이기 때문이다.

이제 왜 맑스가 자기 자신의 경제학설을 공식적 정치경제학 외부에 두고 "정치경제학 비판"이라 명명했는지가 분명해진다. 맑스가 피력한 자본주의 무정부 상태의 법칙들과 그 무정부 상태의 장래의 몰락은 물론 그 자체로는 부르주아 학자들이 창조한 것과 같은 정치경제학을 계승한 것일 뿐이지만, 최종 결과로 보자면 부르주아 학자들의 출발점과 첨예하게 대립하며 계승한 것이다. 맑스의 학설은 부르주아경제학의 자손이지만, 모체의 생명을 대가로 탄생한 자손이다. 맑스의 이론에서 정치경제학은 완성됐지만 또한 학문으로서는 종결을 보았다. 더 이어져야 하는 것 — 맑스의 학설을 세부적으로 확충하는 것은 논외로 하자면 — 은 이 학설을 실행에 옮기는 것, 말하자면 사회주의 경제질서의 실현을 위한 국제 프롤레타리아트의 투쟁뿐이다. 따라서 학문으로서의 정치경제학의 종말은 세계사적 행위, 곧 정치경제학 학설을 계획적으로 조직되는 세계경제라는 실천에 옮긴다는 것을 뜻한다. 정치경제학 학설의 마지막 장章은 세계 프롤레타리아트의 사회혁명이다.

이로써 정치경제학과 현대 노동자계급 사이의 특수한 연관은 하나의 상호 관계임이 입증된다. 한편으로 맑스에 의해 확장된 바와 같은 정치경제학은 다른 모든 학문보다 프롤레타리아트를 계몽하는 데 없어서는 안 될 기초라면, 다른 한편으로 계급의식이 있는 프롤레타리아트는 오늘날 정치경제학설을 이해하고 수용할 수 있는 유일한 청중을 이룬다. 낡은 봉건사회의 황폐한 폐허가 눈앞에 나타나서야 비로소, 프랑스에서는 께네와 부아기유베르가, 영국에서는 애덤 스미스와 리카도가 일찍이 자부심과 열정에 충만하여 신생 부르주아 사회를 주시했으며, 부르주아지의 떠오르는 천년 제국과 그 "자연스러운" 사회적 조화에 대한 확실한 믿음을 지닌 채 자신들의 날카로운 눈길로 자본주의 법칙들의 심연을 대담하게 파고들었다.

그 이래로, 점점 힘차게 불어나는 프롤레타리아 계급투쟁, 특히 빠리 프롤레타리아트의 6월반란은 자기 자신이 거룩하다는 부르주아사회의 믿음을 오래전부터 파괴해 왔다. 부르주아사회는 지혜의 나무에서 딴 현대적 계급적대를 삼킨 이래로, 그들 자신의 정치경제학의 창조자가 일찍이 세계에 보여 준 고전적인 적나라함을 혐오했다. 현대 프롤레타리아트의 대변자들이 치명적 무기를 정치경제학의 학문적 발견에서 끄집어냈다는 것은 이제 분명하다.

그리하여 수십 년 전 이래로, 진정한 학문인 한에서, 사회주의정치경제학뿐만 아니라 자본주의정치경제학도 소유계급 귀에는 들리지 않는 것을 설교하게 된 것이다. 자기 자신들의 위대한 선조들의 학설을 이해할 능력이 없이, 더욱이 그 학설에서 태어나서 부르주아사회에 조종을 울리는 맑스의 학설을 수용할 능력도 없이, 오늘날의 부르주아 학자들은 온갖 학문적인 사상과 흥미로운 과오로 가득 찬 형체도 없는 쓰레기 곤죽을 정치경제학이라는 이름 아래 읊고 있으니, 그들은 더 이상 자본주의의 실제 경향을 탐구한다는 목적을 따르는 것이 아니라 자본주의가 유일하게 가능하고 영원한 최고의 경제질서라고 옹호하기 위해 실제 경향을 베일로 가린다는 그와 반대이기까지 한 목적을 따를 뿐이다.

부르주아사회로부터 잊히고 배반당하자, 과학적 정치경제학은 이론적 견해뿐만 아니라 활동상의 충족감도 정치경제학에서 찾고자 하는 계급의식적 프롤레타리아들 가운데서 청중을 찾고 있다. 정치경제학은 특히 다음과 같은 라쌀레의 유명한 말에 부합된다. "사회의 적대적 양극인 과학과 노동이 부둥켜안는다면 그 팔로 모든 문화적 걸림돌을 압살하게 될 것이다."[25]

III. 경제사와 관련된 것 (I)

1.

가장 오래되고 가장 원시적인 경제형태들에 대한 우리의 지식이라는 것은 매우 최근에 얻게 된 것이다. 1847년에서야 맑스와 엥엘스는 과학적 사회주의에 대한 첫 번째 고전인 『꼬뮌주의 선언』에서 "지금까지의 모든 사회의 역사는 계급투쟁의 역사다"라고 썼다.[26] 과학적 사회주의의 창시자들이 이러한 견해를 공포한 바로 그때, 이미 이 견해는 새로운 것들이 발견되면서 모든 면에서 흔들리기 시작했다. 인간 사회의 오래된 경제상태에 대해 그때까지는 알려지지 않았던 인식이 거의 매년 생겨났으며, 그로 인해 얻게 된 결론은 다양한 사회계급으로의 구분이라는 것이 전혀 없고 빈부의 차이가 없고 사적 소유가 없기 때문에 계급투쟁이 없었던 어마어마하게 긴 기간의 지난 역사가 있었을 수밖에 없다는 것이었다.

1851년에서 1853년에 에어랑엔에서 게오르크 루트비히 폰 마우러의 첫 번째 획기적 저작 『마르크 체제, 장원 체제, 촌락 체제, 도시 체제, 공권력의 역사를 위한 서설』이 출간되면서, 게르만의 과거에, 그리고 중세의 사회경제적 구조에 새로운 빛이 던져졌다. 이미 수십 년 전 이래로 독일이나 북유럽 나라들과 아이슬란드 섬 몇몇 곳에서 사람들은 그 지역들에 토지 공동소유, 일종의 농업 꼬뮌주의가 있었음을 암시하는 태곳적 토지제도의 기묘한 잔여물들과 마주쳤다. 하지만 처음에는 이 잔여물들을 해석할 줄을 몰랐다. 그 이전에 일반적으로 퍼져 있던, 특히 뫼저와 킨들링어 이래로 퍼져 있던 견해에 따르자면, 유럽에서 땅을 가는 일은 개별 농장에서 시작됐으며, 농장 소유자의 사적 소유인 그 각각의 농장은 경계로 둘러싸여 분리되어 있었다. 사람들이 믿고 있었던 바에 따르면, 중세 후반에야 비로소 안전 때문에, 당시까지 흩어져 있던 거주지들을 가까이 모아 촌락을 만들었고 농장의 경계를 뒤섞어 촌락의 경계를 만들었다. 정확하게 검토하면 이런 견해는 대단히 황당해 보인다. 이를 논증하려면 믿을 수 없는 것도 받아들여야 한다. 말하자면, 부분적으로는 그저 다른 곳에 다시 짓기 위해 서로 멀리 떨어져 있는 거주지들을 허문다는 사실을 받아들여야 하며, 더 나아가서는 각각이 자신의 농장을 둘러싸고 있는 사유지인 밭을 완전히 자유롭게 경영하던 쾌적한 상태를 자발적으로 포기하고는 자기 밭을 가느다란 띠 모양으로 쪼개 전적으로 촌락 구성원들에게 의존하는 경영을 다시 유지하게 된다는 사실도 받아들여야 한다. 이 이론은 이처럼 황당했지만 18세기 중반까지 여전히 지배적이었다. 폰 마우러에 의해 비로소 이 모든 개별적 발견이 비범하고 훌륭하게 고안된 이론으로 통합됐으며, 토지 공동소유는 중세 말에야 형성된 것이 아니라 일반적으로 게르만족이 유럽에 정착할 때 애초부터 전형적이고 일반적인 태곳적 형태였다는 점이 엄청난 실증 자료와 오래된 기록, 문서, 법제도에 대한 철저한 연구를 근거로 최종적으로 증명됐다. 그러니까 2천 년 전에는, 그리고 그보다 훨씬 앞서서는, 기록된 역사만으로는 아직 아무 것도 알지 못하는 게르만족의 까마득한 옛날 옛적에는, 오늘날과는 본질적으로 다른 게르만 상황이 지배하고 있었다는 것이다. 성문화된 강행법규를 갖춘 국가도, 부자와 빈자 사이의 분열과 지배하는 자와 노동하는 자 사이의 분열도, 당시 게르만족에게는 알려져 있지 않았다. 그들은 자유로운 부족과 씨족을 이루며 오랫동안 유럽을 이리저리 옮겨 다니다가, 처음에는 일시적으로, 결국에는 영속적으로 정착했다.[27] 폰 마우러가 증명한 것처럼, 최초로 땅을 간 것, 특히 독일에서 땅을 가는 일은 개별 씨족이나 부족이 아니라 씨족 전체나 부족 전체에 의해 처음으로 시작됐는데, 이는 아이슬란드에서 땅을 가는 일이 frälldalid와 skulldalid ― 친구 집단이나 동행자 집단 같은 것 ― 으로 명명되는 비교적 커다란 집단에 의해 시작된 것과 마찬가지다. 로마인이 우리에게 전달한 고대 게르만족에 대한 가장 오래된 정보도 이러한 견해가 사실임을 보증하며, 전승된 제도에 대한 조사도 그 점을 보증하고 있다. 독일에 처음으로 모여 산 것은 편력 유목민이었다. 다른 유랑민에게도 그렇듯 그들에게도 목축이 중요한 일이었고, 따라서 풍부한 방목지를 소유하는 것이 중요한 일이었다. 그렇지만 그들은 길게 보면 경작하지 않으면 생존할 수 없었는데, 이는 과거와 최근의 다른 떠돌이들의 경우도 마찬가지다. 그리고 약 1,000년 전인 율리우스 카이사르 시대에 카이사르에게 알려져 있던 게르만 종족들 가운데 수에비족, 즉 슈봐벤족이 바로 이러한 상태, 즉 농경과 결합된 유랑민 경제였으나 그래도 목축이 중요한 일이고 농업은 어떤 부차적인 것으로 보인 상태였다. 그런데 그와 유사한 상태, 풍속, 제도는 프랑크족, 알레만니족, 반달족과 다른 게르만족들에서도 확인됐다. 한데 모일 부족이나 씨족 별로 모든 게르만 종족이 정착하게 되는데, 이들은 처음에는 매우 빠르게 토지를 경작하다가, 더 강한 부족이 앞이나 뒤에서 밀고 들어오거나 방목지가 더 이상 충분하지 않게 되자마자 다시 계속 이동하게 됐다. 떠돌던 부족들이 멈추게 되고 더 이상 한 부족이 다른 부족을 몰아내지 않게 되자 비로소, 이들 부족은 오랫동안 정착지에 머물게 됐고 그 뒤로 점차 안정된 거주지를 유지하게 됐다. 그러나 더 이른 시대든 더 늦은 시대든, 자유로운 토지에서든 고대 로마의 속령이나 슬라브족 속령에서든, 정착은 부족이나 씨족 전체 단위로 이루어졌다. 각 부족이 일정한 영역을 차지하거나 부족 안에서 각 씨족이 일정한 영역을 차지하면, 해당 지역은 대개 모두의 것이었다. 고대 게르만족들은 토지와 관련하여 내 것 네 것을 알지 못했다. 오히려 그 어떤 씨족이라도 정착할 때에는, 씨족에게 속하는 영역 전체를 공동으로 경영하고 나누고 경작하는 이른바 마르크조합을 만들었다. 개별 구성원은 추첨을 통해 경작지 지분을 얻었는데, 그 지분은 일정한 기간 동안만 이용하도록 위임된 것이며, 그때 토지 지분이 가장 균등하게 나뉘도록 감시가 이루어졌다. 무장이 가능한 남성들의 100인조를 이루기도 했던 그러한 마르크조합의 모든 경제적, 법적, 일상적 업무는 마르크조합 구성원들의 회합에서 스스로 규제했고, 그 회합에서는 마르크 책임자와 다른 공직자를 선출하기도 했다.

공간이나 경작할 수 있는 땅이 부족하여 대규모 정착이 불가능하게 된 산악 지대, 숲이나 습지 지대, 예를 들어 오덴발트, 베스트팔렌, 알프스 같은 곳에서만 게르만족은 개별 농장을 만들며 정착했다. 하지만 이들 개별 농장들도 조합을 이루었고, 밭은 아니라도 목초지, 숲, 방목지 따위를 촌락 전체의 공동소유로 하여 이른바 공용지Allmende를 형성했으며, 모든 공무를 마르크조합을 통해 처리했다.

대개 100여 개였던 이러한 많은 마르크조합의 통합체로서의 부족은 주로 최고 사법기관이나 군부대로만 작동했다. 폰 마우러가 열두 권으로 된 대작에서 증명한 것처럼, 이러한 마르크조합 조직은 중세 아주 초기부터 근대 후기에 이르기까지 흡사 사회라는 직물 전체의 가장 작은 세포처럼 토대를 이루고 있어서, 봉건적 부역 농장, 촌락, 도시는 저 마르크조합에서 다양한 변형을 거쳐 생긴 것이며 그 잔해들은 오늘날까지도 중부와 북부 유럽의 몇몇 지역에서 발견된다.

태곳적 토지 공동소유가 독일과 북유럽 나라들에서 최초로 발견됐다는 것이 알려지자, 그런 공동소유가 게르만족의 특성으로만 설명되는 특수하게 게르만적인 제도임을 밝히는 단서를 찾으려는 이론이 등장했다. 폰 마우러 자신은 게르만족의 농업 꼬뮌주의라는 이러한 민족적 이해방식으로부터 완전히 자유로웠으며 다른 민족에도 유사한 예가 있음을 지적했음에도 불구하고, 오래된 농촌 마르크조합은 게르만의 공공관계와 법률관계의 특수성, "게르만 정신"의 발현이라는 명제가 주로는 독일에서 여전히 확고했다. 하지만 태곳적 게르만 촌락꼬뮌주의에 관한 폰 마우러의 최초의 저작과 거의 동일한 시기에 유럽 대륙의 전혀 다른 지역에서 새로운 발견이 이루어졌다. 러시아 황제 니꼴라이 1세의 요청으로 1840년대 초반 러시아를 여행한 베스트팔렌 남작 폰 학스타우젠은 1847년부터 1852년에 걸쳐 독일에서 『러시아 내부 정세, 국민 생활, 특히 토지제도에 대한 연구』를 출간했다. 어안이 벙벙했던 세상은 유럽 동쪽에 현재에도 그와 완전히 유사한 제도가 존재한다는 사실을 이 저작에서 알게 됐다. 독일에 수백 수천 년 켜켜이 쌓여 있는 것에서 잔해를 힘들게 끄집어내야 했던 태곳적 촌락꼬뮌주의가 인접한 대제국인 동쪽에서 갑자기 생생하게 되살아났다. 위에서 언급한 저작과 그 이후 1866년 라이프찌히에서 출간된 저작 『러시아 농촌 체제』에서 폰 학스타우젠은 러시아 농민들이 경작지, 목초지, 숲 등과 관련하여서는 사적 소유를 알지 못한다는 점, 촌락 전체가 이 모든 것들의 소유자로 간주됐고 개별 농민 가족은 일시적으로 이용할 수 있을 뿐인 분할 경작지를 얻었고 그 또한 — 고대 게르만족과 완전히 똑같이 — 추첨으로 얻었다는 점을 입증했다. 학스타우젠이 방문하고 연구할 당시 러시아에는 농노제가 완전하게 지배하고 있었으므로, 견고한 농노제와 전제적 국가기구라는 확고한 덮개 아래 있는 러시아의 촌락이 농촌꼬뮌주의를 갖추고 있으면서 모든 공무를 촌락 회합, 곧 미르를 통해 조합식으로 처리하는 그 자체로 작은 폐쇄된 세계로 나타난다는 사실은 첫눈에 보기에는 너무 놀라운 것이었다. 이러한 특성을 발견한 그 독일인은 러시아의 토지공동체를 태곳적 슬라브족 가족 조합의 산물로 설명했는데, 이때의 가족 조합이란 발칸반도 나라 슬라브족들에서 아직도 볼 수 있는 것과 같은 것이며 12세기와 그 이후의 오래된 러시아 법전에서도 완전한 효력이 존재했던 것과 같은 것이다. 러시아에서 온전한 정신적이고 정치적인 조류를 이루고 있던 친슬라브주의는 학스타우젠의 발견을 환호하며 다루었다. 게르만 문화를 지닌 "부패한 서양"에 맞서 슬라브 세계, 그 특이성, "소모되지 않는 힘"을 찬양하는 것을 꾀하는 이 조류는 그 후 20~30년 동안 가장 강력한 거점을 러시아 농민공동체의 꼬뮌주의 제도에서 찾았다. 토지공동체는 친슬라브주의가 분열되며 나타난 반동적 지류냐 혁명적 지류냐에 따라, 한편으로는 러시아 정신의 세 가지 진정으로 슬라브적인 기본 제도인 그리스로마정교, 짜르의 절대주의, 농민적-가부장제적 촌락꼬뮌주의 가운데 하나로 찬양되기도 했고, 다른 한편으로는 이와 반대로 러시아에서 다가올 미래에 사회주의혁명을 개시하고 또한 자본주의적 발전을 우회해 서유럽보다 훨씬 빠르게 약속의 땅 사회주의로 직접 도약할 적절한 거점으로 찬양되기도 했다. 하지만 친슬라브주의 안에서 대립하고 있던 양극단도 러시아 토지공동체가 슬라브 특유의 현상, 즉 슬라브족의 독특한 특성으로 설명할 수 있는 현상이라는 견해에서는 완전히 일치했다.

그 사이 유럽 민족들 역사에 다른 중요한 계기가 덧붙여지면서 유럽 민족들은 신세계와 접촉하게 됐으며, 그럼으로써 게르만족에도 속하지 않고 슬라브족에도 속하지 않는 민족들에게도 고유의 공적 제도와 태곳적 문화형태들이 있었음을 충분히 깨닫게 됐다. 이번에 중요했던 것은 과학적 연구와 현학적 발견이 아니라 유럽 자본주의국가들의 커다란 이해관계와 실제적 식민지정책에서의 경험이었다. 19세기에, 즉 자본주의 시대에 유럽의 식민지정책은 새로운 궤도에 접어들었다. 에스파냐와 포르투갈 사람들이 16세기에 최초로 돌격하면서 매우 대단하게 수행했던 것처럼 귀금속, 향신료, 값비싼 장신구, 노예 따위의 보물 및 천연의 부를 새로 발견된 열대지방 나라들에서 대단히 신속하게 싹쓸이하여 약탈하는 것은 이제 더 이상 중요하지 않다. 또한 도대체 커다란 장사 기회라는 것, 곧 해외 나라들의 다양한 원료를 유럽의 집산지로 수입하지만 그 나라들의 원주민에게는 온갖 싸구려 잡동사니를 강매하는 식으로 특히 홀란드가 17세기에 획기적으로 영국인들에게 모범을 보인 커다란 장사 기회라는 것도 도대체 더 이상 중요하지 않다. 이제는, 때때로 오늘날까지 만발하고 있으며 결코 그 솜씨가 무뎌지지 않은 낡은 식민화 방식과 나란히 "모국"의 치부를 위해 더 지속적이고 체계적으로 식민지 주민을 착취하는 새로운 방식이 중요하다. 이를 위해 두 가지 방식이 사용된다. 일단은 모든 나라의 부의 가장 중요한 물질적 원천인 토지를 사실상 점유하고, 그 다음에는 광범위한 주민에게 지속적으로 과세하는 것이다. 이 같은 이중의 시도를 행하는 과정에서 유럽의 식민지 열강은 모든 이국 땅에서 기묘하고도 바위처럼 단단하기 그지없는 걸림돌에 부딪히게 됐으니, 그것은 유럽인들의 싹쓸이 약탈에 집요하게 저항한 원주민들 고유의 소유체제였다. 이제까지의 소유자의 수중에서 토지를 낚아채려면, 우선 토지의 소유자가 누구인지를 확인해야 했다. 세금을 그저 부과하는 것에 그치는 것이 아니라 징수할 수도 있으려면, 책임을 져야 하는 세금 납부자가 누구인지를 확인해야 했다. 이때 식민지에서 유럽인들은 자신들의 사적 소유의 신성함이라는 개념 모두를 단도직입적으로 뒤죽박죽으로 만드는 완전히 낯선 관계에 직면했다. 남아시아에서 영국인들이 겪은 경험도 마찬가지였고, 북아프리카에서 프랑스인이 겪은 경험도 마찬가지였다.

17세기 초에 시작된 영국인의 인도 정복도 해안 전역과 벵골 지방을 점차 점령한 후 북부에서 가장 중요한 펀자브 지방을 종속시킴으로써 19세기에야 끝났다. 그러나 인도를 정치적으로 종속시킨 후, 체계적으로 착취한다는 어려운 작업이 비로소 시작됐다. 이때 영국인들은 도처에서 엄청나기 그지없는 뜻밖의 일을 경험했다. 영국인들은 종류가 다양하기 그지없는 크고 작은 농민공동체를 발견했는데, 그 집단들은 수천 년 이래로 토지에 붙박여 있었으며 쌀을 경작했고 평화롭고 질서정연한 관계를 맺으며 살고 있었지만 — 경악스럽게도! — 이 평화로운 촌락들 어디에도 토지의 사적 소유자는 없었다. 누구를 붙들고 물어도, 어느 누구도 토지나 자신이 경작하는 분할지를 자기 것이라 부를 수 없었으며, 따라서 팔 수 없었고 임대할 수 없었고 남을 빚지게 할 수 없었고 밀린 세금 때문에 저당 잡힐 수 없었다. 이런 집단은 때로는 커다란 씨족 전체를 포괄했고 때로는 씨족에서 가지를 친 몇몇 가족이었는데, 집단의 모든 구성원은 끈끈하고 충성스럽게 결속되어 있었으며, 그들에게는 서로 간의 혈연이 모든 것이었던 데 반해 개별 구성원의 소유는 아무 것도 아니었다. 정말이지, 영국인들은 인더스 강과 갠지스 강의 기슭에서 농촌 꼬뮌주의의 전형을 발견하고는 어안이 벙벙할 수밖에 없었고, 그 앞에서는 오래된 게르만 마르크조합이나 슬라브 촌락공동체의 꼬뮌주의 풍습마저 하마터면 사적 소유라는 죄에 빠질 정도였다.

1845년에 어떤 영국 세무 공무원이 인도에서 보낸 보고서에는 이렇게 적혀 있다. "고정된 분할지는 볼 수 없다. 누구든 농사일을 지속하는 한에서만 경작지 지분을 보유한다. 경작되고 있지 않은 지분이 있다면 공유지로 되돌려지며, 경작할 것을 조건으로 다른 누군가가 그 지분을 취할 수 있다."[28]

같은 시대에 1849년부터 1851년까지의 펀자브 지방의 행정에 관해 정부 보고서는 이렇게 전하고 있다. "혈족관계의 감정과 공동의 선조에서 나왔다는 혈통 의식이 이 공동체에서 얼마나 강한지를 관찰한다는 것은 지극히 흥미롭다. 여론은 매우 완고하게 이러한 체제의 유지를 고수하고 있어서, 한 세대나 심지어 두 세대 걸쳐 조상들이 공동소유지에서 지분을 전혀 취하지 않았던 사람들에게나 지분이 허용되는 것을 흔히 보게 된다."

인도의 씨족공동체에 관한 영국 추밀원 보고서에는 이렇게 적혀 있다. "이러한 형태의 소유지에서는 일족(씨족) 구성원 누구라도 공유지의 이러저러한 부분을 소유한다는 것뿐만 아니라 그저 일시적 이용권이 자신에게 속한다는 것마저도 증명할 수 없었다. 공동경제의 생산물은 공동 금고로 들어가고, 이곳으로부터 모든 수요가 충족된다." 따라서 이곳에서는 경작지는 결코 분할되지 않으며 농사철에조차 그러하여, 분할되지 않고 공동체 소유이며, 공동체 농민들은 자기 밭을 경작해 그 수확물을 영국인의 자본주의적 눈에는 당연히 '금고'로 보일 수밖에 없는 공동의 촌락 저장고로 운반하며, 공동으로 흘린 땀의 열매로 우애 있게 자신들의 보잘것없는 욕구를 채운다. 아프가니스탄 국경 바로 옆에 위치한 펀자브 지방 북서부 한 구석에는 사적 소유의 모든 개념을 비웃는 극히 기묘한 풍습이 있었다. 이곳에서는 경작지가 분할되고 주기적으로 교환되기도 했지만, — 경이롭게도! — 개별 농민 가족이 배당받은 지분을 서로 교환하는 것이 아니라 촌락 사람 전체가 5년마다 땅을 바꾸고 이때 촌락 전체가 이주한다. 영국의 조세 담당자인 제임스는 상관인 공무원에게 1852년에 인도에서 이렇게 써서 보냈다. "지금까지도 일정한 지방에 유지되고 있는 대단히 기이한 풍속에 대해 입을 다물고 있을 수는 없을 것 같습니다. 개별 촌락들 사이에서, 또한 촌락의 하부 단위 사이에서 일어나는 주기적인 교환을 말하는 것입니다. 몇몇 지역에서는 경작지만 교환되며 다른 지역에서는 주택까지도 교환됩니다."

따라서 우리는 명백하게 다시 특정한 계열의 종족에게 나타나는 특이성, 이번에는 "인도의" 특이성을 마주하고 있다. 그러나 인도 촌락공동체의 꼬뮌주의 제도들은 그 지리상의 처지를 통해, 특히 혈연 및 친족관계의 힘을 통해, 전통적인 태곳적 풍의 성격이라는 것이 무엇인지를 알려 주고 있다. 공동소유가 강력한 친족 연합과 아울러 수천 년 된 풍속에서 기인했음과 그 친족 연합 역시 새로운 고향으로, 곧 오늘날의 인도로 이주한 인도인들의 최초의 정착과 연계되어 있음을 명확하게 알려 주는 것은 무엇보다도 인도인들의 가장 오래된 거주지인 북서 지방에 보존된 가장 고대풍의 꼬뮌주의 형태다. 옥스퍼드의 비교

법학 교수이며 인도의 전 각료였던 헨리 메인 경은 이미 1871년에 인도의 농업공동체를 자신의 강의 대상으로 삼고는, 이 농업공동체를 폰 마우러가 독일과 관련하여 증명했고, 나쎄가 영국과 관련하여 증명한 마르크조합에 상응하는 것으로 놓고 비교하며 게르만족 농업공동체와 동일한 특성을 지닌 태곳적 제도로 보았다.

이러한 꼬뮌주의 제도의 명예로운 역사적 연령은 경악하고 있던 영국인들로 하여금 다른 방식으로도 무언가를 느끼게 만들었는데, 특히 영국인들이 세금과 행정에서 벌인 술책에 저항할 때 꼬뮌주의 제도가 보인 끈기를 통해 그랬다. 수십 년간의 투쟁을 통해서야 비로소 영국인들은 온갖 기습적인 폭력, 부정직함, 사람들이 지니고 있던 오래된 법과 지배적인 법 개념에 대한 비양심적인 부당한 개입 따위로 모든 소유관계에 엄청난 혼란을 일으키고, 전반적 불안을 낳고, 농민 대중 대부분을 몰락하게 할 수 있었다. 낡은 유대는 끊어졌고, 평온하게 세상과 동떨어져 지내던 촌락꼬뮌주의는 파괴되어 불화, 반목, 불평등, 착취로 대체됐다. 한편에는 거대한 라티푼디움이 있고 다른 한편에는 무일푼의 어마어마한 수의 임차농 대중이 있게 된 것은 그 결과였다. 사적 소유는 자신의 인도 진입을 축하했으며, 그 진입과 함께 갠지스 강 저지대에서는 발진티푸스와 괴혈병이 단골손님이 됐다.

영국의 식민지 개척자가 인도에서 이룬 발견이 있은 뒤에도, 위대한 인도-게르만족 계열의 매우 중요한 세 분파 — 게르만, 슬라브, 인도 — 에게 이미 나타난 이러한 오래된 농업 꼬뮌주의를 인도-게르만족의 오랜 특이성으로 여기려 한다면, 그러한 인종학적 개념 역시 불확실한 것이 될 것이며, 프랑스인들이 같은 시기에 아프리카에서 발견한 것은 이미 이 영역을 훨씬 넘어서고 있는 것이다. 북아프리카의 아라비아족과 베르베르족에게서 발견된 제도가 유럽 심장부와 아시아 대륙에서 보게 되는 것과 똑같은 것으로 확인됨을 발견한 것은 여기서 특히 중요하다.

목축에 종사하는 아라비아 유랑민들의 경우, 토지는 씨족 소유였다. 1852년에 프랑스인 연구자 다레스뜨가 쓴 바[29]에 따르면, 이러한 씨족 소유는 세대를 넘어 이어지며, 어떤 아라비아인도 땅 한 뙈기를 가리키며 '이건 내 것'이라 말할 수 없다.

완전히 아라비아화된 카바일족의 경우, 씨족 연합은 이미 무너져 개별 분파로 나뉘었지만 씨족의 힘은 여전히 강력했다. 씨족은 연대하여 세금을 책임졌으며, 가족들 사이에 분배할 때 식량으로 결정적이었던 가축을 공동으로 구매했으며, 씨족회합은 토지 보유를 둘러싼 모든 논란에서 최상급 판관이었으며, 카바일족 사이에 정착하기 위해서는 누구나 씨족의 승인이 필요했으며, 경작되지 않는 땅도 씨족회합의 재량에 맡겨져 있었다. 그러나 분할되지 않은 자산은 관례상 가족 것으로 간주했는데, 이때의 가족이란 오늘날 유럽식 의미의 개별 결혼생활에 포함될 수 있는 것이 아니라 고대 이스라엘 사람들이 『바이블』에서 우리에게 묘사한 것과 같은 전형적인 가부장제 가족이었다. — 아버지, 어머니, 아들들, 며느리들, 자식들과 손주들, 아저씨들, 아줌마들, 조카들과 사촌들 등으로 이루어진 대규모 친족 무리였던 것이다. 1873년에 다른 프랑스인 연구자 르뚜르노가 말한 바에 따르면, 이 친족 무리에서는 분할되지 않은 자산은 통상적으로 가장 나이가 많은 가족 구성원의 재량에 맡겨져 있었지만, 이 지위는 사실상 가족이 선출한 것이었으며, 이 지위에 있는 사람은 중요한 모든 경우에, 특히 토지의 판매와 구매와 관련해서는 전체 가족회합에 의견을 물어야 했다.

프랑스인들이 알제리를 식민지로 만들 당시 알제리 주민은 이런 상태였다. 인도에서 영국에게 일어난 것과 똑같은 일이 북아프리카에서 프랑스에게 일어났다. 도처에서 유럽의 식민지정책은 개별 구성원을 유럽 자본의 착취 술책과 유럽의 재정정책으로부터 보호하는 태곳적 사회연맹과 그 꼬뮌주의 제도들의 끈질긴 저항에 직면했다.

이러한 새로운 경험을 겪게 되는 것과 동시에, 어떤 오래된 기억, 곧 유럽 식민지정책과 신세계로의 약탈 행군의 첫날 받았던 반쯤 잊고 있었던 기억이 완전히 새로운 조명을 받으며 되살아났다. 누렇게 변한 에스파냐의 국가 문서실과 수도원의 연대기에는 위대한 발견의 시대에 에스파냐의 꽁끼스따도르conquistador, 즉 정복자들이 기묘한 제도들을 이미 발견한 남아메리카의 이상한 나라에 대한 기이한 이야기가 수백 년 전 이래로 보존되어 오고 있었다. 이 남아메리카의 이상한 나라에 대한 분명치 않은 소식은 이미 17세기와 18세기 유럽의 문헌을 뚫고 들어왔는데, 그 잉카제국에 대한 소식이란 에스파냐인들이 오늘날의 페루인 곳에서 발견한 그곳에서는 온화한 전제자專制者가 아버지처럼 보살피는 신정 통치 아래 인민이 완전한 공동소유로 살고 있다는 것이었다. 동화에나 나올 법한 페루의 꼬뮌주의 제국에 대한 환상적 생각은 매우 집요하게 유지되어, 1875년에도 한 독일 작가는 잉카제국이 "인류사에서 거의 유일하게" 우뚝 선 사회군주국, 신정의 토대에 입각한 사회군주국이라며 거기서는 "사회민주주의자들이 이상적으로 파악했고 현재 추구하고는 있지만 어느 시대에도 도달하지 못한 것들의 대부분"이 실제로 성취됐다고 말할 수 있었다.* 그렇지만 그러는 사이에 이 기묘한 나라와 그 관습에 관한 더 정확한 자료가 널리 알려지게 됐다.

1840년, 전직 멕시코 왕실위원회 법무관 알론조 쭈리따가 예전 에스파냐 식민지였던 신세계의 행정과 농업관계에 관해 쓴 중요한 보고서가 프랑스어로 번역됐다. 그리고 19세기 중반 무렵, 에스파냐 정부에게도 에스파냐의 아메리카 속령의 정복과 행정에 관한 옛 문서를 문서실에서 끄집어내 공개할 용의가 생겼다. 이렇게 됨으로써, 해외에 있는 나라의 오래된 전前자본주의 문화 단계의 사회 상태에 관한 자료에 새로운 중요한 문서가 추가됐다.

쭈리따의 보고서를 근거로 러시아 학자 막씸 꼬발렙스끼는 1870년대에 이미 다음과 같은 결론, 즉 동화에나 나올 법한 페루 잉카제국이란 이미 마우러가 옛 게르만족과 관련하여 전면적으로 해명했던 것과 동일한, 또한 페루뿐만 아니라 멕시코에서도, 일반적으로는 에스파냐가 정복한 신세계 전역에서 지배적 형태였던 것과 동일한 태곳적 농업 꼬뮌주의 관계가 지배하

* [하인리히] 쿠노브, [『잉카제국의 사회체제. 고대 페루 농업 꼬뮌주의 연구』, 슈투트가르트, 1896,] 6쪽에서 알게 됨.

는 나라였을 뿐이라는 결론에 도달했다. 이후에 꼬발렙스끼의 책이 출간되면서 페루의 예전 농업관계에 관해 정확히 연구할 수 있게 됐으며, 원시적 토지 꼬뮌주의의 새로운 면이 드러날 수 있었다. — 또 다시 신세계에 있었고, 지금까지 있었던 발견의 경우와는 전혀 다른 인종에게 있었고, 전혀 다른 문화 단계와 시대에 있었던 꼬뮌주의가 지닌 새로운 면이 드러난 것이다.

사람들이 여기서 마주하게 됐던 것은 — 아득한 옛날부터 페루 부족들에게 지배적이었고 — 에스파냐가 침략한 시기인 16세기에도 여전히 대단히 생동적이었으며 효력을 지녔던 태곳적 농업 꼬뮌주의 제도였다. 친족 연합인 씨족은 이곳에서도 각각의 촌락이나 두 촌락을 합친 곳에서 토지에 대한 유일한 소유자였으며, 이곳에서도 경작지는 추첨으로 분할되고 해마다 촌락 구성원이 추첨했으며, 이곳에서도 공무는 촌락회합에서 조정되고 촌락회합에서는 대표도 선출했다. 정말이지, 머나 먼 남아메리카 땅에서, 인디언들에게서, 꼬뮌주의의 생생한 흔적이 대단히 광범위하게 발견됐으며, 그에 비하면 유럽에는 꼬뮌주의가 전혀 알려지지 않은 것과 같았다. 어마어마한 대규모 주거지가 발견됐는데, 거기서 씨족 전체는 공동묘지가 달린 거대한 공동 숙소에서 거주하고 있었다. 공동 숙소 하나에 4천 명이 넘는 남녀가 살았다고 전해진다. 특히 이른바 잉카 황제의 본거지인 꾸쓰꼬 시는 각기 씨족의 특별한 이름이 달린 수많은 그와 같은 대규모 숙소들로 이루어져 있었다.

이렇게 19세기 중반 경부터 70년대까지 자료가 대량으로 알려지게 됐고, 그런 자료는 사적 소유가 영원한 것이며 세상의 시초부터 존재했다는 낡은 생각에 잔혹하게 구멍을 내고는 곧 그런 생각을 갈기갈기 찢어버렸다. 농업 꼬뮌주의라는 것을 처음에는 게르만의 민족성인 것으로 발견했다가, 그 다음에는 슬라브, 인도, 아라비아-카바일, 고대 멕시코의 민족성인 것으로 발견했다가, 페루 잉카라는 이상한 국가의 민족성인 것으로 발견했다가, 이제 모든 대륙에 있는 훨씬 많은 다른 "특이한" 민족 유형에서도 발견하고 난 후에는 당연히 다음과 같은 결론, 즉 이 촌락꼬뮌주의라는 것은 무릇 이러저러한 인종이나 대륙의 "민족성"이 아니라 특정한 수준의 문화 발전에 다다른 인간 사회의 일반적이고 전형적인 형태라는 결론이 머리에서 떠나지 않게 됐다. 최초에는 공식적인 부르주아 학문, 특히 정치경제학이 신경을 곤두세워 이러한 인식에 완강하게 저항했다. 19세기 상반기에 전 유럽을 지배했던 영국의 스미스-리카도 학파는 토지 공동소유의 가능성을 딱 잘라 부인했다. 새로 발견된 아메리카에서 이전에 에스파냐, 포르투갈, 프랑스, 홀란드의 최초의 정복자들이 원주민들의 농업관계를 전혀 이해하지 못하고 대립할 때 보인 조잡한 무지와 편협함과 완전히 똑같이, 또한 사적 소유자가 없으면 토지 전체를 단순히 "황제의 재산", 국고에 속하는 땅으로 설명했던 것과 완전히 똑같이, 부르주아지 "계몽" 시대에도 정치경제학의 위대한 박학다식의 권위자들은 그런 태도를 취했다. 예를 들면, 17세기에 프랑스 선교사 뒤부아는 인도에 대해 이렇게 썼다. "인도인들은 토지 재산을 보유하고 있지 않다. 그들이 경작하는 땅은 몽골 정부 소유다."[30] 그리고 몽뻴리에대학 의학박사 프랑수와 베르니에 씨는 아시아에서 무굴 대제의 나라를 여행하고 1699년[31]에 암스테르담에서 그 나라에 대한 매우 유명한 저술을 출간했는데, 거기서 그는 격분하며 이렇게 외쳤다. "이 세 개 국가, 곧 터키, 페르시아, 전면부 인도[32]는 소유지와 관련하여 사용하는 내 것과 네 것이라는 개념 자체를, 세상 모든 선과 미덕의 토대인 개념 자체를 없애 버렸다." 자본주의 문화로 보이지 않는 모든 것에 대한 바로 이와 동일한 조잡한 무식과 몰이해는 유명한 존 스튜어트 밀의 아버지인 학자 제임스 밀이 19세기에 영국령 인도의 역사에 대해 다음과 같이 쓸 때도 드러났다.[33] "우리가 관찰한 모든 사실을 토대로 한다면 우리는 인도에서는 토지 소유가 지배자에게나 어울린다는 결론에 도달할 수 있을 뿐이다. 왜냐하면 지배자가 토지 소유자가 아니라고 가정한다면 도대체 누가 소유자인가를 말할 수 없기 때문이다." 토지 소유는 그저 수천 년 전 이래로 토지를 경작해 온 인도의 농민공동체에 속했다는 사실, 토지가 타인 노동을 착취하는 수단이 아니라 그저 노동하는 사람 자신들의 생존의 토대였던 나라, 그런 위대한 문화 사회가 있었을 수 있다는 사실, 이런 사실이 위대한 영국 부르주아 학자의 머리에는 절대 떠오르지 않았다. 말뚝 네 개로 둘러친 자본주의경제의 울타리에 갇힌 정신적 지평이 드러내는 거의 심금을 울리는 이러한 옹색함은 부르주아 계몽주의의 공식 학문이 드러내는 눈대중과 문화사적 이해라는 것이 거의 2천 년 전의 로마인에 비해서도 한없이 부족하다는 점을 증명할 뿐이니, 카이사르 같은 로마인의 최고 지휘관들과 타키투스 같은 로마인의 역사가들은 자신들로서도 완전히 낯선 게르만족 미개인의 경제관계와 사회관계에 대해 극히 가치 있는 통찰력과 설명을 전승해 주었던 것이다.

오늘날도 그렇듯 이전에도 부르주아 정치경제학은 지배적 착취 형태를 정신적으로 지키는 친위대가 되어 모든 학문 가운데 다른 종류의 문화형태와 경제형태에 대해 가장 적게 이해했기에, 이전 시대의 꼬뮌주의 제도들을 경제와 문화의 발전이 일정한 단계에 도달하면 취하게 되는 일반적이고 지배적인 형태로 인식하는 일은 자본과 노동의 직접적 이해대립과 전쟁터로부터 어느 정도 멀리 물러서 있는 학문 분야들에 넘겨져 있었다. 처음으로 농업 꼬뮌주의를 모든 대륙과 인종에게 유효한 국제적인 원시적 발전 형태로 인식하게 만든 것은 폰 마우러와 꼬발렙스끼 같은 법학자였고 또한 영국의 법학교수이며 인도 관련 추밀원 고문관인 헨리 메인 경 같은 사람이었다. 그리고 법학 교육을 받은 사회학자인 미국인 모건에게 맡겨진 것은 이러한 경제발전의 형태와 관련하여 그 토대로서 필요한 원시사회의 사회적 구조를 발견하는 일이었다.

태곳적 꼬뮌주의 촌락공동체에서 친족 동맹이 행한 커다란 역할은 인도뿐만 아니라 알제리와 슬라브족에서도 연구자들의 주목을 끌었다. 게르만족과 관련하여 보자면, 폰 마우러의 연구에 따르면, 그들은 다른 것이 아닌 씨족으로, 따라서 친족 집단으로 유럽에 정착했음이 확실하다. 고대 그리스인과 로마인의 역사는 씨족이 아주 오래전부터 사회집단으로서, 경제단위로서, 법적 기구로서, 종교의식을 거행하는 폐쇄적 집단으로서 커다란 역할을 했다는 것을 도처에서 보여 주었다. 끝으로, 이른바 야만의 땅을 여행한 사람들이 전하는 거의 모든 소식이 기묘하게 일치하며 드러내는 사실은 원시적인 종족일수록 그 종족의 생활에서 친족 동맹의 역할이 더 컸고 친족 동맹이 종족의 경제적, 사회적, 종교적 관계와 사고를 더 많이 제압했다는 점이다.

따라서 매우 중요한 새로운 문제가 과학적 연구에 제기됐다. 태곳적에 그토록 중요한 의미가 있었던 저 씨족 연합이란 도대체 무엇이었으며, 어떻게 형성됐으며, 경제적 꼬뮌주의 및 경제 발전 일반과는 어떤 연관이 있었는가? 이 모든 질문에 대해 모건은 1877년에 『원시사회』[34] 에서 획기적 방식으로 해명했다. 삶의 대부분을 뉴욕 주에서 인디언 부족 이로쿼이와 보내며 이 원시 수렵 종족의 상태를 매우 철저하게 연구한 모건은 자신이 얻은 결과를 다른 원시 종족들에 대한 연구 결과와 비교함으로써, 그 어떤 역사 지식이 도달한 시대보다 앞선 어마어마하게 긴 기간에 걸친 인간 사회의 발전 형태에 관해 새로운 중대한 이론에 도달했다. 모건이 밝힌 획기적 관념은 그 이래로 새로운 자료가 풍부하게 추가되고 설명 가운데 많은 세부 사항이 수정됐음에도 오늘날까지도 그 힘을 충분히 유지하고 있으며, 다음과 같이 요약할 수 있다.

1. 모건은 선사시대의 문화사와 관련하여 일정한 발전 단계의 윤곽을 밝히고 또한 그러한 발전의 근본적 추동력을 드러냄으로써 최초로 선사시대 문화사를 학문적으로 정돈했다. 어떠한 기록된 역사에서도 앞선 사회생활의 어마어마하게 긴 기간에 대한 서술도, 또한 다채로운 형태나 단계에서 지금까지 살

고 있는 원시 종족들의 사회관계에 대한 서술도, 그때까지는 다소 혼란스러운 무질서 상태였으며, 그로 인해 여기저기에 과학적 연구라고 발표되는 것이란 고작 개별 장章이나 미완성 논문뿐이었다. 특히 그러한 상태를 요약하여 증명하고자 습관적으로 사용했던 "야만"과 "미개"라는 명칭은 당시 견해로는 인간의 점잖은 생활을 이르는 것인 "문명"의 특색으로 여기던 모든 것의 결핍을 가리키는 명칭으로, 즉 부정적인 개념으로 간주됐을 뿐이다. 그런 관점에서 보자면, 예컨대 본래 점잖고 인간에게 어울리는 사회생활이란 기록된 역사에서 윤곽이 밝혀진 그 상태에서야 시작된 것이다. "야만"과 "미개"에 속하는 모든 것은 말하자면 문명 이전의 질이 낮고 부끄러운 단계, 곧 오늘날의 문화 인류가 교만하게 얕잡아볼 수 있는 반半동물적 존재를 이룰 뿐이다. 기독교 교회의 공식 대리인들에게는 인간이 유일하게 참된 종교를 구할 때 기독교 이전의 모든 원시종교들이란 그저 일련의 기다란 과오를 나타낼 뿐인 것처럼, 정치경제학자들에게는 모든 원시적 경제형태란 유일하게 참된 경제형태를 찾아내기 이전에 있었던, 즉 기록된 역사와 문명이 시작되는 사적 소유와 착취를 찾아내기 이전에 있었던 서툰 시도일 뿐이다. 모건은 이러한 견해에 결정적 타격을 가했으니, 모든 원시적 문화사를 인류의 중단 없는 발전 계열에서 다른 것들과 동일한 가치가 있는 한없이 중요한 부분이라고 내세웠으며, 또한 기록된 역사라는 아주 짧은 기간과 비교해 끝없이 긴 시간을 차지하기 때문뿐만 아니라 인류의 사회적 실존의 저 장구한 여명기에 만들어진 결정적인 문화의 업적 때문에도 모든 원시적 문화사가 한없이 중요하다고 설명했던 것이다. 모건은 야만, 미개, 문명이라는 명칭들에 긍정적 내용을 처음으로 채워 넣음으로써, 이 명칭들을 정밀한 과학적 개념으로 만들었고 과학적 연구의 도구로 이용했다. 야만, 미개, 문명이란 모건에게는 일정한 물질적 특색 전체에 의해 서로 구별되는 문화 발전의 세 기간이었으며, 각각은 그 자체로 하급, 중급, 상급의 단계로 나뉘며, 이렇게 구별할 때 사용하게 되는 것은 다시 문화의 구체적이고 특정한 업적과 진보다. 오늘날 옹졸하면서도 아는 체 하려는 인간이라면, 많은 경우에 그 순서가 반대일 수도 있고 또 다른 경우에는 자연환경으로 인해 단계 전체가 누락되지 않을 수 없게 될 수도 있으니 모건이 생각하듯 야만의 중급 단계가 어로漁撈로 시작되고 상급 단계가 활과 화살의 발명으로 시작되는 일이 일어나지 않았을 수도 있지 않느냐며 흥분할 수도 있다. — 각각의 역사적 분류라는 것을 사람들을 이끄는 살아 있고 나긋나긋한 줄이라고 파악하는 것이 아니라 절대적으로 타당한 뻣뻣한 도식이라고, 인식을 노예처럼 단단히 묶어 두는 쇠사슬이라고 파악한다면, 그 어떤 역사적 분류에 대해서도 항변은 있을 수 있다. 최초로 식물의 과학적 분류법을 제공한 것이 린네의 공로였듯이, 최초의 과학적 분류로 선사학先史學 연구를 위한 전제 조건을 만든 것은 바로 모건의 획기적 공로로 남는다. 하지만 둘 사이에는 차이가 크다. 잘 알려진 바와 같이, 린네가 식물의 계통을 체계적으로 분류할 때 근거로 삼은 것은 매우 유용하긴 하지만 순전히 외면적인 특징 — 식물의 생식기관— 이었고, 린네 자신도 잘 알고 있듯이 이러한 최초의 임시변통은 나중에 식물계 발전사의 관점에서 볼 때 더 생동감 있는 자연스러운 분류법에 자리를 내주어야 했다. 이와는 반대로 모건이 연구에서 대개 열매를 맺을 수 있었던 것은 자신이 체계적 계통 분류법을 세울 때 기초로 삼았던 바로 그 기본 원리를 선택했기 때문이었다. 말하자면 그는 다음과 같은 명제, 곧 사회적 노동의 방식, 생산이라는 것은 역사에 있었던 시대마다 문화의 맨 처음 시작부터 인간의 사회관계에 따라 일차적으로 규정되며 그 사회적 노동의 방식, 생산의 결정적 진보 자체라는 것은 그와 마찬가지로 이러한 발전의 경계석이라는 명제를 분류의 출발점으로 삼았던 것이다.

2. 모건의 두 번째 위대한 업적은 원시사회의 가족관계와 관련된 것이다. 이때에도 모건은 국제적인 설문 조사를 통해 마련한 포괄적 자료를 토대로 최초로 과학적으로 논증하며 가족의 발전 형태의 순서를 제시했는데, 그 순서는 완전히 원시적인 사회의 가장 수준이 낮은 형태에서 시작하여 현재 지배적인 일부일처제, 말하자면 남성이 우월적 지위를 지니며 국가가 공증하는 견고한 단혼單婚에 이른다. 물론 그 뒤로 모건의 가족 발전 도식에 담긴 개별적인 사항을 여러 곳 수정하게 만든 자료들이 발굴되기도 했다. 하지만 모건 체계에 담긴 개요는 진화론적 사고가 확고하게 안내하고 있는 최초의 사다리로서, 말하자면 까마득한 옛날 옛적부터 현재까지 이르는 인류의 가족형태들의 사다리로서, 여전히 사회과학이라는 보고寶庫에 지속적으로 기여하는 바가 있다. 덧붙이자면 이 분야에서도 모건은 체계적 계통 분류법을 풍성하게 만들었을 뿐만 아니라, 사회의 그때그때의 가족관계와 그 관계에서 유효한 친족 체제 사이의 관계가 무엇

인지에 대한 독창적이고 본질적인 사상도 풍성하게 만들었다. 무엇보다도 모건은 다음과 같은 두드러지는 사실, 즉 많은 원시 종족의 경우에 실제의 씨족관계와 혈통관계, 즉 실제의 가족은 서로 붙여 주는 친족 칭호라든가 그 칭호에서 생겨나는 상호 의무와는 전혀 일치하지 않는다는 사실에 주목했다. 모건은 우선 이러한 수수께끼 같은 현상을 설명하는 길을 순전히 유물론적 변증법에서 찾았다. 모건은 이렇게 말했다. "가족은 능동적인 원칙을 대표한다. 가족은 절대로 정체된 것이 아니고 사회가 낮은 상태에서 높은 상태로 나아가듯 낮은 상태에서 높은 상태로 나아간다. …… 이에 반해 친족 체제는 수동적이다. 친족 체제는 오랜 간격을 두고서야 가족이 이룬 진보를 드러낼 수 있었고, 가족이 근본적으로 변화할 경우에야 근본적으로 변화할 뿐이었다."[35]

그리하여 마치 무릇 인간의 생각과 관념은 사회의 실제적이고 물질적인 발전으로 인해 이미 시대에 뒤쳐진 상태에 오랫동안 고착되어 있듯이, 이전에 이미 극복된 가족형태에 조응하는 친족 체제가 원시 종족들에게는 여전히 유효한 상태로 있는 일이 벌어진다.

3. 가족관계의 발전사를 토대로 모건은 처음으로 옛 씨족 연합을 남김없이 연구하여 제시했으니, 씨족 연합이란 모든 문화 민족에게, 즉 그리스인과 로마인에게, 켈트족과 게르만족에게, 고대 이스라엘 사람들에게 역사적 전승의 시초에 존재했던 것이며 아직 살아 있는 원시 종족 대부분에게서 확인되는 것이다. 모건은 혈족관계와 공동 혈통에서 기인하는 이 씨족 연합이 한

편으로는 가족 발전의 높은 단계일 뿐이며 다른 한편으로 종족의 모든 사회생활의 토대라는 것을 증명했다. — 아직 현대적 의미의 국가, 즉 확정된 영토를 토대로 하는 정치적 강제 기구가 없었던 긴 기간에 걸쳐 그랬다는 것이다. 부족은 그 자체가 일정한 수의 씨족 연합이나 로마인이 겐스[36]라고 부른 것으로 구성됐으며, 부족마다 모두의 것인 자기 자신의 영역이 있었다. 그리고 어떤 부족에서도 씨족 연합은 공동의 가계를 꼬뮌주의적으로 꾸려나가는 하나의 단위였으며, 거기서는 부자와 빈자, 건달과 노동자, 주인과 노예가 전혀 없었고 모든 공무는 모두의 자유로운 투표와 결정으로 규제했다. 일찍이 오늘날의 문명 국민 모두가 겪었던 이러한 관계의 생생한 예로, 모건은 유럽인이 아메리카를 정복하던 시대에 한창때였던 아메리카 인디언의 겐스 조직을 상세히 묘사했다.

"이로쿼이의 모든 구성원은 개인적으로 자유로웠으며, 다른 구성원의 자유를 수호해야 했다. 특권과 개인적 권리는 평등했으며 평시의 추장이든 전시의 족장이든 어떤 종류의 우선권도 주장할 수 없었고, 모두 혈연으로 묶인 형제 관계였다. 정식화되지는 않았지만 자유, 평등, 우애가 겐스의 기본 원칙이었다. 이러한 사실은 겐스가 인디언 사회가 조직되는 기초인 사회체제와 행정체제의 단위였기 때문에 중요했다. 이러한 단위들로 구성되는 구조는 그 단위의 성격이 복합적이기 때문에 필연적으로 그러한 성격의 효과를 담게 된다. 인디언들의 특성으로 독립심과 개인적 존엄을 꼽는 이유는 이로부터 설명된다."[37]

4. 겐스 조직은 사회발전을 문명의 문턱으로 이끌었는데, 여

기서 문명이란 모건이 문화사에서 가장 최근의 그리 길지 않은 것으로 특징지은 시대로서, 이 문명 시대에 꼬뮌주의와 고대 민주주의의 잔해 위에서 사적 소유가 성립했고 그와 함께 착취, 공식적 강제 기구인 국가가 성립했고, 국가, 소유권, 가족에서 여성에 대한 남성의 전적인 지배가 성립했다. 이 상대적으로 짧은 역사적 시기 동안 생산, 학문, 예술에서 가장 거대하고 급속한 진보가 일어났지만, 계급적대로 인한 심각한 사회 분열, 인민 대중의 가장 심한 빈곤과 가장 심한 노예화도 있었다. 아래에 인용한 것이 오늘날 우리 문명에 대한 모건 고유의 판단이며, 이것으로 모건은 자신의 고전적 연구 결과를 종결짓는다.

"문명이 도래한 이래로 재산의 성장은 매우 어마어마해지고, 재산의 형태는 매우 다양해지고, 재산의 사용은 매우 포괄적이게 되고, 재산의 관리는 소유자들 이해관계에 맞게 매우 영리해져서, 재산은 국민에게는 감당할 수 없는 권력이 되어 버렸다. 인간의 정신은 자기 자신의 피조물의 등장을 마주하여 넋이 나간 채 서 있다. 그렇다 해도 인간의 지성이 재산을 지배할 정도가 되는 시대, 국가와 그 국가가 보호하는 재산 사이의 관계를 정의하고 또한 재산 소유자의 의무와 한계를 정의하게 되는 시대는 올 것이다. 사회의 이해관계는 개인의 이해관계에 우선하며, 그리고 그 둘은 정당하고 조화로운 관계에 놓여야 한다. 진보라는 것이 과거에 대해 그랬던 것처럼 미래에 대해서도 법칙이라면, 그저 재산을 모아 성공하는 것이 인류의 최종 목적지는 아니다. 문명이 시작된 이래 흘러간 시간은 과거에 있었던 인류의 생존에서 아주 작은 부분일 뿐이며, 아직 오지 않은 시대에서도 아주 작은 부분일 뿐이다. 사회의 해체는 재산을 모아 성공하는 것이 목표이고 목적인 상태의 종료일 가능성이 높다. 그런 식의 성공에는 자기 파괴의 요소들이 포함되어 있기 때문이다. 통치에서의 민주주의, 사회에서의 우애, 권리와 특권에서의 평등, 보통교육, 이런 것들이 경험, 이성, 지식이 끊임없이 목표로 꾀하는 바로 다음에 올 더 높은 사회단계를 어렴풋이 보여주고 있다. 그 사회단계는 옛 겐스의 자유, 평등, 우애의 부활 — 하지만 더 높은 형태의 부활 — 일 것이다."[38]

모건의 업적이 지니는 의미는 경제사를 인식하는 데 있어서 상당히 널리 효과를 미쳤다. 모건은 당시까지 개별적인 경우로만 발견될 뿐 해명되지 않았던 태곳적 꼬뮌경제를 일관성 있는 문화 발전의 광범위한 토대 위에서, 특히 겐스 체제의 토대 위에서 통례로 만들었다. 그리하여 원초꼬뮌주의는 그에 조응하는 민주주의 및 사회적 평등과 함께 사회적 발전의 요람임이 입증됐다. 이처럼 선사시대 과거로 지평을 확장함으로써, 모건은 사적 소유, 계급 지배, 남성 지배, 억압 국가, 강제 결혼 따위를 수반하는 오늘날의 문명 전체를 일시적인 짧은 국면으로 보게 됐고, 그 문명 자체가 태곳적 꼬뮌주의사회의 해체에서 비로소 생겨난 것과 마찬가지로 미래에는 그 문명도 더 높은 사회형태에게 자리를 내주어야 한다고 보게 됐다. 그럼으로써 모건은 과학적 사회주의에 강력한 새로운 버팀목을 마련해 주었다. 맑스와 엥엘스가 자본주의를 경제적으로 분석하면서 바로 다음에 올 미래와 관련하여 사회가 꼬뮌주의 세계경제로 역사적으로 이행하는 것은 피할 수 없다고 증명하고 그럼으로써 사회주의를 향한 노력에 확고한 과학적 토대를 제공했다면, 모건은 꼬뮌주의-민주주의 사회가 비록 형태는 달라도 오늘날의 문명 이전의 인간 문화사의 오랜 과거 전체를 포괄하는 원시적 형태라는 사실을 증명함으로써 어느 정도는 맑스-엥엘스의 작업에 말하자면 완전히 강력한 지지대를 제공했다. 이리하여 희미한 과거에서 전승된 고귀한 것이 미래의 혁명적 고투에 손을 내밀어 인식의 원환이 조화롭게 닫혀졌으며, 그리고 이러한 관점에서 보자면, 오늘날의 세계를 세계사의 모든 문화이자 유일한 문화이며 최고의 목적이라고 거짓되게 서술하는 계급 지배와 착취로 이루어진 오늘날의 세계는 인류의 위대한 문화 진군에서 아주 짧은 일시적인 단계로 나타날 뿐이다.

2.

모건의 『원시사회』는 맑스와 엥엘스의 『꼬뮌주의 선언』에 말하자면 뒤늦게 덧붙이는 서설이 된 셈이었다. 『원시사회』가 부르주아 학문에 반향을 불러일으킬 수밖에 없었다는 것은 그럼으로써 당연했다. 19세기 중반 이후 20년에서 30년 이내에 원초꼬뮌주의 개념은 모든 면에서 학문에 수용될 길을 마련했다. 아직도 신성한 "게르만 법제사 자료"가 문제인 한, "슬라브족의 특이성"이 문제인 한, 또는 페루 잉카국가에 대한 역사적 발굴 등등이 문제인 한, 원초꼬뮌주의의 발견은 실제적 의미도 없고 부르주아사회의 일상적 이해관계나 일상적 투쟁과의 직접적 결합도 없는 무해한 학문적 호기심의 영역을 넘어서지 않아서, 골

수 보수 정치가라든가 루트비히 폰 마우러나 헨리 메인 경 같은 온건 자유주의 정치가들이 이러한 발견에 지대한 업적을 세울 수 있었다. 하지만 그러한 직접적 연결은 즉시 이루어지지 않을 수 없었고 게다가 이중의 방향으로 이루어졌다. 이미 본 바와 같이, 이미 식민지정책은 부르주아 세계와 원시적 꼬뮌주의 상태 사이에 분명한 물질적 이해관계의 격돌을 가져왔다. 유럽에서 1848년 2월혁명의 폭풍이 몰아친 후 19세기 중반 이래로 자본주의 정권이 전능하게 자리를 잡기 시작하면 할수록, 이 격돌은 더 냉혹해졌다. 이와 동시에 바로 2월혁명 이래로 부르주아 사회 고유의 진영 내에서 또 다른 적인 혁명적 노동자운동이 점점 더 커다란 역할을 수행해 오게 됐다. 빠리의 1848년 6월의 날들 이후 "붉은 유령"은 공적 무대에서 더 이상 사라지지 않았으며, 1871년에 프랑스 부르주아지와 국제 부르주아지가 경악하도록 꼬뮌 투쟁[39]의 눈부신 불빛으로 다시 출현했다. 이 잔인한 계급투쟁의 불빛으로, 이제 과학적 연구의 최신 발견인 원시꼬뮌주의 또한 자신의 위험한 얼굴을 여실히 보여 주었다. 자신들의 계급 이해관계에 예민하게 젖어 있던 부르주아지는 다음과 같은 둘 사이의 연관을, 곧 식민지 나라들에서 원주민들에 대해 탐욕적으로 이윤을 쫓는 "유럽화"가 진군하고 있을 때 자신들에게 끈질기게 저항했던 아주 오래된 꼬뮌주의 전승이라는 것과 오래된 자본주의국가들에서 벌어진 프롤레타리아 대중들의 혁명적 격렬함의 새로운 복음이라는 것 사이의 어렴풋한 연관을 감지했다. 프랑스 국민의회가 1873년에 사적 소유를 강제적으로 도입하는 법을 통해 불행한 아라비아계 알제리인들의 운명을 결정하게 됐을 때, 빠리꼬뮌을 누른 승자의 비열함과 살의가 여전히 진동하고 있던 이 의회에서는, 아라비아인들의 태곳적 공동소유가 "영혼 속에서 꼬뮌주의 경향을 지지하는 형태"라며 어떤 값을 치르더라도 그것을 절멸시켜야 한다는 말이 계속 울려 퍼졌다.[40] 독일에서는 그동안 70년대에 새로운 독일제국의 영광, 창립자 시대, 최초의 자본주의 파산 등을 겪었고, 사회주의자법을 갖춘 비스마르크의 철혈 정권을 겪었으며, 계급투쟁은 극단적으로 증가했고, 학문 연구에서 오는 어떠한 안락함도 추방됐다.[41] 맑스와 엥엘스 이론의 화신인 독일 사회민주주의의 유례없는 성장은 독일에서 부르주아 학문의 계급본능을 이례적으로 자극했으며, 그리하여 이곳에서는 원초꼬뮌주의 이론에 대한 반동도 극히 강력하게 나타났다. 리퍼트와 슈르츠 같은 문화사학자, 뷔허 같은 정치경제학자, 스타르케, 웨스터마르크, 그로세 같은 사회학자 등은 오늘날 원초꼬뮌주의 학설과 열심히 투쟁하는 데 의견이 일치하고 있으며, 특히 가족의 진화에 관한 모건의 이론에 대해 그랬고 양성평등 및 일반 민주주의를 갖춘 일가[42] 제도가 예전에 일반적으로 지배적이었다는 모건의 이론에 대해 그랬다. 스타르케 씨라는 사람은 1888년에 자신의 『원시 가족』에서 친족 체제에 대한 모건의 가설을 "야만적인 꿈", "좀 심하게 말하면 고열로 인한 환각 상태"라고 명명했다.*

* 스타르케와 웨스터마르크의 비판과 이론은 1894년에 『오스트레일리아 흑인의 친족조직』에서 쿠노브에게 철저하고 야멸찬 시험을 당했으나, 우리가 아는 바로는 이에 대해 우리의 이 두 양반은 지금까지 어떤 말로도 답하지 않았다. 하지만 그렇다고 해서 예를 들면 그로세 같은 신참 사회학자가 모건을 절멸시킨 자이자 최초의 대가라며 그들을 열렬하게 칭송하지 못하게 되는 것은 아니다. 모건 절멸자라는 것은 대략 맑스

그런데 좀 더 진지한 학자이자 우리가 보유하고 있는 문화사의 최고의 편집자인 리퍼트 역시 모건에 맞서 싸움터로 나선다. 경제학과 인종학을 전혀 교육받지 못한 18세기 선교사들의 낡아빠지고 피상적인 보고를 토대로, 그리고 모건의 위대한 연구를 완전히 무시하면서, 리퍼트는 북아메리카 인디언의 경제 상태를, 훌륭하게 완성된 사회조직을 갖추고 생활했으며 그 생활을 어느 누구도 모건처럼 철저하게 파고들지 못했던 바로 그 북아메리카 인디언의 경제 상태를 마치 수렵 종족에게는 도대체 생산에 대한 공동체 규제도 없었고 전체와 미래를 위한 "배려"도 일체 없었으며 오히려 무질서와 무개념만이 지배했음을 보이는 증거인 양 묘사한다. 인디언에게 존재하는 꼬뮌주의 제도들을 선교사들이 편협한 유럽인 시각에서 사실상 우둔하게 왜곡한 것을 리퍼트는 완전히 무비판적으로 받아들였는데, 예를 들면 1789년에 출간된 로스킬의 『복음주의 형제들의 북아메리카 인디언 선교 역사』에서 인용한 아래의 내용이 이를 증명한다. 탁월하게도 의도가 분명한 우리의 선교사는 이렇게 말한다. "'그들(아메리카 인디언들 —**로자 룩셈부르크**) 가운데 많은 사람'은 매우 게을러서 아무 것도 재배하지 않으며, 그들은 다른 사람들이 저장해 둔 것을 자신들과 나누는 것을 거절할 수 없을 것이라고 전적으로 기대하고 있다. 이런 식으로는 부지런한 사람이 게으름뱅이보다 자신의 노동 가운데 더 많이 향유할 수 없으므로, 사람들은 때때로 훨씬 적게 재배한다. 높이 쌓인 눈 때문에

절멸자라는 것이다. 부르주아 학문에게는 미워하는 혁명가들에 반대하는 경향만 있으면 충분하며, 여기서는 선한 의지가 어떠한 학문적 업적도 대신한다.

사냥을 나갈 수 없는 엄동설한이 닥치면, 걸핏하면 전반적 기근이 발생해 종종 많은 사람이 죽게 된다. 기근을 겪으며 배운 것은 풀뿌리와 나무 속껍질, 특히 어린 참나무 껍질을 식량으로 준비해 두는 것이다." 리퍼트는 자신의 소식통이 전한 말에 다음과 같이 덧붙인다. "따라서 자연에 순응하는 관계에서는 이전의 태평함으로 되돌아가게 되면서 이전과 같은 생계로 되돌아가게 된다." 그리고 저장해 둔 식료품을 다른 사람과 나누는 것을 아무도 "거절할 수 없"는, 그리고 어떤 "복음주의 형제"가 완전히 공공연한 의도로 유럽 표준에 따라 "부지런한 사람"과 "게으름뱅이"로 불가피하게 구분한 이 인디언 사회에서, 리퍼트는 원초꼬뮌주의에 반하는 최고의 증거를 찾으려 한다.

"당연히 이러한 단계에서는 나이든 세대가 젊은 세대의 생활자금을 덜 걱정한다. 인디언은 원초적 인간으로부터는 이미 멀리 떨어져 있다. 인간은 도구를 갖게 되자마자, 비록 그 도구에 한정된 것이지만 보유 개념을 갖게 됐다. 이러한 보유 개념은 가장 낮은 단계에 있는 인디언도 이미 갖고 있다. **물론 이러한 원초적 보유에는 어떤 꼬뮌주의적 특징도 없다. 사태의 진행은 이와 정반대로 시작된다.**" [강조는 로자 룩셈부르크]

뷔허 교수는 원초꼬뮌주의경제에 반대하며 원시 종족들의 "개별적 먹이 찾기에 대한 이론"이라는 것을 내놓았고, "인간이 노동하지 않고 생존했던" "헤아릴 수 없이 긴 기간"에 대한 이론이라는 것을 내놓았다. 그런데 문화사학자 슈르츠에게 칼 뷔허 교수는 "천재적 시각"을 가진 예언가여서, 슈르츠는 원시적 경제관계 문제에서 그를 맹목적으로 따랐다.* 그러나 원초꼬뮌 주의와 겐스 체제라는 위험한 학설에 맞서고 "독일 사회민주주의의 교부" 모건에 맞선 반응의 가장 전형적이고 정력적인 대변자는 에른스트 그로세 씨다. 일견 그로세 자신도 유물사관의 신봉자여서, 말하자면 사회생활의 다양한 법적, 성적, 정신적 형태들을 결정하는 요인을 그때그때의 생산관계에서 찾고 있다. 1894년 출간된 『예술의 시원』에서 그는 이렇게 말했다. "몇 명의 문화사학자만 생산의 의미를 완전히 이해했던 것으로 보인다. 당연하게도 생산의 의미를 과대평가하는 것보다는 과소평가하는 것이 훨씬 쉽다. 경제 운영은 어떤 문화형태에서나 말하자면 삶의 중추다. 경제 운영은 문화의 그 밖의 모든 요인에 가장 깊고도 가장 저항하기 어려운 방식으로 영향을 주는 한편, 경제 운영 자체는 문화적 요인이 아니라 오히려 자연적 요인 — 지리적 상태와 기상학적 상태 — 에 의해 결정된다. 우리는 아주 확실하게 생산형태를 일차적인 문화 현상이라 부를 수 있을 것이며, 그 이외에 다른 모든 문화 가지는 파생된 이차적인 것으로 보일 뿐이다. 물론 이는 그 다른 가지들이 생산의 줄기로부터 생성됐다는 의미에서 그런 것이 아니라, 그 가지들이 스스로 생성됐음에도 불구하고 언제나 지배적인 경제적 요인들

* 에두아르트 마이어 교수 역시 1907년에 간행된 자신의 『고대사』의 서설(67쪽)에서 이렇게 쓰고 있다. "G. 한센이 기초를 놓고 일반적으로 인정된 가정, 즉 카이사르나 타키투스가 게르만족의 경우에서 묘사한 것처럼 주기적 분배가 이루어지는 공동보유는 원래 그리고 도처에서 토지에 대한 사적 소유보다 앞서 있었다는 가정은 최근에 매우 강력하게 부정되고 있다. 공동보유의 전형으로 간주되는 러시아의 미르도 어쨌든 17세기에야 비로소 성립했다." 이 마지막 주장은 마이어 교수가 러시아 교수 치체린의 낡은 이론에서 무비판적으로 따온 것이다.

의 강력한 압력 아래 모양을 갖추고 발전했기 때문에 그런 것이다." 물론 그로세는 자신이 "대부분의 문화사학자"에 대한 자신의 우월성을 누구의 학문 보따리에서 완성품 상태로 꺼내왔는지에 대해 한마디도 누설하지 않으려고 조심하겠지만, 그렇다 해도 한눈에 보기에도 그로세는 자신의 핵심 사상을 "독일 사회민주주의의 교부들"인 맑스와 엥엘스에게서 배웠다. 정말이지, 그로세는 유물사관과 관련해서는 "교황만큼 가톨릭에 충실하다" 할 정도로 엄격했다. 엥엘스 — 맑스와 더불어 유물사관의 공동 창시자 — 는 원시시대의 가족관계가 오늘날 국가에 의해 승인되는 강제 결혼의 형성으로까지 나아가는 발전과 관련하여 인류의 보존과 번식만을 위할 뿐인 경제관계와는 독립된 형태들의 진행을 가정한 반면에, 그로세는 이 점에서 엥엘스보다 훨씬 더 나아갔다.[43] 그로세는 모든 시대에 그때그때의 가족형태란 당시 지배적인 경제관계의 직접적인 생산물일 뿐이었다는 이론을 세웠다. 그는 이렇게 말했다. "가족의 역사에서보다 생산의 문화적 의미가 분명하게 눈에 띄는 곳은 어디에도 없다. 대단히 특이한 가설이 되어 사회학자들을 열광하게 한 인간 가족의 흔치 않은 형태들은 생산의 형태들과 연관시켜 관찰하자마자 놀라울 만큼 자명한 것으로 나타난다."

1896년 출간된 그로세의 책 『가족형태와 경제형태』는 전적으로 이러한 생각을 증명하는 데 바친 것이다. 그러나 그와 동시에 그로세는 원초꼬뮌주의 학설을 단호하게 반대하는 사람이기도 하다. 그는 인류의 사회적 발전이 공동소유로 시작된 것이 전혀 아니라 사적 소유로 시작됐다는 것을 증명하고자 하기도 했으며, 리퍼트와 뷔허가 그랬듯이 선사학先史學에서 더 멀리 거슬러 올라가면 올라갈수록 "개인 재산"을 지닌 배타적이고 전지전능한 "개인"이 지배적임을 자신의 관점에서 입증하려 애쓰기도 했다. 모든 대륙에 있는 꼬뮌주의 촌락공동체에 관한 발견이라든가 그것과 관련한 씨족 연합, 즉 그로세가 명명한 바의 일가一家라는 것은 간단히 논박될 수 있는 것이 아니다. 다만 그로세에게 — 여기에 그의 고유한 이론이 있다 – 씨족조직은 꼬뮌경제의 테두리로서 일정한 발전 단계에서만, 곧 낮은 수준의 경작 단계에서만 대두하여 다시 "개인소유"에 자리를 내주기 위해 곧바로 더 높은 수준의 경작 단계로 해체되어 사라진다. 이러한 식으로 그로세는 모건-맑스가 수립한 역사적 전망을 의기양양하게 완전히 뒤집었다. 모건-맑스에 따르면, 꼬뮌주의는 인류의 문화 발전에서 인류의 요람이었으며, 이러한 문화 발전에 엄청나게 오랫동안 동반되어 오다가 문명이 등장함으로써 비로소 해체되어 사라져 사적 소유에 그 자리를 내준 경제관계의 형태였으며, 그 문명의 시대로 보자면 급속한 해체 과정과 사회주의사회질서라는 더 높은 형태의 꼬뮌주의에 직면한다. 그로세에 따르면, 문화의 생성과 진보를 동반했으며 낮은 수준의 경작이라는 일정한 단계에서만 일시적으로 꼬뮌주의에 자리를 내준 것이 사적 소유였다. 문화사의 출발점이자 종점인 것은 맑스-엥엘스와 모건에 따르면 공동소유와 사회적 연대이고, 그로세와 부르주아 학문의 그의 동료들에 따르면 사적 소유를 갖춘 "개인"이다. 하지만 이것으로는 충분하지 않다. 그로세는 모건과 원초꼬뮌주의에 대한 확실한 적대자일 뿐만 아니라 사회생활 분야에서의 진화론 전체에 대한 적대자이기도 해서, 앞서 말한 어린애 같은 인물들이 사회생활의 모든 현상을 하나의 발전 계열에 담아 하나의 통일된 과정으로, 수준이 낮은 생활 형태에서 높은 생활 형태로의 인류 진보로 파악하려고 했다며 조롱을 퍼부었다. 일반적으로는 현대 사회과학 전체에 토대가 되고, 특별하게는 역사관과 과학적 사회주의 학설에 토대가 되는 그러한 근본 사상을 몰아내기 위해 그로세는 전형적인 부르주아 학자로서 할 수 있는 모든 힘을 다했다. 그는 이렇게 선포하면서 강조한다. "**인류는 하나의 유일한 노선 위에서 유일한 방향으로 움직이는 것이 아니며, 민족들의 생활조건은 매우 다양하며 그 길과 목적 또한 다양하다.**" 이렇듯 그로세라는 인물에게는, 부르주아 사회과학이 자체로 고유하게 발견한 것의 혁명적 결론에 대한 반응으로 도달한 지점은 부르주아 속류경제학이 고전파경제학에 대한 반응으로 도달했던 바로 그 지점이다. 사회발전의 법칙성 자체에 대한 부정이라는 지점 말이다.* 가장 최근에 맑스, 엥엘스, 모건을 꺾은 사람의 이 기이한 사적 "유물론"을 좀 더 자세히 살펴보자.

그로세는 "생산"에 대해 매우 자주 언급하며, "생산의 성격"을 모든 문화에 영향을 주는 결정적 요인으로 시종일관 언급한다. 그렇다면 그는 생산과 그 성격을 무엇이라고 이해하고 있는 것일까? "어떤 사회집단에서 지배적이거나 우세한 경제형태, 이 집단의 구성원들이 생계유지에 필요한 것을 얻는 방식은 직

* 《로자 룩셈부르크가 삽입한 메모》 물질만이 쌓이고 "관찰되는 행위"이며, 이는 특정 주제에 관한 학술지를 발간하는 사회정치학 협회에서도 완전히 그렇다.

접 관찰되는 사실이며 도처에서 충분히 확실하게 그 특성들을 확인할 수 있는 사실이다. 우리는 오스트레일리아인들의 종교관과 사회관과 관련하여 아직도 매우 의심하고 있을지도 모른다. 그런데 그들의 생산의 성격과 관련해서는 최소한의 의심도 가능하지 않다. 오스트레일리아인들은 사냥꾼이며 식물을 채집하는 사람이다. 고대 페루인들의 정신문화 속으로 파고드는 것은 아마 불가능할 것이지만, 잉카제국 시민들이 경작에 종사하는 종족이었다는 사실은 누구의 눈에도 분명하다."*

따라서 그로세는 "생산"과 그 "성격"이라는 것을 단순하게도 종족의 그때그때의 식량의 주요 원천이라고 이해하고 있는 것이다. 수렵, 어로, 목축, 경작 — 이런 것들이 어떤 종족의 그 밖의 모든 문화관계에 결정적으로 영향을 미치는 "생산관계"란다. 여기서 우선 알아채야 할 것은 이러한 빈약한 발견에서 시작된 것이라면 적어도 "대부분의 문화사학자"에게 보인 그로세 씨의 건방진 태도는 전혀 근거가 없다는 점이다. 임의의 종족에게 식량으로 쓰이는 주요 원천의 종류가 그 민족의 문화 발전에 매우 중요한다는 인식은 그로세가 새롭게 이룬 빛나는 발견이라기보다는 오히려 모든 문화사학자에게 태곳적부터 내려오는 존경할 만한 재산 목록이다. 이러한 인식으로 인해 정말이지 종족을 사냥꾼, 목동, 농사꾼이라는 식으로 통상적으로 분류하게 됐는데, 이런 분류는 모든 문화사에서 반복되고 있으며 그로세 자신도 수많이 오락가락하다가 결국은 이런 분류를 사용했다.

* [에른스트] 그로세, 『예술의 시원』[, 프라이부르크 임 브라이스가우, 라이프찌히, 1894년], 34쪽.

그러나 이러한 인식은 완전히 낡았을 뿐만 아니라 — 그로세가 계승한 진부한 견해에서는 — 완전히 잘못된 것이기도 하다. 어떤 종족이 수렵, 목축, 경작 따위로 살아간다는 사실을 안다고만 해서 곧바로 그 종족의 생산관계와 나머지 문화에 대해서 아는 것은 전혀 아니다. 오늘날 남서아프리카의 호텐토트족[44]은 독일인에게 가축 떼를, 따라서 지금까지의 생존의 원천을 빼앗기고, 그 대신에 현대식 엽총을 구비하고는 어쩔 수 없이 다시 사냥꾼이 됐다. 그러나 이 "수렵 종족"의 생산관계는 아직도 세상과 동떨어져 원시적으로 캘리포니아에서 수렵으로 살아가는 인디언들과는 공통된 것이 조금도 없으며, 이 인디언들 또한 모피 제품을 다루는 미국과 유럽의 자본가들에게 영업상 동물 털가죽을 제공하는 캐나다의 사냥꾼 회사와는 거의 유사점이 없다.

에스파냐가 침입하기 전에 코르디예라 산맥에서 잉카 통치하에서 꼬뮌주의적으로 라마를 지켰던 페루의 목동, 아프리카나 아라비스타에 살던 가부장제 무리인 아라비아 유랑민, 오늘날의 스위스 농민, 자본주의 세계의 중심에서 예로부터 내려온 "알프스 장부"를 기록하는 바이에른과 티롤의 알프스인, 울퉁불퉁한 아풀리엔에서 주인들의 거대한 가축 떼를 지켰던 반半미개한 로마의 노예들, 오늘날의 아르헨티나에서 오하이오의 도축장과 통조림 공장을 위해 수많은 가축 떼를 살찌우는 농민들 — 이 모두 "목축"의 본보기이며, 또한 그런 만큼 생산과 문화의 전혀 다른 많은 형태를 보여 주고 있다. 마지막으로 태곳적 인도의 마르크조합에서 현대판 라티푼디움까지, 농민의 아주 작은 농장에서 엘베 강 동쪽의 기사 영지까지, 영국의 소작 제도부터 루마니아의 임시 부역Jobagie까지, 중국 농민의 원예부터 노예노동으로 이루어지는 브라질의 플랜테이션까지, 타히티에서 보게 되는 여성이 괭이로 짓는 농사부터 증기나 전기로 작업하는 북아메리카의 노다지 농장까지, "경작"은 매우 장구한 단계의 다양하기 그지없는 경제양식과 문화 단계를 포괄하고 있기에, 생산의 의미에 대한 그로세 씨의 오만한 계시에서 명백해지는 것은 실제 "생산"이 무엇을 의미하는가에 대한 찬란한 몰이해뿐이다. 생산과 문화의 외부적인 자연조건만을 고찰하며 영국의 사회학자 버클에게서 최고로 완성된 표현을 찾을 수 있는 바로 이러한 조잡하고 조야한 "유물론"에 맑스와 엥엘스는 반론을 폈다. 식량의 외부적인 자연적 원천이 아니라 인간이 노동하면서 서로 맺게 되는 관계가 인간의 경제관계와 문화관계에서 결정적이라는 것이다. 생산의 **사회적** 관계가 결정하게 되는 질문은 '주어진 종족에게는 어떤 생산형태가 지배하는가'다. 생산의 이러한 측면을 철저하게 파악했을 때에만, 어떤 종족의 생산이 가족관계, 법 개념, 종교적 관념, 예술 발전 따위에 미치는 결정적인 영향을 이해할 수 있다. 그러나 이른바 야만족의 생산의 경우에 사회관계를 파고든다는 것은 대부분의 유럽 관찰자들에게는 매우 어려운 문제였다. 이미 세상을 알고 있다고 믿은 그로세 씨 같은 사람은 잉카 페루인이 경작에 종사하는 종족이라는 사실 말고는 다른 것을 알지 못했다면, 그와 반대로 헨리 메인 경 같은 더 진지한 학자는 이렇게 말했다. "낯선 사회적 또는 법적 관계를 직접 관찰하는 자들의 특정직인 오류는 이

관계들을 자신들이 알고 있는 것과 겉보기에 동일한 종류로 보이는 관계들과 너무 일찍 비교한다는 사실이다."[45]

이렇게 이해된 "생산형태"라는 것과 가족형태의 연관은 그로세 씨에게 다음과 같은 모습으로 나타난다. "가장 낮은 단계에서는 인간은 수렵 — 가장 넓은 의미에서의 수렵 — 과 식물성 식품의 채집으로 생계를 이어간다. 이러한 가장 원시적인 생산형태에서는 그와 동시에 가장 원시적인 분업형태 — 생리학적 차이에 기초한 양성 사이의 분업 — 도 모습을 드러낸다. 동물성 식량과 관련하여 해야 할 일은 남성의 몫인 반면에, 뿌리와 열매의 채집은 여성의 과제다. 이러한 관계에서는 경제의 무게중심이 거의 언제나 남성 쪽에 놓이며, 그런 까닭에 원시적 가족형태는 도처에서 명명백백하게 가부장제의 특성을 지닌다. 혈족관계에 대한 견해가 어떠하든, 원시적 남성은 자기 자손의 혈족으로 인정되지 않는 경우에도 사실상 주인과 소유자로서 자기 여자와 아이의 중심에 있다. 이 가장 낮은 단계로부터 생산은 두 방향으로 나아갈 수 있는데, 여성적 경제 운영인지 아니면 남성적 경제 운영인지에 따라 그 이후 더 발전하면 어떻게 될지가 결정된다. 그러나 두 개의 가지 가운데 어느 것이 줄기로 성장할 것인가는 일차적으로 원시적 집단이 생활하는 자연조건에 달려 있다. 그 지역의 식물계와 기후가 처음에는 유용식물을 보호하도록 권하고 또 그럴 만하다가 나중에는 유용식물을 육성하도록 권하고 또 그럴 만하다면, 여성의 경제 가지였던 식물의 채집은 점차적으로 식물의 재배로 발전했다. 실제로 원시적인 경작 종족들의 경우에 이 업무는 언제나 여성 수중에 있었다. 그러나 그럼으로써 경제의 무게중심도 여성 쪽으로 옮겨갔으며, 그로 인해 우리는 주로 경작에 뒷받침되고 있던 모든 원시사회에서 모권적 가족형태를 발견하거나 그러한 흔적이라도 발견하게 된다. 여성이 주요 부양자이자 토지 주인으로서 이제 가족의 중심에 있다. 물론 원래 의미에서의 모권의 형성, 여성의 실제적인 지배로 가는 경우는 아주 드물었다 — 말하자면 사회집단이 외부의 적의 공격으로부터 피할 수 있는 곳에서만 그렇게 됐던 것이다. 다른 모든 경우에서는 남성이 우위를 얻어, 부양자로서 잃었던 것을 보호자로서 다시 찾았다. 이러한 방식으로, 경작 종족들 대부분에게 지배적이던 가족형태는 모권제 방향과 가부장제 방향 사이의 타협으로 나타나게 된다. 그런데 인류의 대부분은 전혀 다른 발전을 경험했다. 경작은 어렵지만 길들일 수 있고 또한 그럴 만한 가치가 있는 동물들이 제공되는 지역에 사는 수렵 종족은 앞서 말한 식물 재배가 아니라 목축으로 나아갔다. 그러나 수렵에서 점차적으로 발전해 간 목축은 수렵에서와 똑같이 원래 어디서나 남성의 특권으로 나타났다. 이러한 방식으로 이미 존재하던 남성 쪽의 경제적 우위는 더 강화됐으며, 이러한 관계는 목축을 우선으로 삼아 먹고사는 모든 종족에게는 가부장제 가족형태가 지배적이었다는 사실에서 논리적으로 일관되게 표현된다. 게다가 목축 사회에서 남성이 명하는 지위를 차지하는 일은 생산형태와 직접적으로 연관되어 있기는 마찬가지인 어떤 다른 사정 때문에도 강화된다. 목축 종족에게는 언제나 전쟁에 휘말리는 경향이 있고, 그러한 이유로 중앙집권적 군사조직을 만드는 경향이 있다는 사정이 그

것이다. 이로부터 피할 수 없는 결과는 여성이 권리가 없는 노예로서 전제적專制的 권력을 가진 남편의 지배하에 있게 되는 앞서 말한 극단적 형태의 가부장제다." 그러나 여성이 가족에서 부양자로서 지배하거나 아니면 적어도 부분적으로 자유로운 지위를 누리는 앞서 말한 평화롭게 지내는 경작 종족은 대부분 호전적인 목축 종족에게 종속됐으며, 가족에서의 남성의 전제적 지배 또한 다른 풍습을 가진 그 목축 종족에게서 넘겨받았다. "그래서 우리는 오늘날 정도야 어떻든 분명하게 가부장제 가족 형태라는 낙인이 찍힌 문명국들을 보게 된다."*

따라서 여기서 서술된, 생산형태에 의존하는 인간 가족의 기이한 역사적 운명은 아래의 도식과 같은 것이 된다. 수렵 시기 — 남성 지배하의 개별 가족. 목축 시기 — 더 혹독한 남성 지배하의 개별 가족. 낮은 단계의 경작 시기 — 간헐적인 여성 지배하의 개별 가족, 하지만 이후에는 목축 종족에 의한 경작민의 종속, 따라서 여기서도 남성 지배하의 개별 가족. 도식 체계의 정점인 높은 단계의 경작 시기 — 남성 지배하의 개별 가족. 우리가 보는 것처럼, 그로세는 현대의 진화론을 부인하는 문제를 진지하게 생각했다. 그에게는 도대체 가족형태의 발전이란 것이 없다. 역사는 개별 가족과 남성 지배로 시작하고 끝난다는 것이다. 여기서 그로세는, 자신이 오만하게도 생산형태로부터 가족형태의 형성을 밝히겠다고 약속한 후에도 가족형태 일반을 주어진 어떤 것, 완성된 것, 즉 개별 가족, 현대적 가정이라고 전

* [에른스트] 그로세, 『예술의 시원』[, 프라이부르크 임 브라이스가우, 라이프찌히, 1894년], 35~37쪽, 38쪽.

제하여 가족형태가 모든 생산형태 아래에서도 전혀 변하지 않음을 받아들였다는 점을 알아채지 못했다. 그로세가 시대에 따라 변하는 다양한 "가족형태"라며 실제로 추적한 것은 양성 사이의 상호관계에 따라 나타나는 문제뿐이었다. 남성 지배냐 여성 지배냐 — 이것이 그로세에 따르면 "가족형태"이며, 그럼으로써 그는 "생산형태"를 수렵, 목축 또는 경작이라는 문제로 단순화했었던 것과 완전히 조화로운 방식으로 조야하게도 가족형태를 겉으로 드러나는 특징으로 축소했다. "남성 지배"나 "여성 지배"라는 것이 한 다스나 되는 다양한 가족형태를 포괄할 수도 있다는 것, 동일한 "수렵" 문화 단계 안에도 한 다스나 되는 다양한 친족 체제가 있을 수도 있다는 것 — 이 모든 것이 그로세 씨에게는, 하나의 생산방식 안에서는 사회관계들에 대한 문제가 존재하지 않는 것처럼 존재하지 않는다. 그리하여 가족형태와 생산형태의 상호 관계는 다음과 같은 재치 넘치는 "유물론"에 이른다. 양성은 처음부터 사업상 경쟁자로 간주된다. 가족을 부양하는 자가 가족에서 지배하는 자라는 점은 속물과 부르주아 민법전도 주장하는 바다. 그러나 여성에게 달라붙어 있는 불운이란, 역사에서 단 한 번 예외적으로 — 괭이로 짓는 농사라는 낮은 단계에서만 — 가족 부양의 담당자였을 뿐 그 이후로는 대개 호전적인 남성 앞에서 손해 보는 역할을 맡아야 했다는 점이다. 그래서 이렇듯 가족형태의 역사는 엄밀히 말하면 모든 "생산형태"에서, 모든 생산형태에도 아랑곳하지 않고, 여성 노예제의 역사일 뿐이다. 여기에서 가족형태와 경제형태의 유일한 연관은 결국 남성 지배의 더 온화한 형태냐 더 엄한 형태냐의 사소한 차이일 뿐이다. 마침내 노예화된 여성을 위한 구원의 복음으로 인간의 문화사에서 최초로 출현한 것이 기독교 교회다 — 기독교 교회는 지상에서는 아닐지라도 적어도 푸른 하늘에서는 양성의 차이를 알지 못한다. 그로세는 경제사의 바다에서 오랜 방황 끝에 다행히도 기독교 교회의 항구에 정박하면서 이렇게 결론을 짓는다. "이러한 가르침을 통해 기독교는 여성에게 위엄을 주었으며, 남성의 전횡은 그 위엄에게 굴복해야 했다."* 정말이지, "생산의 형태들과 연관시켜" 관찰하면, "특이한 가설이 되어" 사회학자들을 "열광하게 한" 가족형태들이 얼마나 "놀라울 만큼 자명한 것으로" 나타나는가!

하지만 "가족형태"의 이러한 역사에서 가장 두드러진 것은 씨족 연합 또는 그로세가 명명한 식으로 하면 '일가一家'라는 것을 다루는 방식이다. 우리는 이전의 문화 단계에서 씨족 연합이 사회생활에서 얼마나 어마어마한 역할을 했는지를 보았다. 우리는 씨족 연합이 — 특히 모건의 획기적 연구에 따르면 — 영토국가가 형성되기 이전부터 있었던 인류 본래의 사회형태였고 그 후 오랫동안 경제 단위이자 종교 공동체였다는 것을 보았다. 이러한 사실이 그로세의 "가족형태"의 기묘한 역사와는 어떤 관계가 있을까? 분명 그로세는 모든 원시 종족에 일가 제도가 존재했음을 단순히 부인할 수는 없었다. 그러나 일가 제도가 자신이 말하는 개별 가족이라는 도식 및 사적 소유의 지배라는 도식과는 모순이어서, 그는 낮은 수준의 경작을 제외한다면

* [에른스트] 그로세, 『가족형태[와 경제형태]』[, 프라이부르크 임 브라이스가우, 라이프찌히], 1896년, 238쪽.

일가 제도의 의미가 아무것도 아닌 것이었다고 가능한 한 축소하려 했다. "일가 권력은 낮은 수준의 경작경제와 함께 성립했고 그것과 함께 사라지기도 했다. 모든 더 높은 수준의 경작 종족에게는 일가 질서가 이미 쇠퇴했거나 쇠퇴하고 있다."* 이처럼 그로세가 꼬뮌경제를 갖춘 "일가 권력"을 경제사와 가족사의 한가운데 수면 위로 떠오르게 한 것은 곧바로 다시 해체시키기 위해서였다. 그로세에 따르면 일가 질서는 낮은 수준의 경작에서는 개별 가족에 대해 경제적 기능도 없었고 사회적 의미도 없었다니, 그렇다면 낮은 수준의 경작 이전의 수천 년의 문화 발전에서 일가 질서의 성립, 존속, 기능 등은 어떻게 설명할 수 있는 것인지, 또한 사경제를 갖춘 개별 가족의 배후에서 쥐 죽은 듯 조용히 생활하는 이 일가란 사냥꾼이나 목동들에게 도대체 무엇인지, 이런 것들은 그로세 씨만이 아는 사적인 비밀로 남아 있다. 그는 자신이 생각하는 역사라는 것이 일반적으로 인정된 몇몇 사실과 극단적으로 모순이라는 점 따위에는 거의 마음을 쓰지 않는다. 일가는 낮은 수준의 농경에서나 중요성을 얻었단다. 일가는 이제 대부분 살인자 친족에 대한 피의 복수 제도, 종교의식, 그리고 매우 자주 어떤 동물 이름과 결부되어 있단다. 그러나 이런 것들은 농경보다 훨씬 오래됐으므로 일가 권력은 그로세 고유의 이론에 따라 훨씬 오래된 문화시대의 생산관계에서 이끌어내야 한다. 그로세는 게르만족, 켈트족, 인도인과 같이 더 수준 높은 경작자들의 일가 질서를 여성이 담당하

* [에른스트] 그로세, 『가족형태[와 경제형태]』[, 프라이부르크 임 브라이스가우, 라이프찌히], 1896년, 215쪽, 207쪽.

는 농업에 뿌리를 두고 있는 낮은 수준의 경작 시대의 유산이라고 설명한다. 그런데 문화민족들의 수준 높은 경작은 여성이 괭이로 짓는 농사에서 형성된 것이 아니라 이미 남성들이 하고 있던 목축에서 형성됐으므로, 그로세에 따르면 일가라는 것은 가부장제 가족경제에 아무런 의미도 없었다. 그로세에 따르면, 일가 질서는 유랑하는 목동들에게는 아무런 의미도 없으며, 정주 및 경작과 더불어 비로소 한때 힘을 얻었다. 그러나 농업 제도를 연구한 가장 신망 받는 사람들에 따르면, 실제의 발전은 정반대 방향으로 진행됐다. 목동들이 유랑하는 생활방식을 이어가는 한, 어떤 면에서나 가장 커다란 권력은 씨족 연합에 있었으며, 정주 및 경작과 더불어 일가의 연결은 느슨해지기 시작하여, 혈연 전통보다는 이해관계 공통성이 더 강력했던 경작자들의 지역 차원의 연합체에 부딪혀 뒤로 물러서게 됐으며, 씨족공동체는 이른바 이웃공동체로 변했다. 이것이 루트비히 폰 마우러, 꼬발렙스끼, 헨리 메인, 라벨레의 관점이며, 바로 이 현상을 현재 까우프만이 중앙아시아의 끼르기스인들과 야꾸트인들에게서 증명하고 있다.

마지막으로 언급해야 할 것들이 있다. 그로세는 자백했듯이 모권(여성이 지배하는 사회) 같은 원시적 가족관계 영역에서 가장 중요한 현상들에 대해서는 자신의 관점에서 조금도 설명할 줄 몰랐으며, 어깨를 으쓱하면서 모권을 "사회학의 가장 기이한 호기심"으로 설명하는 데 머물렀다. 그로세는 길을 잃고는, 오스트레일리아인들의 경우 혈족관계에 대한 생각이 가족제도에 아무런 영향을 주지 못했다는 믿을 수 없는 주장을 내세웠고, 고대 페루인들의 경우 일가의 흔적이 전혀 없었다는 더 믿을 수 없는 주장을 내세웠다. 그로세는 게르만족의 농업 제도를 낡아빠지고 신뢰할 수 없는 라벨레의 자료에 따라 판단했다. 끝으로 그로세는 바로 그 라벨레를 흉내 내며 예를 들면 "오늘날 아직도" 러시아 촌락공동체는 3천5백만 명의 대러시아 사람들 사이에 혈족관계가 있는 일가 연합, "가족공동체"를 이루고 있다는 황당무계한 주장을 폈는데, 이는 모든 베를린 거주민이 "오늘날 아직도" 거대한 가족공동체를 이루고 있다는 주장에 대략 해당된다 하겠다. 이 모든 것이 완전히 특별하게 그로세에게 "독일 사회민주주의의 교부" 모건을 죽은 개 취급할 수 있는 자격을 부여했던 것이다.

가족형태와 일가를 다루는 그로세의 방식에 대한 위의 견본들은 그가 "경제형태"를 어떻게 다루는지 알게 해 준다. 원초꼬뮌주의를 승인하는 것에 반대할 마음으로 이루어지는 논증 전체는 순전히 '그렇긴 해도 그러나'라는 논법에서 기인하고 있다. 논박할 수 없이 명백한 사실을 인정하기는 하나 다른 사실들을 거기에 대립시키고는 원치 않는 것은 줄이고 원하는 것은 부풀리려 결과를 그에 맞게 가지런히 정돈하는 식이었다.

그로세 자신도 낮은 수준의 사냥꾼에 대해 이렇게 설명하기는 한다. "모든 낮은 수준의 사회에서 주로 또는 전적으로 동산으로 존재하는 개인 재산은 이곳에서는 거의 완전히 의미가 없다. 그러나 가장 가치 있는 소유물인 사냥터는 부족 모든 남성 공동의 것이다. 그로 인해 사냥한 짐승 또한 가끔 호르드[5]의 모든 구성원에게 분배되어야 한다. 이런 것은 예를 들면 브라질 인디언인 보토쿠도족과 관련하여 보고되고 있다(에렌라이히, 「보토쿠도족에 대하여」, 『민속학지』 제XIX호, 31쪽). 오스트레일리아의 몇몇 지역에도 유사한 관례가 존재한다. 그리하여 어떤 원시 집단의 모든 구성원이 대강 똑같이 가난하고 그런 상태를 유지한다. 본질적인 재산 차이가 존재하지 않으므로 부족의 차이를 낳는 주요한 자원이라는 것은 없다. 일반적으로 부족 내부의 모든 성인에게는 권리가 동등하다." 그와 같이 "일가에 속한다는 것은 낮은 수준 사냥꾼의 삶에 몇몇(!) 점과 관련하여 중요한 영향을 미친다. 일가에 속하면 사냥꾼에게 일정한 사냥터를 사용할 권리를 주며, 보호와 복수의 권리와 의무를 준다."(64쪽) 그와 같이 그로세는 중앙캘리포니아의 낮은 수준의 사냥꾼들에게서 일가 꼬뮌주의의 가능성을 승인한다.

그러나 그럼에도 불구하고 일가는 여기서 느슨하고 약하며 경제공동체는 존재하지 않는다. "하지만 북극 지방 사냥꾼들의 생산방식은 철저히 개인에 따른 것이어서 일가의 연결은 멀어져 가려는 욕망에 거의 저항할 수가 없다."(57쪽) 그와 마찬가지로 오스트레일리아인들의 경우에 공동 사냥터의 이용이 "수렵과 채집을 통해 대체로 공동으로 행해진 것이 아니라, 각각의 개별 가족이 분리된 경제를 영위했다." 그리고 일반적으로 "식량 부족은 거대한 집단의 지속적 통합을 감수한 것이 아니라 오히려 집단을 분산으로 내몰았다."(63쪽)

더 높은 수준의 사냥꾼들로 넘어가 보자.

"더 높은 수준의 사냥꾼들에게도 토지는 역시 통상적으로 부족이나 일가의 공동소유"(69쪽)이긴 해도, 우리가 바로 이 단계에서 일가의 공동 숙소인 대규모 가옥을 발견하기는 해도(84쪽), 나아가 우리가 "매켄지가 하이다족의 강에서 보았고 그의 짐작으로는 확장하는 데 모든 부족의 노동이 필요했을 제방과 방죽이 족장의 감시 아래 있었으며 족장 허가 없이는 누구도 고기잡이를 할 수 없었다. 따라서 제방과 방죽은 아마도 전체 촌락공동체 소유인 것으로 간주됐을 것이며 낚시터와 사냥터 역시 분할되지 않고 촌락공동체 것이었다."(87쪽)라는 말을 듣기는 해도,

그러나 "동산은 여기서 매우 확대되고 중요하게 되어, 소유지가 균등함에도 불구하고 재산의 엄청난 불균등이 발전할 수 있는 정도"(69쪽)였고, "통상적으로 식량은 우리가 볼 수 있는 한에서는 나머지 동산이 그랬듯이 공동소유로 인정되지 않았다. 따라서 일가는 매우 제한적 의미에서만 경제공동체라 칭할 수 있다."(88쪽)

그 다음의 더 높은 문화 단계, 유랑하는 목동들에게 도움을 청해 보자. 역시 그로세는 이렇게 보고했다.

"떠들썩하기 그지없는 유랑민이라 해도 한없이 넓은 곳을 돌아다니지는 않으며 오히려 그들 모두는 상당히 확실하게 정해진 제한된 영역 안에서 다니는데, 그 영역은 부족의 소유로 간주되며 자주 개별적인 특별한 가족과 일가에게 다시 자주 할당되는 곳이다."(91쪽) 그리고 나아가 이렇게 말한다. "토지는 목축하는 지역 전체에서는 거의 부족이나 일가의 공동소유다."(96쪽) "토지는 물론 모든 일가 구성원의 공동자산이며 토지 자체는 일가나 일가의 책임자가 여러 가족에게 이용하라고 분배

한다."(128쪽)

그렇긴 해도 그러나 "토지는 유랑민에게 가장 가치 있는 재산이 아니다. 유랑민 최고의 재산은 가축 떼이며, 가축은 언제나(!) 개별 가족들의 특별한 재산이었다. 목축하는 일가는 한 번도(!) 경제공동체나 소유공동체가 되지 못했다."

마지막으로 낮은 수준의 농민이 뒤따른다. 여기에서 처음으로 일가가 완전히 꼬뮌주의적인 경제조합으로 승인됐다.

그렇기 해도 그러나 — 여기서도 '그러나'가 바짝 뒤따른다 — 여기서도 "공업이 사회적 평등을 파괴한다." (그로세는 공업에 대해 말하고 있지만 당연히 상품생산을 생각하는 것이니, 그는 상품생산을 공업과 구분할 줄 몰랐던 것이다.) 그리고 특별한 동산이 토지 공동소유보다 우위를 점하고 이를 파괴한다(137~138쪽). 그리고 토지공동체임에도 불구하고 "이미 이곳에는 부자와 빈자의 분리가 존재하고 있다." 따라서 꼬뮌주의는 경제사의 짧은 막간극으로 축소되며, 게다가 경제사는 사적 소유와 함께 시작됐으니 이는 사적 소유와 함께 끝나기 위함이었다. 증명해야 할 것은 바로 그것이었다.

3.

그로세 도식의 가치를 검사하기 위해 우선 사실들에게 직접 도움을 청해 보자. 가장 낮은 수준에 있는 종족의 경제양식을 — 겉 핥기 식으로라도 — 검사해 보자. 그 종족은 어떤 종족인가?

그로세는 이들을 "낮은 수준의 사냥꾼"이라 명명하고는 그들에 대해 이렇게 말했다. "낮은 수준의 수렵 종족은 오늘날 인류에서 하찮을 정도로 적은 부분을 이룰 뿐이다. 불완전하고 수확이 적은 생산방식 때문에 수적 열세와 문화적 빈곤에 처할 수밖에 없었던 그들은 도처에서 더 크고 더 강한 종족들에 밀려나, 지금은 접근하기 어려운 원시림이나 불모의 황무지에서나 근근이 살아가고 있다. 이 궁색한 부족의 다수는 왜소인종에 속한다. 그들은 생존을 건 싸움에서 더 강한 인종에게 패배해 문화에 가장 적대적인 지역으로 밀려남으로써 그와 동시에 문화적으로 정체될 운명에 처해진 바로 그 가장 나약한 인종이다. 그러나 여하튼 이 가장 오래된 경제형태를 대표하는 사람들은 오늘날에도 유럽을 제외한 모든 대륙에서 찾을 수 있다. 아프리카는 왜소하게 성장하는 수많은 수렵 종족을 간직하고 있다. 그러나 유감스럽게도 우리에게 지금까지 어느 정도라도 보고된 것은 단 하나인 칼라하리 초원(독일령 서남아프리카 — 로자 룩셈부르크)의 부시맨과 관련된 것뿐이다. 다른 피그미족의 삶은 중심부 원시림의 어둠 속에 숨어 있다. 아프리카로부터 동쪽으로 눈을 돌려 보면, 먼저 실론(동인도반도의 남쪽 끝 — 로자 룩셈부르크) 내륙에서 베다라는 왜소 수렵 종족을 만나며, 나아가 안다만 제도에서 민코피족을 만나고, 수마트라 내부에서 쿠부족을 만나고, 필리핀의 산악 야생에서 에예타족을 만나는데, 뒤의 세 부족 역시 키가 작은 인종에 속한다. 오스트레일리아 대륙은 유럽인들이 정착하기 이전에는 전역에 수준이 낮은 수렵 부족이 살고 있었고, 18세기 하반기에 식민주의자들에 의해 해안 지역 대부분에서 쫓겨났을 때 원주민들은 내륙의 황무지에 계속 머물러 있었다. 마지막으로 아메리카에서는 가장 저지대인 남쪽부터 가장 고지대인 북쪽까지 흩어져 있는 문화적으로 가장 빈약한 일련의 무리들을 추적할 수 있다. 혼 곶(남아메리카의 남쪽 끝 —로자 룩셈부르크) 주변의 폭풍우가 몰아치는 산악 황무지에는 티에라델푸에고 주민들이 거주하고 있는데, 복수의 관측자들이 이들을 모든 인간 가운데 가장 비참하고 거칠다고 밝힌 바 있다. 브라질의 숲에는 재앙을 부르는 보토쿠도족 외에도 여러 사냥꾼 호르드가 배회하고 있는데, 그 가운데 슈타이넨의 연구 덕분에 최소한 보로로족에 대해서는 좀 상세히 알려져 있다. 중앙캘리포니아(북아메리카의 서쪽 해안 — 로자 룩셈부르크)에는 가장 초라한 오스트레일리아인들보다 조금 사정이 나은 다양한 부족이 숨어 있다."* 이상하게도 에스키모 역시 가장 수준이 낮은 종족 가운데 하나로 넣는 그로세를 계속 따라가지 말고, 이제 위에서 열거한 몇몇 부족들에게 사회적 차원의 계획적인 노동조직의 흔적이 있는지 둘러보고자 한다.

우선 많은 학자에 따르면 지구 위에 사는 인류 가운데 가장 낮은 문화 수준에 처해 있는 것으로 증명됐다는 오스트레일리아의 식인종에게 눈을 돌려 보자. 오스트레일리아 흑인에게서 우리는 무엇보다도 이미 언급된 남성과 여성 간의 원시적 분업을 볼 수 있다. 여성은 주로 식물성 식량, 목재, 물을 조달하고, 남성은 수렵에 전념하며 동물성 식량을 조달한다.

* 에른스트 그로세, 『가족형태와 경제형태』[, 프라이부르크와 라이프찌히, 1896년], 30~31쪽

더 나아가 우리는 여기서 "개별적 먹이 찾기"와는 완전히 대립되는 것으로 나타나는 사회적 노동의 모습을 볼 수 있으며, 그와 동시에 필요한 모든 노동력에 요구되는 부지런함이 가장 원시적인 사회에서는 어떻게 마련되는지에 대한 전거가 우리에게 제공되고 있다. 예를 들면, "체파라족에서는 병에 걸리지만 않았다면 모든 남성이 식량을 마련할 것이라고 기대한다. 남성이 게을러 숙소에 머물러 있으면 다른 사람들이 깔보고 욕한다. 이른 아침이면 남성, 여성, 아이가 식량을 찾으러 숙소를 떠난다. 충분히 사냥한 다음에는 남성과 여성은 노획물을 가장 가까운 웅덩이로 가져가 불을 지피고 짐승을 굽는다. 연장자가 식량을 모두에게 균등하게 분배하고 나면 남성, 여성, 아이가 모두 정답게 함께 먹는다. 식사 후에 여성들은 남은 것을 숙소로 가져가고 남성들은 가는 길에 사냥한다."*

그러면 이제 오스트레일리아 흑인의 생산계획에 대해 자세히 알아보자. 생산계획은 매우 복잡하며, 개별적인 것에 이르기까지 수립됐다. 각각의 오스트레일리아인 부족은 일정한 수의 집단으로 이루어지는데, 그 각각의 집단에게는 자신들이 경배하는 동물이나 식물의 이름이 붙으며, 그 각각의 집단은 부족 영역 내부에서 경계가 정해진 땅뙈기를 보유한다. 예를 들면, 어떤 일정한 영역은 캥거루-남성 것이고, 다른 영역은 에뮤-남성(에뮤는 타조와 유사한 큰 새다) 것이고, 또 다른 영역은 뱀-남성(오스트레일리아 흑인은 뱀도 냠냠한다) 것이고, 하는 식

* 호비트. [펠릭스] 솜로, [『원시사회에서의 상품교류』, 브뤼셀, 라이프찌히, 빠리, 1909년,] 44~45쪽에서 재인용.

이다. 최근의 과학적 연구가 설명하는 바에 따르면, 이 "토템"은 우리가 이미 다른 맥락에서 언급했듯이, 거의가 오스트레일리아 흑인에게 식량으로 쓰이는 동물과 식물들뿐이다. 집단마다 족장이 있어 사냥을 이끌고 지휘한다. 동물 이름이나 식물 이름, 그리고 그에 상응하는 의식儀式은 공허한 형식이 아니었다. 실제로 각각의 오스트레일리아 흑인 집단마다 자기 이름인 동물이나 식물을 식량으로 마련할 의무와 이 식량 공급원이 유지되고 후속되도록 책임질 의무가 있었다. 게다가 각각의 모든 집단은 이러한 의무를 자신을 위해서가 아니라 무엇보다 부족의 다른 집단들을 위해 수행했다. 그리하여 예를 들면, 캥거루-남성들에게는 나머지 부족 동료를 위해 캥거루 고기를 제공할 의무가 있었고, 뱀-남성들에게는 뱀을 조달할 의무가 있었고, 애벌레-남성들에게는 별식으로 간주되는 일정한 양의 애벌레를 확보할 의무가 있었고, 하는 식이었다. 눈에 띄는 것은 이 모든 것이 엄격한 종교적 관습 및 고귀한 의전儀典과 결합되어 있다는 사실이다. 그리하여 예를 들면 각 집단의 사람에게는 자신의 토템 동물이나 토템 식물을 먹는 것이 허용되지 않거나 적당히 먹는 것만 허용됐고, 그와 반대로 그런 것을 다른 사람들에게 조달해야 하는 것이 거의 일반적인 규칙이다. 예를 들어 뱀 집단의 남성이 뱀을 사냥했다면 — 대단히 굶주린 경우가 아니라면 — 먹을 생각을 그만두고 다른 사람들을 위해 숙소로 가져온다. 마찬가지로 에뮤-남성은 에뮤 고기를 아주 조금 취할 수 있지만, 치료제로 사용되는 이 새의 알과 지방은 절대로 자기가 가질 수 없고 부족 동료들에게 주어야 했다. 다른 한편, 다른 집단들은 해당 토템 사람들의 허락 없이는 그 동물이나 식물을 사냥하거나 채집할 수 없었고 섭취할 수 없었다. 해마다 각각의 무리는 토템 동물이나 토템 식물이 확실히 대를 잇도록 할 목적으로 (노래, 연주, 다양한 숭배 의전 따위를 통해) 엄숙한 의전을 거행했는데, 이 의전 이후에야 다른 집단에게 그것을 먹는 것이 허락됐다. 의전이 거행되는 시점은 그 의전을 주도하는 집단마다 족장이 결정했다. 그리고 그 시점은 생산조건과 직접 결부되어 있었다. 중앙 오스트레일리아에는 동물과 식물이 심한 고통을 당하는 매우 긴 건조한 계절이 있고, 동물의 수가 증가하고 초목이 울창해지는 짧은 우기가 있다. 토템 집단의 대부분의 의전은 좋은 계절에 임박해서 거행됐다. 라첼도 오스트레일리아인들이 자신들에게 가장 중요한 식량의 이름을 따라 자신들의 이름을 붙인다고 말한다면 "우스꽝스러운 오해"일 것이라고 관찰했다.* 그러나 앞에서 간략하게 암시한 토템 집단 체계에서 사회적 생산조직이 완성되어 있음은 누구나 한눈에 알아볼 수밖에 없다. 개별 토템 집단은 분명히 광범위한 분업 체계의 마디일 뿐이다. 모든 집단이 함께 하나의 정돈되고 계획적인 전체를 형성하며, 집단마다 역시 하나의 통일적인 지휘 아래 완전히 조직적이고 계획적으로 스스로 행동한다. 그러나 이 생산체계는 종교적인 형태로, 곧 각종의 금식이나 의전 따위의 형태로 등장했으며, 이러한 사실은 이 생산계획이 태곳적의 것임을, 수백 년 전, 아니 수천 년 전에 이미 이 조직이 오스트레일리아

* 프리드리히 라첼, 『민족학』, 제2권, 라이프찌히, 1886년, 64쪽.

흑인들에게 존재했음을, 그리하여 경직된 의례로 굳을 시간이 있었음을, 원래는 그저 생산과 식량 조달의 관점에서 합목적적이었던 것이 비밀스러운 관계와 관련된 신앙의 교리가 됐음을 증명할 뿐이다. 영국인 스펜서와 길렌이 발견한 이 관계는 다른 학자 프레이저에 의해서도 확증됐다. 프레이저는 이를테면 다음과 같이 명확하게 언급하고 있다. "그러나 우리는 토템 사회에 있는 다양한 토템 집단이 서로 고립되어 사는 것이 아니라는 점을 기억하고 있어야 한다. 그 집단들은 섞여 있었으며 공익을 위해 마술의 힘을 행사했다. 원래의 체계에서는 캥거루 남성들은 — 우리가 틀리지 않다면 — 그 밖의 모든 토템 집단과 자기 집단이 사용하기 위해 캥거루를 사냥하고[46] 죽이며, 이는 애벌레 토템, 매 토템, 그리고 그 밖의 토템을 지닌 집단에서도 그러하다. 토템 동물을 죽이고 먹는 것이 금지된 새로운 체계에서는 (종교형태에서는 —**로자 룩셈부르크**) 캥거루 남성들은 캥거루를 계속 생산하지만 이는 더 이상 자신이 사용하기 위해서가 아니며, 에뮤 남성들은 자기 자신들에게는 더 이상 에뮤 고기를 누리는 것이 허락되지 않음에도 불구하고 에뮤를 계속 증식시키며, 애벌레-남성들은 이제부터 그 별미의 음식이 다른 사람의 위장으로 들어가도록 정해졌음에도 불구하고 애벌레 번식을 위해 계속 마술을 부린다." 한마디로 하자면, 오늘날 숭배 제도로서 우리 앞에 있는 것은 이미 태곳적에는 포괄적 분업을 갖춘 조직된 사회적 생산의 단순한 체계였던 것이다. — 이제 오스트레일리아 흑인들에게 나타나는 생산물 분배로 관심을 돌린다면 아마도 훨씬 상세하고 복잡한 제도를 보게 될 것이다. 사냥한 짐승 하나하나, 발견한 새 알 하나하나, 채집한 한줌의 열매 하나하나는 완전히 확고한 규칙에 따라 계획적으로 사회의 이러저러한 구성원에게 소비를 위해 배분된다. 예를 들자면, 여성들이 채집한 식물성 식량은 그 여성들과 그들의 아이들에게 속한다. 남성들이 사냥으로 잡은 짐승은 규칙에 따라 분배되는데, 그 규칙은 부족마다 다르지만 모든 부족이 매우 상세하게 정해두었다. 예를 들어, 오스트레일리아의 남동부, 특히 빅토리아 지방에서 종족들을 관찰한 영국 학자 호비트는 다음과 같은 분배 방식을 관찰했다.

"한 남성이 숙소에서 어느 정도 떨어진 곳에서 캥거루를 죽인 것으로 보인다. 다른 두 남성이 그와 동행하고 있지만 그 동물을 죽일 때 도와주러 오기에는 늦는다. 숙소로부터 거리가 상당했고, 그런 까닭에 집으로 옮기기 전에 캥거루를 굽는다. 처음에 말한 남성은 불을 지피고, 다른 두 남성은 짐승을 잘게 자르고, 세 남성이 내장을 굽고는 먹는다. 분배는 이런 식으로 이루어진다. 2번 남성과 3번 남성은 함께 갔고 고기를 분해할 때 도움을 주었기 때문에 각각 꼬리가 달린 허벅지 하나와 엉덩이 일부를 포함한 허벅지 하나를 얻는다. 1번 남성은 나머지를 갖게 되며 이를 숙소로 운반한다. 머리와 등은 그의 아내가 자기 부모에게 가져다주고 나머지는 남편 부모에게 가져다준다. 그 남성에게 고기가 없다면 자신을 위해 조금 갖게 되지만, 예를 들어 그 남성에게 주머니쥐가 있다면 캥거루는 전부 넘겨준다. 그 남성의 어머니가 물고기를 잡았다면 그 가운데 일부를 그에게 줄 수도 있으며, 그 남성의 아내의 부모가 자기들 몫에서 그에게 줄 수도 있으며, 다음 날 아침에 그 남성의 아내에게도 준다. 아이들은 모든 경우에 조부모가 보살핀다."* 어떤 부족에서는 아래와 같은 규칙이 적용된다. 캥거루 한 마리를 보자면, 캥거루를 쓰러뜨려 잡은 사람은 허리 부위를 가져가고, 아버지는 등, 갈빗대, 어깨, 머리 따위를 가져가고, 어머니는 오른쪽 다리를 가져가고, 남동생은 왼쪽 앞다리를 가져가고, 누나는 등을 따라 붙어 있는 살 한 조각을 가져가고, 여동생은 오른쪽 앞다리를 가져간다. 아버지는 꼬리와 등 부위 한 조각을 자기 부모에게 넘겨주고, 어머니는 허벅지 일부와 정강이뼈를 자기 부모에게 넘겨준다. 곰 한 마리에서 사냥꾼 자신은 왼쪽 갈빗대를 가져가고, 아버지는 오른쪽 뒷다리를, 어머니는 왼쪽 뒷다리를, 형은 오른쪽 앞발을, 남동생은 왼쪽 앞발을 얻는다. 누나는 등 부위를 얻고 여동생은 간을 얻는다. 오른쪽 갈빗대 부위는 삼촌 것이고 옆구리 부위는 외삼촌 것이고, 머리는 젊은 남성들의 숙소로 간다.

이와는 달리 다른 부족에서는 얻은 식량을 참석자들에게 균등하게 분배한다. 예를 들어 왈라비(작은 캥거루 류)를 잡았고 10명이나 12명이 같이 있었다면, 누구나 한 부분을 얻는다. 왈라비를 쓰러뜨려 잡은 사람이 주기 전에는 그 가운데 누구도 그 동물이나 그 동물의 부위에 손을 댈 수 없다. 왈라비를 쓰러뜨려 잡은 사람이 왈라비를 굽는 동안 본의 아니게 그곳에 없다면, 그가 돌아와 분배할 때까지 아무도 건드릴 수 없다. 여성들

* 호비트, 앞의 곳. [펠릭스] 솜로, [『원시사회에서의 상품교류』, 브뤼셀, 라이프찌히, 빠리, 1909,] 42쪽에서 재인용

은 남성들과 균등한 몫을 얻으며, 어린이들은 양친이 정성껏 보살핀다.*

부족마다 다른 이러한 다양한 분배 방식이 지닌 태곳적 풍의 특성은 그 분배 방식이 의식儀式 형태로 등장하고 주문呪文에 담긴다는 사실로도 드러난다.** 이는 아마도 수천 년은 됐을 전통에서 분명히 나타나는데, 그 전통은 어떤 세대에게나 전승된 어떤 것으로, 거역할 수 없는 규칙으로 통용되며 엄격하게 지켜진다. 그런데 이 제도는 두 가지 사실을 명백하게 보여 준다. 첫째, 아마도 인류 가운데 가장 시대에 뒤쳐져 있을 이 오스트레일리아 흑인들 사이에서는 생산뿐만 아니라 소비도 공동의 사회 문제로 계획적으로 조직되어 있다는 사실이다. 둘째, 이 계획은 분명히 사회의 모든 구성원의 부양과 안전을 안중에 두고 있으며, 게다가 필요한 식량 및 그것을 조달할 수완과 조응하는 것이다. 어떤 경우에든 그리고 그 어떤 것보다도, 나이든 사람들을 보살폈으며, 그리고 나면 다시 이들이 마치 어머니처럼 어린아이들을 보살폈다. 이렇게 오스트레일리아인들의 경제생활 전체 — 생산, 분업, 식량 분배 — 는 엄격한 방식으로 계획적으로 조직되어 있었으며, 아주 오래 전부터 굳건한 규칙을 낳았다.

오스트레일리아에서 북아메리카로 시야를 돌려 보자. 이곳의 서부 지역에는 캘리포니아 만에 위치한 티뷰론 섬이나 그 섬

---

* 호비트, 앞의 곳, [펠릭스] 솜로, [『원시사회에서의 상품교류』, 브뤼셀, 라이프찌히, 빠리, 1909,] 43쪽에서 재인용을 보라.

** [프리드리히] 라첼, [『민속학』,] 1894년, 333쪽을 보라.

과 근접한 폭이 좁고 길쭉한 육지에 거주하며 잔존하는 희귀한 인디언들이 있는데, 이들은 완벽한 격리와 이방인에 대한 적대성 덕분에 태곳적 관습을 대단히 순수하게 유지하여 특별한 흥밋거리를 제공한다. 1895년에 미국의 학자들이 이 부족을 연구하기 위해 탐험을 벌였고, 그 결과는 미국인 맥기가 우리에게 상세히 서술해 주고 있다. 그에 따르면, 세리 인디언 – 수적으로 매우 희귀한 이들은 이제 이렇게 불린다 — 부족은 네 무리로 나뉘고, 각각에게는 동물을 따라 이름이 붙어 있다. 그 가운데 중요한 두 무리는 펠리컨 무리와 거북 무리다. 토템 동물들과 관련된 이 무리들의 풍습, 습관, 규칙은 엄격하게 비밀로 되어 있어 거의 밝힐 수가 없었다. 그러나 그와 동시에 이 인디언들의 식량이 주로 펠리컨 고기, 거북, 물고기, 다른 바다동물로 구성된다는 것을 알게 된다면, 그리고 앞에서 서술한 오스트레일리아 흑인 토템 집단의 제도를 기억한다면, 다음과 같은 점을, 즉 캘리포니아의 인디언 이웃들의 경우에도 토템 동물에 대한 신비적 숭배가 있고 또 그 동물에 해당하는 집단으로 부족이 나뉘어 있는 것은 종교적 상징으로 굳어진 분업을 갖춘 태곳적의 엄격하게 조직된 생산제도의 잔여물일 뿐이라는 점을 상당히 확실하게 가정할 수 있을 것이다. 그 점과 관련하여, 예를 들면 세리 인디언들의 최고의 수호신이 펠리컨이라는 사정, 그러나 이와 동시에 그 새는 그 이름을 가진 부족의 경제적 생존의 토대를 이루기도 한다는 사정이 우리의 생각을 지지해 준다. 펠리컨 고기는 주요 식량이며, 펠리컨 가죽은 의복, 바닥재, 방패, 이방인과 교환할 때 가장 중요한 품목 따위로 쓰인다. 세리의 가장 중요한 노동형태인 사냥은 오늘날까지도 엄격하게 규제됐다. 그리하여 예를 들어 펠리컨 사냥은 "최소한 절반은 의전儀典 성격"을 띤 잘 조직된 공동 작업이다. 펠리컨 사냥은 특정한 시간에만 이루어질 수 있었으며, 더욱이 번식기에는 대를 잇도록 보장하기 위해 그 새를 보호했다. "도축(육중한 동물을 대량으로 잡는 것은 어려운 일이 아니었다. — **로자 룩셈부르크**)이 끝나면 엄청난 먹을거리가 생겨서, 굶어서 죽을 지경이었던 가족들은 연한 부위를 어둠 속에서 게걸스럽게 삼키며, 잠이 몰려올 때까지 소란을 떨며 마셔댄다. 다음 날, 여성들은 깃털이 가장 적게 손상된 펠리컨 사체를 찾아 가죽을 조심스럽게 벗겨낸다." 축제는 여러 날 동안 계속되며 다양한 의전이 이와 결합된다. 뷔허 교수가 순수한 동물적 행동의 표시로서 분명하게 지적할 수도 있는 저 "엄청난 먹을거리", "어둠 속에서 게걸스럽게 삼키기", 게다가 소란을 떨며 먹기는 사실은 — 바로 의전의 성격을 충분히 보증하듯이 — 매우 잘 조직되어 있다. 사냥 계획에는 특별히 분배와 소비에 대한 엄격한 규제가 따랐다. 공동식사는 일정한 순서로 진행된다. 맨 먼저 족장(인 동시에 사냥의 우두머리)이 오고, 그 다음에는 그 밖의 전사들이 나이에 따라 정해진 순서대로 오고, 그 다음에는 가장 나이든 여성이 오고, 그 여성 뒤로 딸들이 나이에 따라 차례가 오고, 마지막으로 어린이들이 나이에 따라 차례로 오는데, 여기서 소녀들은, 특히 성숙기에 가까운 소녀들은 여성에 대한 관대함으로 일종의 이점을 누린다. "가족이나 일족의 구성원 누구에게나 필요한 식량과 의복을 주장할 권리가 있었으며, 이러한 수요가 충족되는지를 감시하는 것은 다른 모든 사람의 일이었다. 이러한 의무의 정도는 부분적으로는 근접함에 따르는 것이어서…… 가장 근접한 사람에게서 의무가 시작되지만, 주로 집단에서의 지위와 책임(보통 나이 비슷한 것)이 의무에서 결정적이었다. 식사할 때 아랫사람들을 위해 충분히 남기도록 배려하는 것이 일인자의 의무이며, 이 의무는 그 다음에는 힘없는 어린이들의 이해관계도 배려하는 식으로 내려간다."*

남아메리카에 대해 말하자면, 우리는 브라질의 야만적인 인디언 부족인 보로로족에 대한 폰 덴 슈타이넨 교수의 증언을 확보하고 있다. 여기서도 무엇보다 전형적인 분업이 지배하고 있다. 여성들은 식물성 식량을 조달하며, 뾰쪽한 막대기로 뿌리를 찾아다니며, 대단히 민첩하게 종려나무에 기어올라 열매를 채집하며, 야자수 수관樹冠을 잘라내 열매와 그 유사한 것들을 찾는다. 여성들은 식물성 식량도 준비하고 도자기를 만들기도 한다. 여성들은 집으로 돌아오면 남성들에게 열매 등등을 주고 남아 있는 고기를 받는다. 분배와 소비는 엄격하게 규제된다.

폰 덴 슈타이넨은 이렇게 말한다. "에티켓 때문에 보로로족이 식사를 공동으로 …… 하지 못하는 일은 전혀 없고 보로로족에게는 에티켓 대신에 다른 기이한 관습이 있으며, 그 관습이 뚜렷이 보여 주는 바는 부족한 사냥감에 의존하는 부족들은 사냥감을 분배할 때 말씨름과 다툼을 예방하기 위해 이런저런 방식으로 수단을 찾아야 한다는 것이다. 우선 가장 이목을 끄

* 맥기, [펠릭스] 솜로, [『원시사회에서의 상품교류』, 브뤼셀, 라이프찌히, 빠리, 1909,] 128쪽에서 재인용.

는 규칙이 있다. 어느 누구도 자신이 쏘아 죽인 야생동물은 굽지 않고 다른 사람이 굽도록 넘긴다! 귀중한 모피와 이빨에는 늘 사려 깊게 주의를 기울인다. 재규어를 잡은 후에는 큰 축제가 벌어진다. 고기는 먹는다. 모피와 이빨은 사냥한 사람이 아니라 …… 최근에 사망한 인디언 남성이나 인디언 여성의 가장 가까운 친척이 갖는다. 사냥한 사람은 명예를 얻고, 모두에게서 금강앵무새 깃털(보로로족 최상 신분의 장신구—로자 룩셈부르크)과 오아수 Oassú 띠로 장식한 활을 선물로 받는다. 하지만 불화가 벌어지는 것을 막는 가장 중요한 방책은 주술사의 직무와 연관되어" 있으니, 즉 이러한 경우에 유럽인들이 말하곤 하는 식으로 하자면 마법사나 성직자의 직무와 연관되어 있다는 것이다. 주술사는 동물을 쓰러뜨려 잡을 때마다 현장에 있어야 하지만, 무엇보다도 중요한 것은 잡은 동물과 식물성 식품 하나하나는 일정한 의전을 행한 후에야 비로소 분배되어 사용될 수 있게 된다는 점이다. 사냥은 족장의 지시와 지도에 따라 행해진다. 젊은 미혼 남성들은 "남성 가옥"에서 공동으로 거주하며, 그곳에서 공동으로 일하고, 무기, 도구, 장신구를 제작하며, 실을 잣고, 격투기를 하며, 우리가 앞에서 언급한 바와 같이 엄격한 기율과 질서를 지키며 공동으로 식사한다. 폰 덴 슈타이넨은 이렇게 말한다. "가족의 구성원이 죽으면 그 가족은 엄청난 손실을 입는다. 왜냐하면 죽은 사람이 절대로 다시 돌아오지 못하게 하려고 그 사람이 사용했던 모든 것을 태워 강에 뿌리거나 뼈와 함께 바구니에 담아 버리기 때문이다. 그런 다음에 움막을 완전히 비워 버린다. 하지만 유족에게 새로운 선물을 주게 되는데, 그들을 위해 활과 화살을 만들고, 재규어를 잡으면 모피를 마지막으로 죽은 여성의 남자 형제나 마지막으로 죽은 남성의 아저씨에게 주는 것이 관습이다."* 이처럼 생산뿐만 아니라 분배에서도 매우 확실한 계획과 사회제도가 지배하고 있다.

아메리카 땅을 가장 깊숙한 남쪽 끝까지 내려가면 거기서는 원시 종족들 가운데 가장 수준이 낮은 종족인 티에라델푸에고 주민을 볼 수 있게 되는데, 남아메리카 끝에 놓인 황량한 군도에 거주하는 이 사람들에 대해 우리에게 처음 보고된 것은 17세기였다. 남태평양에서 오랫동안 영업을 해 온 프랑스 해적의 제의로 1698년에 프랑스 정부는 남태평양으로 탐험대를 파견했다. 이 탐험에 참여한 엔지니어 가운데 한 사람이 우리에게 일기장을 남겼는데, 거기에는 티에라델푸에고 주민에 대한 아래와 같은 간명한 정보가 포함되어 있다.

"아버지, 어머니, 아직 결혼하지 않은 아이들로 이루어진 가족마다 삐라구아(나무껍질로 만든 작은 배)가 있어서, 필요한 모든 것을 그 안에서 처리했다. 밤이 닥치면 아무 곳에서든 누워 잠을 잔다. 완성된 움막이 없으면 움막을 짓는다. …… 가운데에다 작게 불을 피우고 불가에 뒤섞여 풀 위에 눕는다. 배가 고프다고 느끼면 조개를 구워 최고 연장자가 균등하게 몫을 분배한다. 남성들의 주요 업무와 의무는 움막 짓기, 수렵, 어로이며, 여성들에게는 작은 배를 보살피고 조개를 조달할 의무가 있다. …… 이들은 다음과 같은 방식으로 고래를 사냥한다. 작은

---

* 폰 덴 슈타이넨, 『중앙 브라질의 원시 종족 사이에서. [1887~1888년의 두 번째 싱구 탐험의 여행 스케치와 결과]』, [베를린, 1894년, 502쪽.]

배 다섯 척이나 여섯 척으로 함께 바다로 나가, 고래를 발견하면 추격해, 뼈나 돌을 노련하게 잘라 만든 촉이 달린 커다란 화살을 던진다. 동물이나 새를 잡거나 보통의 식량이 되는 물고기나 조개를 잡으면 모든 가족에게 분배하는데, 이는 그들이 거의 모든 식료품을 함께 소유한다는 점에서 우리보다 우월하기 때문이다."*

아메리카에서 아시아로 눈을 돌려 보자. 여기서는 영국인 탐험가 E. H. 만이 (벵골 만에 있는) 안다만 제도에 사는 민코피라는 왜소인종 부족에 대해 우리에게 보고했는데, 11년 동안 그들과 시간을 보냈으며 어떤 다른 유럽인보다 그들에 대해 더 정확한 지식을 얻은 그 사람의 보고는 다음과 같다.

민코피족은 아홉 개 부족으로 이루어져 있고, 각 부족은 다시 30~50명, 때로는 300명에 이르는 작은 집단 꽤 여럿으로 나뉜다. 이 무리마다 우두머리가 있으며, 부족 전체에는 개별 공동체의 우두머리들보다 지위가 높은 족장이 있다. 하지만 족장의 권위는 매우 제한적이어서, 주로 자기 부족에 속하는 모든 공동체가 모이는 회합을 개최하는 것이 권위의 핵심적인 것이다. 족장은 수렵, 어로, 이동이 벌어질 때 이끄는 사람이며 갈등을 중재하는 사람이다. 공동체마다 내부에서는 공동 노동이 이루어졌으며, 나아가 남성과 여성 사이에 분업도 이루어졌다. 수렵, 어로, 꿀 조달, 배 · 활 · 화살 · 그 밖의 도구들의 제작 따위는 남성의 의무였으며, 여성은 장작, 물, 식물성 식량 따위를 조

* 『아메리카 학자들의 빠리 국제회의 제8차 회의 보고서』, M. G. 마르셀 보고, 빠리, 1892년, 491쪽.

달했으며 장신구를 제작했으며 요리를 했다. 집에 머물면서 어린이, 병자, 노인을 돌보는 일과 여러 움막에서 불을 꺼뜨리지 않는 것은 남성과 여성 모두의 의무다. 노동할 능력이 있는 누구에게나 자신과 공동체를 위해 노동할 의무가 있으며, 어쩌다 찾아오는 외부인들을 대접하기 위한 식량 재고가 언제나 있는지 살필 의무 또한 통상적으로 모두의 의무다. 어린아이, 약자, 노인은 일반적 배려의 특수한 대상이며, 그래서 일상적 욕구의 충족과 관련하여 말하자면 그런 사람들이 나머지 사회 구성원보다 더 나은 상태다.

음식을 먹는 것과 관련하여 일정한 규칙이 있다. 기혼 남성은 다른 기혼 남성이나 독신 여성과만 함께 식사할 수 있으며, 이미 나이가 상당히 든 경우를 제외하면 기혼 남성은 자기 자신의 가계 이외의 다른 기혼 여성과는 결코 같이 식사를 할 수 없었다. 미혼인 사람들은 식사 시간을 따로 – 총각들은 총각들끼리, 처녀들은 처녀들끼리 — 보낸다.

음식 조리는 보통 여성들의 의무였고, 음식은 남성들이 없는 동안 마련하곤 한다. 하지만 축제 기간이나 특별히 사냥이 잘된 뒤처럼 장작과 물을 조달하는 일이 예외적으로 더 필요하게 되면 남성들 가운데 하나가 요리사를 맡게 되는데, 그럴 경우 그 남성은 식사가 반쯤 완성됐을 때 참석자들 사이에 그 상태로 분배하고는 참석자들이 자기 화덕에서 조리를 계속하도록 맡긴다. 족장이 참석하고 있다면, 그가 제일 먼저, 그것도 가장 많은 몫을 받고, 그 다음에 남성, 그에 이어 여성과 어린이 순서로 받는다. 남은 것이 분배한 사람 것이다.

무기, 도구, 그 밖의 품목들을 제조할 때 민코피족은 통상적으로 상당한 끈기와 대단한 근면함을 보여서, 쇳덩어리를 돌망치로 힘들게 가공하여 창끝과 화살촉을 만드는 일에 몇 시간 동안 몰두할 수 있으며, 또는 그럼으로써 활의 형태를 개선하는 일에 몰두할 수 있으며, 기타 등등의 것에 몰두할 수 있다. 그렇게 긴장한 채로 노동하도록 재촉할 직접적 필요가 없거나 그럴 필요가 예상되지 않아도 그들은 이러한 노동에 전념한다. 그들에 대해 이기적이라고 — 그렇다고들 한다 — 험담할 수는 없는데, 왜냐하면 그들은 자신들이 가지고 있는 것 가운데 가장 좋은 것을 자주 선물하기(당연하게도, "분배하기"에 대한 유럽식으로 오해했을 뿐인 표현) 때문이며, 그들 자신이 사용하기 위해 더 나은 노동대상을 결코 지니지 않고 나아가 자기 자신을 위해 더 좋은 것을 만들지도 않기 때문이다.*

지금까지 이야기한 일련의 예는 아프리카 야만인의 생활에서 임의로 추출한 견본 하나를 더 보여 주는 것으로 마치기로 하겠다. 이 점과 관련하여서는, 칼라하리 사막의 키 작은 부시맨들이 통상적으로 인간 문화에서 가장 뒤쳐져 있고 상태가 바닥인 예를 제공한다. 부시맨에 대해 독일, 영국, 프랑스의 연구자들이 의견이 일치하여 보고한 것은 이들이 공동의 경제생활을 영위하는 집단(호르드)을 이루며 생활한다는 점이다. 그들이 이룬 작은 패거리에서는 완전한 평등이 지배하며, 또한 식료품과 무기 등등에 관련해서도 그러하다. 떠돌다 식량을 발견하면

* 만, [펠릭스] 솜로, [『원시사회에서의 상품교류』, 브뤼셀, 라이프찌히, 빠리, 1909,] 96~99쪽을 보라.

자루에 모으고 숙소에 가서 자루를 비운다. 독일인 파사르게는 이렇게 설명한다. "이제 거기서의 하루 수확물을 보자면, 뿌리, 덩이줄기, 열매, 애벌레, 코뿔소새, 황소개구리, 거북, 메뚜기가 있고 뱀과 이구아나까지 있다." 그런 다음 노획물은 모두에게 분배된다. "예를 들어 열매, 뿌리, 덩이줄기 등등과 같은 식물성 식품과 작은 동물을 체계적으로 채집하는 것은 여성의 일이었다. 여성은 그렇게 비축한 것으로 호르드를 부양해야 하며, 이때 어린이들이 여성을 돕는다. 남성 역시 우연히 마주치게 되는 것을 많이 가져오는데, 그래도 채집은 남성에게는 완전히 부차적인 일이다. 남성의 임무는 무엇보다도 사냥이다." 사냥한 동물은 호르드가 공동으로 소비한다. 친분을 맺은 호르드 출신의 부시맨이 이동하다 들러도 공동의 화덕과 식량을 이용하도록 허용된다. 파사르게는 부르주아사회의 정신에 물든 안경을 쓴 훌륭한 유럽인으로서, 부시맨들이 마지막 남은 모든 것까지 다른 사람들과 나누는 "지나친 미덕"에서 그들의 문화적 무능력의 원인을 보았다!*

이렇듯 가장 원시적인 종족, 그것도 정주나 경작과는 거리가 먼 종족이, 직접적 관찰을 통해 우리에게 알려진 한에서는, 어느 정도는 경제적 발전의 사슬의 출발점에 서 있다는 사실이 드러나며, 이는 그로세 씨의 도식 공식에 해당하는 것과는 전혀 다른 관계의 모습이다. "분산"과 "개별경제"가 아니라 꼬뮌주의 조직의 전형적인 특색을 지닌 엄격하게 규제되는 경제공동

* [펠릭스] 솜로, [『원시사회에서의 상품교류』, 브뤼셀, 라이프찌히, 빠리, 1909,] 116쪽을 보라.

체를 우리는 곳곳에서 보았다. 이는 "낮은 수준의 사냥꾼"과 관련된다. "더 높은 수준의 사냥꾼"에 대해서는 모건이 상세하게 묘사한 것과 같은 이로쿼이족에게 나타나는 일가경제의 모습으로 충분하다. 그런데 목동들 역시 그로세의 뻔뻔스러운 주장을 거짓이라고 꾸짖을 충분한 자료를 제공하고 있다.*

따라서 경작에 종사하는 마르크조합은 우리가 경제사에서 마주치는 유일한 원초꼬뮌주의 조직이 아니라 최고로 발전된 원초꼬뮌주의 조직이며, 최초의 원초꼬뮌주의 조직이 아니라 최후의 원초꼬뮌주의 조직이다. 이 마르크조합 자체는 농경의 산물이 아니라 꼬뮌주의가 지닌 헤아릴 수 없이 오래된 예전부터 있었던 전통이며, 그 꼬뮌주의는 겐스 조직의 품속에서 태어나 최종적으로는 경작에 실제로 적용됐고 그러면서 자신의 몰락을 야기한 바로 그 절정에 도달했다. 따라서 사실들은 그로세의 공식을 전혀 증명하지 않는다. 곧바로 가라앉으려고 경제사 한복판에 떠오른 이 꼬뮌주의의 기묘한 현상을 설명하라고 질문을 던진다면, 그로세 씨는 우리에게 재치 넘치는 "유물론"으로 설명할 것이다. "우리는 낮은 수준의 경작에 종사하는 일가가 여기서는 무엇보다도 거주지 공동체, 소유 공동체, 경제 공동체로 등장했기 때문에 다른 문화형태의 종족들에 비해 지지와 권력을 더 많이 획득했다는 점을 실제로 보았다. 그런데 여기서 그런 일가들이 이러한 공동체로 완성됐다는 사실은 낮은 수준의 경작경제의 본질, 곧 수렵과 목축이 인간들을 분산시킨

* 《로자 룩셈부르크의 여백 메모》 페루인 - 그런데 물론 이들은 유랑민은 아니다. 아라비아인, 카바일족 — 끼르기스인, 야꾸트인. — 까우프만. 라벨레가 든 예에서!

반면에 낮은 수준의 경작경제는 인간들을 통합시킨다는 본질로부터 다시 설명된다."(158쪽) 따라서 인간들이 노동할 때의 공간적 "통합"이나 "분산"이 꼬뮌주의가 지배하게 되는지 아니면 사적 소유가 지배하게 되는지를 결정한다는 것이다. 애석하게도 그로세 씨는 어떤 이유로 사람들이 "통합"되는 경작지에서는 가장 먼저 사적 소유로 이행한 반면에 사람들이 가장 쉽게 "분산"되는 숲과 목초지에서는 가장 오래도록 — 부분적으로는 오늘날까지 — 공동소유를 유지했는지를 우리에게 알려주는 것을 잊어버렸다. 그리고 나아가, 어떤 이유로 경제사 전체에서 인간을 가장 많이 "결합"시키는 생산형태인 현대 대공업이 공동소유를 만들어낸 것이 아니라 사적 소유의 가장 극단적 형태인 자본주의적 소유를 만들어냈는지를 알려주는 것도 잊어버렸다.

우리가 알게 되는 것은 또 다시, 그로세의 "유물론"이 역사를 유물론적으로 파악하기 위해 "생산"과 모든 사회생활에 대해 지니는 생산의 의미에 대해 이야기하기에는 충분하지 못하다는 점, 특히 유물론의 다른 면인 혁명적인 진화론적 사고와 분리되면서 사적 유물론이 맑스의 경우가 그랬듯이 연구자들에게 천재적 날갯짓이 되는 대신에 조잡하고 어설프고 서투른 버팀목이 됐다는 점을 입증하는 증거라는 것이다.

그러나 무엇보다도, 생산과 그 형태에 대해 그토록 많은 것을 말한 그로세 씨 자신에게도 생산관계라는 가장 기초적인 개념이 명료하지 않다는 것이 드러나고 있다. 우리가 이미 본 바와 같이, 그로세 씨는 처음에는 생산형태를 수렵, 목축 또는 경작과 같은 순전히 외면적인 범주로 이해했다. 그는 이제 이러한 각각의 "생산형태" 내부에서 소유형태에 대한 문제 — 말하자면, 공동소유, 가족 보유 또는 사적 소유 따위가 존재하는지, 그리고 소유가 누구에게 속하는지의 문제 — 를 결정하기 위해, 한편에는 "소유지"와 같은 범주를 놓고 다른 한편에는 "동산"과 같은 범주를 놓으며 구분했다. 그는 소유지와 동산이 상이한 소유자에게 속한다는 것을 발견하면, "더 중요한 것"이 "동산"인지 아니면 부동산인 소유지인지를 스스로 묻는다. 그로세 씨는 자신에게 "더 중요한 것"으로 보이는 것이 무엇인지에 따라 그것을 사회의 소유형태에 결정적인 것으로 취급한다. 그리하여 그는 예를 들면, 높은 단계의 사냥꾼에게는 "동산이 이미 그러한 의미를 얻었다"라고 결정하고는 동산이 소유지보다 중요하다고 결정하며, 또한 동산이, 또한 식량도 사적 소유이기에, 토지 공동소유가 명확하게 존재했음에도 이때 꼬뮌경제를 인정하지 않는다.

순전히 외면적인 특징에 따른 구분 — 동산과 부동산의 구분 — 은 생산에 아무런 의미도 없으며, 그로세가 다른 식으로 가족형태를 남성 지배와 여성 지배로 구분하거나 생산형태를 분산 효과나 통합 효과에 따라 구분한 것과 대략 같은 수준의 구분이라 할 수 있다. "동산"은 예를 들어 식량이나 원료, 장신구나 숭배 대상 또는 도구로 구성될 수 있다. 이런 것들은 사회 자체가 사용하기 위해 제작될 수도 있고 교환을 위해 제작될 수도 있다. 이에 따라 생산관계와 관련하여 그 의미는 아주 달라진다. 일반적으로 그로세는 종족의 생산관계와 소유관계를 — 그런데 이 점에서 그로세는 오늘날 부르주아 학문의 전형적인 대리인이다 — 식량과 넓은 의미의 다른 소비 대상을 근거로 판단한다. 소비 대상이 개인에 의해 소유되어 소비된다는 것이 발견되면, 그에게는 그 주어진 종족의 경우에는 "개인소유"가 지배했다고 입증하는 셈이 된다. 이는 오늘날 원초꼬뮌주의가 "학문적"으로 부정되는 전형적인 방식이다.* 이 심오하기 그지없는 관점에 따르면, 오리엔트에서 자주 마주치는 것처럼 구걸한 것을 한곳에 모아 공동으로 소비하는 거지 공동체라든가 훔친 것을 연대의 정신으로 향유하는 도둑 패거리가 순수한 "꼬뮌주의 경제조합"으로 보인다. 이에 반해 토지를 공동으로 보유하고 공동으로 경작하지만 결실 — 가족마다 자기 경작지 땅뙈기에서 얻은 결실 — 을 가족 단위로 소비하는 마르크조합은 "매우 제한적 의미에서만 경제공동체"라 칭할 수 있다는 것이다. 요약하면, 이러한 견해에 따르면 생산의 성격에 결정적인 것은 소비재에 대한 소유권이지 생산수단에 대한 소유권이 아니게 되며, 말하자면 분배의 조건이지 생산의 조건이 아니게 된다. 여기서 우리는 경제사 전체를 이해하는 데 근본적 의의를 지니는 정치경제학 이해 방식의 정점에 도달했다. 이제부터는 그로세 씨 운명은 그로세 씨에게 맡기고, 우리의 관심을 이러한 문제 일반으로 돌려 보자.

* [펠릭스] 솜로[, 『원시사회에서의 상품교류』, 브뤼셀, 라이프찌히, 빠리, 1909, 155~177쪽]를 보라.

4.

경제사 연구에 접근하려는 사람, 사회의 경제관계의 역사적 발전을 볼 수 있는 다양한 형태를 알고자 하는 사람은 무엇보다도 경제관계의 특성 가운데 어떠한 특성을 이러한 발전의 시금석과 척도로 삼을 것인가를 분명히 해야 한다. 특정한 영역에서 나타나는 많은 현상에 묻혀서도 가야할 길을 잘 찾으려면, 특히 그 현상들의 역사적 순서를 찾아내려면, 현상들이 회전할 때 말하자면 내부 축이 되는 동인動因에 대해 완전히 명료하게 알아야 한다. 예를 들어 모건이 문화사의 척도이자 그때그때의 문화사 수준의 시금석으로 택한 것은 매우 확고한 동인인 생산기술의 발전이었다. 그렇게 함으로써 모건은 실제로 인류의 모든 문화생활에 대해 이른바 뿌리에 이르기까지 알아냈고 그 뿌리를 들춰냈다. 우리의 목적인 경제사와 관련해서는 모건의 척도로 충분하지가 않다. 사회적 노동의 기술은 인간이 외부의 자연을 제압하는 것과 관련하여 그때그때 도달한 단계를 정확하게 보여 준다. 생산기술이 완벽해지면서 내딛는 새로운 걸음 하나하나는 그와 동시에 인간 정신이 물적 자연을 예속시키면서 내딛는 걸음이기도 하고, 그런 까닭에 일반적인 인간 문화의 발전에서 내딛는 걸음이기도 하다. 하지만 우리는 특별히 사회의 생산형태들을 연구하려고 하며, 그럴 때에는 인간과 자연의 관계만으로는 충분하지 않고 일차적으로 인간 노동의 다른 면, 즉 인간이 노동에서 서로 맺는 관계가 우리의 관심을 끄는데, 다시 말하자면 생산기술이 아니라 생산의 사회적 조직이 우리의 관심을 끈다는 것이다. 어떤 원시 종족이 녹로라는 것을 알아 도기를 제조하고 있다는 점을 우리가 알고 있다면, 그 원시 종족의 문화 단계의 특징을 이해하는 데 큰 의미가 있다. 모건은 이 중대한 기술 진보를 문화시대 전체에서의 경계석으로 보며, 야만에서 미개로의 이행이라고 특징지었다. 우리는 앞서 언급된 사실에 근거해서는 이 종족의 생산형태에 대해 아직 대단히 조금만 판단할 수 있다. 이에 덧붙여 우리는 먼저 일련의 상황을 알아야 한다. 예를 들면, 그 사회에서 누가 요업에 종사하는지, 공동체에 도자기를 마련해 주는 것이 사회의 모든 구성원인지 아니면 일부, 가령 하나의 성姓인 여성뿐인지, 요업으로 만들어진 생산물은 공동체, 가령 촌락에서 사용될 뿐인지 아니면 다른 생산물과 교환하기 위해 사용되는지, 요업에 종사하는 각각의 사람의 생산물을 그 사람만 소비하는지 아니면 제조된 물건은 모두 모든 공동체 구성원을 위해 쓰이는지 따위에 대해 알아야 한다는 것이다. 주지하듯이, 어떤 사회에서 생산의 성격을 결정할 수 있는 것은 다면적 사회관계, 곧 분업, 소비자 사이에서의 생산물 분배, 교환 같은 것이다. 그런데 경제생활의 이러한 모든 면을 규정하는 것 자체는 생산이라는 결정적 요인이다. 생산물의 분배와 교환 자체는 생산에 후속하는 현상일 뿐이라는 점은 첫눈에 밝혀진다. 생산물이 소비자들 사이에 분배되거나 교환되기 위해서는 무엇보다 일단 생산물이 제조되어야 한다. 따라서 생산 그 자체가 사회의 경제생활에서 첫째가는 가장 중요한 동인이다. 그런데 생산과정에서 결정적인 것은 노동하는 사람이 생산수단과 어떤 관계를 맺는가 하는 점이다. 노동마다 일정한 원료, 일정한 작업장이 필요하고 — 일정한 도구가 필요하다. 우리는 인간 사회의 생활에서 노동도구와 그것의 제작에 얼마나 큰 의미가 있는지를 이미 알고 있다. 이러한 도구와 그 밖의 죽은 생산수단으로 노동을 실행해 사회의 삶에 필요한 넓은 의미의 생활수단을 제조하기 위해 인간 노동력이 추가된다. 그렇다면 노동하는 인간이 생산수단과 맺는 관계가 생산에서 첫째가는 문제이며 결정적 요인이다. 여기서 우리가 염두에 두고 있는 것은 **기술적** 관계가 아니며, 인간이 노동할 때 사용하는 생산수단의 완벽성 정도가 아니며, 인간이 노동할 때 취하는 방식이 아니다. 우리가 염두에 두고 있는 것은 인간 노동력과 죽은 생산수단 사이의 **사회적** 관계, 말하자면 **생산수단이 누구에게 속하는가**의 문제다. 시간의 흐름 속에서 이 관계는 여러 차례 변했다. 그런데 그럴 때마다 생산의 성격 전체, 즉 분업의 모습, 생산물의 분배, 교환의 방향과 규모, 그리고 마지막으로 사회의 모든 물질적 생활과 정신적 생활 전체도 변했다. 노동하는 사람들이 생산수단을 공동으로 소유하느냐, 개인이 생산수단을 자신만을 위해 소유하느냐, 전혀 소유하지 못하고 개인이 생산수단 그 자체와 함께 생산수단으로서 노동하지 않는 사람들의 재산이거나 비非자유인으로서 생산수단에 족쇄로 묶여 있느냐, 아니면 생산수단을 소유하지 않은 자유인으로서 노동력을 생산수단으로 판매해야 하느냐 따위에 따라 — 꼬뮌주의 생산형태가 되거나, 소농 및 장인의 생산형태가 되거나, 노예경제나 예속에서 기인하는 부역경제가 되거나, 마지막으로 임금제도를 갖춘 자본주의경제가 된다. 그리고 이들 경제형태마다 고유한 방식의 분업, 생산물 분배, 교환, 사회생활, 법생활, 정신생활 따위가 있다. 인간의 경제사에서는, 노동하는 사람과 생산수단과의 관계가 발본적으로 변하는 것으로도 그에 따라 경제생활, 정치생활, 정신생활의 다른 모든 면이 발본적으로 변하기에 충분했고, 그에 따라 완전히 새로운 사회가 형성되기에 충분했다. 물론 사회의 경제생활의 이 모든 면 사이에는 지속적 상호작용이 존재한다. 노동력과 생산수단의 관계만이 분업, 생산물 분배, 교환 따위에 영향을 주는 것이 아니라, 뒤에서 언급한 것들도 그 편에서 앞서 말한 생산관계에 작용한다. 그러나 작용하는 방식은 다르다. 어떠한 경제 단계에서도 지배적 분업 방식, 부의 분배 방식, 특히 교환 방식 따위가 노동력과 생산수단 사이의 관계를 점차적으로 교란할 수도 있는데, 그 분업, 분배, 교환 따위의 방식은 바로 노동력과 생산수단 사이의 관계에서 자라난 것이다. 노동력과 생산수단 사이의 낡아 버린 관계 안에서 발본적 변혁, 즉 진정한 의미의 혁명이 일어날 때 비로소 그 관계의 형태가 변한다. 이렇듯 노동력과 생산수단 사이의 관계에서 그때그때 벌어지는 변혁이 경제사의 여정에서 눈으로 확인할 수 있는 거대한 이정표를 이루며, 그 이정표는 경제적 성장에서 나타나는 자연스러운 시대를 인간 사회에 알렸다.

이러한 역사에서 본질적인 것을 분명하게 알아 본질적이지 않은 것과 구분한다는 것이 경제사를 이해하는 데 얼마나 중요한지는 오늘날 독일의 부르주아 정치경제학에서 가장 잘 나가고 가장 칭송받고 있는 경제사 구분이 겪고 있는 시험이 보여주고 있다. 뷔허 교수의 구분을 말하는 것이다. 『국민경제의 탄생』에서 뷔허 교수는 올바른 시대구분이 경제사를 이해하는 데 얼마나 중요한지 설명하고 있다. 그런데 뷔허 교수의 관례에 어울리게도, 그는 자신의 합리적 연구가 낳은 작품을 우리 앞에 상연하기 위해 단순히 그 문제에 접근한 것이 아니라, 자신의 모든 선배가 지닌 무뚝뚝함에 관하여 쾌적하게 속내를 밝힘으로써 우리가 자신의 작품의 가치를 올바르게 평가하도록 준비하게 해 주었다.

그는 이렇게 말한다. "어떤 국민의 경제를 아주 멀리 거슬러 올라간 시대로부터 이해하려는 정치경제학자가 제기해야 하는 첫 번째 질문은 아래와 같다. 그 경제는 **국민**경제인가? 그 경제의 현상들은 오늘날 우리의 유통경제의 현상들과 본질적으로 동일한가 아니면 그 둘은 본질적으로 서로 다른가? 그런데 이 질문에 대답하는 것은 과거의 경제 현상들을 개념적 분해라는 수단, 심리학과는 격리된 연역이라는 수단을 이용해 연구하기를 뿌리치지 않을 때에만 가능하며, 그러한 수단은 옛 '추상적' 정치경제학의 대가의 손에서 현재의 경제와 관련하여 훌륭하게 증명됐다.

최신의 '역사' 학파는 이전 경제 시대의 본질로 파고드는 앞서 말한 연구를 수행하는 대신에 현대 **국민**경제학의 현상들을 도외시한 익숙해진 범주들을 거의 생각 없이 과거로 옮겨 놓았다거나, 좋든 싫든 모든 경제 시대에 적합하게 보일 때까지 그토록 오래도록 이 범주들을 이리저리 반죽했다는 비난을 면할 수 없을 것이다…… 문화민족의 현재 경제양식이 지닌 차이를 지나간 시기의 경제와 대비하거나 문화가 부족한 국민의 경제와 대비하며 특징짓는 방식보다 이런 일이 더 명확하게 인식되는 경우는 없다. 이런 일은 이른바 **경제 단계들**이라는 것을 설정하고는 그 단계들의 관계 안에서 경제사적 발전 과정의 개요를 슬로건 식으로 파악함으로써 이루어진다…… 이런 종류의 모든 낡은 시도는 곤경에 처해 있어서, 사건의 본질로 들어가는 것이 아니라 피상적인 것에만 밀착한다."*

그렇다면 뷔허 교수는 어떤 경제사 구분을 제안하고 있는가? 한 번 들어 보자.

"우리가 이러한 발전 전체를 하나의 관점에서 파악하려 한다면, 그러한 관점이란 국민경제의 본질적 현상들의 중심으로 들어가지만 또한 그와 동시에 이전 경제시대들의 유기적 동인을 설명하기도 하는 관점일 수밖에 없다. 그것은 재화의 생산과 소비가 맺고 있는 관계가 아닌 다른 것일 수 없는데, 이는 재화를 생산자에게서 소비자에게까지 다시 갖다놓으려 가게 되는 길의 길이에서 알 수 있다. 이 관점에 따라 우리는 전체 경제발전을, 적어도 충분히 정확하게 역사적으로 추적할 수 있는 중부유럽과 서부유럽 국민들의 경제발전을 세 단계로 나누기에 이르게 된다.

1. 재화가 생성된 것과 동일한 경제에서 소비되는 **폐쇄된 가정경제 단계** (순수한 자체 생산, 교환 없는 경제).

2. 재화가 재화를 생산하는 경제에서 소비하는 경제로 직접 넘어가는 **도시경제 단계** (고객 경제 또는 직접 교환 단계).

---

* [칼] 뷔허, 『국민경제의 탄생[. 강연과 시론]』, [튀빙겐, 1906년,] 86~88쪽

3. 재화가 소비에 이르기 전에 보통 일련의 경제를 거쳐야 하는 국민경제 단계(상품생산, 재화유통 단계)."*

이 경제사 도식은 무엇보다도 도식에 포함하지 않은 것 때문에 관심을 끈다. 뷔허 교수에게 경제사는 유럽 문화민족들의 마르크조합, 즉 이미 높은 수준의 경작으로 시작된다. 높은 수준의 경작에 선행한 수천 년에 걸친 원시적 생산관계 전체, 또한 지금도 수많은 종족이 처해 있는 관계를 뷔허는 우리가 알고 있는 것처럼 "비非경제"라고, 그의 유명한 "개별적 먹이 찾기"와 "비非노동"이라고 특징짓는다. 그럼으로써 뷔허 교수는 원초꼬뮌주의의 가장 늦은 시기의 형태, 즉 정주定住와 높은 수준의 경작이 나타나 이미 피할 수 없는 해체의 조짐이 보이고 불평등, 착취, 계급사회 따위로 피할 수 없는 이행의 조짐을 보인 원초꼬뮌주의의 가장 늦은 시기의 형태로 경제사를 시작한다. 그로세는 경작에 종사하는 마르크조합 이전의 발전 시기 전체에 꼬뮌주의가 있었음을 논박했고, 뷔허는 그 시기 일반을 경제사에서 쓸어내 버렸다.

두 번째 단계인 "폐쇄된 도시경제"는, 슈르츠가 말하려 했던 바인 이 라이프찌히 교수의 "천재적 시각"에 감사해야 하는 또 다른 획기적 발견이다. 예를 들어 어떤 마르크조합의 "폐쇄된 가정경제"라는 것이 그 가정경제 내부에서 모든 경제적 욕구를 충족시키는 일정한 인간 무리를 포함하는 것으로 특징 지워진다면, 중부유럽과 서부유럽의 중세 도시 경우는 — 뷔허는 이

* [칼] 뷔허, 『국민경제의 탄생[. 강연과 시론]』, [튀빙겐, 1906년,] 91쪽.

를 "도시경제"로 이해했기 때문에 하는 말이다 — 이와 정반대다. 중세 도시에는 어떤 종류의 공동"경제"도 없었고 오히려 각자 자신을 위해 - 일반적인 길드 규제와 도시 규제 아래 있었음에도 불구하고 - 생산하고 판매하고 소비하는 작업장이나 길드 수공업자 살림살이만큼의 "경제" — 뷔허 교수 자신의 은어로 말하면 — 가 있었다. 그러나 일반적으로 독일이나 프랑스의 중세 길드도시는 "폐쇄된" 경제권을 형성하고 있지 않았는데, 중세 길드도시의 생존은 바로 농촌과의 상호 교환에 의존하고 있어서 농촌은 도시에 식량과 원료를 공급했으며 그 대가로 도시는 공업 생산물을 만들어냈기 때문이다. 뷔허는 편의상 도시와 농촌 간의 교환이라는 것을 아주 가까운 곳에 있는 농민들과의 교환만으로 축소하면서, 도시 주변마다 자신이 말하는 "도시경제"를 품고 있는 폐쇄된 농촌 권역이라는 것을 고안해 낸다. 부유한 영주의 부역 농장은 도시 상업의 최상 고객이었으며 일부는 도시에서 멀리 떨어져 농촌에 흩어져 있었고 일부는 도시 — 특히 황제 도시와 주교 도시 — 한가운데에 본거지를 두고 있었지만 자기 고유의 경제권을 이루고 있었는데, 뷔허는 이러한 부유한 영주의 부역 농장을 전혀 고려하지 않았고, 그와 마찬가지로 해외무역을, 곧 중세의 경제관계에, 특히 도시의 운명에 가장 큰 의미가 있었던 해외무역을 완전히 무시했다. 그리고 중세 도시와 관련하여 진정으로 특징적인 것, 곧 중세 도시가 상품생산의 중심이었고 상품생산은 — 지역이 제한됐긴 해도 — 중세 도시에서 처음으로 지배적인 생산형태가 됐다는 것을 뷔허 교수는 주목하지 않았다. 이와는 반대로 그에게 상품생산은 "국민경제"에서야 시작된다. — 알려진 바와 같이 부르주아 정치경제학은 이와 같은 허구로 현재의 자본주의경제체제를 설명하곤 해서, 현재의 자본주의경제체제를 상품생산이 아니라 자본주의적 생산이라는 점이 특징인 경제생활의 "단계"로 설명한다. 그로세는 상품생산을 그저 "공업"이라 부를 뿐이고, 뷔허 교수는 단순한 사회학자보다 경제학 교수가 우월함을 증명하기 위해 공업을 그저 "상품생산"으로 바꿀 뿐이다.

하지만 이제 이러한 사소한 것으로부터 주요한 문제로 눈을 돌려 보자. 뷔허 교수는 자신의 경제사의 첫 번째 "단계"로 "폐쇄된 가정경제"를 설정했다. 그는 이것을 무엇이라고 이해하고 있는가? 우리가 이미 언급한 바와 같이, 이 단계는 경작에 종사하는 촌락공동체로 시작된다. 그러나 뷔허 교수는 원시적 마르크조합 이외에 다른 역사 형태들, 즉 그리스와 로마의 고대 노예경제와 중세 봉건적 부역 농장도 "폐쇄된 가정경제" 단계에 포함시킨다. 까마득한 옛날 옛적부터 시작해 고전고대와 중세 전체를 포함하여 근대 문턱까지의 문화 인류의 모든 경제사가 하나의 생산 "단계"로 포괄되어, 그 단계가 두 번째 단계인 중세 유럽의 길드도시나 세 번째 단계 — 오늘날의 자본주의경제 — 와 대비되고 있다. 따라서 뷔허 교수의 경제사에서는 펀자브 지방의 산골짜기 어디에선가 조용히 생존을 이어가고 있는 꼬뮌주의 촌락공동체, 아테네 문명이 꽃피던 절정기의 페리클레스의 가사家事, 중세 때 밤베르크 주교의 봉건 농장 따위가 하나의 동일한 "경제 단계"에 있다. 그러나 역사 교과서에서 약간의 피상적 지식이라도 얻게 된 어린이라면 누구나 알아야 할 것은 이렇게 되면 본질적으로 상이한 관계들이 하나가 되어 버린다는 점이다. 저기 꼬뮌주의 농업공동체 안에서는 농민 대중이 소유와 권리에서 일반적으로 평등하며, 신분 차이가 없거나 있다 해도 기껏해야 맹아 상태다. — 여기 고대 그리스와 로마 및 봉건적 중세 유럽에서는 사회 안에 신분이 대단히 급격하게 형성되어, 자유인과 노예, 주인과 농노, 특권층과 무권리층, 부와 가난 또는 비참이 존재한다. 저기에는 보편적 노동의무가 있고, 여기에는 무엇보다도 머슴살이를 하는 노동대중과 지배하는 소수의 노동하지 않는 사람 사이의 대립이 있다. 그리고 다시 그리스나 로마의 고대 노예경제와 중세 봉건경제 사이에는 엄청난 차이가 있어서, 고대 노예제는 결국 그리스-로마 문화의 몰락을 야기한 반면에 중세 봉건주의는 도시 상업과 함께 도시의 길드 수공업을 낳았으며 그렇게 가는 도정에서 최종적으로 자신의 품속에서 오늘날의 자본주의를 낳았다. 따라서 이렇게 판이한 경제형태와 사회형태와 역사 시기를 하나의 개념 아래, 하나의 도식 아래 놓는 사람은 경제 시대를 구분하는 꽤나 독창적인 척도를 적용해야만 한다. 뷔허 교수는 이해가 더딘 우리에게 도움을 주고자 친절하게도 괄호 안에서, 사물을 구분할 수 없는 자신의 "폐쇄된 가정경제"라는 어둠을 창조하기 위해 자신이 어떤 기준을 사용했는지를 손수 우리에게 설명하고 있다. "교환 없는 경제"란 기록된 역사의 시작부터 근대까지 계속된 첫 번째 "단계"를 말하며, 이를 이어 중세 도시는 "직접 교환 단계"로서, 오늘날의 경제체제는 "재화유통 단계"로서 늘어선다. 따라서 비非교환, 단순한 교환 또는 복잡한 교환 — 익숙한 말로 하자면, 상업의 부재, 단순한 상업, 발전된 세계무역 —, 이런 것이 뷔허 교수가 경제 시대를 평가할 때 이용하는 척도다. 상인이 이미 세상에 존재하는지 아닌지, 상인이 생산자와 같은 인물인지 아니면 별개의 인물인지를 설명하는 것 — 이것이 경제사에서 중요한 문제이자 근본적인 문제라는 것이다. 우리가 당장 이 교수에게 그가 말하는 "교환 없는 경제"라는 것을, 곧 지구의 어느 곳에서도 아직 발견되지 않았으며 고대 그리스와 로마와 10세기 이후의 봉건적 중세에 적용할 때 놀랄 만큼 비범한 역사상의 환상이 나타나는 그러한 전문가다운 몽상에 불과한 "교환 없는 경제"라는 것을 선물한다고 하자. 그런데 생산 발전의 척도가 결코 생산관계가 아니라, 아직 상인이 전혀 존재하지 않았던 곳에서 상인을 경제체제의 중심점이자 모든 사태의 척도로 삼는 교환관계란다. — 참으로 "개념적 분해, 심리학과는 격리된 연역"의 찬란한 결과이며, 무엇보다도 "사건의 본질로 파고드는 것"이며, "피상적인 것에 밀착하기" 하나하나를 뿌리치고 있다! 경제사를 "자연경제, 화폐경제, 신용경제"라는 세 시대로 구분하는 "역사학파"의 낡은 수수한 도식이 뷔허 교수의 주제 넘는 고유 상표보다 훨씬 훌륭하고 진실에 가깝지 않은가? 뷔허 교수는 처음에는 모든 "이런 종류의 낡은 오래된 시도"을 경멸했지만, 이는 나중에 완전히 똑같이 질책을 받게 되는 교환이라는 "피상적인 것에 밀착하기"를 근본 사상으로 삼고 또 고작 옹졸한 궁리로 그 근본 사상이 완전히 어긋난 도식이라고 왜곡하기 위함이 아니었는가?

경제사에서 "피상적인 것에 밀착하기"는 부르주아 학문에게는 우연이 아니다. 부르주아 학자 가운데 하나인 프리드리히 리스트 같은 이는 가장 중요한 식량 공급원의 외면적 성질에 따라 경제사를 구분하며, 수렵 시대, 목축 시대, 경작 시대, 제조업 시대를 제시한다. — 외면적 문화사에 적용하는 데에도 충분하지 않은 구분이다. 힐데브란트 교수 같은 다른 사람은 교환의 외면적 형식에 따라 경제사를 자연경제, 화폐경제, 신용경제로 구분하며, 뷔허 같은 사람은 교환 없는 경제, 직접 교환의 경제, 상품유통의 경제로 구분한다. 그로세 같은 또 다른 사람은 경제 형태를 판단할 때 재화의 분배를 출발점으로 택한다. 달리 말하자면, 부르주아 학자들은 역사를 고찰할 때 교환, 분배, 소비를 전면에 내세운다 — 이 모든 것을 내세우지만 **생산**의 사회적 형태, 즉 역사 시기마다 결정적이며 그때그때마다 논리적 결과로 교환과 그 형태, 분배와 소비의 특수한 형상을 낳는 바로 그것만은 전면에 내세우지 않는다. 왜 그런 것일까? 그것은 그들이 "국민경제", 말하자면 자본주의 생산방식을 인류사에서 가장 높은 마지막 단계로 설정하게 만들고 자본주의 생산방식이 혁명적 경향을 띠고 세계경제적으로 더 발전한다는 것을 부인하게 만드는 것과 같은 이유로 그런 것이다. 생산의 사회적 형상, 즉 노동하는 사람들과 생산수단 사이의 관계에 대한 문제는 어떤 경제 시대에나 중심점이지만 또한 어떤 계급사회에서나 환부다. 이런저런 형태로 노동하는 사람 수중에서 생산수단이 소외되는 것은 모든 계급사회의 공동의 토대인데, 왜냐하면 그러한 소외가 어떤 착취와 계급 지배에서나 기본 조건이기 때문이다. 이러한 환부로부터 다른 곳으로 주의를 돌리는 것, 주의를 외면적인 것과 부차적인 것에 집중하게 하는 것은 부르주아 학자의 의식적 노력이라기보다는 오히려 그가 정신적으로 대표하는 계급이 지닌 본능적 혐오, 곧 지식의 나무에 달린 위험한 열매를 맛보는 것 같은 것이다. 그리고 뷔허 같이 매우 현대적이며 칭송받는 교수는 이러한 계급본능을 다음과 같은 "천재적 시각"으로 증명하고 있다. 그는 생산수단에 대한 노동력의 지위의 유형이 근본적으로 다른 원초꼬뮌주의, 노예제, 부역경제 따위의 완전히 거대한 시대들을 쓸어내 손쉽게 자신의 도식이라는 작은 서랍 안에 처박아 두는 한편, 그 대신에 제조업의 역사와 관련해서는 사소한 것에 어마어마하게 꼬치꼬치 신경을 써서, "가내노동(괄호 안: 가내공업)", "임금노동", "수공업", "출장 노동"과 그 밖의 황당무계한 잡동사니들을 늘어놓고는, 옹졸하게 거드름을 피우며 펼쳐놓았다가 들추었다가 뒤집었다. 착취당하는 인민대중의 이데올로그들, 최초의 꼬뮌주의자들, 과거의 사회주의 대변자들 역시, 자신들의 고발과 투쟁을 주로 부당한 분배나 교환의 현대적 형태 — 19세기 몇몇 사회주의자처럼 — 에 겨냥했던 한에서는, 어둠 속에서 헤매고 있었으며 인간 사이의 평등을 설교하면서 공중에 붕 떠 있었다. 분배와 교환 그 자체는 형태로 볼 때 생산조직에 의존하지만 이 생산조직에서는 생산수단에 대한 노동하는 사람들의 관계가 결정적이라는 점을 노동자계급 최상의 지도자들이 분명히 안 다음에야 비로소, 사회주의를 위한 노력이 굳건한 과학적 토대 위에 세워졌다. 그리고 이러한 통일된 견해에 따라, 프롤레타리아트의 학문적 입장은 정치경제학의 문턱에서 부르주아지의 입장과 분리됐듯이 경제사의 입구에서 부르주아지의 입장과 분리됐다. 부르주아지의 계급 이해관계에는 경제사의 중심점 — 생산수단에 대한 노동력의 관계의 형상 — 을 그 역사적 변화에서 은폐하는 것이 자리 잡고 있다면, 이와 반대로 프롤레타리아트의 계급 이해관계는 이 관계를 전면에 내세워 사회의 경제구조의 척도로 삼을 것을 명한다. 그리고 더욱이 태곳적 꼬뮌주의사회를 이후의 계급사회와 구분하도록 노동자들이 역사의 거대한 이정표에 주의를 기울이는 것이 꼭 필요할 뿐만 아니라, 계급사회의 다양한 역사적 형태들 그 자체를 구분하는 것 또한 그와 마찬가지로 꼭 필요하다. 원초꼬뮌주의사회의 특별한 경제적 특성에 관해 스스로에게 분명히 설명하는 사람만이, 하지만 고대 노예경제와 중세 부역경제의 특수성에 관해서도 그와 마찬가지로 분명히 설명하는 사람만이, 왜 오늘날의 자본주의계급사회가 처음으로 사회주의 실현으로 가는 역사적 집행 과정을 드러내고 있는지, 그리고 미래의 사회주의세계경제와 아주 오래 전의 원시적 꼬뮌주의 집단 사이의 근본적 차이가 어디에 놓여 있는지를 근본적으로 파악할 수 있다.

Ⅳ. 경제사와 관련된 것 (Ⅱ)

1.

가장 잘 연구된 게르만 마르크조합을 그 내부 제도라는 면에서 보기로 하자.

우리가 알고 있는 것처럼, 게르만족은 부족과 씨족으로 정착했다. 각각의 씨족에서는, 가옥을 갖추라고 각각의 가장에게 뜰이 딸린 부지가 할당됐다. 그런 다음에 씨족 영역의 일부가 경작에 이용됐고, 그리고 나서야 가족마다 구획을 손에 넣었다. 서기西紀가 시작할 무렵에도 — 카이사르의 증언에 따르면 — 여전히 독일의 한 부족(수에비족, 곧 슈봐벤족)은 경작지를 가족들 사이에 먼저 분배하지 않고 공동으로 경작하긴 했지만, 특히 로마의 역사가 타키투스 시대인 2세기에는 구획을 해마다 재분할하는 것이 이미 일반적으로 관례였다. 분리되어 있던 곳, 예를 들면 나사우에 있는 프리크호펜 지역에서는 구획을 해마다 재분할하는 것이 17세기와 18세기에도 관례였다. 심지어 19세기에도 바이에른의 팔츠와 라인강 유역의 몇몇 지역에서는 3년, 4년, 9년, 12년, 14년, 18년 따위로 큰 시차가 있긴 했지만 경작지 추첨이 관례였다. 따라서 이런 경작지는 19세기 중반 경에야 비로소 확실하게 사적 소유가 된 것이다. 스코틀랜드의 몇몇 곳에도 경작지 재분할이 최근까지 존재했다. 모든 구획은 원래 매우 평등해서, 그 크기는 한 가족의 평균 수요와 토지 및 당시 노동의 수확 능력에 맞춰졌다. 구획의 크기는 각각의 지역에서 토지 품질에 따라 15, 30, 40 또는 그 이상의 모르겐[47]에 달했다. 유럽 대부분에서 농장 추첨은 점점 드문 일이 됐고, 결국은 재분할이 중지되어 이미 5세기와 6세기에는 개별 가족의 상속 재산으로 넘어갔다. 하지만 이런 일은 경작지에만 해당됐다. 그 밖의 모든 다른 지역, 즉 숲, 목초지, 물, 이용되지 않는 구간 따위는 분배되지 않고 마르크의 공동소유로 남아 있었다. 예를 들면 숲에서 나온 수익은 공동체에 필요한 것을 구하고 공과금을 충당하는 데 썼으며, 남는 것을 분배했다.

방목지는 공동으로 이용했다. 분배되지 않은 이러한 마르크 또는 공용지共用地는 매우 오랫동안 유지됐으며, 오늘날에도 바이에른, 티롤, 스위스 쪽 알프스, 프랑스(방데), 노르웨이, 스웨덴 등에 존재하고 있다.

경작지를 분배할 때에는 분배가 전적으로 균등하게 이루어질 수 있도록, 우선 품질과 위치에 따라 경계를 그어 몇 개의 경지('외쉬'나 '게반'이라고도 불림[48])로 나눈 다음, 그 각각의 경지를 자격을 갖춘 마르크조합 구성원 수만큼 폭이 좁고 길쭉하게 갈랐다. 자기가 얻은 구획이 다른 구성원 것과 균등한지를 의심하는 마르크 구성원이 있다면, 언제든 경계 전체를 새로 측정하자고 요구해도 됐고, 그 마르크 구성원을 제지하는 사람은 처벌을 받았다.

그러나 주기적 재분할과 추첨이 완전히 중지된 후에도, 모든 마르크 구성원의 노동은 경작지에서의 노동을 포함하여 전적으로 공동으로 이루어졌으며 전체의 엄격한 규제 아래 있었다. 우선 마르크 지분 소유자마다 일반적으로 노동의무가 있었음은 분명했다. 왜냐하면 마르크에 정주하는 것만으로는 진정한 마르크 구성원이 되는 데 충분하지 않았기 때문이다. 마르크 구성원이 된다는 목적을 이루려면 그 누구라도 마르크에 거주해야 하는 것은 물론이고 자기 농장에서 경작하고 있어야 했다. 자기 지분을 몇 년 내내 경작하지 않은 사람은 지분을 바로 상실했으며, 마르크는 그 지분을 다른 구성원이 갈도록 줄 수 있었다. 그러나 그때에도 노동 자체는 여전히 마르크의 지도 아래 있었다. 독일인들이 정착한 초기에는 목축이 경제생활의 중심이었으며, 목축은 공동의 목초지와 방목지에서 공동의 촌락 목동이 운영했다. 가축 방목지로 이용된 곳은 휴경지였고, 수확 후에는 경작지도 방목지로 이용됐다. 이로부터 분명해지는 것은 파종 시기와 수확 시기, 각각의 경지에서 경작하는 해와 휴경하는 해의 교체, 파종 순서 따위가 공동으로 규제됐으며 누구라도 일반적 지시를 따라야 했다는 점이다. 모든 경지는 내리닫이문이 달린 울타리로 둘러싸였고 파종 때부터 수확 때까지 폐쇄되어 있었다. 경지를 폐쇄하는 시점과 개방하는 시점은 촌락 전체에 걸쳐 해당되도록 정해졌다. 어떤 경작지라도 감시인의 감독, 즉 정해진 법규를 집행해야 하는 공직자로 마르크가 임명한 경지 감시인의 감독 아래 있었다. 촌락 전체가 벌이는 이른바 경지 순례는 축제처럼 이루어져서[49], 아이들도 데리고 나가 그 아이들이 나중에 증인으로 발언해야 할 때 경계가 어디인지를 명심하라고 따귀를 때렸다.

목축은 공동으로 행해져, 마르크 구성원이 개별적으로 가축 떼를 지키는 것은 금지되어 있었다. 촌락의 모든 동물은 종류별로 공유 가축 떼로 나뉘었고, 그 각각에는 촌락 목동이 딸렸고 가축 가운데 가장 늙은 녀석이 떼를 이끌었으며, 가축 떼는 방울을 달아야 하는 것으로 정해져 있기도 했다. 그와 마찬가지로 마르크 영역 전체에 걸쳐 수렵권과 어업권도 모든 마르크 구성원 공동의 것이었다. 자기 구획에서라도 구성원들에게 알리지 않은 채 올가미를 놓거나 함정을 팔 수 없었다. 어쩌다가 땅속에서 발견되는, 게다가 보습이 미칠 수 있는 것보다 더 깊은 곳에 있었던 광석이나 그와 유사한 것들이라도 마르크 전역에서 공동체 것이었지 발견한 사람 개인 것이 아니었다. 마르크마다 필요한 수공업자가 정주해야 했다. 농민 가족마다 일상생활에 필요한 대부분의 소비재를 스스로 만들었어도 그랬다. 집에서 빵을 만들고 고기를 굽고 실을 뽑고 옷감을 짰다. 하지만 이미 일찍이 몇몇 수공업은 전문화됐고, 특히 농기구를 만드는 수공업이 그랬다. 그래서 니더작센에 있는 뵐페강 유역의 목재 마르크에서 마르크 구성원들에게는 "숲에서 일하는 수공업자 한 사람이 있어서 목재로 유용한 것을 만들 수 있어야 했다." 숲을 보호하고 마르크 구성원들만을 위해 필요한 것을 마련하기 위해, 수공업자가 어떤 종류의 목재를 얼마나 이용해도 되는지는 어디서든 정해져 있었다. 수공업자들은 생활에 필요한 것을 마르크에서 받았으며, 보통의 경우 지위가 나머지 농민들과 똑같았다. 하지만 마르크에서 그들은 권리가 완전하지 않았다. ― 이는 부분적으로는 그들이 떠돌이 부족이지 붙박이가 아니었기 때문이며, 부분적으로는 결과적으로 같은 이야기지만 그들이 일반적으로 농업에 전념하지 않았기 때문인데, 농업은 당시 마르크 구성원의 공공 생활, 권리와 의무가 돌아가는 축인 경제생활의 중심에 있었던 것이다.* 이런 이유로, 누구나 마르크조합에 진입할 수 있었던 것은 아니었다. 외지인이 정착하려면 마르크 구성원 만장일치로 허가를 받아야 했다. 누구라도 외지인이 아닌 마르크 구성원에게만 구획을 양도하도록 허용됐으며, 그것도 마르크의 법정에서만 가능했다.

마르크조합의 우두머리는 촌락장이나 지방 기관장이었는데, 다른 곳에서는 마르크마이스터Markmeister나 켄테너Centener라 불렀다. 행정단위를 맡게 될 이 사람은 동료 마르크 구성원이 선출했다. 선출에 참가한다는 것은 명예일 뿐만 아니라 엄선해야 한다는 점에서 의무이기도 했으며, 선출을 거부하는 것이 허용되지 않도록 형벌을 정했다. 시간이 흐르면서 당연히 마르크 책임자 직위는 특정한 가족에게 세습되게 됐으며, 또한 그렇게 된 후로 고작 한 발짝 더 나아가더니 이 직위는 — 권력과 수입 때문에 — 사고팔 수 있는 것이 됐고, 봉토처럼 선사될 수 있게 됐고, 공동체 선거로 뽑는 순수한 민주적 직위였던 것에서 공동체를 지배하기 위한 도구로 대체로 변했다. 하지만 마르크조합 전

* 호메로스 시대 그리스인 집단에 있던 수공업자가 얻었던 지위도 이와 정확히 같았다. "이 모든 사람은(철물공, 목수, 악사, 의사 —로자 룩셈부르크)은 ('데미오스 = 인민'의 — 로자 룩셈부르크) 데미우르고스였다. 즉 그들은 집단에 소속된 사람들을 위해 일한 것이지 자기 자신을 위해 일한 것이 아니었으며, 일신상 자유로웠지만 완전히 자유로운 사람으로 여겨지지 않았고, 고유한 의미에서 집단에 소속된 사람인 소농보다 아래에 있었다. 대개 그들은 정주하지 않고 이곳저곳으로 이동했으며, 명성이 있으면 멀리라도 불려갔다. (에두아르트 마이어, 『고대의 경제 발전』, [예나, 1895년,] 17쪽.)

성기에는 마르크 책임자란 전체의 의지를 집행하는 사람일 뿐이었다. 모든 공동의 사안은 모든 마르크 구성원이 참가하는 회합에서 처리되었고, 이 회합에서 다툼을 중재하고 형벌을 가하기도 했다. 농업 노동의 모든 방식, 통로와 시설물은 물론이고 경작지 치안 및 촌락 치안 따위와 관련된 모든 규칙을 회합에서 다수결로 결정했으며, 마르크 경제에 관해 "마르크 장부"를 작성해야 했고 이로부터 나온 결산이 회합에 제출됐다. 마르크의 평화조약과 마르크의 재판권은 마르크 책임자를 의장으로 하고 방청하는 구성원들("법정 방청객")이 판결을 확정하는 사람이 되어 이야기를 주고받는 식으로 공개적으로 행사됐다. 마르크 구성원만이 법정에 있을 수 있었고, 외지인은 입장이 허용되지 않았다. 일반적으로 마르크 구성원들에게는 화재나 적의 공격과 같은 곤경에 처했을 때 신의와 우애로 서로 도울 의무가 있었는데, 이와 마찬가지로 서로를 위해 입회인이 되고 선서를 보조할 의무가 있었다. 군대에서는 마르크 구성원이 자체 부대를 이루어 다른 부대와 나란히 싸웠다. 동료 구성원을 적의 창에 맡기면 안 됐다. 마르크에서 발생하거나 어떤 마르크 구성원이 외부에서 저지른 범죄와 상해에 대해서는 마르크 전체가 연대하여 책임졌다. 마르크 구성원에게는 여행 중에 있는 사람에게 숙소를 마련해 주고 무언가 필요한 사람들을 지원할 의무가 있었다. 원래 마르크마다 종교 공동체가 형성되어 있었으며, 기독교 도입 — 게르만족의 경우, 부분적으로는 작센의 경우처럼 매우 늦게 9세기에야 기독교 도입이 이루어졌다 — 이후에는 교회 공동체가 형성됐다. 마지막으로 마르크는 대개 촌락의 모든 젊은이를 위해 학교 선생님을 두고 있었다.

이러한 고대 게르만 마르크의 경제체제보다 더 단순한 동시에 더 조화로운 것을 생각할 수는 없다. 여기서는 사회생활의 메커니즘 전체가 명백했다. 엄격한 계획과 꼿꼿한 조직이 각각의 개별 구성원들의 행동거지를 포괄하며 그들을 작은 부분이 되도록 전체에 끼워 넣는다. 일상생활의 직접적 욕구와 모두를 위해 균등하게 이 욕구를 충족시키는 것, 이것이 조직 전체의 출발점이자 종점이다. 모두는 모두를 위해 공동으로 노동하고 모든 것에 대해 공동으로 결정한다. 그러나 이러한 조직과 개별 구성원 위에 군림하는 전체의 권력은 어디로부터 나왔으며 어디에 근거를 두고 있었는가? 그것은 토지와 관련된 꼬뮌주의, 즉 가장 중요한 생산수단을 노동하는 사람들이 공동으로 소유하는 것 말고 다른 것이 아니었다. 하지만 농업 꼬뮌주의 경제조직의 전형적 특성은 그 경제조직을 국제적 토대에서 비교하고 연구하여 역사적으로 다양하고 유연한 생산의 세계적 형태로 파악할 때 가장 잘 나타난다.

이제 남아메리카의 고대 잉카제국으로 눈을 돌려보자. 오늘날의 페루, 볼리비아, 칠레 등의 공화국을 포함하는, 따라서 거주민 1천2백만 명이 딸린 3, 364, 600km^{2}에 달하는 영토[50]를 포함하는 이 제국의 영토에서는 삐싸로를 통해 에스파냐에 정복될 당시에도 일찍이 몇 백 년 전부터 해 오던 것과 동일한 방식으로 농사를 짓고 있었다. 무엇보다 여기에서는 고대 게르만족에게 있었던 것과 동일한 제도들을 발견하게 된다. 각각의 씨족 조합은 방위대로 복무할 수 있는 100인조 남성이기도 했는데, 이들이 차지하고 있던 일정한 영역은 마르크로서 그들 것이었으며 기묘하게도 이름까지도 게르만족 것과 똑같이 마르카Marca였다. 경작지는 마르크 영역과 분리되어 있었고, 추첨을 통해 나누어 해마다 파종 이전에 가족들에게 구획을 나누어주었다. 구획의 크기는 가족의 규모, 따라서 가족의 필요에 따라 조절됐다. 잉카제국이 형성되던 당시, 즉 10~11세기경에 이미 선출직에서 세습직으로 넘어간 촌락 대표는 가장 큰 지분을 배당받았다. 북부 페루에서는 가장 각각이 자신에게 배당된 지분을 개별적으로 경작한 것이 아니라 10인조를 이루어 지도자 한 명의 관리 아래 노동했다 — 이는 고대 게르만족에게도 있었던 특정한 사실을 생각나게 하는 제도라 하겠다. 10인조는 모든 구성원의 지분을, 또한 잉카를 위해 전쟁이나 부역에 복무하고 있던 부재자들의 지분도 돌아가며 경작했다. 각 가정은 자기 지분에서 자란 결실을 차지했다. 마르크에 거주하며 씨족에 속하는 사람에게만 경작지 구획을 주장할 권리가 있었다. 하지만 누구에게나 자기 지분을 스스로 경작할 의무가 있었다. 일정한 기간(멕시코에서는 3년) 동안 자기 지분을 경작하지 않은 채 버려둔 사람은 지분을 요구할 권리를 상실했다. 지분은 팔거나 선사하면 안 됐다. 자신의 마르크를 떠나 다른 마르크에 정착하는 것은 엄격하게 금지됐는데, 이는 일가 촌락의 강한 혈연과 연관이 있었을 것이다. 주기적으로만 비가 내리는 해안 지대에서 경작하려면 수로를 통한 인공 관개가 필요했으며, 이 수로는 마르크 전체의 공동 작업으로 건설됐다. 물을 사용하는 문제와 개별 촌락으로 또한 촌락 내부에서 물을 분배하는 문제에 관해서는 엄격한 규칙이 있었다. 촌락마다 "가난한 사람들의 밭"이라는 것도 있어서, 모든 마르크 구성원이 이 밭을 경작했고 그 수확물은 촌락 대표가 노약자, 미망인, 그 밖에 무언가 필요한 사람에게 분배했다. 그 밖의 영역 모두는 마르까빠차Marcapacha = 공용지共用地였다. 농경에 부적절한 산악 지대에서는 라마가 거의 유일한 가축이었던 보잘것없는 목축이 주민들 생계의 토대였는데, 이 주민들은 때때로 경작자들의 옥수수, 후추, 콩 따위와 교환하기 위해 주요 생산물 — 양모 —을 계곡으로 운반했다. 이곳 산악 지대에는 이미 정복 시대에 개인소유의 가축 떼가 있었고 현저한 재산 차이가 있었다. 평범한 마르크 구성원은 3~10마리를 소유했고, 최고 우두머리는 50에서 100마리를 가져도 됐다. 물론 토지, 숲, 방목지는 이곳에서도 공동소유였으며, 개인소유의 가축 떼 말고도 분배가 허용되지 않는 촌락 가축 떼가 있었다. 특정한 시기에 공유 가축 떼 일부를 도축해 고기와 양털을 가족들 사이에 분배했다. 별도의 수공업자는 존재하지 않았고 가족마다 가계에 필요한 모든 것을 제작했지만, 특별히 이러저러한 수공업에 숙련된 것으로 입증된 촌락 사람, 예를 들면 직조, 도자기 제조, 또는 금속 가공 따위에 숙련된 것으로 입증된 사람들이 있었다. 모든 촌락의 수반은 처음에는 선출됐다가 나중에는 세습된 촌락 대표였는데, 촌락 대표는 농경을 감시하는 일을 했지만, 중요한 사안이 생길 때면 그럴 때마다 조개 나팔을 불어 성인 협의회 회합을 소집해 함께 농경을 돌보았다.

여기까지는 고대 페루 마르크조합이 모든 본질적 특성에서 게르만 마르크조합과 정확히 일치하는 복사판을 보여 준다. 하지만 고대 페루 마르크조합이 마르크조합이라는 사회체제의 본질로 파고들도록 돕는 데 적합한 것은 우리에게 잘 알려진 전형적인 모습과 일치하는 면에서 그렇다기보다는 그로부터 일탈하는 면에서 그렇다. 고대 잉카제국에서 특징적인 것은 외국의 지배가 자리 잡은 정복지였다는 점이다. 이주해 온 정복자 잉카는 물론 인디언 부족에 속하기도 했지만, 잉카가 평화롭게 정주하고 있던 케추아족을 굴복시킨 것은 케추아족이 세상과 동떨어져 있었던 덕분인데, 그때 케추아족은 촌락에 살고 있었으며, 각각의 마르크는 말뚝 네 개로 둘러친 자신의 울타리 안에서 자신만을 돌보면서, 곧 더 큰 영역과 연관도 맺지 않고, 마르크 경계 외부에 있거나 거기서 벌어지고 있는 모든 것에 관심도 돌리지 않게 되기를 원하고 있었다. 잉카는 자신의 정복 원정을 그토록 용이하게 펼칠 수 있게 했던 이 극도로 분권적인 사회조직을 대체로 손대지 않고 두었다. 그러나 잉카는 이러한 조직에다가 경제적 착취와 정치적 지배를 위한 빈틈없는 체계를 접목했다. 정복된 마르크마다 약간의 땅을 "잉카 밭"과 "태양 밭"으로 쓰기 위해 잘라내야 했고, 이렇게 잘라낸 땅은 마르크 소유로 남아 있었지만 그곳에서 얻는 수확은 잉카의 지배자 부족과 성직자 카스트에게 현물로 지급했다. 목축에 종사하는 산악 지대 마르크 역시 가축 떼 일부에 "주인 가축 떼"라는 낙인을 찍고 지배자를 위해 남겨 놓아야 했다. 이 가축 떼를 지키는 일과 잉카 밭과 성직자 밭을 일구는 일은 부역으로서 모든 마르크 구성원의 책임이었다. 그 밖에도 지배자 손으로 지휘하던 광산 노동, 도로와 다리를 놓는 공공 작업, 엄격한 규율의 병역 따위가 있었고, 마지막으로, 일부는 의식을 치르기 위한 희생물로 쓰고 일부는 잉카의 첩으로 쓴 어린 소녀라는 공물이 있었다. 하지만 이 엄격한 착취 체제는 그 내부의 마르크 생활과 꼬뮌주의-민주주의 제도들을 옛 것 그대로 두었다. 예를 들면, 부역과 공과금 자체는 마르크 공동의 부담으로 꼬뮌주의적으로 감수했다. 하지만 기묘한 점은 이러한 꼬뮌주의 촌락 조직이, 이미 역사상 자주 그랬던 것처럼, 수백 년 흘러 온 착취와 예속의 체계를 위한 견고하고 끈질긴 토대로 입증될 뿐만 아니라 그 착취와 예속의 체계 자체도 꼬뮌주의적으로 조직되어 있었다는 점이다. 특히 종속된 페루 부족에게 부담을 지워 살 만큼 갖추게 된 잉카 자체도 씨족 연합과 마르크조합 관계에서 생활했다. 그들의 수도인 꾸쓰꼬 시는 대규모 숙소 열여덟 개를 통합한 것일 뿐이었으며, 그 숙소 각각은 내부에 공동묘지를 갖춘, 따라서 공동의 의식儀式을 치루는 씨족 전체라는 꼬뮌주의 가족의 본부였다. 이 거대한 일가 가옥을 둘러싸고 잉카 씨족의 마르크 영역이 자리를 잡았고, 분할되지 않은 숲과 방목지가 있었으며 마찬가지로 공동으로 일구는 분할된 경작지가 있었다. 원시 종족답게 이들 착취자이자 지배자는 특히 노동을 여전히 그만두지 않았으며, 이들이 자신들의 지배자 지위를 이용하여 하려 한 일이란 피지배자들보다 더 잘살아 피지배자들의 의식을 거행하기에 충분한 희생물을 바치는 것뿐이었다. 전적으로 타인의 노동으로 부양받도록 해 주고 무노동을 지배의 속성으로 만드는 현대적 술책이란 공동소유와 보편적 노동의무가 깊게 뿌리내린 민속民俗이었던 이 사회조직의 본질에게는 참으로 낯선 것이었다.

또한 정치적 지배를 행사하는 것도 잉카 씨족 공동의 기능으로 조직됐다. 직책으로 볼 때 말레이 군도에 있는 홀란드 주재관과 유사했던 페루라는 속주에 앉혀 놓은 잉카 관리인을 꾸쓰꼬에서는 씨족 대표자로 여겼으며, 그 관리인은 거처를 대규모 숙소에 두었고 자기 마르크 일에 참여하고 있었다. 해마다 이들 대표자들은 태양 축제에 맞추어 꾸쓰꼬로 돌아왔는데, 이는 자신들의 직무 평가서를 제출하고 부족 동료와 함께 거대한 종교 축제를 거행하기 위함이었다.

따라서 우리는 여기서 내부에서는 꼬뮌주의적으로 조직되어 있으면서 상호 간에는 착취와 압제의 관계에 있는, 말하자면 포개져 있는 두 사회계층을 보게 된다. 이런 현상은 첫눈에는 이해할 수 없는 것처럼 보일지로 모르는데, 그 까닭은 마르크조합 조직의 토대를 이루는 평등, 우애, 민주주의의 원칙들과 이 현상이 극단적인 모순으로 나타나기 때문이다. 그러나 바로 여기서 우리는 원초꼬뮌주의 제도가 실제로 인간의 일반적인 평등과 자유에 관한 이러저러한 원칙들과 얼마나 관계가 없는지에 대한 생생한 증거를 보게 된다. 적어도 "문명화된" 나라들, 즉 자본주의 문화의 국가들에는 일반적으로 타당할 수 있는, 말하자면 추상적 "인간"과 관련되고, 따라서 만인에게 관련되는 그러한 "원칙들"이란 근대 부르주아사회의 아주 최근의 산물이며, 부르주아사회의 혁명 — 미국과 프랑스에서 벌어진 — 이 처음으로 선포한 것이다. 원초꼬뮌주의사회는 만인에게 적용되는 일반적 원칙이란 것을 알지 못했다. 그 사회의 평등과 연대는 공동 혈연의 전통과 생산수단의 공동소유에서 생겨났다. 이

혈연과 이 소유가 다다르는 곳까지 권리의 평등과 이해관계의 연대도 다다랐다. 이 경계의 외부에 존재하는 것 — 그런데 그 경계는 한 촌락에 말뚝 네 개로 둘러친 울타리만큼 좁았으며, 가장 넓은 의미로 보아도 한 부족의 영역 경계에 해당할 정도로 좁았다 — 은 낯설었으며, 따라서 적대적이기도 할 수 있었다. 심지어 내부적으로 경제적 연대에서 기인하는 공동체는 낮은 단계에 머문 생산 발전으로 인해, 늘어난 인구 때문에 생긴 식량 공급원의 결핍과 고갈로 인해, 유사한 종류의 다른 공동체와 주기적으로 치명적인 이해관계 갈등에 빠질 수 있었고 또한 빠질 수밖에 없었으며, 그러한 갈등 속에서는 짐승 같은 투쟁, 즉 전쟁이 사태를 결정할 수밖에 없어 그 종점은 다툼을 벌인 한 측의 박멸이거나 — 더 빈번하게는 — 착취관계의 확립이었다. 원초꼬뮌주의의 근저에 놓여 있던 것은 평등과 자유라는 추상적 원리에 대한 헌신이 아니라, 인간 문화의 낮은 발전과 외부 자연에 대한 인간의 무기력이라는 확고한 필연성이었으니, 이런 필연성이 인간으로 하여금 더 커다란 무리와 확고하게 결합할 것과 노동할 때와 생존을 위해 투쟁할 때 계획에 따라 통일되게 행동할 것을 절대적 생존조건으로 삼지 않을 수 없도록 했던 것이다. 그러나 다른 한편으로, 바로 자연을 보잘것없는 정도로만 제압했던 탓에 그와 동시에 노동할 때의 공동 계획과 공동 행동이 미치는 영역이 천연 목초지나 경작 가능하게 만들어 놓은 촌락 정착지라는 상대적으로 완전히 보잘것없는 것으로 제한되어, 대규모의 공동 계획과 공동 행동은 완전히 부적절한 것이 되어 버렸다. 농업이 원시적 상태여서 당시에는 촌락 경계보다 더 넓은 곳을 개간할 수 없었으며, 따라서 이해관계를 위한 연대를 펼칠 수 있는 여지가 대단히 좁은 한계에 갇혀 있었다. 그리고 마지막으로 이와 같이 노동생산성 발전이 부족함으로써 그와 동시에 또한 개별 사회적 동맹들 사이의 주기적 이해관계 대립이 일어나게 됐으며, 그럼으로써 거친 폭력이 이러한 대립을 해결하는 유일한 수단이 됐다. 그리하여 사회적 공동체 사이의 이해관계 충돌을 해결하는 상시적 방식으로 전쟁이 창조됐는데, 노동생산성이 최고로 발전하여, 즉 인간이 자연을 완벽하게 제압하여 물질적 이해관계 대립을 끝장낼 때까지는 이 방식이 오래도록 지배적일 것이다. 그러나 다양한 원초꼬뮌주의 공동체들의 격돌이 지속적 현상으로 주어진 것이라면, 격돌의 결말을 결정한 것은 다시 그때그때의 노동생산성 발전이었다. 가축 방목지를 둘러싸고 투쟁에 이른 목축하는 두 유랑 부족 사이의 충돌이 문제가 될 수 있는 곳에서는, 누가 주인으로 그 자리에 머물 것이고 누가 황량하고 메마른 지방으로 내몰리거나 박멸되게 될 것인지를 결정할 수 있었던 것은 거친 폭력뿐이었다. 그런데 경작이 이미 상당히 진척되어 모든 노동력을 요구하지도 않고 관계자들이 한평생 노동할 것을 요구하지 않아도 사람들을 제대로, 그리고 확실하게 부양할 수 있는 곳에는, 외부 정복자가 이들 경작자들을 체계적으로 착취할 토대가 주어져 있었다. 그리고 우리는 한 꼬뮌주의 공동체가 다른 공동체의 착취자로 눌러 앉은 페루 같은 곳에서 정말이지 바로 이러한 관계가 어떻게 형성되는지를 보게 된다. 잉카제국의 이러한 고유한 구조는 고전고대에서, 특히 그리스 역사의 문턱에서 보게 되는 일련의 유사한 모습 전체를 이해하기 위한 열쇠를 제공하기 때문에 중요하다. 예를 들어 도리아인이 지배하던 크레타 섬에서는 예속민들이 자기 경작지의 수확물에서 자신과 가족에게 필요한 생계비를 제한 전부를 전체 집단에게 인도해야 했고 그것으로 자유인(즉 지배하고 있던 도리아인)의 공동 식사를 책임졌다는 사실이나 도리아인 공동체이기는 마찬가지인 스파르타에서는 경작지 구획을 경작하기 위해 "국가로부터" 개인에게 위임된 "국가 노예" 헬로트가 존재했다는 사실 같은 간단한 정보가 기록된 역사로 전승되고 있다면, 그와 같은 정황은 일단은 수수께끼로 보인다. 그런데 예를 들어 하이델베르크의 교수인 막스 베버 같은 부르주아 학자는 앞서 말한 기묘한 역사의 전승을 설명하기 위해 오늘날의 정황과 개념의 관점에서 진기한 가설을 세웠다. "피지배 주민은 이곳에서(스파르타에서 — **로자 룩셈부르크**) 국가 노예제에 처해 있는 것처럼 또는 국가에 예속된 것처럼 취급됐다. 이들이 현물로 기여한 것으로 전사의 생계비를 책임졌는데, 일부는 앞서 언급한 방식과 같이 공동으로 점유됐으며, 일부는 노예들이 경작하는 면적에 따른 수확에 근거하여 상이한 규모로 개별 전사에게 지정되는 식으로 점유되다가 나중에는 점차 세습됐다. 구획을 새로이 지정하는 것과 분배 방식을 바꾸는 것은 역사시대에도 유용한 것으로 여겨졌으며 또 그런 일이 일어나고 있는 것으로 보인다. 구획을 새로이 지정하는 것과 분배 방식을 바꾸는 것은 당연히 **경작지** 재분할이 아니라("당연히" 부르주아 교수는 언제든 할 수 있을 때는 이러한 사실을 인정하지 않는다 — **로자 룩셈부르크**) 말하자면 **연금** 기금 재분할이었다. 군사적 측면, 특히 군사상의 인구정책이 세세한 점들을 결정했다. …… 이 정책의 도시**봉건적** 특성은 고르틴에서 볼 수 있는 앞서 말한 군사적 특권, 곧 예속민도 차지하게 된다는 특권에 자유인의 유산인 토지가 가로놓여 있다는 특이한 형태로 드러난다. 이러한 형태로 인해, 방위대 가족 급양이라는 목적에 묶인 **클라로스**[51]가 형성됐다. (전문가다운 독일어에서 평범한 독일어로 번역해 보자: 경작지 구획은 전체 공동체 소유였기에 매각할 수 없었고 구획 소유자가 죽은 후에도 분배되지 않았는데, 이는 베버 교수가 다른 곳에서 "재산 분산을 저지하기 위한", 그리고 "신분에 어울리는 전사 구획을 유지하기 위한" 현명한 방책이라고 설명했던 것이다. — **로자 룩셈부르크**.) 이 조직은 전사들이 별장 같은 곳에 모여 함께 점심을 먹는 '시시티아'라는 것과 국가 지시로 어린이들을 함께 전사로 키우는 일종의 사관생도 교육이 완벽하게 실행됐을 때 그 절정에 이르렀다."* 이로써 운이 좋게도 영웅시대 그리스의 헥토르와 아킬레우스는 프로이센의 가족 세습재산과 연금 신용금고 개념으로[52], "신분에 어울리는" 별도의 연회가 열리는 장교 별장 식당 개념으로 바뀌고, 또한 공동의 국민교육을 향유하는 헐벗은 꽃다운 스파르타의 젊은 남녀는 베를린 근처 그로스리히터펠데의 감옥 같은 사관학교로 바뀐다.

잉카제국 내부 구조를 아는 사람이라면 위에서 묘사한 관계들로 인해 어떤 어려움도 겪지 않는다. 이 관계들은 의심할 것

* [막스 베버, 「농업의 역사 Ⅰ:] 고대의 농업관계[」], 『국가학 중형 사전』, 제2판, 제1권, [예나, 1898년,] 69쪽.

도 없이, 경작에 종사하는 어떤 마르크조합을 다른 꼬뮌주의 공동체가 예속시킴으로써 생긴 기생충 같은 이중적 구조물일 뿐인 것의 산물이다. 지배자의 관습과 예속민의 상태에 그때 어느 정도까지나 꼬뮌주의 토대가 유지되고 있었는가는 단계의 등급 전체를 보여 줄 수 있을 이 구성물의 발전 단계, 존속 기간, 환경 따위에 달려 있다. 잉카제국에서는 지배자가 여전히 스스로 노동하고 있었으며 종속된 사람들의 토지 소유를 전반적으로 아직 침해하지 않았으며 사회계층마다 폐쇄적으로 조직되어 있었기에, 차라리 잉카제국은 문화 단계가 상대적으로 원시적이었고 나라가 세상과 동떨어져 있다는 점 덕분에 수백 년 가도록 보존될 수 있었던 착취관계의 가장 시원적 형태로 간주될 수 있다. 더 나아간 단계를 가리켜 보이는 것은 크레타의 전승인데, 크레타에서는 종속된 농민공동체가 생계비를 제외한 노동 수확물 전체를 인도해야 했으며, 따라서 지배자들의 공동체는 직접 밭일을 해서 먹고산 것이 아니라 마르크조합에게서 공과금을 착취해 먹고살았지만, 그 공과금은 지배자들 사이에서는 꼬뮌주의적으로 소비됐다. 스파르타 — 한 걸음 더 발전한 — 에서 보게 되는 것은 토지가 더 이상 종속된 공동체 소유가 아니라 지배자들 소유로 간주되어 **지배자들** 사이에서 마르크조합적 방식으로 재분할되고 추첨으로 구획이 나뉜다는 점이다. 종속된 사람들의 사회조직은 그 토대인 토지 소유권의 상실로 파괴됐으며, 토지 자체는 지배자 공동체 소유여서, 지배자 공동체가 꼬뮌주의적으로 "국가 지시로" 경작지 구획을 노동력인 개별 마르크 구성원에게 동등하게 양도한다. 지배자인 스파르타인들은 여전히 엄격한 마르크조합 관계 안에서 산다. 그리고 이런저런 단계에 있는 유사한 관계들이 테살리아와 비티니아에서 지배적이었는데, 테살리아에서는 이전에 거주하고 있던 페네스타이[53], 즉 "가난한 사람들"이 아이올리스인에게 종속됐고, 비티니아에서는 마리아딘인이 트라키아인에게 종속되어 비슷한 처지에 처해 있었다. 하지만 기생충 같은 생존은 지배자 공동체 안에서도 붕괴의 징조가 나타나도록 했다. 정복으로 인해, 그리고 필연적으로 착취가 고정된 제도로 굳음으로 인해 군사軍事가 강력한 것으로 됐는데, 이는 잉카국가나 스파르타 국가들에서 보게 되는 바와 같은 것이다. 그럼으로써 원래는 자유롭고 평등했던 농민 대중의 품속에 불평등과 특권층 형성을 위한 최초의 기초가 놓였다. 그런 다음에는 더 교양 있는 종족과 격돌함으로써 세련된 생활수단과 활기찬 교환을 일깨우게 된다는 유리한 지정학적-문화사적 상황만 있으면 됐으며, 그럼으로써 지배자들 내부에서도 불평등이 급속하게 진행됐고, 꼬뮌주의 연대는 약해지고 부자와 빈자로 분열된 사적 소유에 자리를 내줬다. 이러한 과정의 고전적 예는 오리엔트의 고대 문화민족과 격돌한 후의 그리스 세계의 역사다. 말하자면 한 원초꼬뮌사회가 다른 원초꼬뮌사회에게 종속되며 나타나는 결과는 예전이나 나중이나 동일하다. 지배자들과 피지배자들 양측 모두에서 꼬뮌주의적인 전통적 동료 연합이 해체되는 일과 사적 소유와 불평등 및 착취를 수반하며 이런 것들이 서로를 낳는 전혀 새로운 사회구성체가 탄생하는 일이 동시에 세상에서 벌어진 것이다. 그리고 그리하여 옛 마르크조합의 역사는 고전고대와 통하게 됐으니,

한편으로는 부채가 있는 소농 대중과 병역이 있고 공직에 있고 상업을 했고 분할되지 않은 공유지를 대토지 자산으로 가졌던 귀족 사이에 대립이 있었고, 다른 한편으로는 자유인 전체의 이 사회와 착취당하는 노예들 사이에 대립이 있었다. 앞에서 논한 다양한 등급의 자연경제 착취 형태로 인해 전쟁을 통해 어떤 공동체가 누군가를 종속시킨 것은 개인이 구매할 노예를 수입하는 것으로 가는 첫 걸음일 뿐이었다. 그리고 이러한 걸음으로 인해 그리스에서 해상 교통과 국제무역이 빠르게 이루어졌으며, 그 결과로 연해국 및 섬나라들에서도 그런 일이 벌어졌다. 찌꼬띠도 노예제를 두 형태로 구분했다. "그리스 역사의 문턱에서 발견하게 되는 가장 오래되고 가장 중요하며 가장 널리 퍼졌던 경제적 복종의 형태는 노예제가 아니라 내가 대략 가신제도라고 부르고 싶은 예속 형태다. 예를 들어 테오폼푸스는 이렇게 말했다. '모든 그리스인들 가운데 테살리아인과 라케다이몬인들[54] 다음으로 히오스인(소아시아의 히오스 섬 거주민)이 처음으로 노예를 사용했지만, 그들은 먼저 언급한 사람들과 같은 방식으로 노예를 취득하지 않았다. …… 우리가 알 수 있는 사실은 라케다이몬인과 테살리아인은 자신들이 지금 차지하고 있는 그 땅에 거주하고 있던 그리스인으로 자기네 노예계급을 형성했다는 것이며, 그래서 아카이아인, 테살리아인, 페레레브인, 마그네테스인을 강제로 종으로 만들었고 그렇게 종속된 사람들을 헬로트와 페네스타이라 불렀다. 이와 달리 히오스인은 미개인(그리스인이 아닌 사람)을 노예로 취득하고 그 가격을 지불했다.'" 찌꼬띠는 정당하게도 다음과 같이 덧붙였다. "이러한 차이의 근거는 내륙 민족과 섬 민족의 상이한 발전 정도에 있었다. 누적된 부가 절대적으로 결여됐거나 하찮을 정도인 상태와 상거래가 충분하지 못한 상태로 인해 한 나라에서 노예 소유자가 직접 노예 생산을 늘려 직접 사용할 여지가 배제되어 있어서, 그 대신에 지배계급을 무기를 든 군대로 만들고 종속된 자들을 경작자 신분으로 만드는 덜 발전한 공납 형태, 분업, 계급 형성이 이루어진 것이다."*

페루 잉카국가의 내부 조직은 원시적 사회형태의 본질과 관련된 중요한 측면을 드러내 주는 동시에 그 사회형태가 몰락한 특정한 역사적 방법을 보여 준다. 이 사회형태의 운명에서 또 다른 전환점은 페루 인디언의 역사와 아메리카에 있던 그 외의 에스파냐 식민지들의 역사에 등장하는 더 많은 주제들을 추적해 보면 드러난다. 아메리카에 있던 그 외의 에스파냐 식민지에서는 전혀 새로운 정복 방식과 마주하게 되는데, 예를 들면 잉카 지배에서는 그와 유사한 것을 알 수 없는 것이다. 신세계에 들어온 첫 유럽인으로서의 에스파냐인의 지배는 종속된 주민들의 무자비한 박멸로 시작됐다. 바로 에스파냐인 자신의 증언에 따르면, 아메리카 발견 후 불과 몇 년 안에 에스파냐인들에게 박멸된 인디언 수는 1천2백만 명에서 1천5백만 명에 달한다. 라스 까사스는 이렇게 말한다. "우리는 에스파냐인들이 괴물처럼 비인간적으로 처우해서 여성과 어린이를 포함해 1천2백만 명을 박멸했다는 사실을 정당하게 주장할 수 있다." 그는 계속해서

* C. 37~38쪽. [찌꼬띠, 『고대 노예제의 몰락』, 베를린, 1910년, 37쪽.]

말한다. "내 개인 생각에 따르면, 이 기간에 목숨을 빼앗긴 원주민 수만 해도 1천5백만 명을 넘어선다."* 한델만은 이렇게 말했다. "아이티 섬에는 에스파냐인들이 발견한 원주민 수가 1492년에 백만에 달했으나 1508년에는 이들 백만 명의 주민 가운데 겨우 6만 명이, 9년 후에는 겨우 1만4천 명이 남아 있어서, 에스파냐인들은 필요한 수의 일손을 얻기 위해 인접한 섬들에서 인디언을 수입하는 일에 손을 대야 했다. 1508년에만 바하마 섬의 원주민 4만 명이 아이티 섬으로 운반되어 노예로 변했다."** 에스파냐인들은 홍인종을 본격적으로 사냥했으며, 이에 대해서는 목격자이자 참가자인 이탈리아인 지롤라모 벤조니가 써 둔 것이 있다. 쿠마그나 섬에서 4천 명의 인디언을 사로잡으며 자행된 그러한 사냥 가운데 하나가 끝난 후에 벤조니는 이렇게 말했다. "일부는 식량 부족으로 인해, 또 일부는 부모나 자식과 이별해야 하는 슬픔으로 인해, 노예가 된 원주민의 대부분이 쿠마니 항구로 가는 도중에 죽었다. 노예들 가운데 이 사람 저 사람이 지쳐서 동료들만큼 빨리 이동할 수 없게 될 때마다 에스파냐인들은 그런 노예를 뒤에서 단도로 찔러 잔인하게 살해했는데, 이는 노예들이 뒤처져 있다가 뒤에서 단도로 자신들을 공격할까 하는 불안감 때문이었다. 이 불행한 사람들을 보고 있자니 가슴이 찢어지는 광경이 펼쳐졌다. 그들은 완전히 발가벗겨지고 지치고 다치고 배가 고파 녹초가 되어 거의 서 있을 수도 없었다.

* 『인디언 몰락에 대한 간략한 설명』, 세비야, 1552년. [막씸] 꼬발렙스끼, [『공동체 토지 소유 - 몰락의 원인, 과정, 결과』, 제1부, 모스크바, 1879년, 47쪽]에서 재인용.

** 하인리히 한델만, 『아이티 섬의 역사』, 키일, 1856년, 6쪽.

쇠사슬로 목과 손발이 묶여 있었다. 이 도적들(에스파냐인들)에게 강간을 당하지 않은 젊은 여성은 없었고, 이런 경우에 그런 여성 다수는 매우 구역질나는 성행위에 빠져들어 영원히 매독으로 몸이 망가진 채로 있게 됐다. …… 노예제에 걸려든 모든 원주민은 번쩍거리는 차꼬를 채워 표시했다. 선장이 일부를 차지하고 나머지는 군사들에게 분배했다. 군사들은 분배받은 노예를 걸고 도박을 하거나 노예를 에스파냐 식민주의자들에게 팔았다. 포도주, 곡식 가루, 설탕, 다른 일상의 필수품과 교환하여 이 상품을 얻은 상인들은 수요가 많은 에스파냐 식민지로 노예를 운송했다. 운송 도중 이 불행한 사람들 가운데 일부는 식수가 부족하고 선실 공기가 나빠 죽어나갔는데, 상인들이 모든 노예를 앉을 자리도 충분하지 않고 숨 쉴 공기도 없는 가장 낮은 곳에 있는 선창에 빽빽이 채워 넣었기 때문이다."* 하지만 홍인종 사냥에 드는 수고와 상업적 수익에 따르는 비용을 없애기 위해 에스파냐인들은 서인도 지역의 점령지와 아메리카 땅에서 이른바 레빠르띠미엔또Repartimientos 제도, 즉 토지 분할 제도를 도입했다. 정복한 영역 전체를 총독이 울타리를 쳐 우리로 분할했으며, 촌락 대표인 "까시케caciques"에게는 그저 총독이 요구한 수만큼 원주민을 노예로 에스파냐인들에게 제공할 의무가 있었을 뿐이다. 에스파냐 식민주의자마다 총독으로부터 임의의 수

* 지롤라모 벤조니, 『신대륙 이야기』, 베네치아, 1565년. [막씸] 꼬발렙스끼, [『공동체 토지 소유 — 몰락의 원인, 과정, 결과』, 제1부, 모스크바, 1879년,] 51~52쪽에서 재인용.

의 노예가 제공됐는데, "기독교로 개종하도록 신경을 쓴다"*라는 것이 조건이었다. 식민주의자들이 행한 노예 박해는 상상을 초월하는 것이었다. 자살이 인디언들을 위한 구원이 됐다. 어떤 동시대인은 이렇게 말했다. "에스파냐인들에게 사로잡힌 원주민 모두는 고향과 가족으로부터 멀리 떨어지게 되고 끊임없는 체벌의 위협을 받으며 에스파냐인의 강요로 광산에서 넌더리나고 힘든 노동에 내몰렸다. 다른 가능성을 찾지 못한 수천 명의 노예가 자신들의 참담한 운명에서 빠져나오기 위해 스스로 목을 매거나 물에 뛰어들거나 그 밖의 방법으로 억지로 스스로 생을 마감할 수밖에 없었을 뿐만 아니라 미리 아내와 자식들도 죽여 함께 처해 있는 불행하고 절망적인 처지를 단번에 끝장낸다는 것은 놀랄 일이 아니다. 다른 한편, 여성들은 노예를 낳지 않기 위해, 모성애를 발휘하여 아이를 낙태하는 식으로 도피하거나 남성과의 잠자리를 피했다."**

결국 식민주의자들은 황제의 고해신부인 경건한 가르시아 데 로아이사 신부 중재로 합스부르크의 칼 5세로부터 인디언들을 에스파냐 식민주의자들의 세습 노예로 선포한다는 칙령을 받아 내는 데 성공했다. 벤조니는 이 칙령이 카리브 해의 식인종에만 해당된다고 생각하지만, 모든 인디언들에게 일반적으로

---

* 샤를르브와, 『에스파냐 섬 혹은 성 도미니크 섬의 역사』, 빠리, 1730년, 제1부 228쪽. [막씸] 꼬발렙스끼, [『공동체 토지 소유 — 몰락의 원인, 과정, 결과』, 제1부, 모스크바, 1879년,] 50쪽에서 재인용.

** 아꼬스따, 『인도의 자연과 도덕의 역사』, 바르셀로나, 1591년. [막씸] 꼬발렙스끼, [『공동체 토지 소유 — 몰락의 원인, 과정, 결과』, 제1부, 모스크바, 1879년,] 52쪽에서 재인용.

해당되는 것으로 해석되고 적용됐다. 자신들의 만행을 정당화하기 위해 특히 에스파냐 식민주의자들은 계획적으로 인디언들의 식인 행위와 그 밖의 다른 악습에 관한 엄청나게 소름끼치는 이야기를 퍼뜨렸고, 그리하여 예를 들어 동시대 프랑스 역사가인 말리 데 샤뗄은 『서인도의 일반적 역사』(빠리, 1569년)에서 그에 대해 다음과 같이 쓸 수 있었다.[55] "신은 그들을 악과 악습으로 인해 노예제로 벌하였으니, 함이 자기 아버지 노아에게 지은 죄[56]도 인디언이 하느님에게 지은 죄만큼은 안 되기 때문이다." 하지만 대략 비슷한 시기에 에스파냐인 아꼬스따는 자신의 저서 『인도의 자연과 도덕의 역사』(바르셀로나, 1591년)에서 동일한 인디언들에 대해 이렇게 적고 있다. "언제나 유럽인들에게 호의를 보일 준비가 되어 있는 선량한 종족이고 행동거지에서 감동적인 소박함과 정직함을 보여 주는 민족이어서, 인간 본성의 모든 특성을 박탈당한 사람이 아니라면 그들을 애정과 사랑으로 대우하는 것 이외에는 그 어떤 것도 가능하지 않다."

물론 만행을 저지하려는 시도도 있었다. 1531년에 교황 바오로 3세는 교서를 공포하여, 인디언이 인간 종에 속하므로 노예제로부터 자유롭다고 언명했다.[57] 에스파냐 황제 산하의 서인도위원회도 앞으로는 노예제에 반대한다고 밝혔으나, 이에 대해 여러 법령이 되풀이되면서 증명한 것은 이러한 노력의 정직함보다는 무익함이었다.

인디언들을 노예제에서 해방시킨 것은 가톨릭 성직자의 경건한 행동이나 에스파냐 왕의 항의가 아니라 체질로 볼 때 인디언들이 육체적으로도 정신적으로도 힘든 노예노동에 결코 적합하지 않다는 단순한 사실이었다. 이러한 적나라한 불가능성에 대처하는 데에는 에스파냐인들의 비할 데 없는 잔혹함이 끝내 도움이 안 됐다. 홍인종은 노예제 아래에서 파리처럼 쓰러졌고 도망갔고 자살했다. 요약하자면 — 사업이 전혀 수익을 내지 못했다. 그리고 따스하고 지칠 줄 모르는 인디언 옹호자인 라스 까사스 주교가 노예에 적합하지 않은 인디언 대신에 더 건장한 흑인을 노예로 아프리카에서 수입하자는 착상을 떠올려내자 비로소 인디언에 대한 쓸모없는 실험은 일단 중단됐다. 이와 같은 실용적인 생각은 에스파냐인들의 잔혹함에 대한 라스 까사스의 모든 팸플릿보다 빠르고 유효하게 작용했다. 인디언들은 몇 십 년 후에 노예제에서 해방됐고, 향후 4백 년 동안 계속될 흑인노예제가 시작됐다. 18세기 말 우직한 독일인인 콜베르크 출신의 "용감하고 노련한 네텔벡"이 선장으로서 수백 명의 흑인노예를 기니에서 자기 배에 싣고 다른 "용감한 동프로이센인들"이 플랜테이션을 운영하며 착취하고 있던 남아메리카의 가이아나로 운반했는데, 그는 아프리카에서 다른 상품과 나란히 흑인노예를 사들였으며, 16세기 에스파냐 선장들처럼 낮은 곳에 있는 선창에 노예들을 빽빽이 밀어 넣었다. 인간이 계몽시대에 이룬 진보는 네텔벡이 노예들의 우울증과 사멸을 예방하기 위해 밤마다 갑판에서 노예들을 음악과 채찍소리에 맞추어 춤추게 한 것에서 드러나는데, 이는 잔혹한 에스파냐인 노예상인들에게도 미처 떠오르지 않았던 일이었다. 그리고 19세기 말인 1871년, 나일 강 수원지를 찾기 위해 아프리카에서 30년을 보낸 고상한 데이비드 리빙스턴은 고든 베네트라는 미국인에게 보낸 유명한 편지에서 이렇게 썼다. "만약 우지지에서 펼쳐지는 상황에 대한 나의 폭로로 인해 동아프리카에서 벌어지는 끔찍한 노예무역이 끝장나게 된다면, 나는 이 업적을 나일 강의 모든 수원지를 한꺼번에 발견한 것보다 더 훌륭한 것으로 여기게 될 것입니다. 당신이 아늑하게 지내고 있는 곳에서는 어디서나 노예제가 철폐됐다면, 아직 다다르지 못한 당신의 강력하고 자비로운 손을 우리에게 건네시기 바랍니다. 이 아름다운 땅은 마치 노균병이나 최악의 저주에 감염된 듯합니다."[58]

하지만 에스파냐 식민지에 사는 인디언의 운세는 이러한 격변으로 전혀 나아지지 않았다. 이전의 식민지체제 자리에 다른 식민지체제가 들어섰을 뿐이었다. 주민을 직접 노예로 만들 것을 겨냥했던 레빠르띠미엔또 대신에 이른바 "엥꼬미엔다"[59]를 도입했다.* 이로써 형식적으로는 거주민들에게 일신상의 자유와 완벽한 토지 소유가 인정됐다. 그러한 지역은 에스파냐 식민주의자들, 특히 최초의 꽁끼스따도르, 곧 정복자의 후손들의 행정관리 아래 놓여 있었을 뿐이며, 엥꼬멘데로로서 이들은 미숙하다고 판명된 인디언들의 후견을 떠맡고 무엇보다도 그들에게 기독교를 전파해야 하기도 했다. 원주민들을 위한 교회 건립의 비용을 충당하기 위해, 또한 후견 직무에 따르는 자신들의 노고를 보상하기 위해 엥꼬멘데로는 주민들에게 "적당한 현금 공과금과 현물 공과금"을 요구할 권리를 합법적으로 얻었다. 이러

* 《로자 룩셈부르크의 여백 메모》 여기서도 상황은 인도, 알제리(러시아), 자바 등등에서와 비슷하다

한 규정들은 곧바로 엥꼬미엔다를 인디언들에게 지옥으로 만들기에 충분했다. 토지는 인디언들 손에 있었지만, 분할되지 않는 부족 재산으로 있었다. 물론 에스파냐인들은 이때의 토지라는 것을 쟁기가 파헤치고 있는 경작지로만 이해했거나 그렇게만 이해하려고 했다. 분할되지 않은 마르크와 이용되지 않는 토지, 게다가 자주 휴경지로도 남겨두는 경지는 "황무지"라며 에스파냐인들이 강탈했다. 그리고 쭈리따는 이에 대해 꼼꼼하고도 뻔뻔하게 이렇게 썼다. "태곳적부터 거주가 허용됐던 지역을 이런 식으로 떠나야만 했던 원주민들의 이해관계와 소유권이 침해됨에도 불구하고, 유럽인 소유로 선언되지 않은 분할지는 없고 그런 농장도 없다. 유럽인들이 점유하는 것을 막으려는 목적만으로 씨를 뿌려두었다는 것을 구실로 경작되고 있는 토지까지 원주민들에게서 빼앗는 일이 적지 않았다. 이 제도 덕분에, 에스파냐인들은 몇몇 속주에서 원주민들이 경작할 토지가 더 이상 남아 있지 않을 정도까지 보유지를 확대하게 됐다."* 이와 동시에 에스파냐의 엥꼬멘데로는 "적당한" 공과금을 파렴치하게 올려서 인디언들은 그 부담으로 압살될 지경이었다. 바로 그 쭈리따는 이렇게 말했다. "인디언의 전 재산으로는 부과된 세금을 납부하기에 충분하지 않았다. 우리는 홍인종 가운데서 자산이 1페소도 되지 않고 날품팔이 임금노동으로 살아가는 수많은 사람을 마주치게 된다. 이처럼 이 불행한 사람들에게는 가족을 부양하기에 충분한 돈마저 남아 있지 않다. 이것이 젊은이

* 쭈리따, 57~59쪽. [막씸] 꼬발렙스끼, [『공동체 토지 소유 — 몰락의 원인, 과정, 결과』, 제1부, 모스크바, 1879년,] 62쪽에서 재인용.

들이 언제나 결혼보다는 혼외정사를 선호하는 원인이며, 특히 부모가 지닌 은화가 너덧 개를 넘어 본 적이 없는 경우에 그러하다. 인디언들이 옷을 입는 사치를 누릴 수 있는 것은 어려울 뿐이었다. 많은 인디언이 옷 살 돈이 없어 미사에 참가할 수 없는 처지였다. 인디언 다수가 가족에게 필요한 식량을 조달하기 위한 돈이 없어 절망에 빠져 있다는 것은 놀라운 일이 아니다. …… 최근의 여행 동안에 나는 많은 인디언이 부인과 아이들에게 뜻을 밝힌 뒤에 절망하며 목을 맸다는 사실을 알게 됐는데, 그들은 요구하는 세금을 납부할 가망이 없으면 이런 일을 저질렀던 것이다."*

끝으로 토지 도둑질과 세금 압박을 보충하며 강제노동이 도입됐다. 17세기 초반에 에스파냐인들은 16세기에 형식적으로 포기했던 제도로 공공연하게 되돌아갔다. 인디언과 관련된 노예제가 철폐되긴 했지만 그 자리에 강제임금노동이라는 특이한 제도가 들어섰는데, 이 제도는 서양에서는 노예제와 거의 차이가 없는 것이었다. 이미 16세기 중반 경에 쭈리따는 에스파냐인들에게 고용된 인디언 임금노동자들의 처지에 대해 이렇게 상술하고 있다. "인디언들은 이 시기 내내 옥수수빵 말고는 식량을 손에 넣지 못한다. …… 엥꼬멘데로는 인디언들에게 아침부터 밤까지 일을 시키며, 아침저녁으로 추울 때나 폭풍과 악천후에도 벌거 벗겨 놓으며, 반쯤 썩은 빵 말고는 식량을 주지 않는다. …… 인디언들은 밤을 한데서 보낸다. 임금은 강제노동 기

* 쭈리따, 329쪽. [막씸] 꼬발렙스끼, [『공동체 토지 소유 — 몰락의 원인, 과정, 결과』, 제1부, 모스크바, 1879년,] 62~63쪽에서 재인용.

간의 마지막 날에야 지불되어서, 인디언들에게는 필요한 따뜻한 옷을 살 돈이 없다. 이러한 상황에서, 노동이 인디언들을 지치게 만들고 있으며 노동이 인디언들이 급속히 사멸하게 되는 원인이라고 엥꼬멘데로들이 인식할 수 있었던 것은 놀라운 일이 아니다."* 17세기 초가 되면 에스파냐 왕실은 이러한 강제임금노동 제도를 공식적이고 일반적으로 법률로 도입할 터였다. 인디언들은 자발적으로 일하려 하지 않을 것이지만 그들이 없다면 광산 자체가 현재 수의 흑인으로는 운영이 극히 어려울 것이라는 점이 그 법이 근거랍시고 제시하고 있는 것이다. 인디언 촌락들에게는 이제 어찌됐건 엥꼬멘데로에게 공급하기에 필요한 숫자의 노동자(페루에서는 인구의 7분의 1, 누에바에스파냐[60]에서는 인구의 4퍼센트)를 제공할 의무가 생겼다. 이 제도의 치명적 결과는 곧바로 분명해졌다. 펠리뻬 4세에게 보내는 「세속적 관점과 종교적 관점에서 본 칠레 왕국의 위험한 상태에 대한 보고서」라는 제목의 익명의 각서에는 다음과 같이 적혀 있다. "원주민 수가 급속히 감소하는 원인은 잘 알려진 대로 엥꼬멘데로가 운영하는 광산과 밭에서 이루어지는 강제노동 제도입니다. 에스파냐인들이 엄청난 수의 흑인을 마음대로 처분할 수 있음에도 불구하고, 또한 에스파냐인들이 인디언들에게 그들을 정복하기 전에 그들이 족장에게 냈던 것과는 비교할 수 없이 많은 세금을 부과하고 있음에도 불구하고, 에스파냐인들은 강제

* 쭈리따, 295쪽. [막씸] 꼬발렙스끼, [『공동체 토지 소유 — 몰락의 원인, 과정, 결과』, 제1부, 모스크바, 1879년,] 65쪽에서 재인용.

노동 제도를 포기하는 것이 가능하지 않다고 보고 있습니다."*
게다가 강제노동은 인디언들이 자기 밭을 경작하지 못하는 처지에 자주 빠뜨리는 결과를 낳았고, 이는 다시 그런 밭을 "미개척지"라며 인디언들에게서 약탈할 구실을 에스파냐인들에게 주었다. 인디언 농업의 몰락은 당연히 고리대금업자에게 유익한 토대를 제공했다. 쭈리따는 이렇게 말했다. "인디언들은 토착민 지배자들 아래에서는 고리대금업자라는 것을 알지 못했다." 에스파냐인들은 화폐경제와 세금 압박이 이처럼 만개하는 것이 무엇을 뜻하는지 인디언들이 확실히 알도록 해 주었다. 채무 때문에 망가지다 보니, 에스파냐인들에게 쉽게 약탈되지 않았던 인디언들의 토지가 대규모로 에스파냐 자본가들 수중으로 넘어갔고, 이때 이 소유지의 근본적 가치를 평가하면서 드러낸 유럽식 비열함은 그 자체로 주제가 될 만했다. 이리하여 토지 도둑질, 세금, 강제노동, 고리대금업 따위가 확고한 고리를 이루며 완결됐으며, 인디언 마르크조합의 존재는 이 고리 안에서 붕괴했다. 전통적 공공질서와 인디언들에게 전승된 사회적 연대는 인디언들의 경제적 기초 — 마르크조합 농업 — 가 붕괴하며 이미 해체되어 있었다. 인디언 측에서 보자면, 에스파냐인들은 모든 전통적 권위를 파탄 냄으로써 계획적으로 이런 것들을 파괴한 것이었다. 촌락 대표와 부족장이 되려면 어쨌든 엥꼬멘데로의 승인이 필요했고, 엥꼬멘데로는 이런 사정을 이용해 인디언 사회의 타락한 녀석들인 자기 꼭두각시를 그 자리에 앉혔

* [막썸] 꼬발렙스끼, [『공동체 토지 소유 — 몰락의 원인, 과정, 결과』, 제1부, 모스크바, 1879년,] 66쪽에서 재인용.

다. 에스파냐인들이 좋아했던 또 다른 수단은 인디언들이 자기 족장에게 체계적으로 대항하도록 부추기는 것이었다. 원주민들을 족장의 착취로부터 보호하는 것이 그리스도의 뜻이라는 구실로, 에스파냐인들은 옛날부터 전승되어 온 이들 족장에게 내던 공과금에서 원주민들을 해방했노라 선포했다. 쭈리따는 이렇게 말했다. "에스파냐인들은 멕시코에서 현재 진행되고 있는 것을 근거로 족장들이 자기 부족을 싹쓸이하여 약탈하고 있다고 주장했지만, 어느 누구도 아닌 에스파냐인 자신들이 이전 족장들에게서 지위와 수입을 박탈했고 또 그 족장들을 같은 수의 새로운 꼭두각시로 대체했기 때문에 이제 이러한 강탈은 에스파냐인들 책임이다."* 또한 꼭두각시들은 촌락 대표나 부족장이 개별 마르크 구성원의 토지가 위법하게 에스파냐인들에게 양도되는 것에 항의할 경우, 모반을 획책하려 했다. 그 결과는 만성적 폭동이었고, 부당한 토지 매각을 둘러싸고 원주민 자신들 사이에서 끝없이 이어진 소송이었다. 파괴, 기아, 노예제에 덧붙여 무정부 상태가 등장하며, 인디언들 삶에 지옥이 완성됐다. 이러한 에스파냐-기독교 후견의 명백한 결과는 두 가지로 이어졌으니, 토지가 에스파냐인 수중으로 넘어간 것과 인디언이 사멸된 것이다. 쭈리따는 이렇게 말했다. "몇몇 사람들은 반대의 것을 주장하려 함에도 불구하고, 서인도에 있는 모든 에스파냐 영토에서 원주민 부족들은 완전히 사라졌거나 소수만 남아 있다. 원주민들은 과도한 현물 및 화폐 공과금을 고려할 때 자신

* 쭈리따, 87쪽. [막씸] 꼬발렙스끼, [『공동체 토지 소유 — 몰락의 원인, 과정, 결과』, 제1부, 모스크바, 1879년,] 69쪽에서 재인용.

들에게 가치가 없어진 거주지와 토지를 버리고 떠났다. 그들은 다른 나라로 이주했고, 한 지방에서 다른 지방으로 계속 유랑하고 있거나 조만간 맹수의 희생물이 될 위험이 있는 숲으로 숨었다. 내 자신이 개인적 관찰과 지역 주민을 상대로 한 설문 조사를 통해 여러 기회에 확신한 것처럼, 수많은 원주민이 자살로 생을 마쳤다."* 그리고 50년 후 페루 주재 에스파냐 정부의 다른 고위 관료 후안 오르떼스 데 쎄르반떼스는 이렇게 보고했다. "에스파냐 식민지에서는 원주민이 점점 적어졌고 지금까지의 거주지를 버리고 떠났고 토지를 경작하지 않고 내버려둬서, 에스파냐인들은 필요한 수의 경작자와 목동을 찾으려면 수고를 해야만 한다. 금광과 은광의 채굴에 꼭 필요했던 종족인 이른바 미따요[61]는 에스파냐인들이 거주하던 도시들을 완전히 떠났거나 거기에 머물 경우에는 놀랄 만큼 빠르게 사멸했다."**

사실 우리는 이러한 혼란에도 불구하고 19세기까지 그 잔재를 유지하고 있던 인디언과 마르크조합 제도의 믿을 수 없는 끈질김에 찬탄해야 한다.

다른 측면에서 옛 마르크조합의 운명을 보여 주는 곳은 영국의 거대한 식민지 인도다. 여기서는 세상 어느 다른 구석에도 없을 것 같은 토지 보유 견본에 나올 법한 상이한 형태 전체를

* 쭈리따, 341쪽. [막씸 꼬발렙스끼, 『공동체 토지 소유 — 몰락의 원인, 과정, 결과』, 제1부, 모스크바, 1879년, 60쪽에서 재인용.]

** 「법률가이자 대리인인 후안 오르떼스 데 쎄르반떼스가 인디언의 손상과 감소를 막아 달라고 요청하며 페루 왕국의 엥꼬멘데로에 관해 황제 폐하에게 올리는 청원서」, [마드리드,] 1619년. [막씸] 꼬발렙스끼, [『공동체 토지 소유 — 몰락의 원인, 과정, 결과』, 제1부, 모스크바, 1879년,] 61쪽에서 재인용.

연구할 수 있는데, 이 형태들은 헤르첼이 말하는 "별이 총총한 하늘"이 그렇듯 평면에 투사된 수천 년의 역사를 보여 준다.[62] 촌락공동체와 나란히 씨족 마을이 있고, 균등한 토지 지분의 주기적 재분할과 나란히 불균등한 지분의 종신 소유가 있고, 공동체적 토지 경작과 나란히 사적 개별 기업이 있고, 공유지에 대한 모든 촌락 거주자의 동등한 권리와 나란히 일정한 집단의 특권이 있고, 마지막으로 이러한 모든 형태의 공동소유와 나란히 순수한 사적 토지 소유가 있고, 그 안에는 농민의 아주 작은 분할지가 있고, 단기 소작이 있고, 거대한 라티푼디움이 있다. — 이 모든 것을 인도에서는 불과 수십 년 전에도 실물로 연구할 수 있었다. 인도의 마르크조합이 태곳적 제도라는 점은 인도 법의 원전이 되는 문서가 증명하고 있어서, 예를 들면 기원전 9세기 것인 가장 오래된 성문 관습법 『마누』에는 마르크 사이의 경계 분쟁, 분할되지 않은 마르크, 가지를 친 촌락이 분할되지 않은 옛 마르크 토지로 새로 정착하는 것 따위에 관한 규정들을 포함하고 있다. 이 법전은 자기 노동에서 기인하는 소유만 알고 있으며, 수공업도 농업의 부업으로 언급하고 있으며, 브라만, 즉 성직자에게는 동산을 선물하는 것만 허락함으로써 브라만의 경제적 권력에 빗장을 걸어 두었다. 훗날 토착 제후가 되는 라자는 이 법전에는 아직도 선출되는 씨족 최고 우두머리로 등장한다. 그 뒤에 5세기에 나온 양대 법전인 『야주나발키야』와 『나라다』도 씨족 연합을 사회조직으로 인정하고 있고, 공권력과 재판권이 마르크 구성원 회합의 수중에 있다고 했다. 회합은 개별 마르크 구성원의 위법행위와 범죄에 대해 연대하여 책임졌다. 촌락의 수뇌부는 선출된 마르크 책임자였다. 양대 법전은 가장 훌륭하고 가장 평화를 사랑하고 가장 정당한 구성원을 이 직위에 선출할 것과 그에게 무조건 순종할 것을 권했다. 『나라다』에는 이미 두 종류의 마르크조합이 구별되어 있었다. "친족", 곧 씨족 조합과 "동거인", 곧 비非혈족 지역 동맹으로서의 이웃 공동체가 그것이다. 그런데 양대 법전 역시 자기 노동에 기초를 둔 소유만 알고 있었다. 버려진 땅은 경작하기 위해 점유한 사람의 것이었고, 불법으로 보유한 땅은 직접 경작하지 않으면 세 세대 이후에는 인정되지 않았다. 따라서 우리는 그때까지도 인도 민족이 여전히 바로 그 원시적 동료 연합과 경제관계에 속해 있다는 것을 알게 되는데, 인도 민족은 수천 년 동안 인더스 강 유역에서 살 때, 그리고 이후에 위대한 민족 서사시 『라마야나』와 『마하바라따』가 탄생한 갠지스 강 유역의 영웅적 정복 시대에 살 때 원시적 연합과 관계를 맺고 있었다. 우선, 여전히 심오한 사회적 변화와 노력의 특징적 징후인 낡은 법전에 대한 주해가 낡은 법적 견해를 새로운 이해관계에 맞게 변화시키고 해석하는 것이라는 사실은 14세기 — 주해자의 영향이 미치던 시대 — 에 이를 때까지도 인도 사회는 사회구조의 심오한 변동을 겪고 있었다는 명백한 증거다. 왜냐하면 그러는 사이에 물질적으로나 법적으로 농민 대중을 얕보게 된 영향력 있는 성직자 카스트가 형성됐기 때문이다. 주해를 한 사람들은 옛 법전에 담긴 명백한 사실을 — 봉건시대 서양의 기독교 동료들과 똑같이 — 특정한 방향으로 "해석하고자" 했는데, 이는 성직자 소유지를 정당화하고 브라만에게 토지를 선사하는 것을 고무해 농민 대중을 희생하여 마르크 토지를 분할하고 성직자의 대규모 소유지를 형성하도록 촉진하기 위함이었다. 이러한 진행은 모든 오리엔트 사회의 운명에 전형적인 것이었다.

오리엔트 대부분 지역에서 어느 정도 앞서 나간 경작을 하는 곳이면 어디서나 사활이 걸린 문제는 인공 관개였다.* 우리는 인도뿐만 아니라 이집트에서도 이미 일찍이 농업의 견고한 기초인 거대한 관수灌水 설비, 수로, 샘 또는 농업을 주기적 홍수에 적응시키기 위해 계획적으로 대비했던 것을 보게 된다. 이 모든 엄청난 사업은 처음부터 개별 마르크조합의 능력을 능가하는 것이었고 자발성과 경제계획도 능가하는 것이었다. 이러한 사업을 지휘하고 실행하는 데는 개별 촌락 경계를 넘어 군림하며 개별 촌락의 노동력을 더 높은 수준의 단일체로 통합할 수 있는 권위가 필요했으며, 그 이외에도 촌락 경계 말뚝에 둘러싸인 경작농 다수가 도달할 수 있는 관찰과 경험의 분야를 넘어서서 자연법칙을 제압하는 것이 필요했다. 이러한 필요에서 오리엔트에서는 성직자의 중요한 기능이 생겼는데, 어떠한 자연종교와도 연결돼 있는 자연을 관찰함으로써, 일정한 발전 단계에 도달하자 농사일에 직접 참가하는 것에서 해방되게 됨으로써, 공공 관개 사업을 지휘할 최상의 능력을 얻게 됐던 것이다. 그런데 시간이 지남에 따라 이러한 순전히 경제적인 기능에서 자연스레 성직자의 특별한 사회적 권력도 움텄다. 분업으로 인

* 《로자 룩셈부르크의 여백 메모》 1. 운하 건설(분업). 마르크조합에도 불구하고. 2. 다양한 유형(꼬발렙스끼)의 공동체. 3. 이 모든 것이 정복자 무함마드에도 불구하고 유지됨. 봉건화. 4. 영국인!

해 사회에 참여하는 방식이 전문화됐던 것이 농민층 대중에 대한 특권과 착취 이해관계를 지닌 세습적이고 폐쇄적인 카스트로 변했다. 이러저러한 민족에게 이 과정이 얼마나 빨리 그리고 얼마나 널리 진척되는지, 페루 인디언의 경우처럼 맹아 형태에 머무는지 아니면 이집트나 고대 히브리의 경우처럼 성직자층의 공식적인 국가 지배로, 곧 신권정치로 발전하는지는 번번이 특수한 지리적 상황과 역사적 상황에 달려 있었으며, 특히 주변에 살고 있던 민족들과 자주 군사적 격돌이 일어나 성직자 카스트 이외에도 군사 귀족으로서 그 성직자 카스트와 나란히 경쟁하거나 성직자 카스트를 얕보게 되는 강력한 전사 카스트가 대두하게 됐느냐 하는 문제에 달려 있었다. 어느 경우에서든 낡은 꼬뮌주의 마르크 특유의 분권주의적 한계가 거듭 문제였는데, 마르크 조직은 거대한 과제를 수행하기에는 경제적 성격에서나 정치적 성격에서나 적절하지 않았고, 그런 까닭에 외부에 있으면서 군림하며 앞서 말한 기능을 맡게 되는 권력의 지배를 받지 않을 수 없었다. 이렇듯 거대한 농민 대중에 대한 정치적 지배와 경제적 착취로 가는 열쇠는 분명히 이 기능에 놓여 있어서, 오리엔트의 모든 미개한 정복자들은 — 몽골인이든 페르시아인이든 아라비아인이든 — 그때마다 정복한 땅에서 병권兵權과 함께 농업의 생존조건인 앞서 말한 대규모 공공사업을 지도하고 관리할 권리를 수중에 두고 있었다. 인공 관개 사업, 도로 건설, 교량 건설 따위에 대한 감독을 특권이자 의무로 여긴 페루 잉카에서와 똑같이, 인도에서도 수백 년이 흐르는 동안 교체되어 온 여러 아시아 전제 왕조는 동일한 노고를 기울였다. 카스트 형성에도 불구하고, 나라를 뒤덮은 전제적인 외국의 지배에도 불구하고, 정치적 격변에도 불구하고, 인도 사회의 저변에서는 평온한 촌락이 그럭저럭 삶을 이어가고 있었다. 그리고 각각의 촌락 내부에는 마르크 제도의 태곳적 전통적 규칙들이 지배하고 있었는데, 이는 폭풍 같은 정치사를 지붕 삼아 고유의 평온하고 눈에 띄지 않는 내부 역사를 겪으면서 낡은 형태를 벗어 던지고 새로운 형태를 받아들이며 만개, 몰락, 해체, 재형성을 야기했던 규칙들이었다. 연대기를 편찬하는 그 누구도 이러한 과정들을 그리지 않았으며, 세계사는 마케도니아에서 인더스 강 원천으로 나아간 알렉산드로스의 용감한 원정을 기술하고 잔인한 티무르와 몽골인들의 무기가 일으킨 소음으로 채워져 있는 반면에 인도 민족의 내부 경제사에 대해서는 완전히 침묵하고 있다. 인도 공동체가 겪었을 것으로 추측되는 발전의 도식은 이 역사의 모든 오래된 퇴적물 가운데 남아 있는 것들로 재구성할 수 있을 뿐인데, 이 중요한 학문적 과제를 해결한 것이 꼬발렙스끼의 업적이다. 꼬발렙스끼에 따르면, 19세기 중엽까지도 인도에서 관찰할 수 있었던 다양한 유형의 토지공동체는 아래와 같은 역사적 순서로 배열할 수 있다.

1. 가장 오래된 형태라고 파악되는 것은 순수한 씨족공동체인데, 이는 한 씨족(일가)의 혈족 총체를 포괄하며 토지를 공동으로 보유하고 또한 공동으로 경작했다. 그러니까 여기서는 밭마르크 역시 분할되지 않은 마르크이며, 수확해서 공동의 촌락 저장고에 보관해 둔 작물이 분배될 뿐이었다. 이러한 가장 원시적 유형의 촌락공동체는 북부 인도의 일부 지방에서만 유지됐

지만, 그곳 거주민은 대부분 예부터 내려온 공동체의 몇몇 분파("푸티putti")에 한정되어 있었다. 꼬발렙스끼는 보스니아와 헤르체고비나의 "자드루가"와의 유사성에 의거하여, 씨족공동체가 원래의 혈족관계의 해체로 인한 산물임을 발견했는데, 그 혈족관계는 시간이 지남에 따라 인구 증가로 인해 몇몇 대가족으로 분열되고 그와 함께 토지도 분리됐던 것이다. 18세기 중반까지만 해도, 주목을 끄는 이러한 유형의 촌락공동체가 존재했으며, 이 가운데 몇몇 공동체는 예를 들면 150명 이상, 다른 몇몇은 400명의 구성원을 포괄하고 있었다. 하지만 대체로 이러한 유형의 작은 촌락공동체는 예를 들어 소유지 양도와 같은 특별한 경우에만 예외적으로 예부터 내려온 공동체 영역에서 더 커다란 친족으로 모였다. 이러한 작은 촌락공동체는 일상생활에서 폐쇄적이고 엄격하게 규제된 생존을 영위했으며, 맑스는 『자본』에서 영어로 쓰인 원전을 인용해 이에 대해 간결하게 서술하고 있다.*

"예를 들어 부분적으로는 아직도 존속하고 있는 인도의 지극히 태곳적풍의 저 소규모 공동체는 토지의 공동소유, 농업과 수공업의 직접적 결합, 고정된 분업 등에서 기인하며, 이 분업은 새로운 공동체를 건설할 때 주어진 설계도와 평면도의 역할을 한다. 이들 공동체는 자급자족하는 생산 단위를 이루고 있으며, 그 생산 구역은 100에이커에서 수천 에이커까지 다양하다. 생산물 대부분은 공동체의 직접적인 자체 수요를 위해 생산되

* 《로자 룩셈부르크의 여백 메모》 제임스 밀!!!

는 것이지 상품으로 생산되는 것이 아니며, 따라서 생산 그 자체는 상품교환을 통해 매개되는 인도 사회의 분업 전체와는 독립되어 있다. 초과분에 해당하는 생산물만 상품으로 변하며, 그 가운데 일부는 아득한 옛날부터 일정량이 현물지대로 흘러 들어간 국가의 수중에서야 비로소 상품으로 변한다. 공동체 형태는 인도에서 지방마다 상이하다. 가장 단순한 형태에서는 공동체는 토지를 공동으로 경작해 그 생산물을 구성원들에게 분배하는 한편, 가족마다 실을 뽑고 천을 짜는 등의 일을 가내 부업으로 행했다. 이러한 종류의 일에 종사하는 다수의 사람 이외에도 보게 되는 사람들로는 재판관, 경찰관, 세리를 겸한 '촌장', 경작과 관련된 계산을 담당하고 이와 관련된 모든 것을 토지대장에 기록하는 회계 담당자, 세 번째로는 범죄자를 추적하고 낯선 여행자를 보호하면서 이 촌락에서 저 촌락으로 안내하는 관료, 이웃 공동체와의 공동체 경계를 감시하는 경계 관리인, 경작 목적을 위해 공동 저수지에서 물을 분배하는 물 감시인, 종교의식 기능을 수행하는 브라만, 모래 위에서 공동체 어린이들에게 쓰기와 읽기를 가르치는 교사, 점성가로서 파종과 수확의 시기 및 모든 특별한 농사일에 좋은 때와 좋지 않은 때를 알려주는 역술 브라만, 모든 농기구들을 제조하고 수리하는 대장장이와 목수, 촌락을 위해 모든 그릇을 만드는 옹기장이, 이발사, 옷을 빠는 세탁부, 은 세공사, 어떤 공동체에서는 은 세공사를 대신하고 다른 공동체에서는 교사를 대신하는 시인 들이 있다. 이들 십 여 명의 사람은 공동체 전체의 비용으로 부양된다. 인구가 증가하면 기존 공동체를 본 떠 새로운 공동체가 미개간지에 정착한다. ……

공동체 내의 분업을 규제하는 법칙은 이곳에서는 일종의 자연 법칙과 같은 확고한 권위로 작동한다. …… 늘 같은 형태로 재생산되고 우연히 붕괴되어도 같은 장소에서 같은 이름으로 재건되는 이 자급자족하는 공동체의 단순한 생산 유기체는 아시아 **사회의 불변성**의 비밀을 푸는 열쇠를 제공하며, 아시아 **국가들**의 끊임없는 흥망과 부단한 왕조 교체와는 현저한 대조를 이룬다. 사회의 경제적 근본 요소의 구조는 정치라는 구름층에서 일어나는 폭풍우에 전혀 영향을 받지 않는다[강조는 **로자 룩셈부르크**]."*

2. 토지가 분할되지 않았던 원래의 씨족공동체는 영국이 정복하던 때 이미 대부분 해체됐다. 그러나 이 해체로부터 새로운 형태가 형성됐다. 그것은 친족공동체였는데, 경작지가 분배되긴 했지만 가족 지분이 균등하지 않고 불균등했으며, 그 크기는 정확하게 친족 시조와의 촌수에 달려 있었다. 이러한 형태는 북서부 인도와 펀자브 지방에 상당히 확산되어 있었다. 여기서 지분은 종신의 것도 아니었고 세습되지도 않았으며, 인구가 증가할 때까지만, 또는 일시적으로 부재했던 친족을 밭 마르크 지분으로 수용할 필요가 있어 새로운 재분할이 요구될 때까지만 가족 소유로 남아 있었다. 하지만 새로운 권리가 제기되면 대개 전반적 재분할을 통해서가 아니라 미경작 마르크 토지에 새로운 분할지를 지정함으로써 해결했다. 이런 식으로 가족 지분은 종종 — 법적이지는 않지만 실제로는 — 종신의 것이 됐으며 세

* 맑스, 『자본』, 제1권, 321쪽. [제23권, 378~379쪽.][63]

습되기조차 했다. 그러나 이처럼 밭 마르크가 불균등하게 분할되는 것과 나란히, 숲, 늪, 초원, 경작되지 않는 토지는 모든 가족의 공동소유로 남아 있어 모든 가족이 공동으로 사용하기도 했다. 그러나 불균등에 토대를 둔 이 기묘한 꼬뮌주의 조직은 시간이 지남에 따라 새로운 이해관계와 모순에 빠졌다. 이후에 세대가 이어질 때마다 개개인의 촌수를 확인하기가 점점 어려워졌고 혈연 전통이 약해져 갔으며, 불이익을 당한 사람들은 가족 지분이 불균등한 것을 점점 더 부당하다고 느끼게 됐다. 다른 한편, 많은 지방에서는 일부 친족의 이주로 인해, 전쟁과 정착 주민 일부의 박멸로 인해, 새로운 주민의 이주와 수용으로 인해 불가피하게 주민이 섞이는 일이 벌어졌다. 그리하여 겉보기에는 관계가 경직되어 있고 변하지 않은 것 같음에도 불구하고, 공동체 주민은 토지 품질에 따라 일정하게 경지('wund')로 배정되면서, 가족마다 관개灌漑가 편한 더 좋은 농지(Sholgura, 쌀을 뜻하는 'Shola'에서 유래)와 나쁜 농지('culmee') 모두에서 각자의 지조地條를 얻었다.[64] 처음에는, 적어도 영국인의 정복 이전에는, 재추첨은 주기적으로 이루어진 것이 아니라 인구의 자연적 증가로 인해 가족의 경제적 처지에 실제적 불평등이 야기될 때마다 이루어졌다. 특히 사용할 수 있는 경지가 남아 있을 정도로 토지가 풍부한 공동체에서는 이런 일이 계속 유지됐다. 좀 작은 공동체에서는 재분할이 10년, 8년, 5년마다, 때로는 해마다 시행됐다. 재분할이 해마다 시행된 곳은 특히, 좋은 경지가 부족해 해마다 모든 마르크 구성원에게 경지를 동등하게 분배하는 것이 불가능한 곳, 따라서 다양한 경지를 번갈아 이용하는 것을 통해서만 고르게 정당하다는 것을 확인할 수 있는 곳이었다. 이렇듯 인도의 씨족공동체는 역사적으로 본래의 게르만 마르크조합으로 밝혀진 형태로 해소되며 끝났다.

우리는 영국령 인도와 알제리에서, 유럽 자본주의와 격돌하면서 오래된 꼬뮌주의 경제제도가 겪은 절망적 투쟁과 비극적 종말의 두 가지 고전적 예를 알게 됐다.[65] 마르크조합의 변화무쌍한 운명의 모습은 마지막으로 한 나라의 기묘한 예를 고려하지 않는다면 완성되지 않을 것이니, 그 나라에서는 외관상 역사가 전혀 다르게 진행됐으며, 특히 국가가 농민 공동소유를 강제로 파괴한 것이 아니라 그와는 정반대로 모든 수단을 동원해 구제하고 보존하려고 했다. 짜르의 러시아를 말하는 것이다.

우리는 여기서 러시아 농민의 농경공동체의 기원을 둘러싸고 수십 년 동안 이루어졌던 엄청난 이론적 논쟁을 다루지는 않겠다. 1858년에 러시아 교수 치체린이 이룬 "발견", 곧 러시아 농경공동체는 독창적인 역사적 산물이 아니라 짜리즘 국고 정책의 인공적 산물이었을 것이라는 주장을 독일 학자들이 기꺼이 수용하고 찬성하는 것은 당연한 일일 뿐이며, 오늘날의 부르주아 학문이 일반적으로 드러내는 원초꼬뮌주의에 대한 적대적 입장과 완전히 일치하는 일이다.* 치체린은 자유주의 학자들이 역사가로서는 반동적 동료들보다 대부분 훨씬 더 쓸모가 없다는 증거를 다시 한 번 제공한 셈인데, 그는 마우러 이래로 서유럽에서는 최종적으로 기각된 개별정착 이론, 곧 16세기와 17세

* 쁠레하노프와 러시아의 사회민주주의자들에 관한 『중형 사전』 신판. 엥엘스의 『『인민 국가』에 수록된 국제 문제에 관한 글들』[66]과는 다르다.

기에 비로소 공동체가 형성됐을 것이라는 이론을 러시아인에게도 적용했던 것이다. 그럼으로써 치체린은 공동 농업과 경작 순서 강제가 산재散在 지조에서 비롯됐다고 추론했고, 토지의 공동보유가 경계 분쟁에서 비롯됐다고 추론했고, 마르크조합의 공권력이 16세기에 도입된 인두세 재정 연대책임에서 비롯됐다고 추론했으니, 모든 역사적 연관, 원인, 결과를 지극히 자유주의적으로 상당히 뒤죽박죽으로 만든 것이다.

그러나 사람들이 러시아 농민 경작지공동체의 고풍스러움과 기원에 대해 어떻게 생각하든, 그 공동체는 농노제의 역사와 최근까지 이르는 농노제 철폐의 역사라는 매우 긴 역사 전체를 견뎌냈다. 여기서 우리의 관심은 오직 19세기에 농경공동체가 겪는 운명이다.

짜르 알렉싼드르 2세가 이른바 "농민해방"을 시행했을 때, 농민들은 — 전적으로 프로이센의 본보기에 따라 — 지주들에게서 토지를 구매했는데, 이때 지주들은 자칭 지주 자산 가운데 가장 나쁜 토지에 대해서는 국고에서 유가증권으로 충분히 배상을 받았고, 농민들에게 "빌려주는" 토지에는 9억 루블[67]에 달하는 부채가 부과되어 농민들은 연간 6%를 상환하며 49년 이내에 국고에 변제해야 했다. 그러나 이 토지는 프로이센처럼 사적 소유로 개별 농민 가족에게 할당된 것이 아니라, 매각할 수 없고 저당 잡을 수 없는 공동소유로 공동체 전체에게 할당됐다. 상환해야 할 부채와 세금 및 공과금 모두 공동체가 연대하여 책임졌으며, 개별 구성원 사이에 액수를 산정하는 것은 자유로웠다. 이러한 방식으로 대러시아 농민 대중이라는 대단한 영역 전체가 정돈됐다. 1890년대 초반에 유럽러시아(폴란드, 핀란드, 돈 강의 까자흐 지역은 제외)의 모든 토지 소유는 다음과 같이 나뉜다. 대부분 북쪽의 광활한 숲 지역과 미개척지로 구성되고 1억5천만 제싸찌나*을 포괄하는 국가령國家領, 황제의 경비 7백만 제싸찌나, 9백만 제싸찌나에 못 미치는 교회와 도시의 소유지, 사유지 9천3백만 제싸찌나 — 이 가운데 5%만이 농민 소유이며 나머지는 귀족 소유 —. 그러나 1억3천1백만 제싸찌나는 농민공동체 소유였다. 1900년에도 러시아에는 1억2천2백만 헥타르가 농민 공유지였고 2천2백만 헥타르만 농민 사유지였다.

최근까지, 그리고 부분적으로는 오늘날에도 운영되고 있는 이 엄청난 지역에 걸친 러시아 농민층의 농장 경영을 살펴보면, 독일과 아프리카에서, 갠지스 강과 페루에서 모든 시대에 걸쳐 흔히 있었던 마르크조합의 전형적인 제도가 어떤 것이었는지를 다시 쉽게 알게 된다. 분할된 경작지가 존재했던 한편으로, 숲, 목초지, 물은 분할되지 않은 공용지共用地를 이루고 있었다. 원시적 삼포식 농업이 일반적으로 지배하는 경우에는, 여름 밭과 겨울 밭은 토지 품질에 따라 경지("지도")로 나뉘었고 각각의 경지는 개별 지조로 나뉘었다. 여름 경지는 4월에 손질했고, 겨울 경지는 6월에 분배해야 했다. 토지가 동등하게 분배되도록 아주 면밀하게 감시할 경우에는, 산재 경지가 매우 발전해서, 예를 들어 모스크바 주에서는 평균적으로 여름 밭과 겨울 밭에 각각 11개의 경지가 할당되어서 농민마다 최소한 22개의 분산

* 1제싸찌나 = 1.09헥타르.

된 분할지를 경작해야 했다. 공동체는 통상적으로 비상사태에 대비해 공동의 목적으로 경작해야 하는 토지를 선별했거나, 같은 목적으로 개별 구성원들이 곡식을 조달해야 하는 저장소를 설치했다. 각 농민 가족이 비료를 주는 조건으로 지분을 10년 동안 보유하도록 허용하는 방식이나, 처음부터 비료를 준 분할지를 경지마다 할당하고 10년마다 재분할을 시행할 뿐인 방식으로, 농장 경영에 기술적 진보가 일어나도록 배려했다. 동일한 규칙은 대부분의 아마 밭, 과수원, 채소밭에도 적용됐다.

공유 가축 떼를 여러 목초지와 방목지로 분배하기, 목동 두기, 방목지에 울타리 치기, 경지 보호, 밭 체계의 규정, 개개의 밭일의 시점, 재분할의 기한과 방식 — 이 모든 것들은 공동체, 즉 촌락회합의 사안이었다. 재분할의 빈도를 보면 대단히 다양했다. 예를 들면 싸라또프 같은 단일한 행정구역에서도 1877년에 조사한 278개 촌락공동체 가운데 거의 절반은 해마다 재추첨을 실행했지만 나머지는 2, 3, 5, 6, 8년마다 재추첨을 실행한 반면에, 전반적으로 비료를 실제로 사용한 38개 공동체는 재분할을 완전히 중단했다.*

러시아 마르크조합에서 가장 기묘한 점은 토지 분배 방식이었다. 이곳에서는 고대 독일에서와 같은 균등한 구획의 원칙이나 페루에서와 같은 가족 수요 크기의 원칙이 아니라 세금을 낼 능력이라는 하나의 유일한 원칙이 지배하고 있었다. "농민해방" 이래로 국고의 세금 이해관계가 촌락공동체의 모든 삶을

* [W. G.] 뜨리로고프, [『공동체와 조세』, 쌍뜨 뻬쩨르스부르크, 1882년,] 49쪽을 보라.

지배했으며, 촌락에서 모든 제도는 세금을 중심으로 움직였다. 짜르 정부에게 과세의 기반으로 존재했던 것은 오로지 이른바 "감사監査를 받은 영혼들", 곧 연령 차이에 상관없는 공동체의 모든 남성 거주민이었고, 이들은 뾰뜨르 대제 치하에서 처음 실행된 농민 인구조사 이래로 대략 20년마다 그 유명한 "감사"를 통해 확정됐는데, 이 감사는 러시아 국민에게는 공포였고 촌락 전체를 뿔뿔이 흩어지게 했다.*

정부는 감사를 받은 "영혼"의 수에 따라 촌락에 과세했다. 그런데 공동체는 자신에게 부과된 세금 총액을 맞추기 위해 노동력에 따라 농가에 세금을 할당했으며, 이렇게 산정된 납세 능력에 따라 농가마다 돌아가는 토지 지분이 측정됐다. 그럼으로써 러시아에서 1861년 이래로 토지 지분은 처음부터 농민 부양의 토대가 아니라 납세의 토대로 나타났으며, 토지 지분은 개별 농가가 권리로 주장할 수 있었던 자선이 아니라 공동체의 어떤 구성원에게나 공무로 강요된 의무였다. 그렇기 때문에 토지 재분할이 이루어질 때 열리는 러시아의 촌락회합만큼 독특한 것도 없었다. 할당된 지분이 지나치게 크다는 항의를 곳곳에서 들을 수 있었으며, 주로 여성과 미성년으로 구성되어 적절한 노동력이 없는 가난한 가족은 "무력함"을 이유로 도대체 지분을 맡

* 1719년 뾰뜨르의 칙령으로 시행된 첫 번째 "감사"는 일종의 적국 정벌처럼 조직됐다. 군대는 태만한 총독에게 수갑을 채워 총독의 관청에 감금하고 "개선될 때까지" 붙잡아 두도록 위임을 받았다. 농민 명단을 완성할 임무가 있었고 그래서 "영혼"을 숨기는 것이 허용됐던 신부들은 해직되어야 했고, "나이가 많았어도 인정사정없이 체벌을 당한 후에 징역형에 처해졌다." 영혼을 은폐한 혐의를 받은 사람들은 고문대로 보냈다. 그 뒤의 "감사들" 역시 비록 덜 가혹하게 이루어지긴 했어도 오랫동안 피비린내가 나기는 마찬가지였다.

는 괴롭힘을 당하는 일이 없었지만, 좀 가난한 농민 대중은 부유한 농민들이 가장 넓은 지분을 맡도록 강요했다. 러시아 촌락 생활의 중심이었던 세금 부담은 엄청났다. 상환금 이외에 우선 인두세, 지방세, 교회세, 소금세 등이 더해졌다. 80년대에 인두세와 소금세가 폐지됐지만, 그럼에도 불구하고 세금 부담은 여전히 엄청나서 농민층의 모든 경제적 자산을 삼켜 버렸다. 90년대의 한 통계에 따르면 농민층의 70퍼센트는 토지 지분에서 최저생계비보다 적게 벌었으며, 20퍼센트는 먹고사는 것은 가능했지만 가축을 칠 수는 없었으며, 약 9퍼센트만이 자체 수요를 넘는 초과분을 판매할 수 있었다. 이런 까닭에 "농민해방"이 있고 난 뒤 러시아 촌락에서 계속된 현상은 세금 체납이었다. 이미 70년대에 5천만 루블이라는 연간 평균 인두세 수입 가운데 연간 1천1백만 루블이 체납된 것으로 나타났다. 인두세가 폐지된 후에는, 80년대 이래로 계속 치솟은 간접 과세로 인해 러시아 촌락의 빈곤이 계속 심해졌다. 1904년에는 체납 세금이 1억 2천7백만 루블에 달했는데, 징수가 불가능했고 혁명적 소요에 직면한 탓에 거의 전부가 면제됐다. 세금은 농민경제의 거의 모든 수익을 삼켜버렸을 뿐만 아니라 부수입을 찾도록 농민을 강요했다. 부수입이란 한편으로는 오늘날에도 수확기에 러시아 국내에서 완전한 민족이동을 야기하는 농촌의 계절노동이었는데, 이때 힘이 가장 좋은 남성 촌락 거주민들은 일당을 받고 고용되려고 거대한 영주 소유지로 이사하면서 자기 자신의 분할지는 노인, 여성, 미성년 노동자의 나약한 힘에 맡겨 두었다. 다른 한편으로는 도시, 공장 산업이 윙크했다. 그리하여 특히 중심적인 산업 구역에는 임시노동자 계층이 형성됐는데, 이들은 도시로, 대개 섬유공장으로 이주하여 겨울만 보내고는 봄에는 번 돈을 들고 밭일을 하러 자기 촌락으로 돌아갔다. 마지막으로 많은 지방에서는 가내 수공업이 추가되거나 운송과 벌목 같은 농업과 관련된 우연한 부업이 추가됐다. 이 모든 것에도 불구하고 농민 대중 대다수는 헐벗은 삶조차 이어갈 수 없었다. 경작의 결실뿐만 아니라 공업과 관련된 부업에서 얻은 벌이도 세금이 삼켜 버렸다. 마르크조합은 세금에 대해 연대하여 책임지고 있어서, 자신에게 속한 구성원들에 맞설 강력한 권력수단으로 무장되어 있었다. 마르크조합은 세금체납자를 외부에 임금노동으로 임대하고 그들이 벌어들인 돈을 압류할 수 있었으며, 농민이 촌락에서 떠나는 데 없어서는 안 될 통행증을 구성원들에게 부여할 수도 있고 거부할 수도 있었다. 마지막으로 마르크조합에게는 완강한 세급체납자라는 이유로 마르크 구성원에게 체벌을 가할 법적 권리가 있었다. 그리하여 러시아 국내의 엄청나게 많은 지역에서 러시아의 촌락은 주기적으로 대단히 진기한 모습을 보여 준다. 세리가 촌락에 도착하면, 짜르 러시아가 "체납자 매질"이라는 전문적인 명칭을 고안해 낸 절차가 시작됐다. 촌락회합에 빠진 사람은 없는 듯 보였으며, "체납자들"은 바지를 벗고 기다란 판에 몸을 뉘여야 했으며, 거기서 그가 속한 바로 그 마르크의 구성원들이 차례로 그를 피투성이가 되도록 채찍질을 했다. 고위 관계자는 일을 마치면 방울소리 울리는 삼두마차를 타고 다른 촌락에서 똑같은 일을 하기 위해 바삐 떠났으며, 채찍질 당하는 사람들 — 대부분은 수염이 난 가장이고 백

발의 노인도 종종 있었다 — 의 신음소리와 커다란 울음소리가 이들을 따라다녔다. 공개된 형 집행을 모면하기 위해 자살하는 농민도 드물지 않았다. 이 상황의 또 다른 진기한 절정은 "세금 동냥"이라는 것이었는데, 가난해진 늙은 농민들이 만기가 된 세금을 긁어모아 촌락으로 가져오기 위해 동냥아치 지팡이를 들고 떠돌이 여행을 떠나는 것이었다. 이렇게 세금 압박 기계로 변한 마르크 제도를 국가는 엄격하고 지속적으로 감시했다. 예를 들어 1881년 법률은 농민 토지는 농민 3분 2의 결의가 있고 내무부장관, 재무부장관, 왕령王領장관의 동의도 있을 때에만 공동체 전체가 매각을 허락하도록 규정했다. 개별 농민이 얻은 상속 자산도 마르크조합 구성원에게만 매각할 수 있었다. 농민 토지를 담보로 한 대출은 금지되어 있었다. 알렉싼드르 3세 치하에서 촌락공동체는 모든 자치권을 빼앗기고 "농촌 지휘관" — 프로이센의 관구 지도관과 유사한 제도 — 의 엄격한 감시 아래 놓였다. 공동체 회합의 결정에는 이 관료의 승인이 필요했으며, 토지 재분할은 이들의 감시 아래 시행됐으며 세액 사정과 세금 징수도 그랬다. 1893년 법안은 시간에 쫓겨 일부 양보하면서, 재분할을 12년마다 하도록만 허용한다고 공포했다. 하지만 이와 동시에 마르크조합에서 탈퇴하는 것은 공동체의 승인과 연계되어 있었으며, 당사자가 자신의 몫으로 떨어진 액수의 채무를 완전히 변제한다는 조건과 연계되어 있었다.

촌락공동체를 쥐어짠 이 모든 인위적인 법률상의 족쇄에도 불구하고, 삼부 장관들과 치노브니크[68] 무리의 후견에도 불구하고, 마르크조합의 해체를 더 이상 멈추게 할 수는 없었다. 압살할 듯 짓누르는 세금 부담, 농업과 공업에서의 부업으로 인한 농민경제의 몰락, 토지 부족, 특히 이미 상환으로 대부분 귀족들에게 약탈당해 부족해진 방목지와 숲, 또한 인구가 증가하면서 나타난 사용 가능한 경작지의 부족, 이 모든 것이 촌락공동체의 삶에 결정적인 두 가지 현상, 곧 도시로의 탈출과 촌락 내부에서의 고리대금의 대두를 낳았다. 토지 부분에서 나오는 수입에 덧붙여 공업 부수입이나 다른 부수입이 세금을 갚는 데만 쓰이는 데도 현실적으로는 세금을 갚지도 못하고 궁핍한 생계도 꾸릴 수 없게 될수록, 마르크조합에 속한다는 것은 확고한 족쇄가 됐으며 농민의 목을 감은 굶주림의 사슬이 됐다. 그리고 이러한 사슬에서 벗어난다는 것이 가난한 공동체 구성원 대중 전체가 동경하는 당연한 목표가 됐다. 수백 명의 도주자들은 통행증 없는 방랑자라며 경찰이 공동체로 다시 돌려보냈고, 거기서 마르크 구성원들에 의해 본보기로 긴 의자에서 채찍으로 맞으며 벌을 받았다. 그러나 채찍과 통행증 제시 의무는 농민의 대량 탈출을 막기에 무력하다는 것이 드러났고, 농민들은 야음을 틈타 "촌락꼬뮌주의"라는 지옥에서 벗어나 도시로 탈출하여 산업프롤레타리아트의 바다에 확실하게 가라앉으려 했다. 가족과의 인연이나 다른 상황 때문에 탈출이 상책이 아니었던 다른 사람들은 합법적 방법으로 농경공동체에서 탈출을 거행하려 했다. 그러나 그러려면 상환해야 할 채무를 변제해야 했으며, 이때 도움을 준 것이 고리대금업자였다. 세금 부담 그 자체뿐만 아니라 세금 변제를 위해 최악의 조건으로 곡식을 매각하지 않을 수 없었던 사정은 러시아 농민을 매우 빨리 고리대금업자 손아귀에 떨어지게 했다. 곤궁이 닥치고 흉년이 들 때마다 고리대금업자에게서 피난처를 찾는 일은 재차 피할 수 없게 됐다. 그래서 결국 공동체 굴레로부터의 해방 자체에 도달한다는 것은 대부분의 농민에게는 고리대금업자 굴레로 들어가는 것 말고는 없었는데, 이는 예상할 수 없는 기간에 걸쳐 고리대금업자를 위해 봉사하고 공납을 바칠 의무를 진다는 것이었다. 그리하여 가난한 농민들은 가난에서 벗어나기 위해 마르크 무리에서 헤어나려고 한 반면에, 부유한 농민들은 가난한 사람들의 세금을 부담하는 연대책임을 모면하기 위해 다양한 방식으로 마르크 무리에 등을 돌리고 이탈했다. 그러나 부유한 농민들의 공식적 탈퇴가 일어나지 않았던 곳이라 해도, 부유한 농민들 — 대부분은 촌락의 고리대금업자이기도 했다 — 은 마르크 회합에서 가난한 대중에 맞서 지배적인 권력을 형성했으며, 빚을 지고 종속된 다수를 헤치고 나아가 자기 마음에 드는 결정을 관철시킬 줄 알았다. 이리하여 공식적으로는 평등과 공동소유에서 기인하는 촌락공동체의 품속에서 계급분리가 이루어졌으니, 소수이지만 영향력이 많은 촌락 부르주아지와 종속됐고 사실상 프롤레타리아화한 농민 대중으로의 명확한 계급분리가 이루어졌던 것이다. 세금 부담에 압살될 듯 짓눌리고 고리대금에 망가지고 내적으로 분열된 촌락공동체의 내적 몰락은 결국 외부를 향하며 울분을 삭혔다. 기근과 농민 봉기는 80년대에 러시아에서 주기적 현상이 됐으며, 중심부의 주州들은 세리와 군대가 촌락을 "진정"시키기 위해 따랐던 흔적과 똑같이 무자비하게 벌을 내렸다. 러시아의 경지는 광활한 지역에 걸쳐 굶주림과 피비린내

나는 소요로 인한 잔인한 사멸을 공연하는 극장이 됐다. 러시아 무지크[69]는 인도 농민의 운세를 경험했으며, 오리사는 곧 러시아에서는 싸라또프, 사마라였고, 멀리는 볼가 강 하류였다.* 마침내 1904년과 1905년에 러시아에서 도시프롤레타리아트의 혁명이 발발했을 때, 당시까지 혼란스러웠던 농민 소요는 마침내 처음으로 정치적 요인으로서 혁명에서 매우 중요시됐으며 농업문제는 혁명에서 중점 사항이 됐다. 이제, 농민들이 억제할 수 없는 해일처럼 귀족의 토지로 흘러 들어가 토지를 부르짖으면서 "귀족의 보금자리"를 화염에 휩싸이게 했을 때, 노동자당이 국가소유지와 대규모 소유지를 무상으로 수용해 농민들에게 넘겨주라는 농민층의 절박함을 혁명의 요구로 정식화했을 때, 짜리즘은 백 년 동안 대단히 확고하게 실행하던 농업정책에서 마침내 물러났다. 이제 더 이상 마르크조합을 몰락에서 구할 수 없었고 포기해야 했다. 이미 1902년에 특유하게 러시아적인 형태의 촌락공동체의 뿌리 자체에 개혁의 도끼가 찍혔다. 세금에 대한 연대책임이 철폐된 것이다. 물론 이러한 조치는 짜리즘 자체의 재정 관리에 의해 적극적으로 준비된 것이었다. 국고는 직접세의 경우 연대책임을 쉽게 포기할 수 있었다. 간접세가 엄청난 수준에 도달했기 때문인데, 예를 들어 1906년도 예산을 보면 전체 정규 수입 20억3천만 루블 가운데 1억4천8백만 루블만 직접세로 들어왔고 11억 루블이 간접세로 들어왔으며, 간접세 가운데 5억5천8백만 루블은 "자유주의" 장관인 비떼가 알코올의

* C. 레만과 파르부스[, 『굶주리는 러시아, 여행 소감, 관찰, 조사』, 슈투트가르트, 1900년]를 보라.

존증과 맞서 싸우기 위해 도입한 화주 독점에서만 들어온 것이었다. 이런 세금을 제때 내기 위해 농민 대중의 곤궁, 절망, 무지 따위가 가장 확실하게 연대책임을 졌다. 1905년과 1906년에는 상환해야 할 채무 가운데 갚지 못한 나머지 액수를 절반으로 줄여 주었으며 1907년에는 완전히 탕감해 주었다. 그리고 1907년 실행된 "농업개혁"은 소농의 사적 소유를 조성한다는 것을 명확한 목표로 설정했다. 이를 위한 수단은 왕령, 왕족의 경비로 쓰이는 땅, 부분적으로는 대규모 소유지 따위의 분양이었다. 이리하여 20세기 프롤레타리아트혁명은 최초의 미완성 단계에서도 이미 농노제의 마지막 잔재와 짜리즘이 인위적으로 보존한 마르크조합을 동시에 제거했다.

3.

원시적 농업 꼬뮌주의가 부딪히는 변화무쌍한 운명은 러시아 촌락공동체와 함께 다하고 순환은 종결된다. 마르크조합은 사회발전의 자생적 산물로서, 경제적 진보와 사회의 물질적 번영 및 정신적 번영에 대한 최고의 보증으로서 시작해, 여기서는 정치적 후진성과 경제적 후진성에 악용된 도구로서 끝난다. 짜르 절대주의에 봉사하는 자신의 마르크 구성원에게 채찍으로 벌을 받는 러시아 농민 — 이것이야말로 원초꼬뮌주의의 편협한 한계에 대한 가장 잔혹한 역사적 비판이며, 이 사회형태도 이성이 불합리로 변하고 선행이 고난으로 변한다[70]는 변증법적 법칙 아래 있다는 사실에 대한 가장 뚜렷한 표현이다.

여러 나라와 대륙에서 마르크조합이 부딪힌 운명을 주의 깊게 살펴보면, 우선 두 가지 사실이 눈에 들어온다. 이 최고이자 최후의 형태의 원초꼬뮌주의 경제제도는 고착되고 변하지 않는 모형이기는커녕 무엇보다도 끝없는 다양성, 유연성, 적응력을 내보이며 역사적 환경에 따라 다양한 형태로 나타난다. 마르크조합은 어떤 환경에서든 모든 관계에서 조용한 변화 과정을 겪었고, 이때 그 변화가 완만하게 이루어져 처음에는 외부에 나타나지 않았을지 모르지만 사회 내부에서는 언제나 낡은 형태 대신에 새로운 형태가 자리를 잡았고, 그리하여 어떤 토착 국가제도나 외부 국가제도의 정치적 상부구조에서도 경제생활과 사회생활은 끝없는 생성과 소멸, 발전 또는 몰락을 경험했다.

이와 동시에 이 사회형태는 바로 그 탄력성과 적응력 덕분에 특별한 강인함과 지속성을 보여 준다. 이 사회형태는 일체의 정치사적 폭풍우에도 불구하고, 아니 오히려 모든 것을 수동적으로 견디면서, 그 모든 것을 쓸어냈으며, 수천 년 동안 온갖 정복, 외국의 지배, 전제정치, 착취 따위의 역경을 끈기 있게 견뎌냈다. 이 사회형태는 오직 하나의 접촉을 견디지 못해 살아남지 못했으니, 그것은 유럽 문명, 곧 자본주의와의 접촉이다. 자본주의와의 격돌은 낡은 사회에게는 어디서나 예외 없이 치명적이었고, 그 격돌은 수천 년의 세월도 할 수 없었고 야만적이기 그지없는 오리엔트의 정복자들도 할 수 없었던 것, 곧 내부의 사회구조 전체를 해체하는 것, 모든 전통적인 유대를 찢는 것, 사회를 매우 짧은 시간에 형태도 없는 쓰레기 더미로 바꾸는 것 따위를 완수했다.

그러나 유럽 자본주의의 죽음의 입김이란 원시사회의 몰락을 언젠가 불가피하게 만들 요인 가운데 마지막 것이었을 뿐이지 유일한 것은 아니다. 그럴 맹아는 사회 자체의 내부에 있다. 다양한 사례들에서 알게 된 원시사회 몰락의 다양한 방식을 요약해 보면, 일정한 역사적 순서가 분명하게 밝혀진다. 엄격하게 조직되는 경제양식의 토대인 생산수단의 꼬뮌주의적 소유는 오랫동안 사회의 가장 생산적인 노동과정과 사회의 존속 및 발전을 위한 최상의 물질적 보증을 제공했다. 그러나 바로 그렇게 보증된 노동생산성은, 대단히 느리게 벌어진 일이긴 했지만, 시간이 지남에 따라 꼬뮌주의 조직과 일정한 갈등을 일으킬 수밖에 없었다. 이 조직의 품속에서 더 높은 단계의 경작 — 보습의 사용 — 으로 가는 결정적 진보가 이루어지고 이를 토대로 마르크조합이 고정된 형태를 유지하게 되자, 일정한 시간이 경과한 후에는 생산기술 발전이 잇따르려면 **집약적** 토지 경작이 필요하게 됐으며. 당시의 농업기술 단계로 보자면 그러한 경작은 더 집약적인 소경영을 통해서만, 즉 토지와 개별 노동력의 더 확고하고 정확한 결합을 통해서만 이룰 수 있는 것이었다. 개별 농민 가족이 하나의 동일한 분할지를 오랫동안 이용하는 것은 그 분할지를 공들여 다루는 전제 조건이 됐다. 특히 토지에 비료를 주는 것은 독일뿐만 아니라 러시아에서도 토지 재분할이 더 드물어진 원인이 됐다. 일반적으로 마르크조합의 생에서 토지 재분할 사이의 시간 간격이 점점 더 길어지는 움직임이 어디서나 일치하여 확인되는데, 이는 도처에서 늦든 빠르든 구획이 세습자산으로 이행하는 결과를 가져왔다. 공동소유에서 사적 소유로의 변동이 노동 집약화와 보조를 맞추었다는 사실을 추적할 수 있듯이, 숲 경영과 방목지 경영은 어디서든 대단히 오랫동안 공용지共用地를 유지하고 있었던 반면에 집약적으로 경영되는 경작은 처음에는 분할된 마르크로, 나중에는 세습자산으로 가는 길을 닦았다는 사실을 추적할 수 있다. 분할 경작지에서 사적 소유가 고착화된다고 해서 공동의 경제조직이 완전히 제거된 것은 아직 아니어서, 산재 경지는 공동의 경제조직을 오랫동안 유지하고 숲 공동체와 방목지 공동체는 공동의 경제조직이 존속하도록 강요한다. 따라서 경제적이고 사회적인 평등 또한 낡은 사회의 품속에서 아직 제거되지 않는다. 처음에는 동등한 생활조건에 있는 소농 대중이 형성되는데, 이들은 일반적으로 수백 년 동안 낡은 전통에 따라 노동하고 살아갈 수 있기 때문이다. 하지만 자산의 상속 가능성 및 그와 연결된 유산 분배나 장자상속을 통해, 나중에는 특히 농민 소유지를 구입할 수 있게 되고 일반적으로 양도할 수 있게 됨으로써, 장래에 있을 불평등으로 가는 문이 열린다.

그러나 앞에서 자세하게 설명된 과정을 거쳐 벌어지는 전통적 사회질서의 교란은 매우 더디게 진행됐다. 이 작업을 훨씬 급속하고 철저하게 수행하는 다른 역사적 요인들이 작동하고 있으니, 그것은 마르크조합이 그 협소한 한계 내에서 당연히 감당하지 못하는 폭넓은 공적 과제들이다. 우리는 오리엔트의 경작에서 인공 관개가 얼마나 결정적 의미를 지니고 있는지를 이미 보았다. 노동의 이러한 고도의 집약화와 노동생산성의 엄청난 향상은 예를 들어 서양에서 벌어진 비료 사용으로의 이행과는 완전히 다른 효과를 낳게 됐다. 인공 관개시설을 설치하면 처음부터 대규모의 집단 노동과 대규모 운영을 감안하게 된다. 바로 그렇기 때문에, 마르크조합 제도의 품속에서는 이에 적절한 기관을 찾을 수 없어서 마르크조합 위에 군림하는 특수한 기관을 만들어야 했다. 알다시피, 공공 급수 시설의 관리는 성직자 지배와 오리엔트 모든 통치권의 가장 깊은 곳에 있는 뿌리였다. 그러나 서양과 그 밖의 도처에도, 오늘날의 국가조직과 비교하면 단순할지 몰라도 어떤 원시사회에서든 처리돼야만 하는 다양한 공공사업이 존재하며, 이러한 사업은 그 사회가 발전하고 진보함에 따라 증가했고 그렇기 때문에 시간이 지남에 따라 특수한 기관이 필요했다. 도처에서 — 독일에서도 페루에서도, 인도에서도 알제리에서도 — 우리는 원시사회에서 공직이라는 것이 선택되는 것에서 세습되는 것으로 이행하는 경향이 사태가 진행되는 경로임을 확인할 수 있었다.

느낄 수 없게 천천히 진행되는 이러한 변화는 처음에는 아직 꼬뮌주의사회의 토대와의 단절이 아니다. 오히려 공직 세습은, 원시사회의 본질 전체가 그렇듯 여기서도 전통이나 축적된 개인적 경험이 이 직책을 성공적으로 완수하는 것을 가장 잘 보증한다는 상황에서 자연스레 생겨난 것이다. 그러나 시간이 흐름에 따라 이 직책이 일정한 가족 안에서 세습되면서 불가피하게 소규모 토착 귀족을 형성할 수밖에 없게 되며, 이제 그들은 공동체를 위한 봉사자에서 공동체의 지배자가 된다. 특히 자연스레 공권력과 밀착된 분할되지 않은 마르크 땅인 로마인의 공유지Ager publicus는 이들 귀족의 지위를 향상시키는 경제적 토대로 이용됐다. 분할되지 않거나 이용되지 않는 마르크 땅을 훔치는 것은 토착 지배자든 외국 지배자든 농민 대중 위로 날아올라 그들을 정치적으로 예속시키는 자라면 한결같이 써먹는 방식이다. 만약 문제가 되는 민족이 거대한 문명의 흐름으로부터 차단되어 있다면, 원시 귀족은 그 생활방식 전체에서 대중과 거의 구별되지 않을 수도 있으며, 여전히 생산과정에 직접 참여할 수도 있으며, 풍속이라는 일정한 민주적 소박함이 재산의 차이를 드러나지 않게 할 수도 있다. 그리하여 예를 들면 야꾸트인 씨족 귀족은 대중보다 고작 가축 몇 마리를 더 소유하고 있을 뿐이면서도 공공사업에서는 영향력이 더 크다. 그러나 더 높은 수준의 문명화된 민족들과의 접촉과 활기찬 교환이 덧붙여지게 되면, 귀족들이 지닌 특권에 곧바로 더 세련된 생활수단을 쓰는 것과 노동에서 벗어나는 것이 특권으로 더해지며, 사회에서 현실적인 지위의 차별화가 완성된다. 이를 전형적으로 보여 주는 모습이 호메로스 시대 이후의 그리스다.

이렇듯 원시사회 품속의 분업은 빠르게든 천천히든 내부로부터 정치적 평등과 경제적 평등의 파괴를 불가피하게 야기한다. 그러나 공공적 성격의 어떤 사업 하나가 이 과정에서 매우 두드러진 역할을 하며 평화적 성격의 공직자보다 훨씬 힘차게 이 작업을 완수한다. 바로 전쟁 수행이다. 전쟁 수행은 처음에는 사회의 대중 자신의 일이지만, 시간이 지나면서 특히 생산이 진보한 결과로 원시사회의 일정한 집단의 전업이 된다. 사회의 노동과정이 발전하고 규칙적이고 계획적이 될수록, 노동과정은 전쟁 생활에서 오는 불규칙성과 시간 및 힘의 낭비를 점점 더 견딜 수 없게 된다. 수렵과 유랑하는 목축의 경우에는 출정이 때때로 경제제도의 직접적 결과이지만, 경작은 사회 대중의 평화를 사랑하는 마음 및 수동성과 연결되어 있으며 바로 그런 까닭에 경작의 경우에는 방어를 위한 전사라는 특별한 신분이 필요했다. 이렇게 저렇게 전쟁 생활 — 이는 그 자체로 노동생산성의 편협한 한계의 표현일 뿐이다 — 은 모든 원시 종족에서 중요한 역할을 맡게 됐으며, 시간이 지남에 따라 어디서나 새로운 종류의 분업을 가져왔다. 전쟁에서 공을 세워 귀족이 된 사람들 또는 전쟁 지도층이 별도로 분리되는 것은 어디서나 원시사회의 사회적 평등이 견뎌야만 하는 가장 강력한 충격이다. 그래서 우리가 알고 있는 아직도 역사적으로 전승돼 있는 원시사회나 현재에도 존재하는 원시사회 어디에서도, 우리는 모건이 이로쿼이족이라는 적절한 예에서 묘사할 수 있었던 것과 같은 저 평화와 평등의 관계를 거의 발견하지 못하는 것이다. 그와는 반대로 어디에서나 불평등과 착취, 바로 그것이 모든 원시사회의 특징이며, 이는 오리엔트의 지배자 카스트든, 야꾸트인의 씨족 귀족이든, 스코틀랜드 켈트족의 "거대한 가문"이든, 또는 그리스인, 로마인, 민족대이동 당시 전쟁에서 공을 세워 귀족이 된 게르만족이든, 마지막으로 아프리카 흑인 제국의 작은 전제자專制者든 그 무엇이 문제인 때에도 우리가 장기적 해체의 역사의 산물로 마주치게 되는 것과 같다. 예를 들어 포르투갈인들이 19세기 초반에 침입한 룬다 제국 동부의 중남부 아프리카에 있는 유명한 므와타 카젬베의 제국을 관찰해 보면, 여기서 우리는 유럽인들이 거의 발을 디디지도 않은 이곳 아프리카의 심장부에서도 원시 흑인의 사회관계에서 구성원들의 평등과 자유를 더 이상 찾아볼 수 없다. 예를 들어 몬떼이로 소령과 가미또 대위는 무역과 연구를 목적으로 1831년에 삼베지에서 내륙으로 들어가 탐험하고는 상황을 다음과 같이 묘사한다. 처음에 탐험대는 마라비족의 땅[71]에 도착했는데, 그곳에서는 원시적으로 괭이로 밭을 일구고 원추형의 울짱 안에 거주하며 허리에 천 하나만 걸치고 있었다. 몬떼이로와 가미또가 마라비족의 땅을 두루 여행할 당시에 이곳은 '네데'라는 직함을 지닌 전제적 족장의 지배 아래 있었다. 모든 분쟁은 수도인 무젠다에서 그가 판결했으며, 그 결정에는 어떤 이의도 제기할 수 없었다. 형식적으로 족장이 원로들의 자문회의를 소집했지만, 그 회의는 언제나 족장의 견해를 따라야 했다. 마라비족의 땅은 맘보mambo가 통치하는 여러 지방으로 나뉘어 있었고, 그 지방은 다시 푸노funo를 우두머리로 하는 구역으로 나뉘어 있었다. 이런 모든 지위는 세습되는 것이다. "8월 8일, 사람들이 체바[72]의 강력한 족장 무칸다의 관저에 도착했다. 다양한 면직물, 붉은 천, 다양한 보석, 소금, 자패紫貝 따위의 선물을 받은 무칸다는 그 다음 날 검정색 말을 타고 야영지로 왔다. 무칸다는 나이가 60세에서 70세 사이이며 호감 가고 위엄 있는 외모의 남성이었다. 그의 유일한 의복은 엉덩이를 두른 지저분한 천 조각뿐이었다. 그는 대략 두 시간 머물렀고, 떠날 때는 친절하고 거절할 수 없도록 누구에게나 선물을 달라고 청했다. …… 체바에게는 족장의 장례식에 매우 미개한 의전이 따른다. 고인의 부인은 전부 장례식이 모두 준비될 때까지 시체와 함께 움막에 갇혀 있다.

그런 뒤에 운구 행렬이 움직여 …… 지하 묘지로 향하고, 그곳에 도착하면, 고인이 가장 사랑하던 부인과 다른 일곱 명의 부인은 그리로 내려가 다리를 뻗고 앉는다. 이 살아 있는 가장 사랑하던 부인을 천으로 덮고, 그 위에다 시체를 올려놓고, 그런 다음에는 이미 목을 부러뜨린 다른 일곱 명의 부인을 지하 묘지에 밀어 넣는다. 그러면 이제 무덤을 덮게 되고, 이 소름끼치는 의전은 젊은이 둘에게 말뚝을 박는 것으로 끝마치게 되는데, 한 명은 북을 든 채로 무덤의 머리 쪽에, 다른 한 명은 활과 화살을 든 채로 무덤의 발 쪽에 세워 놓는다. 몬떼이로 소령은 체바족 사이에 머무르는 동안 이런 장례식을 목격했다." 탐험대는 이곳으로부터 산을 올라 제국의 중심부로 갔다. 이들 포르투갈인들은 "식료품이 거의 없는 황폐한 고지대에 도착했다. 어디에나 이전에 전쟁으로 황폐화된 흔적이 보였으며, 탐험대는 극도로 위협을 받을 정도로 기근에 시달렸다. 길잡이를 구하려고 다음 지방의 맘보에게 약간의 선물과 함께 전령을 보냈지만, 그렇게 보낸 사람들이 돌아왔을 때 전한 맥없는 소식이란 자신들이 마주친 맘보와 그의 가족은 아사 직전이었으며 촌락에는 그들만 달랑 있었다는 것이었다. …… 제국의 중심부에 근접하기도 전에, 사람들은 그곳에서는 일상적이었던 미개한 사법司法의 견본을 볼 수 있었다. 이러저러한 별것 아닌 죄에 대한 형벌로 귀, 손, 코, 사지 따위가 잘린 젊은 사람들을 드물지 않게 만났다. …… 11월 19일 드디어 수도에 입성하게 됐으며, 거기서 가미또 대위가 탄 당나귀가 적지 않은 소란을 일으켰다. 곧 대략 45분 만에 양쪽을 2~3미터 높이의 울타리로 경계를 친 기다란 길에 도착했는데, 그 울타리는 새끼줄을 엮어 만들었고 매우 규칙적으로 엮어서 마치 벽처럼 보였다. 길 양쪽에서는 짚으로 된 이 벽에 일정한 간격을 두고 작은 문이 열려 있는 것을 볼 수 있었다. 길 끝에는 작은 사각형의 판잣집이 있었는데, 이 판잣집은 서쪽으로만 개방되어 있었으며, 가운데에는 나무를 대충 깎아 만든 70cm 높이의 인간 형상이 목재 기둥뿌리 위에 서 있었다. 개방되어 있는 쪽의 앞에는 해골 300개 이상이 더미로 놓여 있었다. 이곳에서 길은 사각형의 커다란 광장으로 바뀌며, 광장 끝에는 거대한 숲이 있고 숲과 광장은 울타리로만 분리되어 있었다. 광장 바깥쪽에서는, 문 양쪽에 고정시켜 해골 30개를 장식품 삼아 일렬로 정렬해 놓은 것을 보게 됐다. …… 이제 이어서 므와타가 있는 곳에서 접견식이 있었는데, 그는 온갖 미개한 화려함으로 장식하고는 5천에서 6천 명의 남성으로 구성된 병력에 둘러싸인 채 포르투갈인들에게 모습을 나타냈다. 그는 녹색 천으로 덮은 의자에 앉아 있었는데, 그 의자는 표범과 사자의 가죽을 쌓은 더미 위에 놓여 있었다. 그가 머리에 쓰고 있던 것은 50cm 길이의 깃털로 만든 진홍색의 원추형 모자였다. 그의 이마를 휘감고 있던 것은 빛나는 돌로 만든 머리띠였다. 목과 어깨를 덮고 있는 것은 뱀, 사각형의 유리 조각, 가짜 귀금속 따위로 만들어진 일종의 옷깃이었다. 팔마다 모피로 장식한 채 푸른 천으로 만든 넓은 띠가 감겨 있었다. 게다가 팔의 앞부분은 푸른 돌이 달린 끈으로 장식되어 있었다. 하반신을 덮고 있던 천은 노란색 천과 붉은색 천과 파란색 천을 띠를 이용해 감쳐 놓은 것이었다. 발은 팔처럼 파란 보석으로 치장하고 있었다.

다채로운 일곱 개의 양산으로 해를 가린 채 므와타가 그곳에 거만하게 앉아 있었다. 므와타는 홀笏이라도 되는 듯 누 꼬리를 흔들어 대고 있었고, 빗자루를 든 열두 명의 흑인은 성스러운 므와타가 있는 곳과 가까운 바닥에서 먼지와 더러운 것들을 치우는 일에 몰두하고 있었다. 지배자를 둘러싸고 있던 궁정은 다소 복합적이었다. 우선 동물의 뿔로 치장한 흑인의 상반신을 묘사한 40cm 높이의 형상 두 줄이 그의 옥좌를 지키고 있었으며, 형상들의 줄 사이에는 더 작은 형상이 담긴 새장 하나가 있었다. 형상들 앞에는 향이 나는 나뭇잎을 화로에 태우는 흑인 둘이 앉아 있었다. 중요했던 부인 둘이 상석을 차지하고 있었으며, 그중에서도 가장 중요했던 부인은 므와타와 유사한 복장을 하고 있었다. 주변에는 400명을 헤아리는 므와타의 여인들이 모여 있었다. 그렇지만 이 여자들은 허리에 두른 천 말고는 완전히 벌거벗고 있었다. 그 이외에 200명의 검은 피부의 여성이 어떤 명령이라도 각오하고 그곳에 서 있었다. 여성들로 이루어진 사각형 안에는 제국에서 가장 고위직인 킬로로들이 표범 가죽과 사자 가죽 위에 앉아 있었고, 그들 각각은 양산을 들고 므와타와 비슷한 복장을 하고 있었다. 특이하게 생긴 악기로 귀를 먹게 할 만한 소음을 내는 다양한 악대가 참가하고 가죽과 동물의 뿔 복장으로 주변을 맴도는 몇몇 궁중 광대가 더해지면서, 포르투갈인들의 진군을 기다리며 바로 그런 식으로 위엄 있게 채비를 갖추고 있던 카젬베 수행단이 완성됐다. 므와타는 이 종족을 다스리는 절대적 지배자였으며, 그 칭호는 '주인'을 의

미할 뿐이었다. 므와타 밑에는 먼저 킬로로 또는 귀족이 있으며, 이는 다시 두 계급으로 나뉜다. 최상 신분의 귀족에 속하는 사람은 황태자, 므와타의 가장 가까운 친척, 군대의 최고 사령관 따위다. 그러나 이 귀족들의 생명과 재산에 대해서조차 므와타는 무제한으로 마음대로 할 수 있다.

이 폭군이 기분이 별로면, 명령을 제대로 이해하지 못해 다시 묻는 사람의 귀를 곧바로 자르게 했는데, '더 잘 듣도록 가르치기 위해' 그런다는 것이다. 므와타의 재산을 도둑질하면 누구든 두 귀와 두 손이 절단되는 형벌에 처한다. 므와타의 여자들 가운데 누군가와 만나거나 이야기를 나누는 사람은 죽임을 당하거나 사지가 갈가리 찢긴다. 미신을 믿는 이 종족은 지배자를 우러러봐서, 누구든 지배자와 접촉하면 지배자가 지닌 마법의 수단으로 인해 죽지 않을 수 없다고 믿는다. 하지만 그러한 접촉을 언제나 피할 수 있는 것은 아니어서, 이 종족은 이러한 죽음을 막는 수단을 발견해 냈다. 주인을 접촉한 사람이 주인 앞에 무릎을 꿇고 있으면 주인은 무릎을 꿇고 있는 그 사람에게 신비한 방식으로 손바닥을 갖다 대 그 사람을 죽음의 마법에서 구한다는 것이다."* 이것은 모든 원시공동체의 시원적 토대인 평등과 민주주의로부터 매우 멀리 벗어난 사회의 모습이다. 그렇다 해도, 이러한 정치적 전제정치라는 형식 아래서는 마르크조합적 관계, 토지에 대한 공동소유, 공동으로 조직되는 노동

* 『스탠리와 카메론의 아프리카 여행』, 라이프찌히, 1879, 74~80쪽. [리하르트 오베르랜더, 『리빙스톤의 후계자. 스탠리와 카메론이 동쪽에서 서쪽으로 가로질러 두루 여행한 아프리카. 여행자의 일기, 보고서, 기록에 의거하여』, 라이프찌히, 1879년.]

따위가 존속하지 않는다고 확정할 수는 결코 없다. 복장과 알현 과정이 겉보기에 누더기 같다는 것을 가장 정확하게 알아챈 포르투갈인들은 다른 유럽인들처럼 경제관계, 특히 유럽의 사적 소유에 반하는 경제관계에는 눈길도 주지 않았고 관심도 없었으며 평가할 척도도 없었다. 그러나 어쨌든 원시사회의 사회적 불평등과 전제정치는 문명화된 사회에서 지배적이고 또 그 문명사회에 의해 이제 막 원시사회로 이식된 사회적 불평등과 전제정치와는 본질적으로 다른 것이었다. 원시 귀족의 신분 상승, 원시 족장의 전제적 폭력 역시 그 밖의 다른 생활 조건들과 마찬가지로 사회의 자생적 산물이었다. 그런 것들은 사회가 주변의 자연환경과 고유한 사회관계에 대해 무기력하다는 또 다른 표현일 뿐이며, 그 무기력함은 의식儀式을 마술로 행할 때도 모습을 드러내고 전제적 족장이 다수의 자신의 신민과 함께 절반 또는 모두 굶어 죽게 되는 기근이 주기적으로 닥칠 때도 모습을 드러내게 된다. 그렇기 때문에 이러한 귀족 지배와 족장 지배는 그 밖의 물질적 생활 형식 및 정신적 생활 형식과 완벽한 조화를 이루는 상태에 있으며, 이는 원시적 지배자의 정치권력이 언제나 원시적 자연종교나 죽은 자에 대한 의식儀式과 밀접하게 얽혀 있고 또한 그런 것이 정치권력을 떠받치고 있다는 주목할 만한 사실에서 분명해진다. 이러한 관점에서 보자면, 므와타 카젬베는 자신의 믿음과 자기 종족의 확고한 신념에 따르면 강력한 마법사이기 때문에 부인 열넷을 산 채로 무덤에 바치고 신민들의 삶과 죽음을 자신의 종잡을 수 없는 기분에 따라 처분할 수 있는 룬다 흑인이며, 또는 로마미 강 유역의 저 전제적 "카송고 제후" — 40년 후에 영국인 카메론에게, 여성들이 입는 치마를 입고, 원숭이 가죽으로 된 레이스를 달고, 더러운 손수건을 머리에 두르고, 벌거벗은 자신의 딸 둘과 함께, 자신의 귀족들과 백성들 가운데서, 위풍당당하게, 환영의 뜻으로 엉덩이를 껑충대며 춤을 보여 준 — 자체도 칸트, 헬름홀츠, 괴테 등을 낳은 어떤 국민 6천7백만 명 위에 군림하는 "왕권신수설"에 의한 일인 지배보다 훨씬 덜 불합리하고 덜 광적인 현상이다. 아무리 화가 난 적이라 해도 왕권이라는 은혜를 내린 신을 마법사라고 욕할 수는 없을 것이다.

원시꼬뮌주의사회는 그 내부 발전으로 인해 불평등과 전제정치를 형성하게 됐다. 그러나 그로 인해 몰락하지는 않았고, 오히려 수천 년 동안 이러한 본연의 관계 아래에서 유지됐다. 그러나 그러한 사회는 조만간 규칙적으로 외부 정복자의 노획물이 되며, 그 후에는 정도의 차이는 있지만 포괄적인 사회적 재편을 겪는다. 여기서 특히 이슬람이라는 외국의 지배는 역사적으로 중요한데, 왜냐하면 이슬람의 지배는 아시아와 아프리카의 광활한 지역에서 유럽의 지배보다 앞서서 벌어진 일이기 때문이다. 무함마드의 유랑 부족 — 몽골인이든 아라비아인이든 — 이 정복한 땅에서 외국의 지배를 수립하고 고착시킨 모든 곳에서, 헨리 메인과 막씸 꼬발렙스끼가 봉건화라고 특징지은 사회적 과정이 일어났다. 정복자들은 토지를 자신들 소유로 만든 것이 아니라, 공과금 징수와 군사적 지배의 확립이라는 두 가지 목표에 주안점을 두었다. 이 두 목적을 위해 특정한 행정-군사 조직이 이용됐는데, 이에 따르면 땅을 여러 총독의 관할구역으로 나누어 세리이자 군사지휘관인 이슬람 관료들에게 일종의 봉토로 주었다. 또한 경작되지 않는 마르크 땅의 많은 부분은 군인 거류지를 짓는 데 사용됐다. 이러한 제도들은 이슬람의 확장과 더불어 확실히 원시사회의 일반적 생존조건 깊숙이 격변을 가져왔다. 그래도 원시사회의 경제적 조건들은 이로 인해 거의 변하지 않았다. 생산의 토대와 조직은 동일하게 유지됐으며 — 착취와 군사적 억압에도 불구하고 — 수백 년 동안 변하지 않고 지속됐다. 물론 이슬람 지배가 모든 면에서 원주민들의 생활조건에 대해 사려가 깊은 것은 아니었다. 예를 들어, 아프리카 동쪽 해안에 사는 아라비아인들은 잔지바르를 술탄이 지배하던 때부터 수백 년 동안 광대한 흑인노예무역에 종사했으며, 이로 인해 아프리카 내륙에서 본격적으로 노예사냥이 이루어졌고, 흑인 촌락 전체가 인구 감소와 파괴를 겪었고, 자신의 신민이나 정복한 이웃 부족을 아라비아인들에게 판매하는 것이 유혹적인 사업임을 발견한 원주민 족장의 전제 권력은 확대됐다. 하지만 아프리카 사회의 운명에서 이토록 깊숙이 벌어진 관계의 격변은 그에 이어서 유럽이 영향을 미친 결과로서 비로소 완수됐다. 흑인노예무역은 16세기 유럽인들의 발견과 정복 후에야, 유럽인들이 착취하고 있던 아메리카와 아시아의 플랜테이션과 광산을 위해 번성했던 것이다.

따라서 모든 면에서 볼 때 유럽 문명의 침입은 원시적 사회관계에 최초로 치명적인 일이다. 유럽인 정복자들은 원주민을 종속시키고 경제적으로 착취하는 것을 노릴 뿐만 아니라 토지라는 생산수단 자체를 원주민 수중에서 빼앗는 것도 노린 최초의 사람들이었다. 그러나 그럼으로써 유럽 자본주의는 원시적 사회질서에게서 토대를 빼앗아 간다. 모든 억압과 착취보다 더 사악한 것이 생겨나고 있으니, 그것은 완전한 무정부 상태이고 유럽 특유의 현상인 사회적 생존의 불확실성이다. 자신의 생산수단으로부터 분리되어 정복당한 주민은 유럽 자본주의에게는 노동력으로만 간주되며, 자본의 목적에 노동력으로서 쓸모가 있으면 노예 신분으로 빠져 버리고 쓸모가 없으면 박멸된다. 우리는 이런 방식을 에스파냐, 영국, 프랑스 따위의 식민지에서 보았다. 이전의 모든 역사 국면을 견뎌 낸 원시적 사회질서지만 자본주의 침입 앞에서는 항복하게 된다. 원시적 사회질서의 마지막 잔재들은 지상에서 제거되며, 그 기본요소 — 노동력과 생산수단 — 는 자본주의에 흡수된다. 이렇게 원초꼬뮌주의사회는 새로운 발전 전망에 자리를 내주기 위해 도처에서 — 결국은 경제적 진보에 뒤쳐졌기 때문에— 몰락했다. 이러한 발전과 이러한 진보는 계급사회의 악랄한 방식이 오랫동안 대표할 것이며, 그와 같은 상황은 그러한 발전과 진보 또한 뒤처진 것이 되고 잇단 진보에 의해 떠밀릴 때까지 계속될 것이다. 폭력은 여기에서도 경제발전을 돕는 시녀일 뿐이다.

III. [상품생산]

우리가 제기한 과제는 이런 것이다. 한 사회는 공동의 노동, 즉 계획과 조직을 갖춘 노동 없이는 존재할 수 없다. 또한 우리는 모든 시대에 걸쳐 극히 다양한 형태들을 발견했다. — 오늘날의 사회에서는 지배도, 법칙도, 민주주의도, 계획과 조직의 흔적도 발견할 수 없다. — 무정부성이다. 어떻게 자본주의사회가 가능할까?

1.

자본주의 바벨탑의 구조에 대한 실마리를 잡기 위해, 일단 잠시 다시 계획적 노동조직을 갖춘 사회를 상상해 보자. 이 사회는 농업과 공업이 분리됐을 뿐만 아니라 두 산업 내부에서도 각각의 특수한 분야가 특수한 노동자 집단으로 전문화된 매우 발전된 분업을 갖춘 사회일 수 있다.* 따라서 이 사회에는 농부와 산지기, 고기잡이와 정원사, 제화공과 재단사, 철물공과 대장장이, 방적공과 직공 등등이 존재한다. 따라서 사회 전체는 모든 종류의 노동과 생산물을 갖추고 있다. 이들 생산물은 많든 적든 사회의 모든 구성원에게 돌아가는데, 그 이유는 노동이 공동 노동이기 때문이며, 노동이 이러저러한 권위 — 정부의 전제적專制的 법령이든 농노제든 이러저러한 다른 종류의 조직형

* 《로자 룩셈부르크의 여백 메모》 우리는 나중에 이런 가설이 허용되는지 여부와 허용된다면 어디까지 허용되는지를 검토하게 될 것이다.

태든 — 에 의해 나뉘고 처음부터 계획적으로 조직되기 때문이다. 그러나 단순화하기 위해 이 사회를 우리가 이미 인도의 예에서 알게 된 공동소유의 꼬뮌주의 공동체라고 생각하기로 하자. 이 공동체 내부의 분업이 역사적으로 사실에 상응하는 것보다 훨씬 더 진척됐다고 잠시만 가정하기로 하고, 또 공동체 구성원 가운데 일부는 농업에만 전념하는 반면에 다른 종류의 모든 노동은 전문적 수공업자가 맡는다고 가정하기로 하자. 이 공동체의 경제는 우리가 보기에 매우 분명하다. 모든 토지와 모든 생산수단을 공동으로 보유하는 것은 바로 공동체 구성원들 자신이며, 또한 그들의 공동 의지가 각각의 생산물과 관련하여 무엇을, 언제, 얼마나 제작하는지를 결정한다. 그런데 완성된 다량의 생산물 역시 모두에게 속하는 것이므로, 생산물은 필요를 기준으로 하여 모두에게 분배된다. 그러나 이제 이런 상태에 있던 꼬뮌주의 공동체에서 어떤 멋진 아침에 공동소유가 더 이상 존재하지 않고 그로 인해 이 공동체를 규제하던 공동 노동과 공동 의지도 더 이상 존재하지 않는다고 상상해 보자. 물론 일단 도달한 고도로 발전된 분업은 그 자체로 유지된다. 제화공은 골 앞에 앉아 있으며, 제빵공은 빵 만드는 오븐 이외에는 아무 것도 이해하지 못하며, 대장장이는 대장간만 가지고 있어서 망치만 휘두를 줄 아는 등등이라고 하자. 그러나 이전에 이러한 특수한 노동 모두를 하나의 공동 노동으로, 사회적 경제로 묶던 사슬은 끊어져 있다. 이제 각자는 홀로 서 있다. 농부, 제화공, 제빵공, 철물공, 직공 등등인 것이다. 각자는 완전히 자유롭고 독립된 인간이다. 공동체는 각자에게 할 말이 더 이상 없으며,

누구도 각자에게 전체를 위해 노동하라고 명령할 수 없으며, 누구도 다른 각자의 욕구에 마음을 쓰지도 않는다. 하나의 전체였던 공동체는 수천 개의 파편으로 조각난 거울처럼 개별 원자, 개별 입자로 나뉜다. 이제 각각의 사람은 말하자면 떨어져 나간 작은 먼지처럼 공중에 떠다니면서 어떻게 해야 버틸지를 보고 있을지도 모른다. 하룻밤 사이에 이러한 파국이 일어난 공동체는 무엇이 될 것이며, 외톨이가 된 사람들은 다음 날 아침에 무엇을 시작하게 될 것인가? 우선 한 가지는 확실하다. 그들은 다음 날 아침에 우선 — 이전에 했던 것과 정확히 똑같이 노동할 것이다. 왜냐하면 노동 없이는 인간의 욕구가 충족될 수 없는 한 어떠한 인간 사회도 노동해야 하기 때문이다. 사회에 어떠한 변혁과 변화가 일어난다 해도 노동은 잠시도 멈출 수가 없다. 따라서 꼬뮌주의 공동체의 이전의 구성원들은 유대가 끊어져 완전히 외톨이가 된 후에도 우선 계속 노동할 것이며, 게다가 각각의 노동이 이미 전문화됐다고 가정했으므로 각각은 자신의 전공이 됐고 자신이 생산수단을 가지고 있는 노동만 계속할 것이다. 제화공은 장화를 만들 것이고, 제빵공은 빵을 구울 것이고, 직공은 직물을 만들 것이고, 농부는 곡물을 재배할 것이고, 등등이라는 것이다. 그러나 이제 곧바로 어려움이 생긴다. 이 생산자들 각각은 극히 중요하고 직접 필요한 사용 대상을 만들어냈으며, 전문가인 제화공, 제빵공, 대장장이, 직공 각각은 어제만 해도 모두 똑같이 높이 평가되던 유용한 공동체 구성원이었으며 공동체 구성원 없이는 버틸 수 없는 사람이었다. 각각은 전체에서 중요한 자리를 차지하고 있었다. 그러나 이제 전체는 더 이상 존재하지 않으며, 오히려 각각은 자신만을 위해 존재한다. 그러나 어느 누구도 자신만을 위해, 즉 자신의 노동생산물만으로 생활할 수는 없다. 제화공은 자신이 만든 장화를 먹을 수는 없으며, 제빵공은 빵으로 자신의 모든 욕구를 충족시킬 수는 없으며, 농사꾼은 저장고에 아무리 풍부하게 곡물이 있다 해도 가진 것이 곡물뿐이라면 굶주림과 추위에 목숨을 잃을 수 있다. 각각에게는 다양한 욕구가 있지만, 각각은 스스로는 하나의 욕구만 충족시킬 수 있다. 그렇기 때문에 각각에게는 다른 모든 사람의 생산물 일정한 양이 필요하다. 그들은 모두 서로 의존하고 있다. 그러나 알다시피 개별 생산자 사이에 더 이상 관계나 유대가 존재하지 않으니, 사정이 어떻게 되겠는가? 제화공에게는 제빵공의 빵이 간절히 필요하지만, 제화공에게는 이 빵을 조달할 수단이 없으며, 두 사람은 똑같이 자유롭고 독립적인 인간이기 때문에 제화공이 빵을 제공하라며 제빵공을 윽박지를 수도 없다. 제화공이 제빵공의 노동의 열매를 얻으려 한다면, 그런 일은 분명히 상호 호혜에서 기인할 수 있을 뿐이다. 다시 말해 제화공 측에서도 제빵공에게 유용한 생산물을 제공해야 그런 일이 일어날 수 있다. 그런데 제빵공 역시 제화공의 생산물이 필요하며 제화공과 똑같은 상황에 처해 있다. 따라서 상호 호혜의 근거는 주어져 있다. 제화공은 제빵공에게서 빵을 얻기 위해 그에게 장화를 준다. 제화공과 제빵공은 자신들 생산물을 교환하며, 이제 그 둘은 욕구를 충족할 수 있을 것이다. 그리하여 밝혀지는 것은 분업이 고도로 발전되어 있고 생산자들이 서로 완전히 독립되어 있고 생산자들 사이에 어떤 조직도 없는 경우에 모두가 다양한 노동의 생산물을 손에 넣을 수 있게 하는 유일한 길은 교환이라는 사실이다. 제화공, 제빵공, 농부, 방적공, 직공, 철물공 — 이들은 모두 자신의 생산물을 서로 교환하고 그리하여 자신의 모든 방면의 욕구를 충족한다. 이렇게 함으로써, 교환은 산산 조각나고 개별화되어 있고 서로 분리되어 있는 사적 생산자들 사이에 새로운 유대를 만들어 냈다. 노동, 소비, 조각난 공동체의 생활은 다시 시작될 수 있는데, 이는 교환이 사적 생산자 모두에게 다시 서로를 위해 노동할 가능성을 제공했기 때문이며, 다시 말해 교환이 산산 조각난 사적 생산의 형태에서도 사회적 협력과 사회적 생산이 다시 가능하도록 했기 때문이다.

그러나 이것은 사회적 협력의 전혀 새로운 독특한 방식이어서 더 자세히 살펴보아야 한다. 모든 개별 인간은 이제 혼자 힘으로 노동하고, 자기 계산으로 자기 의지와 재량에 따라 생산한다. 이제 개별 인간은 생활하려면 자신에게 필요한 것이 아니라 다른 사람에게 필요한 생산물을 제작해야 한다. 따라서 각자는 다른 사람을 위해 노동한다. 이것 그 자체로는 특별한 것도 아니고 새로운 것도 아니다. 꼬뮌주의 공동체에서도 모두는 서로를 위해 노동했다. 그러나 특별한 점은 이제 각자는 교환할 때만 자신의 생산물을 다른 사람에게 내주고 교환에서만 다른 사람의 생산물을 얻을 수 있다는 사실이다. 이제 각자는 자기에게 필요한 생산물에 도달하려면, 교환하기로 예정된 생산물을 자기 노동으로 제작해야 한다. 제화공은 신발을 계속 생산해야 하는데, 이는 자신에게는 전혀 필요하지 않으며 자신에게는 전혀 쓸모없으며 내던져지는 노동이다. 그에게 신발이 지닌 유용성과 목적은 그가 신발을 자신에게 필요한 다른 생산물과 교환할 수 있다는 점뿐이다. 따라서 제화공은 애초에 교환을 목적으로 장화를 생산하며, 달리 말해 상품으로서의 장화를 생산한다. 이제 각자는 다른 사람에게 필요하고 자신이 그러한 목적을 위해 자신의 노동으로 제작한 생산물을 들고 나타나야만 자신의 욕구를 충족시킬 수 있으며, 달리 말해 다른 사람이 제작한 생산물에 도달할 수 있다. 말하자면, 각자는 그 자신이 상품을 들고 나타나면, 다른 모든 사람의 생산물에서의 자신의 몫, 사회적 생산물에서의 자신의 몫에 도달하게 된다. 손수 교환을 위해 완성한 생산물은 이제 사회적 총생산물의 일정 부분에 대한 청구권이 된다. 이제 사회적 총생산물은 더 이상 꼬뮌주의 공동체에서와 같은 이전의 형태로 존재하지 않는데, 꼬뮌주의 공동체에서 사회적 총생산물은 직접적으로는 양으로, 공동체의 부 전체로 나타나고 그런 다음에야 분배됐던 것이다. 말하자면, 꼬뮌주의 공동체에서는 모두가 공동으로 공동체 계정으로 공동체의 지휘 아래 노동하며, 따라서 생산된 것은 이미 사회적 생산물로서 세상에 나왔다. 그런 다음에야 공동 생산물이 개인들에게 분배되는 일이 이어지고, 그런 다음에야 개별적 공동체 구성원의 사적 소비가 등장한다. 이제는 거꾸로 진행된다. 각자는 개별적인 사적 인간으로서 혼자 힘으로 생산하며, 완성된 생산물들이 함께 총합을 이뤄 사회적 부로 간주될 수 있게 되는 일은 교환에서 비로소 일어난다. 각자의 몫, 곧 사회적 노동에서의 몫과 사회적 부에서의 몫은 이제 그가 자신의 노동으로 완성해 다른 상품과 교환하기 위해 가져온 특별한 상품으로 표현된다. 따라서 이제 사회적 총노동에서의 각자의 몫은 더 이상 그에게 미리 할당된 일정한 양의 노동으로 나타나는 것이 아니라 그가 자신의 자유재량에 따라 제공한 완성된 생산물인 상품으로 나타난다.* 각자는 원하지 않으면 노동할 필요가 조금도 없고 산책만 다닐 수도 있지만, 그가 그랬다는 이유로 어느 누구도 그를 꾸짖거나 처벌할 수는 없다. 노동하지 않는다고 꾸짖거나 처벌하는 것은 꼬뮌주의 공동체에서 반항적인 구성원에게 벌어졌던 일인데, 거기서 건달은 "우두머리 거주민", 곧 공동체의 우두머리에게 심하게 훈계를 받거나 공동체 회합에서 공식적으로 경멸을 당했다. 이제는 각각의 인간은 무제한으로 자유로운 자신의 주인이며, 공동체는 권위로서 존재하지 않는다. 그러나 각각의 인간은 노동하지 않으면 다른 사람들의 노동생산물과의 교환에서 얻을 수 있는 것이 없다. 그러나 다른 한편, 오늘날에는 개인이 열심히 노동한다 해도 자신에게 필요한 생활수단에 다다르는 것이 결코 보장되지 않는다. 왜냐하면 어느 누구도 그 사람에게 생활수단을 주도록 강요당하지 않고 심지어는 그 사람의 생산물에 대가를 치를 때도 강요당하지 않기 때문이다. 교환은 쌍방의 필요가 있음이 드러날 때 성사된다. 만약 공동체에 잠시 동안 장화가 필요하지 않다면, 제화공은 열심히 노동하여 양질의 상품을 제조할 수는 있지만 아무도 그에게서 그 상품

* 《로자 룩셈부르크의 여백 메모》 그러나 각자는 이제 더 이상 전체로서의 공동체가 아니라 개별적인 공동체 구성원과 관계를 맺고 있으며, 공동체의 생산물이 아닌 구성원의 생산물에 대한 수요를 지닌다.

을 인수하고 그 대가로 그에게 빵, 고기 등등을 주지 않을 것이어서 그는 여전히 생활에 가장 필요한 것 없이 지내야 한다. 여기서 다시 공동체 내부의 꼬뮌주의 관계와 비교했을 때의 확연한 차이가 드러난다. 공동체에 제화공이 유지되고 있었던 것은 공동체 안에 일반적으로 장화가 필요했기 때문이다. 제화공이 장화를 얼마나 만들어야 하는지는 이를 담당하는 공동체 관리가 그에게 이야기했으며, 제화공은 말하자면 공동체의 공복, 공동체의 관료로서 일했는데, 누구든 그와 정확히 같은 처지에 있었다. 그런데 공동체에 제화공이 유지되고 있었다면 당연하게도 공동체는 그를 부양했다. 제화공은 다른 누구나 그렇듯이 공동의 부에서 자신의 몫을 얻었고, 이러한 그의 몫은 노동에서의 그의 몫과는 직접적 연관이 없었다. 물론 그는 노동해야 했으며, 그가 부양된 이유는 그가 노동했기 때문이며 공동체의 쓸모 있는 구성원이었기 때문이다. 그러나 바로 이번 달에 그가 제작해야 했던 장화가 많았든 적었든 아니면 때로는 전혀 없었든, 그는 이전과 같은 이유로 자신의 생활수단, 즉 공동체 재산에서 정확하게 자신의 몫을 얻었다. 이제는 제화공은 사람들에게 그의 노동이 필요한 만큼만, 즉 교환에서 다른 사람이 그의 생산물을 취하는 만큼만, 이 다른 사람에 의해 구매되는 만큼만 얻으며, 지체 없이 얻는다. 따라서 누구나 자신이 원하는 방식으로, 자신이 원하는 만큼, 자신이 원하는 분야에서, 닥치는 대로 노동한다. 그가 사회에 필요한 정상적인 것을 생산했다는 점과 그가 실제로 사회적으로 필요한 시간 동안 완수했다는 점을 증명해 주는 유일한 사실은 그의 생산물을 다른 사람이 취한다는 점이다. 따라서 대단히 부지런하고 건실하게 이루어지는 모든 노동에 처음부터 사회적 관점에서 나오는 목적과 가치가 있는 것은 아니다. 교환될 수 있는 생산물에만 가치가 있으며, 교환에서 아무도 취하지 않는 생산물은 제아무리 건실한 것이라 해도 무가치하고 내던져지는 노동이다.

그러므로 이제 누구든 사회적 생산의 열매에 참여하려면, 따라서 사회적 노동에 참여하려면 **상품**을 생산해야 한다. 그러나 그의 노동이 실제로 사회적 필요노동으로 인정된다는 점을 누구도 그에게 이야기해 주지 않으며, 그는 그러한 점을 교환에서 자기 상품을 남이 취한다는 것에서, 그 상품이 교환될 수 있다는 것에서 알게 된다. 따라서 노동에서의 그의 몫과 전체 생산물에서의 그의 몫이 확보되려면 그의 생산물에 사회적 필요노동이라는 도장, 교환가치라는 도장이 찍히는 수밖에 없다.* 그의 생산물이 교환될 수 없다면, 그는 무가치한 생산물을 만든 것이며, 그의 노동은 사회적으로 쓸데없는 것이었다. 그렇다면 그 또한 소일거리 삼아 가죽을 재단하고 날림으로 장화를 만드는 사적인 제화공일 뿐이고, 말하자면 사회 밖에 있는 사적인 제화공이다. 왜냐하면 사회가 그의 생산물에 대해 알려고 하지 않고, 그래서 그 역시 사회의 생산물을 손에 넣을 수 없기 때문이다. 우리 제화공이 오늘 운 좋게도 장화를 교환하여 그 대

---

* 《로자 룩셈부르크의 여백 메모》 사회적 노동 1. 사회 구성원들 서로를 위한 노동의 합계로서의 사회적 노동, 2. 모든 개별 구성원의 생산물 자체가 많은 것(원료, 도구)의 협력의 결과라는, 심지어 사회 전체의 협력의 결과라는 의미에서의 사회적 노동. 이러한 두 경우에서 사회적 성격은 교환을 통해 매개된다. 꼬뮌주의 공동체에서의 지식, 부역경제에서의 지식, 오늘날의 지식.

가로 식료품을 얻는다면, 그는 배를 채우고 옷을 입을 뿐만 아니라 집으로 돌아가며 우쭐대기도 한다. 자기가 사회의 쓸모 있는 구성원으로 인정됐고 자기 노동이 필요한 노동으로 인정됐기 때문이다. 그러나 아무도 그의 장화를 인수하려 하지 않아서 다시 장화를 들고 돌아가게 된다면, 수프도 없이 지내야 하기 때문에 그가 우울할 만한 근거는 충분하다. 그와 동시에 차가운 침묵을 통해서이긴 할지라도 사람들은 그에게 이렇게 말한 셈이기 때문에도 우울하다. '여보게, 사회에는 자네가 필요 없고, 자네의 노동은 전혀 필요한 것이 아니니, 자네는 평온하게 목매달아 죽어도 되는 쓸데없는 인간이라네.' 우리 제화공을 사회와 접속해 주는 것은 매번 이처럼 몇 켤레의 교환 가능한 장화, 일반적으로 말하면 교환가치다. 그런데 제빵공, 직공, 농부도 우리 제화공이 처한 것과 똑같은 처지다. — 모두가 그렇다는 것이다.* 제화공을 때로는 인정했다가 때로는 업신여기고 싸늘하게 쫓아내는 사회라는 것은 서로 교환하기 위해 노동하는 개별 상품생산자들 모두의 합계일 뿐이다. 이러한 방식으로 이루어진 사회적 노동 및 사회적 생산물의 합계라는 것은 이전의 꼬뮌주의 공동체 경제에서 그랬던 것과는 달리 개별 구성원의 모든 노동 및 생산물의 합계와 전혀 같지가 않다. 왜냐하면 지금은 누구든 열심히 노동할 수는 있어도 그 생산물은 교환에서 인

* 《로자 룩셈부르크의 여백 메모》 주의하라. 어떤 조직된 사회 안에 있는 과잉생산된 교환할 수 없는 상품과 소비할 수 없는 재고: 상업 공동체(인도의 쌀), 노예경제, 부역경제(중세의 수도원). 차이: 전자의 사회적이지 않은 노동, 후자의 제대로 된 사회적 노동. "수요"와의 관계 (한편으로는 계산할 수 없는 수요와 다른 한편으로는 판매할 수 없는 상품의 과잉생산), 사회주의사회에서의 과잉생산.

수자를 찾을 수 없다면 내던져지고 전혀 계산되지 않기 때문이다. 교환만이 어떤 종류의 노동과 어떤 종류의 생산물이 필요했었는지를, 따라서 사회적으로 계산됐는지를 결정한다. 이는 마치 모두가 일단은 집에서 아무 생각 없이 닥치는 대로 노동하고 난 다음에 완성된 사적 생산물들을 어떤 장소에 끌어 모으고 거기서 사태를 확인한 다음에 비로소 도장을 찍는 것과 마찬가지다. 이러이러한 노동은 사회적 필요노동이었기에 교환에서 받아들여지고, 저러저러한 노동은 필요노동이 아니었고 따라서 아무것도 아닌 헛된 것이라는 식이다. 이 도장이 말하는 것은 이러이러한 것에는 가치가 있고, 저러저러한 것은 무가치하여 관련자의 사적 위안이나 사적 곤경에 머물 뿐이라는 것이다.

다양한 세목을 요약하면, 어떤 다른 어떤 간섭이나 규제가 없다면 상품교환이라는 단순한 사실을 통해 아래와 같은 세 가지 중요한 관계가 결정된다는 것이 밝혀진다.

1. 사회적 노동에서의 사회 구성원 각자의 몫. 이 몫은 종류에서나 양에서나 이제 더 이상 처음부터 공동체가 각자에게 할당하지 않고, 오로지 완성된 생산물 상태에서 사후적으로 받아들여지게 되거나 받아들여지지 않게 된다. 이전에는 우리 제화공이 제작한 장화 한 켤레는 직접적이고도 사전에, 즉 골에서 만들어 지고 있을 때 이미 사회적 노동이었다. 이제는 그 장화는 처음에는 누구와도 관련이 없었던 사적 노동이다. 그런 다음에 장화는 비로소 교환시장에서 확인을 거치는데, 교환에서 누군가가 취하는 한에서만 장화에 사용된 제화공의 노동이 사회적 노동으로 인정된다. 그렇지 않은 노동은 제화공의 사적 노동으

로 남게 되며 무가치한 것이다.

2. 사회적 부에서의 구성원 각자의 몫. 제화공은 이전에는 공동체에서 완성된 생산물에서 자신의 배당분을 분배를 통해 얻었다. 그 배당분은 다음과 같이 할당됐다. 첫째는 일반적 부유함에 따라, 곧 그때그때의 공동체의 재산 수준에 따라, 둘째는 구성원의 필요에 따라. 가족 수가 많은 가족이 가족 수가 적은 가족보다 많이 얻어야 했다. 민족대이동 시대에 유럽으로 와서 로마제국의 잔해 위에 정착한 게르만족 사이에 정복한 땅을 분배할 때에도 가족의 규모가 일정한 역할을 했다. 1880년대에도 여전히 이곳저곳에서 공동소유지를 재분할하던 러시아의 공동체는 그럴 때 머리 수, 즉 각 가정의 "입"의 수를 고려했다. 교환이 일반적으로 지배하는 경우에는 사회 구성원의 요구와 부에서의 그의 몫 사이의 모든 관계는 없어지며, 이 몫과 사회의 전체 부의 크기 사이의 모든 관계도 없어진다. 이제는 각각의 구성원이 상품시장에 내놓은 생산물만이 사회적 부에서의 그의 몫을 정할 때 결정적이며, 또한 그 생산물이 교환에서 사회적으로 필요한 것으로 받아들여지는 한에서만 그의 몫이 정해진다.

3. 마지막으로 교환의 메커니즘 자체에 의해 사회적 분업도 규제된다. 이전에는 공동체에 얼마나 많은 일꾼이 필요한지, 얼마나 많은 제화공, 제빵공, 철물공, 대장장이 등등이 필요한지를 공동체가 결정했다. 개별 업종 사이에 적절한 비율을 정하고 필요한 모든 노동 분야가 돌아가도록 돌보는 것은 공동체의 책임이자 공동체가 선출한 관료들의 책임이었다. 분명히 관료들은 어떤 촌락공동체의 대표자들이 사형이 선고된 철물공을 석

방하고 그 대신에 촌락에 대장장이가 둘이니 차라리 그 가운데 하나를 목매달라고 요청했던 유명한 사례를 알고 있다. 그 사례는 공동체에서 있었던 적절한 분업에 대한 공적 배려의 탁월한 예다. (덧붙여 말하자면, 우리는 중세의 샤를마뉴가 자신의 영지에 필요한 수공업자의 종류와 수를 얼마나 분명하게 지정했는지를 보았다. 또한 우리는 중세 도시들에서 길드 규정이 개별 업종이 적절한 비율로 돌아가도록 배려를 쏟으면서 모자란 수공업자를 외부에서 도시로 불러들였다는 것을 보았다.[73]) 자유롭고 무제한적인 교환이 일어나는 경우라면 이런 문제는 교환 자체가 규제한다. 이제 어느 누구도 우리 제화공에게 구두를 만들어 달라고 청하지 않는다고 하자. 본인이 원한다면 제화공은 비눗방울을 생산하거나 종이로 용 모양의 연을 생산할 수도 있다. 또한 본인 마음에 든다면 장화 제작 대신에 방적, 방직 아니면 금세공 기술로 이전할 수도 있다. 아무도 그에게 사회에 그가 일반적으로 필요하다고, 사회에 그가 제화공으로서 특별히 필요하다고 말하지 않는다. 물론 사회에는 일반적으로 신발류가 필요하다. 그러나 얼마나 많은 제화공이 이 욕구를 충족시킬 수 있는지를 이제 누구도 정하지 않는다. 따라서 그 제화공이 필요한지, 오히려 모자란 것은 직공이나 대장장이가 아닌지, 아무도 우리 제화공에게 말하지 않는다. 그러나 누구도 그에게 말하지 않는 것을 그는 다시 상품시장에서 배워 알게 될 뿐이다. 그의 신발이 교환에서 누군가에게 취해진다면, 그는 사회에 자신이 제화공으로 필요하다는 것을 알게 된다. 그리고 그 반대라면 반대의 것을 알게 된다. 그는 최고의 상품을 제작할 수 있지만, 다른 제화공이 욕구를 충분히 충족시켰다면 그의 상품은 쓸데없는 것이다. 이런 일이 반복되면, 그는 이 업종의 생업을 그만두어야 한다. 수가 넘쳐난 제화공은 대략 동물의 몸에서 쓸데없는 물질이 잘려 나가는 것과 동일한 기계적인 방식으로 사회에서 잘려 나간다. 그의 노동이 사회적 노동으로 받아들여지지 않으므로, 그 역시 사양길에 들어선다. 자신을 위한 생존조건인 다른 사람을 위해 교환 가능한 생산물을 생산하라는 바로 이 강요로 인해, 우리의 퇴출된 제화공은 결국 다른 업종으로, 즉 욕구는 강력하지만 아직 충족되지 않은 업종, 말하자면 직물업이나 화물 운송업으로 가게 될 것이며, 그러면 거기서는 노동력 부족분이 채워진다. 그러나 이런 식으로, 업종들 사이에 올바른 비율이 유지될 뿐만 아니라 업종 자체가 사라지고 새로 만들어지기도 한다. 사회에서 어떤 욕구가 멈추거나 다른 생산물에 의해 이제까지보다 그 욕구가 더 잘 충족된다면, 이는 이전의 꼬뮌주의 공동체에서처럼 구성원들이 결정한 어떤 것이 아니며, 그런 일이 생기면 노동하는 사람들은 그에 맞게 어떤 업종에서 밀려나 다른 직종을 향해 간다. 이런 일은 낡아빠진 생산물은 교환될 수 없다는 점으로만 나타난다. 17세기에도 가발을 만드는 일은 어떤 도시에서도 없어서는 안 될 수공업이었다. 하지만 유행이 바뀌어 사람들이 가발 쓰기를 멈춘 후, 이 업종은 그저 가발을 팔 수 없어서 자연사했다. 현대 도시에 하수 시설이 확장되고 주택마다 기계적으로 물을 공급하는 수도관이 확장되면서, 물 나르는 사람, 즉 빈에서는 바써러Wasserer라 부르던 사람이 점차 사라지고 있다. 이제 반대되는 경우를 가정해 보자. 사회가 그의 상품을 체계적으로 뿌리치고 있어서 자신이 사회적으로 필요하지 않다는 느낌을 명확하게 받은 우리 제화공이 그럼에도 불구하고 자신은 인류에 없어서는 안 될 일원이라 생각하고 끝까지 살겠노라 생각하고 있다고 가정해 보자. 살기 위해서는 그는, 우리가 알고 있고 그가 아는 것처럼, 상품을 생산해야 한다. 그리고 이제 그가 전혀 새로운 생산물, 말하자면 수염을 장식하는 끈이나 신비로운 구두약을 발명했다고 해 보자. 이렇게 함으로써 그는 사회적으로 필요한 노동 분야를 새로이 만들어 낸 것인가, 아니면 많은 대단한 발명 천재가 그랬듯이 인정받지 못한 채로 남을 것인가? 이 또한 누구도 그에게 말하지 않으며 그는 이를 상품시장에서만 배워 알게 된다. 그의 새로운 생산물이 지속적으로 교환에서 남에게 취해진다면, 이 새로운 생산 분야는 사회적으로 필요한 것으로 인정받은 것이며, 사회적 분업은 새로운 확대를 경험한 것이다.*

여러분이 보시다시피, 꼬뮌주의 통치와 공동소유가 붕괴한 후, 경제생활에서의 그 어떤 권위와 노동에서의 그 어떤 조직과 계획과 개별 구성원들 사이의 그 어떤 유대도 사라진 후, 여느 때와는 다른 날 아침에 일단은 완전히 희망이 없는 듯이 보였던 이러한 파국이 있은 후, 우리 공동체는 점차적으로 다시 일정한 연관과 일정한 질서가 생겨나게 하고 있으며, 게다가 완전히 기계적인 방식으로 그렇게 하고 있다. 개별 구성원들 사이에 어떤 소통도 없이, 어떤 꽤 높은 권력의 개입도 없이, 개별화된 파

* 《로자 룩셈부르크의 여백 메모》 면화는 19세기에 아마포를 몰아냈다.

편들은 그르든 옳든 짜 맞춰져 전체가 된다. 이제 교환 자체가 펌프장처럼 기계적으로 경제 전체를 규제한다. 교환이 개별 생산자 사이에 유대를 창조하며, 교환이 개별 생산자들을 노동하지 않으면 안 되게 만들며, 교환이 분업을 규제하며, 교환이 생산자들의 부와 부의 분배를 결정한다. 교환이 사회를 통치한다. 물론 교환은 이제 막 우리 앞에 형성된 다소 기이한 질서다. 이제 사회는 이전에 꼬뮌주의 공동체의 통치 아래 있던 것과는 전혀 다르게 보인다. 그때는 사회는 꽉 짜인 전체였으며, 구성원들이 자라서 서로 하나가 되고 끈끈하게 연대하는 일종의 대가족이었고, 견고한 유기체, 심지어는 화석화됐고 상당히 꼼짝달싹하지 않으며 경직된 유기체이기조차 했다. 이제 그 유기체는 매우 느슨한 구조물이며, 그 구조물 안에서 개별 구성원들은 번번이 와해됐다가 다시 묶인다. 사실 우리가 보았듯이, 노동해야 한다는 것도, 어떤 것을 만들려고 노동해야 하는지 그리고 얼마나 노동해야 하는지 대해서도 아무도 우리 제화공에게 말하지 않는다. 다른 한편, 그에게 생활수단이 필요한지, 어떤 것이 필요한지, 얼마나 필요한지에 대해 아무도 그에게 묻지 않는다. 아무도 그에게 마음을 쓰지 않으며, 그는 사회를 위해 존재하지 않는다. 그는 자신의 존재를 상품시장에 자기 노동의 생산물을 들고 나타남으로써 사회에 알린다. 그의 상품이 인정되면 그의 존재는 인정된다. 그의 노동은 사회에 필요한 것이 되며, 따라서 그는 사회의 노동하는 구성원으로 인정되는데, 단 그의 장화가 교환에서 취해지는 한에서만 그렇다. 그는 자신의 장화가 상품으로 간주되는 한에서만 사회적 부에서 생활수단을 얻는다.

따라서 그는 사적 인간으로서는 사회 구성원이 아니며, 그와 마찬가지로 그의 노동은 사적 노동으로서는 아직 사회적 노동이 아니다. 그는 교환 가능한 생산물, 즉 상품을 완성시키는 한에서만, 그리고 그것을 소유하고 매각할 수 있는 한에서만 비로소 사회 구성원이 된다. 장화 한 켤레가 교환될 때마다 그는 사회 구성원이 되며, 장화 한 켤레가 판매되지 않을 때마다 그는 다시 사회에서 배제된다. 따라서 제화공은 그 자체로는, 인간으로서는 사회와 결합되어 있지 않으며, 그의 장화가 비로소 그를 사회와 접속하며, 그것도 장화에 교환가치가 있는 한에서, 장화가 상품으로 판매될 수 있는 한에서 그렇다. 따라서 이는 지속적 접속이 아니라 언제나 갱신되고 언제나 다시 풀어지는 접속이다. 그러나 우리 제화공 이외에 다른 모든 상품생산자도 동일한 처지에 있다. 그런데 사회에는 상품생산자 말고는 그 누구도 존재하지 않는데, 왜냐하면 생활하기 위한 수단을 교환에서만 얻을 수 있기 때문이다. 따라서 생활을 위한 수단을 손에 넣으려면 누구든 상품을 들고 나타나야 한다. 상품을 생산한다는 것이 생활 조건이며, 이러한 상황에서 생기는 사회상태에서는 모든 인간이 완전히 떨어져 있는 개인으로 개별적 생존을 영위하며, 그 개인은 서로를 위해 존재하는 것이 아니라 오로지 자기 상품을 통해서만 간헐적으로나마 전체와 계속 접속되거나 아니면 이 접속에서 다시 차단되게 된다. 이는 매우 느슨하고 유동적인 사회이며, 개별 성원들의 끝없는 소용돌이 안에 잡혀 있는 사회다.

우리는 계획적인 경제의 철폐와 교환의 도입이 인간의 사회관계에 하나의 완전한 변혁을 가져왔고 그 변혁이 사회를 철두철미하게 바꾸어 놓았다는 사실을 보고 있다.

2.

그러나 사회 구성원들 사이의 유일한 경제적 연결 고리인 교환에는 큰 어려움이 있으며, 더 이상은 지금까지 가정했던 것처럼 순조롭게 진행되지 않는다. 상황을 더 자세히 살펴보자.

우리의 개별 생산자 둘 사이의 교환만, 곧 제화공과 제빵공 사이의 교환만 고찰하는 한에서는 상황은 매우 간단하다. 제화공은 장화만으로는 살 수 없고, 그에게는 빵이 필요하다. 제빵공은 이미 성스러운 책이 말했듯이 빵만으로는 살 수 없고, 하느님 말씀에는 나와 있진 않지만 그에게는 장화가 필요하다. 이 경우에는 완벽한 상호 호혜가 존재하기 때문에 교환은 원만하게 이루어진다. 빵은 빵이 필요하지 않은 제빵공의 수중에서 제화공의 수중으로 이동하며, 장화는 제화 작업장에서 빵집으로 이동한다. 두 사람은 욕구를 충족하고, 두 사적 노동은 사회적 필요노동임이 입증된다. 그러나 이러한 상황이 제화공과 제빵공 사이에서만 일어나는 것이 아니라 사회의 모든 구성원 사이에서, 곧 모든 상품생산자들 사이에서 한꺼번에 일어난다고 가정해 보자. 그런데 우리가 이렇게 가정하는 것은 정당하며, 더욱이 필요하기까지 하다. 왜냐하면 사회의 모든 구성원은 살아야 하며 다양한 종류의 욕구를 충족해야 하기 때문이다. 사회의 생산은 — 앞서 언급했듯이 — 소비가 잠시도 멈추지 않기 때문에 잠시도 멈출 수 없다. 이제 추가해야 할 것이 있으니, 그것은 이제는 생산이 개별적으로 독립된 사적 노동으로 조각나 있고 그 가운데 어떤 사적 노동도 홀로 사람들을 충족시킬 수 없으므로 — 사회의 소비가 멈추지 않으려면 — 교환 또한 잠시도 멈출 수 없다는 것이다. 따라서 모두는 자신의 모든 생산물을 지속적으로 교환한다. 이런 일은 어떻게 이루어지는가? 우리의 예로 돌아가기로 하자. 제화공에게는 제빵공의 생산물만 필요한 것이 아니며 그는 일정한 양의 다른 모든 상품도 가졌으면 한다. 그에게는 빵 말고도 푸줏간 주인의 고기, 재단사의 바지, 아마포 직조공의 셔츠 천, 모자 제조공의 실크 모자 등등이 필요하다. 그는 이 모든 상품을 교환을 통해서만 얻을 수 있지만, 그로 보자면 그 대가로 제공할 수 있는 것은 언제나 장화뿐이다. 이렇듯 제화공에게는 자신이 생활하는 데 필요한 모든 생산물이 일단은 장화의 형태를 지닌다. 빵이 필요하면 우선 장화 한 켤레를 만들고, 셔츠가 필요하면 장화를 만들고, 모자나 담배를 원하면 언제나 우선 장화를 만든다. 그에게는 개인적인 일이지만, 그의 특수한 노동에서는 그가 손에 넣을 수 있는 모든 사회적 부가 장화의 형태를 취한다. 상품시장에서의 교환을 통해 비로소 그의 노동은 장화라는 좁은 형태에서 그에게 필요한 생활수단이라는 다양한 형태로 변할 수 있다. 그러나 이러한 변화가 실제로 이루어지려면, 곧 제화공이 온갖 생활의 기쁨을 기대하며 근면하게 행한 많은 노동이 장화라는 형태에 묶여 있지 않으려면, 우리가 이미 알고 있는 다음과 같은 중요한 조건이 필요하다. 제화공에게 필요한 노동생산물을 만든 다른 모든 생산자에게도 제화공의 장화가 필요해서 그들이 교환에서 장화를 취하려 해야 한다는 것이 그것이다. 제화공은 자신의 생산물인 장화가 다른 모든 생산자들이 탐하는 상품일 경우에만 다른 상품들을 얻었다. 제화공의 장화가 언제나 누구나 탐하는 상품, 따라서 무제한적으로 탐하는 상품이라면, 그는 다른 모든 상품 가운데서 자신의 노동으로 교환할 수 있는 만큼의 상품을 언제나 얻었다. 제화공만 보아도 이미 알 수 있듯이, 자기의 특별한 상품이 인류에게 절대적이고 무제한적으로 필수불가결하리라 믿는다는 것은 상당히 주제넘은 짓이며 근거 없는 낙관주의임이 분명할 것이다. 그런데 다른 모든 개별 생산자들, 즉 제빵공, 철물공, 직공, 푸줏간 주인, 모자 만드는 사람, 농민 등등도 제화공과 똑같은 상태에 처하게 되면서 사태는 더 악화된다. 이들 각각은 다양한 생산물을 탐하여 이들에게는 다양한 생산물이 필요하지만, 그들로 보자면 대가로 제공할 수 있는 생산물은 하나뿐이다. 각자는 자신의 특수한 상품을 사회에서 언제나 누구나 탐하여 교환에서 취하려 한다면 자신의 욕구를 충족할 수 있을 것이다. 잠시만 숙고해 본다면 이러한 일이 순전히 불가능한 것일 뿐임을 알게 될 것이다. 누구나 언제나 똑같이 모든 생산물을 탐할 수는 없다. 누구나 언제나, 따라서 무제한으로 장화와 빵과 옷과 철물과 실과 셔츠와 모자와 수염을 장식하는 끈 등등의 구매자일 수는 없다. 그러나 사정이 이렇다면 모든 생산물들이 언제나 모든 다른 생산물과 교환될 수는 없다. 그런데 지속적이고 전면적인 관계로서의 교환이라는 것이 불가능하다면, 사회의 모든 욕구가 충족되는 것은 불가능하며, 사회에 전면적인 노동이 이루어지는 것이 불가능하며, 사회의 존립은 불가능하다. 그리고 우리는 다시 궁지에 빠지게 되고, 우리가 제기한 과제, 즉 어떤 공동의 노동계획, 조직, 유대도 없는 개별화되어 있고 분산된 사적 생산자들로부터 어떻게 사회적 협동과 하나의 경제가 생겨나는가를 설명한다는 과제를 해결할 수 없게 된다. 교환은 비록 방식이 기이하긴 하지만 이 모든 것을 조절할 수 있는 수단임이 입증됐다. 그러나 그러려면 우선 교환이 도대체 규칙적 메커니즘으로 기능할 수 있게 되는 일이 벌어져야 한다. 그러나 이제 우리는 교환 자체에서 첫 걸음부터 이미 어려움을 발견하는데, 도대체 어떻게 교환이 전면적이고 지속적인 일로 진척될 수 있는지를 전혀 알아내지 못한다는 것이다.

그런데 이 어려움을 극복하고 사회적 교환을 가능하게 하는 수단이 발견됐다. 그 수단을 발견한 사람은 콜럼버스가 아니며, 사회적 경험과 습관이 부지불식으로 교환 자체에서 그 수단을 발견한 것이며, 또는 사람들 말마따나 "생활" 자체가 그 과제를 해결한 것이다. 일반적으로 사회생활은 어려움을 만들어 내는 동시에 그 어려움을 해결할 수단도 만들어 내는 것처럼 말이다.[74] 모든 상품이 모두에게 언제든, 말하자면 무제한으로 갈망되는 것은 물론 불가능하다. 그러나 언제든 그리고 어떤 사회에든, 누구에게나 생존의 근간으로서 중요하고 필요하고 유용하기 때문에 언제든 탐하는 어떤 상품은 있었다. 물론 그런 상품이 꼭 장화였을 수는 거의 없는데, 인류가 그렇게 객쩍지는 않기 때문이다. 그러나 그런 생산물이 예를 들어 가축일 수는 있었다. 사람은 장화만으로는 살아갈 수 없고, 옷, 모자, 곡식 따위만으로도 살아갈 수 없다. 그러나 가축은 경제의 토대로서 어쨌든 사회의 생존을 보장한다. 가축은 고기, 우유, 가죽, 노동력 등등을 제공한다. 게다가 수많은 유랑 부족에게는 부 일반 전체가 가축 무리다. 아프리카 흑인 종족들은 거의 목축만으로 아직도 살고 있거나 최소한 얼마 전까지도 목축만으로 살았다. 이제 우리의 공동체에서 사람들이 부 가운데 가축을 매우 탐한다고, 말하자면 가축이 사람들이 탐하는 유일한 것은 아닐지라도 사회에서 생산되는 다른 많은 생산물 가운데 사람들이 우선시하는 것이라고 가정해 보자. 목축업자는 여기서 마치 제화공이 장화생산에, 직공이 아마포 생산에, 기타 등등의 사람이 기타 등등의 생산에 자신의 사적 노동을 쓰는 것처럼 자신의 사적 노동을 가축 생산에 쓴다. 우리의 가정에 따르면, 목축업자의 생산물은 가장 불가피하고 가장 중요하게 보이기 때문에 그것만이 다른 모든 생산물에 비해 일반적으로 무제한적으로 인기를 누린다. 따라서 가축은 누구에게나 환영 받을 치부의 방법이다. 우리 사회에서는 교환을 통하지 않고서는 무엇도, 그리고 누구도 다른 것을 얻지 못하는 상태이므로, 사람들이 매우 탐하는 가축을 목축업자로부터 제공받으려면 목축업자가 다른 노동생산물과 교환해야만 한다는 것은 분명하다. 그런데 우리가 가정하고 있듯이 누구든 기꺼이 가축을 가지려 하며, 이는 가축을 얻기 위해 누구든 언제든 자신의 생산물을 기꺼이 넘기려 한다는 것을 뜻한다. 따라서 가축으로는 거꾸로 언제든 어떤 종류의 생산물도 가질 수 있다. 따라서 가축을 가진 사람은 선택만 하면 되는데, 왜냐하면 모든 것을 마음대로 할 수 있기 때문이다. 그리고 바로 이러한 이유로, 누구도 자신의 특별한 노동생산물을 가축이 아닌 다른 노동생산물과는 더 이상 교환하려 하지 않을 것이다. 가축으로는 언제든 모든 것을 얻을 수 있으므로, 가축을 가지고 있다면 모든 것을 가지고 있는 셈이기 때문이다. 시간이 조금 흐른 뒤에 이러한 사실이 일반적으로 분명해지고 또한 습관이 되면, 가축은 점차적으로 일반적 상품, 말하자면 유일하게 무제한적이며 일반적으로 탐하는 교환 가능한 상품이 된다. 그리고 이러한 일반적 상품으로서 이제 가축은 모든 다른 특수한 상품 사이의 교환을 매개한다. 제화공은 이제 자신의 장화를 내주고 제빵공에게서 직접 빵을 취하는 것이 아니라 가축을 취한다. 가축으로는 빵이나 가능한 모든 것을 원할 때 구매할 수 있기 때문이다. 이제 제빵공도 장화를 사며 제화공에게 가축으로 지불할 수 있는데, 왜냐하면 제빵공도 자기 자신의 생산물인 빵을 내주고 다른 사람들로부터, 즉 철물공, 목축업자, 푸줏간 주인으로부터 가축을 얻어 놓았기 때문이다. 어느 누구도 자기 자신의 생산물을 내주고 다른 생산자들로부터 가축을 취하고, 다른 사람의 생산물을 가지려 할 때는 다시 바로 그 가축으로 지불한다. 이렇듯 가축은 한 사람의 수중에서 다른 사람의 수중으로 가며, 모든 교환을 매개하여, 개별 상품생산자들 사이의 정신적 유대가 된다. (그리고 가축이 물물교환의 매개자로서 한 사람의 수중에서 다른 사람의 수중으로 점점 더 많이, 점점 더 자주 이전되면 될수록, 가축의 일반적이고 무제한적인 인기는 더욱 견고해지며, 가축은 더욱 언제든 탐하는 유일한 교환 가능한 상품, 즉 일반적 상품이 된다.)

앞서 보았던 것처럼, 공동의 노동계획 없는 분산되어 있는 사적 생산자들의 사회에서는 어떠한 노동생산물도 일단은 사적 노동이다. 이 노동이 사회적으로 필요했는지, 따라서 이 노동의 생산물에 가치가 있어서 그 노동자에게 전체 생산물 가운데서 몫을 보증하는지, 오히려 이 노동이 내던져진 노동은 아니었는지, 이를 보여 주는 유일한 사실은 이 생산물을 누군가 교환에서 취하는가 아닌가다. 그런데 이제 모든 생산물은 가축하고만 교환된다. 따라서 이제 생산물은 가축과 교환되는 경우에만 사회적으로 필요한 것으로 간주된다. 이제는 가축과의 교환 가능성, 가축과의 등가가 비로소 모든 사적 생산물에게 사회적 필요노동이라는 도장을 찍는다. 더 나아가 우리가 보았던 것처럼, 상품교환을 통해 비로소, 상품교환을 통해서만, 개별화되어 있고 고립된 사적 인간에게 사회 구성원이라는 도장이 찍힌다. 이제는 더 정확히, 가축과의 교환을 통해 그렇게 된다고 말해야 한다. 가축은 이제 사회적 노동이 체화된 것으로 간주되며, 그럼으로써 이제 가축이 사람들 사이의 유일한 사회적 유대다.

여기서 분명 여러분은 내심으로 이제 우리가 잘못된 길로 빠졌다고 느끼게 될 것이다. 아직까지는 그래도 모든 것이 어느 정도 이해할 만한 것이었고 귀담을 만한 것이었다. 그러나 결론으로 말한 것, 즉 일반적 상품으로서의 이러한 가축, 사회적 노동이 체화된 것으로서의 가축, 게다가 인간 사회의 유일한 유대로서의 가축 — 이런 것은 참으로 터무니없는 환상, 더욱이 인류를 모욕하는 환상 아닌가! 하지만 여러분이 뭔가 이와 비슷하게 생각한다고 해서 모욕당한다고 느낄 까닭은 전혀 없다. 왜냐하면 여러분이 불쌍한 가축을 그토록 하찮게 보며 여러분이 가축보다 우월하다고 본다 해도, 어쨌든 분명한 것은 예를 들면 땅에서 집어든 흙덩어리나 조약돌이나 쇳조각보다는 그 가축이 인간과 훨씬 가까우며 생김새도 비할 바 없이 인간과 비슷하다는 것은 분명하기 때문이다. 여러분은 인간들 사이의 살아 있는 사회적 유대를 표현하는 데에는 죽은 금속 덩어리보다는 오히려 가축이 이미 더 잘 어울렸다는 점을 인정해야 한다. 하지만 인류는 그런 일을 하는 데 바로 금속이 우수하다고 보았다. 왜냐하면 앞에서 묘사한 교환에서의 가축의 의미와 역할이란 곧 화폐일 뿐이기 때문이다. 그런데 여러분이 화폐라는 것을 주조된 금 조각 또는 은 조각이나 심지어는 종이로 된 은행권의 형태가 아닌 다른 것으로는 전혀 표상할 수 없다면, 그리고 여러분이 이 금속화폐나 지폐가 인간들 사이의 거래의 일반적 매개자로서, 사회적 권력으로서 무언가 독립적인 것임을 발견하게 되면서 가축에게 그러한 역할을 부여한 나의 설명이 터무니없는 것임을 발견하게 된다면, 이는 여러분의 머릿속에 오늘날 자본주의 세계의 표상이 얼마나 많이 채워져 있는가를 증명할 뿐이다.* 아직 어느 정도는 이성적으로 보이는 사회관계의 모습이 여러분에게는 완전히 말도 안 되는 것으로 여겨지며, 완전히 터무니없는 것이 여러분에게는 자명한 것으로 나타난다. 사실 가축의 자태를 한 화폐에는 금속화폐와 정확히 동일한 기능이 있으며, 우리가 금속으로 화폐를 만들게 된 것은 편의를 고려하

* 《로자 룩셈부르크의 여백 메모》 노예제에 관한 아리스토텔레스의 생각.[75]

여 그런 것일 뿐이었다. 물론 가축은 동종의 금속 조각처럼 쉽게 교체될 수도 없고 그 가치를 정확히 측정할 수도 없으며, 또한 가축화폐를 보관하려면 축사를 닮은 거대한 지갑이 있어야 한다. 그러나 인류에게 금속으로 화폐를 만든다는 생각이 떠오르기 전에, 화폐는 교환에서 필수불가결한 매개자로서 오래도록 준비되어 있었다. 왜냐하면 화폐, 즉 일반적 상품은 필수불가결한 수단이어서, 그것 없이는 어떠한 일반적 교환도 진척될 수 없으며, 그것 없이는 개별 생산자들로 이루어진 무계획적인 사회경제가 존재할 수 없기 때문이다.

실제로 이제 교환에서 가축이 맡고 있는 다면적 역할을 보기로 하자. 무엇이 우리가 연구하고 있는 사회에서 가축을 화폐로 만들었는가? 가축이 모든 방면에서 언제든 탐하는 노동생산물이었다는 사실이 가축을 화폐로 만들었다. 그런데 왜 가축을 언제나 모든 방면에서 탐하는가? 이미 말했다시피, 가축은 다방면에 걸친 식료품으로서 생존을 보장할 수 있었던 극히 유용한 생산물이었기 때문이다. 정말로 애초에는 그랬다. 하지만 이후에는, 즉 가축이 일반적 교환에서 매개자로서 사용되면 될수록, 가축을 식료품으로 직접 사용하는 일은 점점 더 뒷전으로 밀려났다. 이제 교환에서 자신의 생산물을 대가로 가축을 얻은 사람은 가축을 때려잡아 먹어 치운다거나 가축에 쟁기를 매는 일이 일어나지 않도록 조심하게 된다. 이제 가축은 언제든 다른 임의의 상품을 구매하는 수단으로서 더 가치가 있는 것이 됐다. 따라서 이제 가축을 식료품으로 소비하는 것이 아니라 앞으로의 물물교환을 위한 교환수단으로 보관할 것이다. 여러분은 우리가 사회에 있는 것으로 가정하고 있는 고도로 발전된 분업에서는 가축을 직접 사용하는 일이 잘 일어나지 않는다는 사실도 알아차릴 것이다. 예를 들어 제화공은 가축 자체를 가지고 무엇을 한단 말인가? 아니면 농사를 짓지 않는 철물공, 직공, 모자 제조업자는? 따라서 가축을 식료품으로 직접 이용하는 일은 점점 더 고려되지 않게 되고, 그런 다음에는 언제든 누구나 가축을 탐하게 되는데, 그 까닭은 이제 가축이 더 이상 도축, 젖 짜기 또는 쟁기질에 유용하기 때문이 아니라 가축에는 언제든 원하는 그 어떤 상품과도 교환할 수 있는 가능성이 있기 때문이다. 교환을 가능하게 하는 것, 말하자면 사적 생산물을 사회적 생산물로, 사적 노동을 사회적 노동으로 언제든 바꾸는 데 이용되는 것이 가축 특유의 유용성이자 임무가 된다. 이리하여 인간에게 식료품으로 이용되는 식의 가축의 사적 사용은 점점 무시되고 가축이 사회의 개별 구성원 사이의 지속적 매개 기능에만 몰두하자, 가축은 다른 모든 것과 같은 사적 생산물이기를 점점 멈추게 되어, 이제 처음부터, 집에서부터, 말하자면 가축우리에서부터 사회적 생산물이 되며, 이제 목축업자의 노동은 사회의 모든 다른 노동과는 달리 유일하게 직접적으로 사회적인 노동이 된다. 그런 다음에는 가축은 더 이상 식료품으로만 사용되기 위해 사육되지 않고 그 외에도 사회적 생산물, 일반적 상품, 화폐 따위로 직접 기능한다는 목적을 위해 사육된다. 물론 아주 적은 양의 가축은 여전히 도축되거나 쟁기를 매게 될 것이다. 그러나 이러한 이른바 사적 사용, 가축의 사적인 특성은 가축의 화폐로서의 공적 특성에 비하면 점차 사라지게 된다. 그리고 이제 가축은 화폐로서 사회생활에서 특징적인 다면적 역할을 수행한다.

1. 가축은 최종적으로 일반적이고 공식적으로 인정된 교환수단이 된다. 이제 어느 누구도 더 이상 장화를 빵과 교환하거나 셔츠를 편자와 교환하지 않는다. 누군가 그러기를 원한다면 사람들은 어깨를 으쓱하며 거절할 것이다. 가축을 대가로만 무언가를 얻을 수 있다. 그러나 그럼으로써 이전에는 양면적이었던 교환이 분리된 두 개의 거래로, 곧 판매와 구매로 나뉜다. 철물공과 제빵공이 생산물을 교환하던 때인 이전에는 각자는 단순한 소유 변경을 통해 자신의 상품을 판매하는 동시에 다른 사람의 상품을 구매했다. 구매와 판매는 하나의 동일한 거래였다. 이제는 제화공이 장화를 판매할 때 그가 대가로 얻고 취하는 것은 가축뿐이다. 그는 우선 자기 자신의 생산물을 판매한다. 그가 언제 무언가를 구매하는지, 무엇을 구매하는지, 말하자면 도대체 무언가를 구매하는지 따위는 별개의 문제다. 제화공은 자신의 생산물에서 벗어나는 것으로 충분하며, 그럼으로써 자신의 노동을 장화 형태에서 가축 형태로 변화시켰다. 그러나 우리가 알고 있는 것처럼, 가축 형태는 노동의 공식적으로 사회적인 형태이며, 제화공은 자신이 원하는 만큼 이 형태로 노동을 보관할 수 있다. 왜냐하면 그는 가축 형태에서는 자신의 노동생산물을 원하는 그 어떤 형태로도 다시 교환할 수 있는 가능성, 말하자면 구매를 이룰 가능성이 언제든 자기 수중에 있다는 것을 알고 있기 때문이다.

2. 그러나 바로 그렇게 됨으로써 가축은 이제 부를 비축하고

모으는 수단이 되며 **축재 수단**이 된다. 제화공이 자신의 생산물을 생활수단과 직접 교환했던 한, 그도 일상적 수요를 충족시키기 위해 필요한 만큼만 노동했다. 장화를 쌓아 둘 정도로 노동하거나 심지어 빵, 고기, 셔츠, 모자 등등을 쌓아 두는 것이 그에게 무슨 소용이겠는가? 일상적 사용 대상은 대부분 장기간 보관하거나 저장하면 손상되거나 심지어 사용할 수 없게 되기도 한다. 그러나 이제 제화공은 자신의 노동생산물을 대가로 얻는 가축을 미래를 위한 수단으로 보관할 수 있다. 이제 우리의 장인匠人에게도 절약하려는 생각이 생겨나서, 될 수 있는 한 많이 판매하려 하지만 자신이 얻은 가축을 모두 다시 내주는 일은 경계한다. 그와는 반대로 그는 가축은 언제나 모두에게 좋은 것이므로 가축을 쌓아 두려 하며, 그리하여 가축을 절약하고 미래를 위해 모으며 노동의 결실을 자식들에게 유산으로 남긴다.

3. 가축은 이와 동시에 모든 **가치**와 노동의 **척도**가 된다. 만약 제화공이 자신의 신발 한 켤레가 교환에서 자신에게 무엇을 가져다줄지, 즉 자신의 생산물 가치가 얼마인지를 알려고 한다면, 그는 자신에게 예를 들어 이렇게 말한다. '나는 켤레 당 소 반 마리를 얻고, 내 장화 한 켤레는 소 반 마리 가치가 있다.'

4. 마지막으로 가축은 이런 식으로 **부**의 전형이 된다. 이제 이러저러한 사람에게 곡물, 화덕, 옷, 장신구, 하인 따위가 많으니 그가 부유하다고 말하는 것이 아니라 그에게 가축이 많으니 그가 부유하다고 말한다. 황소 10,000마리 "정도 되는" 사람이니 그 앞에서 모자를 벗으라고 말한다. 아니면 '불쌍한 녀석, 가축이 전혀 없다니!' 라고 말한다.

여러분이 보는 바와 같이, 가축이 일반적 교환수단으로 퍼짐으로써 사회는 가축 형태로만 생각할 수 있을 뿐이다. 끊임없이 가축에 대해 말하고 꿈꾼다. 이제 진정한 의미의 가축 숭배와 가축 찬탄이 이루어진다. 처녀는 대규모 가축 무리를 지참금으로 지니면 매력이 커져 좋은 자리를 찾아 혼인하게 되는데, 구혼자가 돼지 키우는 사람이 아니라 교수, 성직자 또는 시인일지라도 그렇다. 가축은 인간 행복의 전형이다. 가축과 가축의 경이로운 권력에 바치는 시를 짓게 되고, 가축을 둘러싸고 범죄와 살인 행위가 자행된다. 그리고 인간은 머리를 가로저으면서도 "가축이 세상을 지배하고 있다"라고 되풀이하며 말한다. 여러분이 이 격언을 잘 알지 못한다면 라틴어로 번역할 수도 있다. 고대 로마어 단어 pecunia = 화폐는 pecus = "가축"에서 나온 말이다.*

3.

공동소유와 공동의 노동계획이 갑작스레 붕괴된 이후 꼬뮌주의 공동체 안에서 관계가 어떻게 모양을 갖추어 나갔는가에 관한 이제까지의 우리의 연구는 여러분에게는 순수한 이론적인 망상이자 막대기를 들고 안개 속을 헤매는 것으로 여겨질 수도 있다. 실제로 그것은 역사적 진실과 본질적으로 엄밀하게 일치하는 상품경제의 역사적 형성을 압축하여 단순하게 설명한 것

* 《로자 룩셈부르크의 여백 메모》 금속화폐에서는 사용가치의 탈각이 완성된다!

일 뿐이었다.

물론 우리의 설명에 몇 가지 수정을 가해야 한다.

1. 우리가 꼬뮌주의사회를 하룻밤 사이에 산산조각 내 자유로운 사적 생산자들의 사회로 변화시키며 갑작스레 일어난 파국으로 묘사한 과정은 실제로는 수천 년이 필요한 것이었다. 물론 그러한 변화를 갑작스럽고 폭력적인 파국으로 생각하는 것이 순전히 환상인 것은 전혀 아니다. 원시적인 원초꼬뮌 부족이 이미 고도의 자본주의 발전 단계에 도달한 다른 국민과 접촉하게 되는 곳이라면 어디서나 그렇게 생각하는 것이 현실과 일치한다. 우리는 그런 경우를 유럽인이 이른바 야만적이고 반半문명화된 나라들을 발견하고 정복할 때, 즉 에스파냐인이 아메리카를 발견할 때, 홀란드인이 인도를 정복할 때, 영국인이 동인도를 정복할 때 보게 되며, 영국인, 홀란드인, 독일인이 아프리카를 점유할 때도 마찬가지로 그런 경우를 보게 된다. 이 경우들의 대부분에서 유럽인은 이 나라들에 갑작스레 침입하면서 그곳에 있던 원시 종족의 삶에 파국을 가져왔다. 우리가 24시간의 과정으로 가정한 것이 실제로는 때때로 수십 년이 필요했을 뿐이었다. 어떤 나라를 유럽 국가가 정복하거나 그런 나라들에 유럽 상업 식민지 몇몇이 정착하기만 해도, 토지 공동소유는 폭력적으로 폐지되고, 토지 소유는 사적 소유가 되어 잘게 나뉘고, 가축 무리는 탈취되고, 계승된 모든 사회관계는 발칵 뒤집히지만, 다만 이 과정의 결과의 대부분이 우리가 가정한 것처럼 꼬뮌주의 공동체가 상품교환이 수반되는 자유로운 사적 생산자들의 사회로 변화하는 것은 아니다. 해체된 공동소유는 원주민

들의 사적 소유가 된 것이 아니라 유럽 침입자들이 도둑질하고 약탈한 자산이 됐기 때문이며, 또한 오래된 생존형태와 생존수단을 약탈당한 원주민들 자체는 임금노예 또는 단순히 유럽 상인들의 노예가 됐거나, 이 둘에 적당하지 않으면 즉시 박멸됐기 때문이다. 따라서 식민지 나라에 있는 모든 원시 종족에게 원시 꼬뮌주의 상태에서 현대 자본주의 상태로의 이행은 사실상 갑작스런 파국으로서, 끔찍한 고통으로 가득 찬 형용하기 어려운 불행으로서 벌어졌다.[76] 하지만 유럽 주민들에게는 이러한 이행이 재앙이 아니라 수백 년 동안 지속된 더디고 점차적이고 눈에 띄지 않는 과정이었다. 그리스인과 로마인 역시 공동소유와 함께 역사에 등장했다. 예수 탄생 직후에 북쪽에서 남쪽으로 밀어닥쳐 로마제국을 파괴하고 유럽에 정착한 고대 게르만족 역시 꼬뮌주의 원초공동체와 함께 왔으며 이 원초공동체를 한동안 제대로 유지했다. 그러나 우리가 앞서 묘사했던 것처럼, 유럽 국민들이 형성한 상품경제는 중세 말인 15세기와 16세기에야 비로소 출현한 것이다.

2. 우리 설명에 가해야 할 두 번째 수정은 첫 번째 수정에서 나온다. 우리는 꼬뮌주의 공동체의 품속에서 이미 모든 가능한 노동 분야가 전문화됐으며 분리됐다고, 말하자면 사회 내부의 분업이 매우 높은 발전 정도에 다다라서, 공동소유를 철폐하고 교환이 수반되는 사적 생산을 초래한 저 파국이 시작될 때 교환의 토대로서의 분업은 이미 완성되어 있었다고 가정했다. 이러한 가정은 역사적으로 들어맞지 않는다. 공동소유가 존속하는 한, 원시적 사회상태 내부에 분업은 아주 적게 겨우 맹아적으로

만 발전되어 있었다. 우리는 그러한 예를 인도 촌락공동체에서 보았다. 고작 약 12명의 인물만 공동체 거주민 대중에게서 떨어져 나와 특수한 직업을 맡았는데, 그 가운데 고유한 의미의 수공업자는 대장장이, 목수, 옹기장이, 이발사, 세탁부, 은 세공자 등 고작 여섯이었다. 방적, 방직, 옷 만들기, 빵 굽기, 도축, 소시지 만들기 등등의 대부분의 수공업 노동에는 가족마다 주업인 농사와 함께 부업으로 집에서 종사했으며, 이는 주민들이 아직 교환에, 즉 상업에 진입하지 않은 한에서 지금도 러시아의 많은 촌락들의 경우와 같다. 분업, 말하자면 개별 노동 분야가 배타적인 전문 직업으로 분리되는 것은 사적 소유와 교환이 이미 존재할 때 제대로 발전할 수 있다. 사적 소유와 교환이 비로소 특수한 전문 직업의 형성을 가능하게 했다. 왜냐하면 자신의 생산물을 규칙적으로 다른 생산물과 교환할 수 있다는 전망이 있을 때에야 비로소 자신의 전문 생산에 헌신하는 것이 생산자에게 의미가 있기 때문이다. 그리고 화폐가 있어야 비로소 모든 생산자에게 땀의 열매를 보장하고 축적할 가능성이 생기고, 그럼으로써 시장을 위해 될 수 있는 대로 확장하여 규칙적으로 생산하도록 그들을 자극한다. 그러나 다른 한편으로 시장을 위해 이렇게 생산하는 것과 화폐를 모으는 것은 생산자의 생산물과 수익이 그의 사적 소유인 경우에만 생산자에게 목적으로 된다. 그러나 꼬뮌주의 원초공동체에서는 사적 소유가 배제되어 있었고, 역사가 보여 준 바에 따르면 사적 소유는 교환과 노동의 전문화의 결과로서 비로소 형성된다. 이렇듯 전문 직업의 형성, 말하자면 고도로 발전된 분업은 사적 소유와 발전된 교환이 있는 경우에만 가능하다는 것이 밝혀진다. 그러나 다른 한편으로 교환 자체는 분업이 이미 존재하는 경우에만 가능하다는 것 또한 분명하다. 도대체 동일한 하나의 것을 생산하는 생산자들 사이의 교환에는 어떤 목적이 있단 말인가? 예를 들어 X는 장화만 생산하고 Y는 빵만 구울 경우, 둘에게는 생산물을 교환할 의미와 목적이 있다. 그렇다면 우리는 흔치 않은 모순에 직면한다. 교환은 단지 사적 소유와 발전된 분업이 있을 경우에만 가능하지만 분업은 교환의 결과로서 비로소 사적 소유의 토대 위에서 형성될 수 있으며 또한 사적 소유로 보자면 사적 소유는 교환을 통해 비로소 형성된다는 것이다. 더 자세히 살펴본다면 이것은 이중적 모순이기도 하다. 분업은 교환 이전에 존재해야 하는데, 이와 동시에 교환도 분업 이전에 존재해야 한다. 나아가 사적 소유는 분업과 교환을 위한 전제 조건이지만 분업과 교환 말고 다른 것에서는 발전할 수가 없다. 어떻게 이러한 복잡한 얽힘이 가능한가? 우리는 분명 원 안을 돌고 있으며, 원시적 꼬뮌주의 원초공동체에서 벗어나는 첫 발걸음은 이미 불가능한 것으로 보인다. 당시의 인간 사회는 외견상 모순에 얽혀 있었고, 그 모순의 해결은 사태가 더 진전되는 것에 달려 있었다. 그런데 빠져나갈 수 없다는 것은 그저 보기에만 그런 것이다. 물론 모순이라는 것은 평범한 삶을 살아가는 개별 인간에게는 극복하기 어려운 어떤 것이지만, 사회생활 전체에서는 자세히 본다면 그러한 모순을 도처에서 발견하게 된다. 오늘은 어떤 다른 현상의 원인으로 등장한 것이 내일은 그 현상의 결과일 수 있고 그 반대일 수도 있으며, 사회생활의 연관에서의 이러한 지속적 변화는 방해받지 않는다. 그 반대다. 사생활에서 모순에 직면한 개별 인간은 한 발자국도 나아갈 수 없다. 더욱이 일상생활과 관련되어 이 모순은 불가능한 어떤 것으로 받아들여지는데, 피고는 법정에서 모순에 얽힘으로써 이미 잘못이 입증된 것으로 간주되어 그 모순으로 인해 상황에 따라 감옥으로 갈 수도 있고 심지어는 교수대로 갈 수도 있을 것이다. 그러나 인간 사회 전체는 지속적으로 모순에 얽혀 있긴 하지만, 그렇다고 인간 사회가 몰락하는 것이 아니라 그와는 반대로 모순에 빠져 있는 바로 그곳에서 인간 사회는 비로소 운동을 시작한다. 말하자면 사회생활에서의 모순은 언제나 발전으로, 문화의 새로운 진보로 해소된다. 위대한 철학자 헤겔이 말했듯이, “모순은 이끌어 가는 힘이다.” 그리고 그저 모순 안에서의 운동이 바로 인간 역사가 발전하는 진정한 방식이다. 우리가 여기서 관심을 보이고 있는 경우에서도, 말하자면 꼬뮌주의사회가 분업과 교환을 갖춘 사적 소유로 이행하는 경우에서도, 우리가 발견한 모순은 특수한 발전, 기나긴 역사적 과정 속에서 해소됐다. 하지만 이 과정은, 우리가 가한 수정들을 논외로 한다면, 본질적으로 우리가 제시한 설명과 정확히 일치한다.

무엇보다도 교환은 사실상 공동소유를 갖춘 원시적 원초 상태에서 시작됐고, 게다가 우리가 가정했던 것과 같이 물물교환 형태로, 말하자면 생산물을 생산물과 직접 바꾸는 것으로 시작됐다. 물물교환은 매우 초기의 인간의 문화 단계에서 이미 발견된다. 하지만 앞서 설명했듯이 교환하는 두 사람의 사적 소유에서 교환이 벌어지지만 원시공동체 내부에는 사적 소유라는 것이 알려져 있지 않았기 때문에, 최초의 물물교환이라는 것도 공동체나 부족 내부에서 일어나는 것이 아니라 그 외부에서 일어나며, 하나의 동일한 부족의 구성원들 사이에서 일어나는 것이 아니라 서로 접촉하게 되는 서로 다른 부족 및 공동체 사이에서 일어난다. 그리고 게다가 이때 다른 부족의 외부인과 거래하는 것은 부족의 개별 구성원이 아니라 서로 물물교환을 개시하는 부족, 곧 전체로서의 공동체이며, 이때 최고 우두머리가 거래를 맡는다. 따라서 인류문화의 최초의 여명에 아메리카의 원시림에서 원초 사냥꾼과 원초 어부가 물고기와 사냥한 짐승을 서로 교환했다는 식의 세간에 널리 알려진 정치경제학자들의 생각은 이중적인 역사적 망상이다. 우리가 본 것처럼 아주 오래 전에는 고립되어 스스로 생활하며 노동하는 개인은 존재하지도 않았을 뿐만 아니라, 개별 인간과 개별 인간 사이의 물물교환 역시 대략 수천 년 이후에야 비로소 생겨났다. 애초에 역사는 서로 거래하는 부족과 종족만 알고 있었다. 라피또는 아메리카 야만인들에 대한 자신의 저작에서 이렇게 언급했다. "야만족은 지속적으로 서로 교환을 행했다. 그들의 거래에는 고대의 거래와 공통적인 것이 있는데, 생산물을 다른 생산물과 직접 교환한다는 것이다. 이 종족들 가운데 어떤 종족도 다른 종족에게 없는 것을 보유하고 있으며, 거래는 이런 모든 물건을 한 종족에서 다른 종족으로 이전한다. 그런 물건에 속하는 것은 곡물, 도자기 제품, 모피, 담배, 가죽, 작은 배, 야생 소, 가구류, 부적, 면화, 한마디로 인간의 생활을 유지하는 데 필요한 모든 것이었다. . . 그들의 거래는 종족 전체를 대표하는 종족의 우두머리가 처리했다."*

나아가 우리가 이전의 설명에서 교환을 개별적인 경우 — 제화공과 제빵공 사이의 교환 — 로 시작하여 이를 무언가 우연한 것으로 다루었다면, 이 또한 엄격한 역사적 진실과 일치한다. 애초에 개별적인 야만적 부족 및 종족들 사이의 교환은 무언가 순전히 우연적이고 불규칙적인 것이었다. 또한 이 교환은 그들 사이의 꽤 우연한 만남이나 접촉에 의존했다. 이러한 이유로 우리는 규칙적 물물교환이 유랑 부족에서 가장 먼저 대두한 것을 보게 되는데, 유랑 부족은 잦은 이주로 다른 종족과의 접촉이 가장 잦았기 때문이다.** 교환이 우연적인 것인 한, 교환에서 남을 위해 제공되는 것은 종족이나 공동체의 자체 수요를 충족시키고 남은 여분의 생산물뿐이다. 하지만 시간이 지남에 따라 우연한 교환이 자주 반복되면 될수록, 교환은 습관이 됐으며, 그 다음에는 규칙이 됐으며, 점차로 사람들은 곧바로 교환을 위해 생산물을 제작하기 시작했다. 따라서 부족과 종족은 교환을 목적으로 점점 더 임의의 생산 분야나 몇몇 생산 분야를 전문으로 삼는다. 부족 및 공동체 사이에 분업이 발전한다. 이 경우에도 거래는 꽤 오랫동안 순수한 물물교환, 말하자면 생산물과 생산물의 직접적 교환에 머무른다. 미국의 많은 지역에서는 18세기 후반까지도 물물교환이 퍼져 있었다. 메릴랜드에서는 입법

* [라피또,] 『원시시대의 관습과 비교한 아메리카 인디언의 관습』, [빠리,] 1724년, 제II권, 322~323쪽. 지베르 [, 『데이비드 리카도와 칼 맑스』, 모스크바, 1879년], 245쪽에서 재인용.

** 《로자 룩셈부르크의 여백 메모》 주의하라. 선사시대의 발견! 무엇보다도 유랑 생활.

의회가 담배, 기름, 돼지고기, 빵 따위가 서로 교환될 때 지켜져야 할 비율을 확정했다. 꼬리엔떼스에서는 1815년에도 행상을 하는 젊은이들이 거리에서 "양초와 소금을 바꿉니다! 빵을 담배와 바꿉니다!"라고 외치고 뛰어 다녔다. 러시아 촌락에서는 1890년대까지도, 그리고 부분적으로는 지금도, 이곳저곳을 떠도는 행상, 이른바 쁘라쏠이 농민과 단순한 물물교환을 행했다. 그들은 바늘, 골무, 끈, 단추, 담뱃대, 비누 등등의 온갖 잡다한 것을 동물의 뻣뻣한 털, 솜털, 토끼 가죽 같은 것들과 교환했다. 마차를 타고 러시아를 편력하면서 자신들의 생산물을 곡물, 아마, 대마, 아마포 등등과 교환하는 도공陶工, 함석공 등등도 이와 비슷한 거래를 했다.* 그러나 교환 기회가 잦아지고 규칙적이게 되면서, 어느 지역에서나 그리고 어느 부족에서도 가장 쉽게 제작할 수 있는, 즉 가장 자주 교환에 내보낼 수 있는 상품이나 그와 반대로 가장 모자라서 사람들이 일반적으로 탐하는 상품이 매우 일찍이 저절로 선별됐다. 그런 역할을 한 상품은 예를 들면 사하라 사막에서는 소금과 대추야자 열매였고, 영국령 서인도에서는 설탕이었고, 버지니아와 메릴랜드에서는 담배였고, 시베리아에서는 이른바 벽돌차(찻잎과 벽돌 형태의 지방을 섞어 단단하게 만든 것)였고, 아프리카 흑인들 사이에서는 상아였고, 고대 멕시코에서는 카카오 열매였다. 이처럼 상이한 지방의 기후 특수성과 토지 특수성으로 인해 거래 전체의 기초와 물물교환의 매개자로 이용되기에 적합한 하나의 "일반적 상품"

* 지베르, [『데이비드 리카도와 칼 맑스』, 모스크바, 1879년,] 245~246쪽.

이 이미 선별됐다. 종족마다 특별한 일이 벌어지면서 똑같은 일이 일어났다. 수렵 종족에게는 사냥해서 잡은 짐승이 당연히 가능한 모든 생산물에 대가로 제공되는 "일반적 상품"이다. 허드슨 베이 컴퍼니[77]의 거래에서는 비버 가죽이 이런 역할을 했다. 어로 부족에게는 물고기가 모든 물물교환의 자연스러운 매개자다. 한 프랑스 여행가의 이야기에 따르면, 셰틀랜드 군도에서는 심지어 극장 입장권을 구매할 때 거스름돈을 물고기로 주기도 했다.* 사람들은 일반적인 교환 매개자로 일반적으로 인정받는 상품이 필요함을 때때로 매우 민감하게 느끼게 된다. 그래서 예를 들어 유명한 아프리카 여행가인 새뮤얼 베이커는 자신과 아프리카 내륙의 흑인 종족과의 물물교환을 이렇게 묘사했다. "식량을 조달하기가 점점 더 어려워진다. 원주민들은 곡식 가루를 고기하고만 교환한다. 그런 까닭에 우리는 곡식 가루를 이렇게 조달했다. 우리는 옷과 신발을 주고 터키 상인들에게서 쇠 '망치'(괭이)를 구입하고, 망치를 주고 황소를 구입하여 황소를 외진 마을로 끌고 가 도축한 뒤에 고기를 대략 백 조각으로 나눈다. 내 사람들이 고기가 담긴 커다란 바구니 세 개를 들고 땅바닥에 앉으면, 원주민들이 와서 바구니에 담긴 고기 한 조각에 대한 대가로 작은 바구니 하나에 담긴 곡식 가루를 쏟아 붓는다. 이것이 중앙아프리카에서 어렵게 벌어지는 곡식 가루 거래의 한 예다."**

* 《로자 룩셈부르크의 여백 메모》 지베르, [『데이비드 리카도와 칼 맑스』, 모스크바, 1879년] 246쪽.

** [새뮤얼 베이커,] 『나일 강 수원 여행』[『나일 강의 거대한 저수조 앨버트 호수와 나

목축으로 이행하면서 가축은 물물교환에서 일반적 상품이 됐고 일반적 가치척도가 됐다. 호메로스가 우리에게 설명하는 바와 같이, 고대 그리스인의 경우에 그러했다. 예를 들어 호메로스는 영웅 각각의 군장軍葬을 정확하게 묘사하고 평가하면서, 글라우코스의 장비의 값어치는 황소 100마리이며 디오메데스의 장비의 값어치는 황소 9마리라고 말한다.[78] 그러나 당시에 그리스인에게는 가축 말고도 몇몇 다른 생산물이 화폐로 이용됐다. 바로 그 호메로스가 말하기를, 트로이를 포위해 공격할 당시에 렘노스 산 포도주를 얻기 위해 때로는 소가죽이, 때로는 황소가, 때로는 구리나 쇠를 지불했다고 한다.[79] 이미 언급된 바와 같이, 고대 로마인에게 "화폐" 개념은 가축과 동일한 것이었으며, 이와 똑같이 고대 게르만족에게 가축은 일반적 화폐로 간주됐다. 농업으로 이행하면서 이제 금속인 철과 구리가 경제에서 두드러진 의미를 지니게 됐는데, 부분적으로는 무기 제조를 위한 원료로서 그랬지만 농업 노동수단을 위한 원료로서 더욱 그랬다. 금속은 제조량이 늘어나고 사용이 확대됨에 따라 일반적 상품이 됐으며, 가축을 이러한 역할에서 몰아냈다. 금속이 일반적 상품이 된 것은 애초에는 바로 자연 그대로 — 온갖 도구를 위한 원료로서 — 사용되는 방식 때문이었다. 이 단계에서 금속은 또한 거래에서 천연 원료로서, 즉 괴塊로서, 무게로만 이용됐다. 그리스인에게는 철이, 로마인에게는 구리가 일반적으로 사용됐으며, 중국인에게는 구리와 납의 합금이 사용됐다. 이

일 강 수원 탐험』, 제1권, 예나, 1867년], 326쪽.

보다 훨씬 늦게야 사용되고 상거래에 이용된 것이 이른바 귀금속, 즉 금과 은이다. 하지만 귀금속 역시 매우 오랫동안 원래의 상태로, 주조되지 않고, 무게로 거래됐다.* 따라서 일반적 상품의 유래, 곧 하나의 단순한 생산물에서 이러저러하게 사용하기에 유용한 생산물이 된 화폐상품의 유래는 여기서 훨씬 분명해진다. 오늘은 거래에서 곡식 가루와 교환되기 위해 제공되고 있는 단순한 은 한 조각이 내일은 반짝이는 기사의 방패를 완성하는 데 사용될지도 모른다. 전적으로 화폐로만 사용하는 귀금속, 말하자면 주화는 고대 힌두인에게도 이집트인에게도, 나아가 중국인에게도 알려져 있지 않았다. 고대 유대인 역시 무게에 따른 금속 조각밖에 알지 못했다. 예를 들면 구약에 언급되고 있듯이, 아브라함은 헤브론에서 사라의 묘지를 살 때 상인이 통용하는 은 400쉐켈을 달아 지불했다.[80] 주화는 기원전 10세기 아니면 기껏해야 8세기에야 생겨났다고 추측하고 있으며, 그것도 그리스인이 제일 먼저 도입했다고 추측하고 있다. 로마인은 그리스인에게서 주화라는 것을 알게 돼 기원전 3세기에 은화와 금화를 제작했다.** 금과 은으로 화폐를 주조하게 됨에 따라, 수천 년에 달하는 오랜 교환의 발전사는 가장 완벽하고 성숙한 최종적인 형태에 도달했다.

우리는 일반적으로 금속이 화폐 제조에 이용되기 전에도 화폐, 말하자면 일반적 상품이 이미 완전히 발전해 있었다고 말

* 《로자 룩셈부르크의 여백 메모》 왜 귀금속은 이러한 역할을 유지할까?

** 《로자 룩셈부르크의 여백 메모》 지베르, [『데이비드 리카도와 칼 맑스』, 모스크바, 1879년] 247쪽.

했다. 예들 들어 가축 형태에서 이미 화폐는 오늘날 금화와 사실상 정확히 똑같은 기능을 교환에서 수행했다. 물물교환의 매개자로서, 가치척도로서, 축재 수단으로서, 부가 체화된 것으로서 기능했다는 것이다. 하지만 금속화폐 형태에서 비로소 화폐의 규정도 그 외형으로 표현된다. 우리가 본 바와 같이, 교환은 임의의 두 노동생산물 사이의 단순한 물물교환으로 시작된다. 이러한 물물교환은 어떤 생산자 — 공동체 또는 부족 — 가 다른 생산자의 노동생산물 없이는 잘 살아갈 수 없기 때문에 생겨난다. 그 둘은 노동의 결과를 교환함으로써 서로 곤궁에서 구해 준다. 이러한 물물교환이 잦아지고 규칙적이 되면서, 어떤 생산물을 일반적으로 탐하기 때문에 특별히 선호하게 되며, 그러한 생산물이 모든 물물교환의 매개자, 일반적 상품이 된다. 어떤 노동생산물도 그 자체로, 말하자면 장화 또는 모자, 아마포 또는 양모, 가축 또는 곡물도 그러한 상품, 말하자면 화폐가 될 수 있으며, 우리는 다양하기 그지없는 상품이 한때 이러한 역할을 했다는 것도 보았다. 어떤 상품이 지금 선택되는가는 인민이 특별히 욕망하는 것이나 특별히 하고 있는 일에 달려 있을 뿐이다.

사람들은 가축을 처음에는 유용한 생산물로서, 식료품으로서 일반적으로 선호한다. 그러나 시간이 지남에 따라 사람들은 가축을 주로 화폐로 탐하고 취한다. 왜냐하면 가축은 그 자체로 누구나 자신의 노동의 열매를 사회의 임의의 어떤 다른 노동생산물과도 언제든 교환할 수 있는 형태로 보관하는 데 이용되기 때문이다. 앞서 말했듯이 가축은 다른 사적 생산물과는 달리 유일하게 직접적으로 사회적인 생산물인데, 그 이유는 언제든 무제한 교환될 수 있는 생산물이기 때문이다. 하지만 가축에서 벌써 화폐상품의 이중성이 강하게 드러난다. 가축을 잠깐만 보아도, 그것이 일반적 상품, 사회적 생산물임에도 불구하고 그와 동시에 도축해 소비할 수 있는 단순한 식료품이라는 것, 인간 노동, 유목민의 노동의 평범한 생산물이라는 것을 알게 된다. 반면에 금화에는 화폐가 단순한 생산물에서 유래한 것에 관한 어떤 기억도 사라져 있다. 주조된 금 조각은 그 자체로는 다른 쓸모가 없으며, 교환수단, 즉 일반적 상품으로 사용되는 것 이외에는 다른 용도가 없다. 그 주조된 금은 모든 다른 상품이 그렇듯이 인간 노동의 생산물인 한에서, 금 채굴자와 금 세공자의 노동의 생산물인 한에서 여전히 상품이긴 하지만, 생활수단으로서의 어떠한 사적 용도도 상실했고, 사생활에 유용하게 통용되는 그 어떤 형태도 지니지 못한 한 조각의 인간 노동 이외에 아무것도 아니며, 사적 생활수단, 식량, 의복이나 장신구 또는 다른 무엇으로든 더 이상 전혀 용도가 없으며, 순전히 사회적인 용도, 즉 다른 상품과의 교환에서의 매개자로서 이용된다는 목적만 있다. 그리고 이러한 까닭에 화폐의, 일반적 상품의 순전히 사회적인 성격은 그 자체로는 무의미하고 쓸데없는 대상에서, 즉 금화에서 비로소 가장 순수하면서도 성숙하게 표현된다.

화폐가 금속 형태로 최종적으로 완성되면서 나타난 결과는 거래의 급속한 확대이고, 이전에는 거래가 아니라 자급자족을 겨냥했던 모든 사회관계의 몰락이다.* 낡은 꼬뮌주의 공동체는 거래로 인해 파탄이 났는데, 거래가 공동체 구성원들 간의 재산의 불평등, 공동소유의 붕괴, 최종적으로는 공동체 자체의 몰락을 가속화했기 때문이다.** 일단은 자신만을 위해 모든 것을 생산하고 화폐를 집에 모아 두기 위해 여분만을 판매하던 소규모 자유로운 농민경제는 점차, 특히 금납세의 도입으로, 결국에는 식량, 의복, 가재도구뿐만 아니라 심지어 종자로 쓸 곡식을 구매하기 위해서도 생산물 전체를 판매하지 않을 수 없게 됐다. 자급을 위해 생산하던 농민경제가 시장을 위해 생산하는 농민경제로 이렇게 바뀌고 그럼으로써 완전히 몰락한 예를 우리는 지난 수십 년 동안 러시아에서 눈앞에서 경험했다. 고대 노예제에서 거래는 심한 변화를 가져왔다. 노예가 주인과 주인의 가족의 필요를 위해 농사와 수공업노동 등 가정경제만을 위해 사용되는 한, 노예제는 아직 가부장제적인 관대한 성격을 띠고 있었다. 그리스인이, 그리고 나중에는 로마인이 돈맛에 빠지게 되고 노예에게 거래를 위해 생산하게 했을 때 비로소 노예에 대한 비인간적인 혹사가 시작됐고 이는 결국 노예들의 대규모 봉기를 초래했으니, 이러한 봉기는 그 자체로는 전혀 전망이 없는 것이었지만 노예제가 시대에 뒤떨어지고 유지하기 어려운 질서가 됐다는 조짐이자 명백한 징후였다.*** 완전히 동일한 일이 중세

---

* 《로자 룩셈부르크의 여백 메모》 주의하라. 유용한 금속이 귀금속, 특히 금으로 대체됨.

** 《로자 룩셈부르크의 여백 메모》 더 상세하게.

*** 《로자 룩셈부르크의 여백 메모》 칼 맑스, 『자본』 제1권, 197쪽. [제23권, 249~250

에 부역관계에서 반복됐다. 부역관계는 처음에는 일종의 보호해 주는 관계여서, 보호의 대가로 농민층은 귀족인 보호자에게 영주의 자체 수요에 쓰이도록 일정한 양의 공과금을 생산물 현물이나 노동을 통해 변제해야 했다. 나중에 귀족이 화폐의 매력을 알게 됐을 때, 노동을 통한 변제와 공과금은 거래를 목적으로 점점 증가했으며, 부역관계는 농노제가 되어 농민은 극단적으로 혹사당했다. 결국 거래의 확산과 화폐의 지배로 인해, 농노제에서 벗어나기 위한 현물 변제는 화폐 공과금으로 대체됐다. 그러나 그렇게 됨으로써, 완전히 시대에 뒤떨어졌던 부역관계의 임종의 시간이 도래했다.*

결국 중세의 거래는 자유도시들에게 권력과 부를 가져다주었지만, 그럼으로써 낡은 길드 수공업의 해체와 몰락을 야기했다. 매우 일찍이, 금속화폐의 대두로 특히 세계무역이 번영했다. 이미 고대에 페니키아인 같은 특별한 민족은 민족들 사이에서 상인 역할에 전념하여, 이런 식으로 대규모로 화폐를 끌어모아 부를 화폐 형태로 모았다. 중세에는 이러한 역할이 자유도시들에, 처음에는 이탈리아 도시들에 주어졌다. 15세기 말에 아메리카가 발견되고 동인도로 가는 항로가 발견된 후, 세계무역은 갑작스러운 엄청난 확장을 경험했다. 새로운 나라들은 거래를 위한 새로운 생산물을 공급했을 뿐만 아니라 새로운 금광,

---

쪽.][81]

* 《로자 룩셈부르크의 여백 메모》 칼 맑스, 『자본』 제1권, 198~200쪽. [제23권 250~253쪽.][82]

말하자면 화폐 재료도 공급했다.* 16세기에 엄청난 금이 아메리카로부터 수입된 후, 북부 독일의 도시들 —주로 한자동맹에 속한 도시들 — 은 세계무역을 통해 엄청난 부를 얻었으며, 홀란드와 영국이 그 뒤를 이었다. 이렇게 됨으로써 유럽의 도시들에서는, 그리고 교외의 대부분에서도 상품경제, 말하자면 교환을 위한 생산이 경제생활에서 지배적인 형태가 됐다. 이렇게 교환은 야만적인 꼬뮌주의 부족들과 경계가 맞닿은 까마득한 옛날 옛적에 이미 조용히 느낄 수 없게 시작되어, 뻗어 오르더니, 자유로운 단순 농민경제, 오리엔트의 전제정치, 고대 노예제, 중세 부역관계, 도시의 길드 통치와 같은 그에 이어지는 계획적인 경제조직과 나란히 성장하여, 이 모든 경제조직들을 차례로 망가뜨려 몰락하도록 도왔고, 결국은 격리된 사적 생산자들의 완전히 무정부적이고 무계획적인 경제가 유일하고 일반적으로 지배적인 경제형태로 지배권을 얻게 했다.**

4.***

18세기에 유럽에서 적어도 도시들에서는 상품경제가 생산의 지배적인 형태가 된 후, 학자들은 이러한 경제, 말하자면 일

* 《로자 룩셈부르크의 여백 메모》 주의하라. 무계획적인 사회의 공비公費. 이런 사회는 화폐로 또 한 번 사회적 부를 생산해야 한다.

** 《로자 룩셈부르크의 여백 메모》 주의하라. 선사시대 이래의 거래의 문화적 의미, 국제적 연관!

*** 《로자 룩셈부르크의 여백 메모》 주의하라. 화폐에 대한 환상: 황금 사냥 — 아메리카의 발견. 칼 5세의 중상주의 정책. 연금술(금).

반적 교환이 무엇에서 기인하는가라는 문제를 연구하기 시작했다. 모든 교환은 화폐에 의해 매개되며 교환에서 각각의 상품의 가치는 화폐적 표현을 지닌다. 그렇다면 이 화폐적 표현은 무엇을 의미하며 거래에서 모든 상품의 가치는 무엇에서 기인하는가? 이것이 정치경제학이 연구한 최초의 질문이었다. 18세기 하반기와 19세기 초에 영국인 애덤 스미스와 데이비드 리카도는 위대한 발견을 이뤘으니, 각각의 상품의 가치란 그 상품에 담겨 있는 인간 노동일 뿐이라는 것과 따라서 상품이 교환될 때에는 동일한 양의 상이한 노동이 서로 교환된다는 것이었다. 화폐는 여기서 매개자일 뿐이며, 가격으로 표현되는 것은 각각의 상품에 담겨 있는 그에 상응하는 노동량이라는 것이다. 이것을 위대한 발견이라고 말할 수 있다는 것은 참으로 기묘한 일처럼 보이는데, 왜냐하면 사람들이 믿고 있듯이 상품의 교환이라는 것이 그 상품에 담겨 있는 노동에서 기인하고 있다는 것보다 더 분명하고 더 자명한 것은 없기 때문이다. 금으로 상품의 가치를 표시하는 것이 일반적이고 배타적인 관습이 되어 버렸기 때문에 이 자연스러운 사태가 은폐되는 것이다. 실제로 만일 내가 제화공과 제빵공이 자신들의 생산물을 서로 교환한다고 말한다면, 교환이 이루어진 이유는 그 두 생산물의 용도가 상이함에도 불구하고 하나의 생산물에는 다른 생산물에 든 것과 같은 노동이 들었으므로 모두 동일한 시간을 요구했던 한에서 하나의 생산물에는 다른 생산물만큼 가치가 있기 때문이었다는 점은 매우 이해할 만하고 분명하다. 그러나 내가 장화 한 켤레에 10마르크라고 말한다면, 이러한 표현은 자세히 생각해 보면 처음에는 완전히 수수께끼 같은 것이다. 도대체 장화 한 켤레가 10마르크와 공통으로 지니고 있는 것은 무엇이며, 도대체 어떤 점에서 이 둘이 서로 교환될 수 있도록 동등한가? 이처럼 상이한 물건을 도대체 서로 비교할 수 있는가? 그리고 어떻게 장화처럼 유용한 생산물을 대가로 도장 찍힌 금 조각이나 은 조각처럼 쓸모없고 무의미한 대상을 교환에서 취할 수 있는가? 마지막으로 어떻게 바로 이 쓸모없는 금속 조각이 세상에서 모든 것을 교환으로 얻을 수 있는 마력을 지니게 됐는가? 그런데 정치경제학의 위대한 창시자들인 스미스와 리카도가 이 모든 질문에 답할 수 있었던 것은 아니다. 모든 상품의 교환가치에 담겨 있는 것, 그리고 화폐에도 담겨 있는 것은 그저 인간 노동이라는 발견, 그럼으로써 모든 상품의 가치는 그 상품의 제작에 노동이 더 많이 필요하면 할수록 더 크고 그 역도 성립한다는 발견, 이런 발견은 구체적으로 말하면 절반의 진실이다. 이 진실의 다른 절반의 본질은 어째서 그리고 무엇 때문에 인간 노동이 도대체 교환가치라는 기이한 형태를 취하며 심지어 화폐라는 수수께끼 같은 형태를 취하는가에 대한 설명에 있다. 영국인 정치경제학 창시자들은 이 마지막 문제를 한 번도 제기한 적이 없는데, 왜냐하면 그들은 교환할 상품과 화폐를 창조한다는 것을 인간 노동의 타고난, 본래 주어진 속성으로 간주했기 때문이다. 다른 말로 하자면, 영국인 정치경제학 창시자들은 인간은 먹고 마셔야 하듯이, 인간에게는 머리에 머리카락이 있고 얼굴에 코가 있듯이, 거래할 상품은 자기 손으로 생산해야 한다고 가정하고 있는 것이다. 그들은 이를 굳게 믿었기에, 예를 들어 애덤 스미스는 매우 진지하게 이미 동물들이 서로 거래를 했을지도 모른다고 질문을 던지고는, 동물과 관련하여서는 아직 그런 종류의 예를 알지 못한다는 이유만으로 그렇지 않을 것이라고 보았다. 그는 이렇게 말하고 있다.[83]

그러나 이러한 순진한 견해가 의미하는 바는 정치경제학의 위대한 창시자들이 확고한 생각을 지닌 채, 즉 모든 것이 상품이며 모든 것이 거래를 위해 생산되는 오늘날의 자본주의사회 질서가 인류가 지구에 사는 한 지속되는 유일하게 가능하고 영원한 사회질서라는 확고한 생각을 지닌 채 살았다는 것이다. 사회주의자로서 자본주의 질서를 영원하고 유일하게 가능한 것이 아니라 덧없는 역사적 사회형태로 간주했던 칼 맑스는 처음으로 오늘날의 관계와 다른 시대의 이전의 관계를 비교하고자 했다. 그리하여 인간이 수천 년 동안 화폐와 교환에 대해 그리 많은 것을 알지 못한 채 살고 노동했다는 사실이 드러났다. 사회에서 모든 공동의 계획적인 노동이 중단되고 사회가 사적 소유를 갖춘 완전히 자유롭고 독립적인 생산자들의 느슨한 무정부적 무리로 해체되어 가는 정도만큼만, 바로 그만큼만 교환은 분산된 개인들과 그들의 노동을 서로 연관된 사회적 경제로 결합하는 유일한 수단이 됐다. 생산에 앞서 있었던 공동의 경제계획 자리에 화폐, 즉 유일하게 직접적인 사회적 결합제가 된 화폐가 이제 들어섰으며, 게다가 그렇게 된 이유는 화폐가 그 어떤 특수한 유용성도 없는 인간 노동의 한 조각이면서 많은 상이한 사적 노동 사이에서 유일하게 공통적인 것을 나타내기 때문이며. 또한 그럼으로써 화폐가 인간의 사생활에서 아무짝에도 쓸모없는 전혀 의미 없는 생산물이기 때문이다. 따라서 이 의미 없는 발명은 필연이었으며, 이 발명 없었다면 교환 일반, 따라서 원초꼬뮌주의의 해체 이래 지금까지의 문화사 전체가 불가능했을 것이다. 부르주아정치경제학자들은 당연히 화폐를 가장 중요하고 필수불가결한 물건으로 간주하지만, 이는 순전히 상품교환의 외면적 편의라는 관점에서 그럴 뿐이다. 현실적으로 화폐에 대해 이렇게 말할 수 있는 것은 예를 들면 인류가 편의를 위해 종교를 발명했다고 말할 수 있는 것과 같은 의미일 뿐이다. 사실 화폐와 종교는 인류의 강력한 두 문화 생산물이지만, 매우 특정한 일시적인 관계에 뿌리를 두고 있으며, 인류에 의해 형성된 것이듯이 시간이 지나면 쓸데없는 것이 될 것이다. 금 생산에 드는 엄청난 연간 지출은 예배를 위한 지출처럼, 또한 감옥, 군국주의, 공공복지를 위한 지출처럼 오늘날 사회적 경제에 큰 부담을 주고 있지만, 이는 이러한 경제형태가 존속하는 데만 필요한 비용일 뿐이고 상품경제가 폐지되면 저절로 사라지게 될 것이다.

우리가 그 내적 메커니즘을 알게 된 것과 같은 상품경제는 경이롭게 조화로우며 최고의 도덕 원리에서 기인하는 경제질서로 우리 앞에 나타난다. 왜냐하면 첫째, 완벽한 개인의 자유가 지배하고 있기 때문이다. 누구든 자신이 원하는 대로, 원하는 것을 가지고, 원하는 만큼 노동하며, 누구든 자기 자신의 주인이어서 자기에게 이익이 되도록 방향을 정하면 된다. 둘째, 한 사람은 자신의 상품, 말하자면 자신의 노동생산물을 다른 사람의 노동생산물과 교환한다. 노동이 노동과 교환되며, 게다가 평균적으로 동일한 양의 노동이 그와 동일한 양의 노동과 교환된다. 따라서 완벽한 평등과 이해관계의 호혜가 지배한다. 셋째, 상품경제에서는 바로 상품과 상품의 교환, 노동생산물과 노동생산물의 교환만이 존재한다. 따라서 제공할 자신의 노동 생산물이 없는 사람, 노동하지 않는 사람은 먹을 것도 얻지 못한다. 따라서 상품경제는 가장 공정한 것이기도 하다. 영업의 자유의 완전한 승리를 위해 투쟁했고 낡은 지배 관계의 마지막 잔재 — 길드의 규정과 봉건 농노제* — 의 철폐를 위해 투쟁했던 18세기 정치가들과 철학자들, 곧 프랑스대혁명의 사람들은 실제로 인류에게 자유, 평등, 우애가 지배할 지상낙원을 약속했다.

19세기 상반기의 꽤 많은 중요한 사회주의자들도 비슷한 의견이었다. 과학적 정치경제학이 만들어지고 스미스-리카도가 모든 상품의 가치는 인간 노동에서 기인한다는 위대한 사실을 발견했을 때, 곧바로 노동자계급의 벗 몇몇에게는 상품교환이 제대로 실행되면 사회에서 완전한 평등과 정의가 지배할 수밖에 없다는 관념이 대두됐다. 언제나 동일한 양의 노동과 노동이 교환되면 부의 불균등이 일어날 수 있다는 것은 불가능하며, 기껏해야 부지런한 사람과 게으른 사람 사이에 자연스러운 불균등이 일어나고 사회적 부 전체는 일하는 사람들, 말하자면 노동자계급에게 속할 수밖에 없을 것이라는 생각이었다. 그럼에도 불구하고 우리가 오늘날의 사회에서 사람들의 처지에 차이가 크다는 것을 보게 된다면, 부와 나란히 빈곤을 보게 된다면, 게

* 《로자 룩셈부르크의 여백 메모》 자연경제.

다가 노동하지 않는 사람들에게서는 부를 보고 자신의 노동으로 모든 가치를 창조하는 사람들에게서는 빈곤을 보게 된다면, 이는 분명 교환이 일어날 때의 부정직함에서 생기는 것이며, 그것도 노동생산물의 교환에서 화폐가 매개자로 끼어드는 바로 그 상황 때문에 생기는 것이라는 생각이었다.* 화폐는 모든 부의 진정한 유래가 노동이라는 점을 은폐하며, 지속적 가격 변동을 야기하며, 따라서 전횡적 가격, 사기, 다른 사람을 희생으로 하여 이루는 부의 축적 따위를 가능하게 한다는 생각이었다. 따라서 화폐는 사라져야 한다! 화폐 폐지를 겨냥한 이러한 사회주의는 처음에는 영국에서 출현하여, 이미 지난 세기 20년대와 30년대에 매우 재능 있는 저술가들인 톰슨, 브레이, 그리고 다른 사람들이 이러한 사회주의를 대표했다. 그런 뒤에 재차 이러한 종류의 사회주의를 생각해 낸 것은 보수적인 포메른의 융커이자 뛰어난 정치경제학 저술가인 프로이센의 로드베르트투스였으며, 세 번째로 이러한 사회주의는 프랑스에서 1849년에 프루동이 생각해 냈다. 이러한 지향을 따르는 실제적인 시도도 이루어졌다. 앞서 말한 브레이의 영향 아래 런던과 영국의 다른 많은 도시에서 이른바 "정의로운 노동교환을 위한 상점들"이 설립되어, 그리 보낸 상품들은 화폐의 매개 없이 엄격하게 상품에 포함된 노동시간에 따라 교환됐다. 프루동도 이러한 목적을 위해 이른바 "인민은행"의 설립을 제안했다. 이러한 시도들과 이

* 《로자 룩셈부르크의 여백 메모》 존 벨러스[에 대한 장章], [에두아르트] 베른슈타인, 영국혁명[『영국대혁명에서의 사회주의와 민주주의』, 슈투트가르트, 1908년,] 354쪽과 비교하라.

론 자체는 곧 얼마 가지 않아 파산했다. 화폐 없는 상품교환은 실제로는 생각할 수 없는 것이며, 더욱이 사람들이 폐지하려 했던 저 가격 변동이란 상품생산자들이 어떤 상품을 너무 적게 제작하는지 아니면 너무 많이 제작하는지, 그 상품의 제작에 노동을 필요한 것보다 더 적게 사용하는지 아니면 더 많이 사용하는지, 제대로 된 상품을 만들어내는지 아닌지 따위를 알려 주는 유일한 수단이다. 무정부 경제에서 고립된 상품생산자들 사이의 유일한 소통 수단이 제거된다면, 그들은 완전히 길을 잃으며, 그렇게 되면 그들은 듣지 못할 뿐만 아니라 보지도 못하게 된다. 그렇게 되면 생산은 멈추고, 자본주의 바벨탑은 산산조각 난다. 따라서 단순히 화폐를 폐지함으로써 자본주의 상품경제를 사회주의로 만들려는 사회주의 계획이란 순전히 유토피아다.

상품생산에서는 자유, 평등, 우애와 관련하여 실제로 상태가 어떤가? 누구든 노동생산물을 대가로만 무언가를 얻을 수 있고 동일한 가치와 동일한 가치가 교환될 뿐인 일반적 상품생산에서 부의 불평등이 어떻게 생겨나는 것일까? 그런데 오늘날의 자본주의경제에서는 누구나 알고 있는 것처럼 인간의 물질적 처지에서 나타나는 심한 불평등, 한편에서의 몇몇의 수중으로의 엄청난 부의 축적, 다른 한편에서의 대중의 빈곤의 심화 따위가 뚜렷하게 나타난다. 이제까지의 논의에서 논리적으로 나오는 이어지는 질문은 그럼으로써 이런 것이 된다. **상품경제에서, 그리고 가치에 따라 상품이 교환될 때, 자본주의는 어떻게 가능한가?**

Ⅳ. 임금노동

1.

모든 상품은 그 가치에 따라, 즉 그것들에 포함된 사회적 필요노동에 따라 서로 교환된다. 화폐가 매개자 역할을 한다 해도 상품교환의 이러한 원칙은 전혀 변하지 않는다. 화폐 자체는 사회적 노동의 적나라한 표현일 뿐이며, 각각의 상품에 포함된 가치의 양은 그 상품을 구매하는 화폐의 양으로 표현된다. 이러한 가치법칙에 근거해 시장에서는 상품들 사이에 완전한 평등이 지배한다. 그리고 상품 판매자들 사이에도 완벽한 평등이 지배할 수도 있는데, 교환되기 위해 도처에서 시장에 도착하는 수백만의 다양한 상품 종류 가운데 완전히 특수한 성질의 유일한 상품, 곧 노동력이 없다면 그렇다. 이 상품은 그 자신은 생산수단을 보유하지 않은 사람들이 다른 상품을 생산하기 위해 시장으로 가져온다. 오직 상품교환에 기초하고 있는 사회에서는, 알다시피 교환의 여정에서가 아니면 아무것도 얻을 수가 없다. 우리가 앞서 보았다시피, 누군가가 시장으로 가져온 상품이 사회적 생산물 더미에서 이 사람이 권리라고 주장할 수 있는 유일한 몫인 동시에 그 몫의 척도다. 각자는 사회에서 실행된 노동의 양 가운데서 자기 자신이 이러저러한 상품의 형태로 공급한 것과 정확히 같은 만큼을 임의의 상품 가운데서 자유롭게 선택하여 얻는다. 따라서 생활할 수 있으려면 각자는 상품을 공급하고 판매해야 한다. 상품을 생산하는 것과 판매하는 것이 인간에게 생존조건이 됐다. 시장에 상품을 가져가지 못하는 사람은 생존수단을 얻지 못한다. 그러나 이러저러한 상품을 제작하려면 노동수단, 즉 도구 같은 것이 필요하고, 나아가 원료와 보조재가 필요하고, 또한 작업할 장소, 즉 조명 등등 노동에 필요한 조건들이 갖추어진 작업장이 필요하고, 마지막으로는 생산이 진행되는 동안과 상품이 판매될 때까지 견디기 위한 일정한 양의 생활수단이 필요하다. 생산수단에 경비를 들이지 않고 제작할 수 있는 것이란 고작 몇몇 사소한 상품들뿐이어서, 예를 들면 숲에서 채집한 버섯이나 열매, 해안 거주자들이 해변에서 채집한 조개가 그러한 것이다. 그러나 여기에도 언제나 바구니 등등의 일정한 생산수단이 필요하고, 이렇게 노동하는 동안 생존을 가능하게 하는 생활수단도 필요하다. 하지만 상품경제가 발달된 어떤 사회에서도, 대부분의 종류의 상품에는 생산수단에 상당한 경비가 들어가야 하고, 일부의 상품에는 엄청난 경비가 들어가야 한다. 이러한 생산수단이 없는 사람, 따라서 상품을 생산할 수 없는 사람에게는 자기 자신을, 말하자면 자기 자신의 노동력을 상품으로 시장에 가져가는 것 말고는 다른 도리가 없다.

모든 다른 상품들처럼 노동력 상품에도 일정한 가치가 있다. 우리가 알고 있는 것처럼, 모든 상품의 가치는 그 상품의 제작에 필요한 노동의 양에 의해 결정된다. 노동력 상품을 만들기 위해서도 마찬가지로 일정한 양의 노동이 필요하며, 말하자면 노동자의 생계유지에 필요한 것, 즉 식량, 의복 등등을 생산하는 노동이 필요하다. 따라서 사람을 노동할 수 있게 하기 위해, 즉 노동력을 유지할 수 있게 하기 위해 노동이 필요하다면, 그 사람의 노동력에도 그만큼의 가치가 있는 것이다. 따라서 노동력 상품의 가치는 노동자를 위한 생활수단의 제작에 필요한 노동의 양으로 명시된다. 나아가 모든 다른 상품의 경우처럼, 노동력의 가치는 시장에서 가격으로, 즉 화폐로 평가된다. 노동력 상품의 이러한 화폐적 표현, 즉 노동력 상품의 가격을 임금이라 부른다. 다른 모든 상품의 경우에는, 공급보다 수요가 더 빠르게 증가하면 가격이 오르며 그 반대로 상품의 공급이 수요보다 많으면 가격이 내린다. 노동력 상품과 관련해서도 동일한 것이 입증된다. 노동자에 대한 수요가 증가하면 임금은 일반적으로 상승하는 경향을 보이며, 수요가 감소하거나 노동시장이 새로운 상품으로 넘쳐나면 임금은 하락하는 경향을 보인다. 마지막으로 모든 다른 상품의 경우처럼, 노동력 상품의 제작에 필요한 노동량이 커지면 노동력의 가치는 커지며, 따라서 결국 그 가격도 더 높아진다. 이러한 경우에 해당되는 것은 노동자의 생활수단을 생산하는 데 더 많은 노동이 필요할 때다. 이와 반대로 노동자를 위한 생활수단의 제작에 필요한 노동을 절약할 때마다 노동력의 가치, 따라서 노동력의 가격, 말하자면 임금은 떨어진다. 1817년에 데이비드 리카도는 이렇게 썼다. "모자 생산비를 줄이면, 수요가 두 배, 세 배, 네 배가 될지라도 모자 가격은 결국 새로운 자연가격으로 하락할 것이다. 생활을 유지하는 식량과 의복의 자연가격을 낮춤으로써 노동자의 생계비를 줄이면, 노동자에 대한 수요가 매우 급속하게 증가할지라도 임금은 결국 하락할 것이다."[84]

따라서 노동력 상품이 시장에서 다른 상품들에 비해 맨 먼저 눈에 띄는 점은 다른 것이 아니라 바로, 판매자인 노동자로부터 분리될 수 없다는 점이고 또한 그래서 구매자를 오랫동안 기다리는 것을 견딜 없다는 점인데, 대부분의 다른 상품은 판매될 때까지 기다리는 시간이 길든 짧든 잘 견딜 수 있는데 반해 노동력 상품은 판매되지 않으면 그것의 소지인, 즉 노동자와 함께 생활수단의 부족으로 망해 버리기 때문이다. 따라서 노동력이라는 상품의 특수성은 교환가치만이 중요한 역할을 하는 시장에서는 아직 드러나지 않는다. 이 상품의 특수성은 다른 곳에 있다. — 그 사용가치에 있다. 모든 상품은 사용할 때 생길 수 있는 유용성 때문에 구매된다. 장화는 발에 신는 것으로 이용하기 위해 구매되고, 찻잔은 차를 따라 마시기 위해 구매된다. 구매된 노동력은 무엇에 이용될 수 있을까? 분명히 노동에 이용된다. 그러나 그렇다고 해서 아직은 말한 것이 거의 없다. 인간 사회가 존재하는 한 인간은 노동할 수 있었고 또 해야만 했으며, 구매할 수 있는 어떤 상품으로서의 노동력이라는 것이 전혀 알려지지 않은 어떤 것인 채로 수천 년이 흘렀다. 다른 한편, 인간이 온갖 노동력을 쓰고도 자기 생계유지에 필요한 것만 제작할 수 있을 뿐이라고 상상한다면, 노동력의 구매, 따라서 상품으로서의 노동력의 구매란 무의미한 것이다. 왜냐하면 만약에 누군가가 노동력을 구매하여 그 대가를 지불한 다음에 자기 자신의 생산수단을 가지고 노동하게 하여 얻은 것이 결과적으로 자신이 구매한 노동력의 소지인, 즉 노동자의 생계유지에 필요한 것뿐이라면, 그 노동자는 자신의 노동력을 판매해 고작 자기 자신을 위해 노동하려고 다른 사람의 노동수단을 얻었을 뿐이라는 결론에 도달하기 때문이다. 이것은 상품교환의 관점에서 보더라도, 마치 누군가가 나중에 제화공에게 선물로 되돌려주기 위해 장화를 구매하는 것과 같은 무의미한 사업이다. 인간 노동력이 이와는 다른 식으로 사용될 수 없다면, 노동력은 구매자에게 유용성이 없을 것이고 따라서 상품으로서 시장에 나타나지 않을 것이다. 일정한 유용성이 있는 생산물만이 상품으로서 기능할 수 있을 것이기 때문이다. 따라서 도대체 노동력이 상품으로 나타나려면, 인간에게 생산수단이 주어지면 노동할 수 있다는 것만으로는 충분하지 않고 자신의 생존수단의 제작에 필요한 것보다 더 많이 노동할 수 있어야 한다. 그 사람은 자기 자신의 유지를 위해서뿐만 아니라 자기 노동력을 구매한 주인을 위해서도 노동할 수 있어야 한다. 따라서 노동력 상품은 사용될 때, 말하자면 노동이 이루어질 때, 자기 자신의 가격, 말하자면 임금을 보상할 수 있어야 할 뿐만 아니라, 그것을 넘어서서 구매자를 위해 잉여노동도 제공해야 한다. 그리고 노동력이라는 상품에는 실제로 이러한 호감 가는 특성이 있다. 그런데 이는 무엇을 가리키는 것인가? 잉여노동을 수행할 수 있다는 것은 인간의 또는 노동자의 일종의 자연적 특성인가? 그런데 인간이 돌로 도끼를 만드는 데 여러 해가 걸렸거나 나무 조각 두 개를 서로 문질러 불을 피우는 데 몇 시간이 걸렸던 시대에는, 단 하나의 활을 완성하는 데에도 몇 달이 필요했던 시대에는, 아무리 교활하고 인정사정없는 기업주라도 인간에게서 잉여노동을 짜낼 수 없었다. 따라서 도대체 인간이 잉여노동을 수행할 수 있기 위해서는 인간 노동에 일정한 수준의 노동생산성이 필요하다. 말하자면 인간의 힘이 자기 자신을 위한 생활수단뿐만 아니라 그것을 넘어서서 어쩌면 다른 사람들을 위한 생활수단도 제작할 수 있기 위해서는, 인간의 도구, 숙련도, 지식, 자연력에 대한 제압 따위가 이미 일정한 수준에 도달해 있어야 한다. 그러나 이러한 도구의 완성, 지식, 자연에 대한 일정한 지배 따위는 인간 사회의 수천 년에 걸친 고뇌에 찬 경험으로 비로소 획득됐다. 최초의 어설픈 석기와 불의 발견에서 오늘날의 증기기계와 전기기계까지의 간격이 의미하는 바는 인류의 사회적 발전 과정 전체가 사회 내부에서만, 인간의 사회적 공생과 협력을 통해서만 가능했다는 점이다. 따라서 오늘날 임금노동자의 노동력에 잉여노동을 실행한다는 호감 가는 특성을 마련해 준 저 노동생산성이란 자연스레 주어진 인간의 생리학적 특성 가운데 하나가 아니라 하나의 **사회적 현상**이며 장구한 발전사의 열매다. 노동력 상품의 잉여노동이란 한 인간의 노동으로 여러 인간을 부양할 수 있는 사회적 노동생산성의 또 다른 표현일 뿐이다.

하지만 노동생산성이 언제 어디서나 노동력의 판매와 노동력의 자본주의적 착취를 가져온 것은 아니며, 유리한 자연조건 덕분에 원시적 문화 단계에서 이미 그러한 노동생산성이 가능하게 된 곳에서는 특히 그랬다. 아메리카 발견 이후 19세기 초반까지 에스파냐의 식민지였던 저 중앙아메리카와 남아메리카의 은총 받은 열대지역으로, 바나나가 주민의 주식이며 기후가 무덥고 토지가 비옥한 그 지역으로 잠시만 이동해 보자. 훔볼트는 이렇게 썼다. "나는 그토록 좁은 땅뙈기에서 영양가 있는 물질을 그토록 풍부한 양으로 산출하는 식물이 지구상에 또 있다고는 믿지 않는다." 폰 훔볼트의 계산은 이렇다. "이 원칙에 따르면, 매우 비옥한 땅에서는 커다란 종의 바나나(구기자바나나)를 재배하는 0.5헥타르가 50명 넘게 먹여 살릴 수 있다는 매우 기묘한 사실을 발견하게 되는데, 이와는 달리 유럽에 있는 같은 크기의 땅은 (곡물이 여덟 가지라고 가정하면) 고작 576킬로그램의 밀가루를, 따라서 두 사람 식량도 못 되는 것을 제공한다." 게다가 바나나가 요구하는 인간의 노력은 매우 적은 것이어서, 뿌리 주변의 땅을 한 번이나 두 번 가볍게 훑어 봐 주면 된다. 계속해서 훔볼트는 이렇게 말한다. "코르디예라 산맥 기슭에서는, 그리고 베라크루스, 바야돌리드 또는 과달라하라 구역의 눅눅한 협곡에서는, 남성은 가족 전체를 부양하기 위해 일주일에 이틀만 힘들게 일하면 된다." 이곳 노동생산성은 그 자체로 착취를 가능하게 하는 것임이 명백하며, 진정으로 자본주의 영혼을 지닌 맬서스 같은 학자는 이 지상낙원을 묘사하면서 눈물까지 흘리며 이렇게 소리쳤다. "끝없는 부를 생산하기 위해 얼마나 어마어마한 자원인가!" 이를 다른 말로 하자면 다음과 같다. '이 건달들을 노동으로 혹사시킬 수 있다면, 바나나를 먹는 이 사람들이 분주한 기업주들에게 바치는 노동으로부터 얼마나 멋지게 금을 짜낼 수 있단 말인가?' 그러나 우리가 실제로 본 것은 무엇인가? 이 은총 받은 지역의 거주민들은 화폐축적을 위해 열심히 일하겠다고 생각한 것이 아니라 여기 저기

나무를 조금만 둘러보고 바나나가 맛있게 익도록 두었으며 많은 시간을 자유롭게 태양 아래 누워서 삶을 즐겼다. 폰 훔볼트는 앞서와 마찬가지로 의미심장하게 말했다. "에스파냐의 식민지에서 반복해서 듣게 되는 것은 이 더운 지방(Tierre caliente)의 주민들은 왕이 명령서를 내려 바나나 농장(Platanares)을 파괴하라고 지시하기 전에는 수백 년 전부터 깊이 빠져 있던 **무감각 상태**로부터 오랫동안 벗어날 수 없을 것이라는 주장이었다."[강조는 **로자 룩셈부르크**] 유럽의 자본주의 관점에서 보자면, 이른바 "무감각 상태"란 부의 축적이 아니라 그저 인간의 자연적 욕망의 충족이 인간 노동의 목적으로 나타나는 원시꼬뮌주의관계에서 여전히 살고 있는 모든 종족의 정신 상태 바로 그것이다. 그러나 이 관계가 지배하는 한, 아무리 노동생산성이 높다 해도 어떤 사람이 다른 사람을 착취하는 것이나 잉여노동을 생산하기 위해 인간 노동력을 사용한다는 것은 생각할 수 없다.

그렇다고 해서 인간 노동력이 지닌 이와 같은 호감 가는 특성을 최초로 발견한 것이 현대 기업주는 아니다. 사실 우리는 노동하지 않는 사람이 잉여노동을 착취하는 것이 이미 고대시대에도 있었던 것을 보게 된다. 고대의 노예제와 중세의 부역관계와 농노제는 이미 도달한 생산성, 말하자면 한 사람 이상을 부양하게 된 인간 노동력의 능력에서 기인한다. 이 모두는 그저 사회의 한 계급이 다른 계급에게 자신을 부양하게 시킴으로써 이러한 생산성을 자신에게 유리하게 만드는 서로 다른 형태일 뿐이다. 이런 의미에서 고대노예와 중세농노는 오늘날 임금노동자의 직계 조상이다. 그러나 고대에서나 중세에서나 노동력은 그 생산성과 착취에도 불구하고 상품이 되지 않았다. 노예제 및 농노제와 구별되는 오늘날 임금노동자와 기업주 사이의 관계의 특성은 무엇보다도 노동자의 일신상의 자유다. 상품 판매는 정말이지 완전한 개인적 자유에서 기인하는 것이며, 각각의 인간의 자발적이고 사적인 일이다. 부자유한 사람은 자신의 노동력을 판매할 수가 없다. 그런데 나아가 노동자가 생산수단을 소유하지 않는다는 것 또한 조건으로 필요하다. 생산수단이 있다면, 스스로 상품을 생산하지 자신의 노동력을 상품으로 판매하지는 않을 것이다. 따라서 노동력이 생산수단으로부터 벗어나는 것, 곧 노동력과 생산수단의 분리가 일신상의 자유와 더불어 오늘날 노동력을 상품으로 만든다. 노예경제에서는 노동력이 생산수단으로부터 분리된 것이 아니라 그 반대로 그 자체가 하나의 생산수단이었으며, 작업도구, 원료 등등과 나란히 사적 소유로서 주인에게 속했다. 노예는 그 자체가 노예 소유자의 생산수단 덩어리 가운데 구별되지 않는 한 부분일 뿐이다. 부역관계에서는 노동력은 법적으로 생산수단에, 즉 땅에 직접적으로 묶여 있어서, 그 자체는 생산수단의 부속품일 뿐이었다. 부역을 통한 변제와 사용료 지불은 절대로 사람이 아니라 토지에게 해당되는 것이었다. 토지가 상속이나 그 밖의 이유로 노동하는 다른 사람의 손에 넘어가면, 그와 동시에 토지와 함께 사용료도 넘어간다. 지금은 노동자는 일신상 자유로우며, 누군가의 소유도 아니며, 생산수단에 묶여 있지도 않다. 그와는 반대로 생산수단은 어떤 사람의 수중에 있고 노동력은 다른 사람의 수중에 있으며, 게다가 이 두 소유자는 구매자와 판매자로서 —

자본가는 노동력의 구매자로서, 노동자는 노동력의 판매자로서 — 독립적이고 자유롭게 마주 서 있다. 마지막으로, 그렇지만 노동생산성이 높을 때라 해도 일신상의 자유나 생산수단으로부터 노동력의 분리가 언제나 임금노동을, 노동력의 판매를 가져오는 것은 아니다. 우리는 그러한 예를 노예경제를 갖춘 대규모 귀족 소유지가 형성됨으로써 거대한 자유로운 소농 무리가 토지에서 쫓겨난 이후의 고대 로마에서 보았다. 소농 무리는 여전히 일신상으로는 자유로운 상태였지만, 더 이상 토지를, 따라서 생산수단을 소유하지 않았으므로 자유로운 프롤레타리아로서 농촌에서 로마로 무리를 지어 밀려들었다. 그랬어도 그들은 로마에서 전혀 노동력을 판매할 수 없었는데, 그 이유는 구매자를 찾을 수 없었기 때문이었다. 부유한 지주와 자본가에게 자유로운 노동력의 구매가 필요하지 않았던 것은 지주와 자본가는 노예의 손이 자신들을 부양하도록 하고 있었기 때문이었다. 당시에는 노예노동으로도 지주의 생활상의 모든 욕구를 충족시키기에 충분했고, 지주는 자신을 위한 모든 것이 노예의 손으로 마련되는 것이 가능하도록 만들었다. 그러나 지주는 자기 자신의 생활과 사치를 위한 것 이상으로 노동력을 사용하지 않았는데, 그 이유는 노예가 생산하는 목적이 지주 자신의 소비일 뿐 상품 판매가 아니었기 때문이다. 이처럼 로마 프롤레타리아들에게는 자기 자신의 노동을 통해 모든 생명의 샘을 얻을 길은 봉쇄돼 있었고, 그들에게 남은 것이라고는 동냥으로 — 국가로부터의 동냥, 식료품의 주기적 배분 — 생활하는 것뿐이었다. 따라서 고대 로마에서는 임금노동이 있는 것이 아니라 국가 비용으로 무산 자유인들에게 대규모 급식을 벌이는 일이 일어났고, 그런 이유로 프랑스의 경제학자 시스몽디는 고대 로마에서는 사회가 프롤레타리아들을 부양했고 오늘날에는 프롤레타리아들이 사회를 부양하고 있다고 말한 것이다.[85] 그러나 오늘날 프롤레타리아들의 노동으로 자신과 다른 사람의 부양이 가능하다면, 프롤레타리아들의 노동력의 판매가 가능하다면, 이는 오늘날 자유로운 노동이 유일하고 배타적인 생산형태이기 때문이며, 바로 상품생산으로서 자유로운 노동이 직접적 소비를 겨냥하는 것이 아니라 판매를 위한 생산물의 제조를 겨냥하기 때문이다. 노예 소유자는 자신의 편의와 사치를 위해 노예를 구매했으며, 봉건영주도 똑같은 목적으로 부역농민에게서 부역의 성과와 사용료를 짜냈으니, 말하자면 일가와 함께 홍청망청 살기 위해 그런 것이었다. 현대의 기업주는 자기 자신이 사용하기 위해 먹고 입고 사치하는 따위의 대상을 노동자가 생산하게 하는 것이 아니라 화폐를 얻으려고 판매용 상품을 생산하게 한다. 그리고 바로 이런 일이 그를 자본가로 만드는 것이며, 이는 그런 업무가 노동자를 임금노동자로 만드는 것과 마찬가지다.

그리하여 우리는 노동력이 상품으로서 판매된다는 단순한 사실이 일련의 특정한 사회적이고 역사적인 관계 전체를 알려주고 있음을 보게 된다. 노동력이 상품으로서 시장에 출현했다는 것만으로도 다음과 같은 것을 암시하게 된다. 1. 노동자의 일신상의 자유, 2. 생산수단으로부터 노동자의 분리와 노동하지 않는 사람 수중으로의 생산수단의 집적, 3. 높은 수준의 노동생산성, 즉 잉여노동을 수행할 가능성, 4. 상품경제의 일반적 지배, 즉 노동력 구매의 목적이 된 판매용 상품형태로의 잉여노동의 창출.

피상적으로 시장의 관점에서 보자면, 노동력 상품의 구매와 판매는 매순간 일어나는 수천의 거래처럼, 장화나 양파의 구매처럼, 완전히 익숙한 거래다. 상품 가치와 그것의 변화, 상품 가격과 그것의 변동, 시장에서의 구매자와 판매자의 평등과 독립, 거래의 자발성 — 이 모든 것이 다른 모든 상거래와 정확히 같다. 그러나 이 상품의 특수한 사용가치로 인해, 그리고 이러한 사용가치를 비로소 창출하는 특수한 관계로 인해, 상품 세계의 일상적 시장 거래는 새로운, 전적으로 특수한 사회관계가 된다. 이러한 시장 거래로부터 펼쳐지게 되는 것이 무엇인지 더 살펴보기로 하자.

2.

기업주는 노동력을 구매하고는, 어떤 구매자도 그렇듯이 그 가치를, 말하자면 그 제조비를 지불하며, 이는 노동자 유지비를 보상하는 가격을 임금으로 노동자에게 지불함으로써 이루어진다. 그러나 구매된 노동력은 사회에서 평균적으로 사용되는 생산수단으로 자신의 유지비보다 더 많이 제조할 수 있다. 알다시피 이런 것이 거래 전체의 전제 조건이며, 그렇지 않다면 거래는 아무런 의미가 없을 것이며, 여기에 노동력 상품 사용가치가 존재한다. 노동력 유지를 위한 가치는 다른 어떠한 상품에서도 그렇듯 그것의 제조에 필요한 노동량에 의해 결정되므로, 우리는 노동자를 노동할 수 상태로 일상적으로 부양하는 데 필요한 식량, 의복 등등에 예를 들어 6시간 노동이 필요하다고 가정할 수 있다. 그렇다면 노동력 상품의 가격, 즉 임금은 보통은 화폐로 된 6시간 노동에 달해야 한다. 그러나 노동자는 자신의 기업주를 위해 6시간 노동하는 것이 아니라 더 길게, 예를 들어 11시간을 노동한다. 그렇다면 노동자는 이 11시간에서 우선은 받은 임금을 기업주에게 6시간으로 변제하고, 이에 더해 5시간 노동까지 공짜로 덤으로 준 것이어서, 5시간은 기업주에게 선사한 셈이다. 따라서 각각의 노동자의 노동일은 필연적으로 그리고 보통은 두 부분으로 이루어진다. 하나는 노동자가 자기 자신의 유지를 위한 가치를 변제하는, 이른바 자기 자신을 위해 노동하는, 그 대가가 지불되는 부분이며, 다른 하나는 노동자가 노동을 선물하는 또는 자본가를 위해 잉여노동을 창출하는, 그 대가가 지불되지 않는 부분이다.

이전의 사회적 착취 형태에서도 사정은 유사했다. 예속 시대에는 예속된 농민의 노동이 자신을 위한 것과 부역을 시키는 영주를 위한 것으로 시간적으로도 공간적으로도 분리되기까지 했다. 농민은 자신이 자신을 위해서는 언제 얼마나 노동하고 또 자비로운 주인, 귀족 또는 성직자의 부양을 위해서는 언제 얼마나 노동하는지를 매우 정확하게 알고 있었다. 그는 우선 며칠은 자기 경작지에서 노동하고 그런 다음에 며칠은 영주 경작지에서 노동했거나, 아니면 오전에는 자기 경작지에서 노동하고 오후에는 영주 경작지에서 노동했거나, 아니면 몇 주는 내내 자기 경작지에서 노동하고 그런 다음에 몇 주는 영주 경작지에서 노동했다. 예를 들면 알자스에 있는 마우르스뮌스터 수도원에 속해 있는 촌락에서 12세기 중엽 경 부역노동은 다음과 같은 식으로 정해져 있었다. 각각의 농가는 한 명의 남성 노동력을 4월 중순부터 5월 중순까지는 일주일당 3일 온종일, 5월부터 세례자 요한 축일까지는 일주일당 오후 한 번, 세례자 요한 축일부터 건초용 풀을 벨 때까지는 일주일당 2일, 수확기에는 일주일당 오후 시간 세 번, 성 마르틴 축제부터 크리스마스까지는 일주일당 3일 온종일 제공한다는 것이다.[86] 물론 중세 후기에는 농노제로 나아감으로써 영주를 위한 노동이 계속 늘어나, 일주일의 거의 모든 날과 일 년의 거의 모든 주가 부역에 속해서 농민에게는 자기 경작지를 손질할 시간이 거의 없었다. 그러나 그때에도 농민은 자신이 스스로를 위해서가 아니라 다른 사람을 위해서 노동한다는 것을 아주 정확하게 알고 있었다. 아무리 어리석은 농민이라 해도 그런 문제에 관해 속는다는 것은 가능하지 않았다.

현대의 임금노동자에게는 사태가 완전히 다르다. 노동자는 노동일 가운데 일부에 자기 자신에게 필요한 물품들, 즉 자신의 식량, 의복 등등을 만들고 기업주를 위한 다른 물건은 나중에 생산하는 것이 아니다. 그와는 달리 반대로, 노동자는 공장이나 작업장에서 하루 종일 하나의 동일한 물품을 생산하며, 게다가 그 물품 대부분은 노동자 자신의 사적 소비에는 아주 조금만 필요하거나 전혀 필요하지 않은 것들, 강철 용수철이나 고무밴드나 직물이나 주철 파이프 따위다. 임금노동자가 온종일 만든 일률적인 강철 용수철, 밴드, 천의 더미에서 각각의 것은 다른 것과 비교해 세밀한 곳까지 똑같아 보여서, 우리는 그 가운데서 대가가 지불되는 노동인지 지불되지 않는 노동인지의 차이를, 즉 노동자를 위한 것인지 기업주를 위한 것인지의 차이를 조금도 알아차릴 수가 없다. 이와는 반대로, 노동자가 노동해 만든 생산물은 그에게 전혀 유용성이 없으며, 그 가운데 단 한 쪼가리도 노동자 것이 아니다. 노동자가 생산한 모든 것은 기업주 것이다. 여기에 임금노동과 예속 사이의 커다란 외형적 차이가 있다. 부역농민에게는 보통의 조건에서는 자기 경작지에서 노동할 어느 정도의 시간이 무조건 있어야 했으며, 자신을 위해 일한 것은 그의 것이기도 했다. 현대의 임금노동자의 경우에는 그의 생산물 전체가 기업주 것이며, 공장에서의 노동자의 노동은 자기 자신의 부양과는 전혀 관계가 없는 것처럼 보인다. 노동자는 임금을 받으며, 그 임금으로 그가 원하는 것을 할 수 있다. 이를 위해 그는 기업주가 지시하는 것을 해야만 하고, 그가 생산하는 모든 것은 기업주 것이다. 노동자에게는 보이지 않는 차이라는 것은 나중에 기업주의 계산에서, 즉 기업주가 노동자의 노동의 생산으로부터 수익을 계산할 때 잘 나타난다. 자본가에게 수익이란 생산물의 판매 후에 얻는 금액과 생산수단 및 노동자의 임금에 들어간 경비 사이의 차이다. 자본가에게 이익으로 남겨진 것은 바로 대가가 지불되지 않은 노동이 창조한 가치, 말하자면 노동자가 창조한 잉여가치다. 따라서 각각의 노동자는 그저 고무 밴드나 직물이나 주철 파이프를 생산할지라도 우선은 자기 자신의 임금을 생산하고 그 다음에 자본가에게 선사하는 잉여가치를 생산하는 셈이다. 예를 들어 노동자가 11시간에 11미터의 견직물을 짰다면, 그 가운데 6미터는 자기 임금의 가치를 포함하고 있고 5미터는 기업주를 위한 잉여가치를 포함하고 있는 것이다.

그러나 임금노동과 노예노동 또는 부역노동 사이의 차이에는 훨씬 더 중요한 결말이 담겨 있다. 노예와 부역농민은 주로 자신의 사적인 필요와 주인의 소비를 위해 노동을 제공한다. 그들은 자기 주인을 위해 먹을 것, 입을 것, 가구, 사치품 등등을 만들어 낸다. 어쨌든 이런 것들은 노예제와 부역관계가 상업의 영향으로 퇴화하고 몰락으로 다가가기 전에는 통상적인 일이었다. 그러나 인간의 소비 능력과 사생활에서의 사치에는 어떤 시대라도 일정한 한계가 있다. 가득 찬 곳간, 가득 찬 마구간, 풍족한 옷가지, 자신과 전 왕실을 위한 호화로운 생활, 풍족히 갖추어진 방, 이런 것들 이상이 고대의 노예 소유자나 중세 귀족들에게 필요할 수는 없었다. 일상적 필요를 충족하는 데 이용되는 그러한 물품들은 한 번에 너무 많이 보관할 수가 없었는데, 그러는 동안에 망가져 버리기 때문이다. 곡물은 쉽게 부패되거나 쥐가 먹어 버릴 수 있고, 저장된 건초와 짚에는 쉽게 불이 붙고, 옷감은 손상되고, 유제품, 과일, 채소 따위는 대체로 보관하기 나쁘다. 따라서 노예경제와 부역경제에서의 소비에는 아무리 호화로운 생활의 경우라 해도 자연적 한계가 있었고, 그럼으로써 노예와 농민에 대한 정상적인 착취에도 한계가 있었다. 현대의 기업주의 경우에는 이와는 달라서, 그들은 상품생산을 위해 노동력을 구매한다. 노동자가 공장이나 작업장에서 생산하는 것의 대부분은 노동자 자신에게 무용지물이며 기업주에게도 마찬가지로 무용지물이다. 기업주는 구매한 노동력으로 자신을 위한 의복과 식량을 만들 채비를 하게 하는 것이 아니라 자기 자신에게는 전혀 필요가 없는 이러저러한 상품을 제작하게 만든다. 기업주가 견직물이나 파이프나 관棺을 생산하게 한 것은 오로지 그것들을 가능한 한 빨리 다시 처분할 수 있기 위해서, 즉 판매할 수 있기 위해서다. 기업주는 판매를 통해 화폐를 얻기 위해 그런 것들을 생산하게 한다. 그리고 기업주는 화폐형태로 자신의 경비를 변제받을 뿐만 아니라 노동자가 선사한 잉여가치도 얻는다. 이러한 목적을 위해, 즉 노동자에게 그 대가가 지불되지 않은 노동을 화폐로 만들어 내기 위해, 기업주는 실로 그 업무 전체를 행하는 것이며 노동력을 구매하는 것이다. 그러나 알다시피 화폐는 부를 무제한 쌓기 위한 수단이다. 화폐형태에서는 부는 아무리 오랫동안 보관해도 가치를 전혀 잃지 않으며, 이와는 반대로 앞으로 보게 되듯이 화폐형태의 부는 그저 보관해 두기만 해도 증식되는 것처럼 보이기까지 한다. 그리고 화폐형태에서는 부는 한계를 모르고 또 끝없이 증식될 수 있다. 이에 걸맞게 잉여노동에 대한 현대 자본가의 굶주림 역시 한계가 없다. 대가가 지불되지 않는 노동을 노동자들에게서 많이 털어내면 낼수록 좋은 것이다. 잉여가치를 짜내고, 게다가 무한정 짜내라. — 이것이 노동력 구매의 고유한 목적이고 과제다.

노동자들에게서 짜내는 잉여가치를 증대시키기 위한 자본가의 자연스러운 충동은 두 가지 단순한 방법을 찾게 되며, 그 방법은 노동일의 구성을 관찰한다면 저절로 드러난다. 보았다시피 각각의 임금노동자의 노동일은 보통 두 부분으로, 즉 노동자가 자기 자신의 임금으로 변제받는 부분과 노동에 대해 지불되지 않고 잉여가치를 제공하는 또 다른 부분으로 이루어져 있다. 따라서 두 번째 부분을 가능한 한 확대하기 위해 기업주는 두 측면에서 대응할 수 있다. 노동일 전체를 연장할 수도 있고, 아니면 노동일 가운데 첫 번째 부분인 대가가 지불되는 부분을 줄일 수도, 말하자면 노동자의 임금을 떨어뜨릴 수도 있다는 것이다. 사실 자본가는 두 가지 방식을 동시에 붙들고 있으며, 그리하여 임금노동 제도에는 노동시간 연장과 임금 축소라는 이중의 지속적인 경향이 생겨난다.

자본가가 노동력 상품을 구매한다면, 그 자본가는 어떠한 상품에서도 그렇듯이 노동력 상품에서 유용성을 끌어내기 위해 그렇게 한 것이다. 어떠한 상품 구매자도 자신의 상품을 가능한 한 많이 사용하고자 한다. 예를 들어 우리가 장화를 구매하면 가능한 한 오래 신고 다니려고 한다. 상품의 완전한 사용과 유용성 전체는 상품 구매자 것이다. 따라서 상품 구매라는 관점에서 보자면, 노동력을 구매한 자본가가 그 구매된 상품에게 가능한 한 오래, 가능한 한 많이 자신에게 봉사하도록 요구하는 것은 전적으로 정당하다. 자본가가 노동력에게 일주일에 대해 대가를 지불했다면 일주일 동안의 사용은 자본가 것이며, 구매자라는 입장에서 볼 때 그에게는 노동자를 주마다 일곱 번 24시간 노동하게 할 권리가 있다. 그러나 다른 한편, 상품 판매자로서의 노동자는 정반대 입장이다. 물론 노동력의 사용은 자본가 것이지만, 노동자의 육체적이고 정신적인 성능에는 한계가 있다.

말이 못 쓰게 되지 않고 날이면 날마다 일할 수 있는 것은 8시간 뿐이다. 인간에게도 노동하는 동안 소모한 힘을 다시 얻으려면 음식물을 섭취하고 옷을 입고 휴식을 취하는 등등의 것을 하기 위한 일정한 시간이 있어야 한다. 그런 시간이 없다면, 그의 노동력은 소모될 뿐만 아니라 절멸되기도 한다. 지나치게 노동하면 노동력은 약화되며 노동자의 생명은 단축된다. 따라서 자본가가 주마다 노동력을 무제한 사용해 노동자의 수명을 두 주 단축시킨다면, 이는 한 주 임금을 주고 세 주를 가져가려는 것과 똑같다. 따라서 상품거래라는 동일한 입장에서 보자면, 이는 자본가가 노동자에게서 무언가를 훔쳤다는 것을 의미한다. 이렇듯 자본가와 노동자는 노동일 길이와 관련하여 상품시장에 입각하여 정반대되는 입장을 대변하며, 노동일의 실제 길이는 자본가계급과 노동자계급 사이의 투쟁의 여정에서 힘의 문제로서 결정될 뿐이다.*[87] 따라서 노동일 그 자체는 일정한 한계에 묶여 있지 않아서, 시대와 장소에 따라 8시간, 10시간, 12시간, 14시간, 16시간, 18시간 따위의 노동일이 있다. 그리고 대체로 노동일 길이를 둘러싼 투쟁은 수백 년간의 투쟁이다. 이 투쟁에서 우리는 중요한 두 시기를 목격하게 된다. 첫 번째 시기는 이미 중세 말인 14세기에 시작했는데, 이때 비로소 자본주의는 수줍어하며 첫 발걸음을 내딛고는 길드 통치의 견고한 보호용 갑옷을 뒤흔들기 시작했다. 수공업 전성기에 보통의 관습적인 노동시간은 대략 10시간에 달했고, 이때 식사 시간, 취침 시간, 휴

* 《로자 룩셈부르크의 여백 메모》 자본주의적 생산 자체의 이해관계?

식 시간, 일요일 휴식과 축제일 휴식 따위는 매우 쾌적하고 꼼꼼하게 지켜졌다. 이런 사정은 더딘 노동 방식의 낡은 수공업에는 충분한 것이었으나 초기 공장 경영에는 그렇지 않았다. 그래서 자본가들이 정부로부터 최초로 얻어 낸 것은 노동시간 연장을 위한 강행법규였다. 14세기부터 17세기 말까지 영국과 프랑스와 또 독일에서 보게 되는 법이란 **최소 노동일**에 관한 것, 말하자면 노동자들과 도제들이 일정한 노동시간보다 적게 노동하는 것을 금지하는 것뿐이며, 게다가 그 일정한 시간이란 대부분의 경우 하루 12시간이었다. 노동자가 건달처럼 지내는 것과의 투쟁, 이것이 중세 이래로 18세기까지 울려 퍼진 커다란 외침이다. 그러나 옛 길드 수공업의 권력이 파괴되면서 한편으로는 어떤 생산수단도 없이 노동력 판매에만 의존하는 대규모 프롤레타리아트가 형성되고 다른 한편으로는 열광적 대량생산을 동반한 대규모 매뉴팩처가 형성된 이래로, 즉 18세기 이래로 상황은 바뀌었다. 모든 연령과 양성 모두의 노동자를 급작스럽게 또 무한정 짜내는 일이 시작되어, 몇 년 지나지 않아 페스트가 퍼진 것처럼 노동인구 전체가 마구 쓰러졌다. 1863년 영국 의회에서 한 의원이 선언한 바에 따르면, "면방직공업은 90년 됐다. …… 영국 민족의 세 세대 동안 면방직공업은 면화 노동자 아홉 세대를 먹어 치웠다."* 그리고 영국 부르주아 저술가인 존 웨이드는 "중산층과 노동자계급의 역사"에 관한 자신의 저서에서 이렇게 썼다. "공장주들의 탐욕과 이윤을 좇을 때의 잔혹함은 에스

* 칼 맑스, 『자본』 제1권, 229쪽. [제23권 282쪽.] [88]

파냐인들이 금을 좇을 때 아메리카 홍인종에 대개 보인 잔혹함에 못지않다."* 영국에서는 19세기 60년대에도 레이스 세공과 같은 어떤 산업에서는 9세에서 10세의 어린아이들이 오전 2시, 3시, 4시부터 밤 10시, 11시, 12시까지 일했다. 독일에서 거울에 수은으로 된 박을 입히는 일과 제빵에서 얼마 전까지 지배적이었던 상황과 오늘날까지도 기성복 제조와 가내 공업을 완전히 지배하고 있는 상황은 잘 알려져 있다. 현대 자본주의 공업에 와서야 비로소 당시까지 전혀 알려지지 않았던 발명품인 야간노동이 처음으로 성사됐다. 이전의 모든 사회상태에서는 밤이란 인간을 위해 당연히 휴식을 취하는 것으로 정해진 시간으로 간주됐다.** 자본주의 기업은 밤에 노동자에게서 짜내는 잉여가치가 낮에 짜내는 잉여가치와 아무런 차이가 없다는 사실을 발견하고는 주간 근무조와 야간 근무조를 도입했다. 마찬가지로, 중세에는 길드가 엄격하게 존중했던 일요일도 잉여가치에 굶주린 자본가에게 희생되어 여분의 노동일이 돼 버렸다. 여기에 더해 노동시간 연장을 위해 사소한 것들이 한 다스는 고안됐으니, 멈추지 않고 노동하면서 식사하기, 정규 노동일 동안이 아니라 정규 노동일이 종료된 후에, 말하자면 노동자 휴식 시간 동안에 기계 청소하기 등등이 그런 것이다. 처음 수십 년간 아주 자유롭고 무제한적으로 행해진 이러한 자본가의 행위로 인해 곧 노동일에 대한 일련의 새로운 법안, 즉 이번에는 노동시간의 강제적 연장이 아니라 단축을 위한 법안이 필요하게 됐다. 게다가

* 칼 맑스, 『자본』 제1권, 204쪽[제23권 258쪽 각주 64]를 보라.[89]

** 《로자 룩셈부르크의 여백 메모》 이집트의 노예.

최대 노동일에 관한 이러한 최초의 법적 규정은 노동자들의 압력으로 인해 강제된 것도 아니었고 자본주의사회의 단순한 생존본능으로 인해 강제된 것도 아니었다. 애당초 최초 수십 년간의 대공업 경제는 노동하는 인민대중의 건강과 생활조건에 너무 치명적인 영향을 미쳐서, 엄청난 사망률, 질병, 육체적 장애, 정신적 황폐화, 전염병, 병역 부적격 따위를 낳아 사회 자체의 존속이 가장 밑바닥부터 위협을 받는 것으로 보였다.* 잉여가치를 향한 자본의 자생적 충동에 국가가 고삐를 죄지 않는다면 그 충동이 조만간 국가 전체를 거대한 공동묘지로 만들어 노동자들의 뼈만 볼 수 있게 될 것임은 명백했다. 그런데 노동자 없이는 노동자 착취도 없다. 따라서 자본은 미래에 착취가 가능하도록 해야 한다는 자기의 이해관계에 따라 현재의 착취를 어느 정도 제한해야 했다. 인민의 힘을 계속 착취하도록 보장하려면 인민의 힘을 어느 정도 보호해야 했다. 비경제적인 약탈경제에서 합리적 착취로 이행해야 했다. 그리하여 모든 부르주아적 사회 개혁이 이루어지면서 최대노동일에 관한 최초의 법도 생겼다. 우리는 사냥법에서 이 법에 필적할 만한 것을 보게 된다. 합리적으로 수가 늘어나 규칙적으로 사냥감으로 이용될 수 있도록 법으로 일정한 금렵기를 두어 붉은 사슴을 보호하는 것과 똑

* 보편적 병역의무가 도입된 이래로 성인 남성의 평균 체격이 작아져 왔으며, 이에 따라 법으로 명시된 징집 기준도 점점 더 낮아졌다. 프랑스에서 보병의 최저 신장은 대혁명 이전에는 165cm, 1818년 법에 따르면 157cm, 1852년 이래로는 156cm로 낮아졌는데도, 평균적으로 프랑스에서 절반 이상이 신장이 기준에 못 미치고 허약하여 징병검사에서 부적격 판결을 받았다. 작센에서는 징병 기준이 1780년에는 178cm였다가 1860년대에는 155cm가 됐고, 프로이센에서는 157cm였다. 베를린은 1858년에 할당된 보충병을 배치할 수 없었는데, 156명이 부족했던 것이다.

같이, 사회 개혁은 자본의 착취에 합리적으로 이용될 수 있도록 프롤레타리아트의 노동력에 대한 일정한 금렵기를 보증했다. 또는 맑스가 말했듯이, 공장노동의 제한은 마치 농부들에게 밭에 비료를 붓지 않을 수 없도록 만든 것과 같은 동일한 필연성 때문에 부과된 것이다.[90] 공장법은 개별 자본가의 저항에 맞서 수십 년 동안 힘겹게 투쟁하면서 태어나, 처음에는 아동과 여성에게 적용됐고 개별 산업에 차례차례 적용됐다. 그런 다음에 이를 뒤따른 것이 프랑스여서, 프랑스에서는 승리한 빠리 프롤레타리아트의 압력으로 1848년 2월혁명이 비로소 12시간 노동일을 공포했으니, 이는 모든 산업 분야의 성인 남성들은 물론 모든 노동자들의 노동시간에 관한 최초의 일반법이었다. 미국에서는 노예제를 철폐한 1861년 내전 이후 곧바로 8시간 노동일을 위한 노동자들의 전반적 운동이 시작됐으며, 이는 유럽 대륙으로 퍼져 나갔다. 러시아에서 여성과 미성년에 적용되는 최초의 보호법은 1882년 모스크바 공업지역에서 벌어진 대규모 공장 소요에서 생겨났으며, 성인 남성들의 11시간 30분 노동일은 1896년과 1897년 뻬쩨르부르크의 섬유노동자 60,000명의 최초의 총파업에서 생겨났다. 독일은 지금 여성과 아동에게만 적용되는 보호법을 갖춘 채 다리를 절며 다른 강대국들의 뒤를 따라가고 있다.

이제까지는 임금노동의 측면 가운데 하나인 노동시간에 대해서만 이야기했고, 어떻게 노동력의 구매와 판매라는 그저 단순한 상품거래가 특이한 현상들을 야기했는지를 이미 보았다. 그러나 여기서 맑스의 말을 빌려 말할 필요가 있다. "우리는 우리의 노동자가 생산과정에서 나올 때는 생산과정에 들어갈 때와는 다르다는 것을 인정해야 한다. 시장에서 노동자는 '노동력' 상품의 소유자로서 다른 상품소유자와, 즉 상품소유자로서 상품소유자와 마주했다. 노동자가 자본가에게 자신의 노동력을 판매했을 때 맺은 계약은 노동자가 자유롭게 자기 자신을 처분했음을 이른바 서면으로 증명했다. 거래를 마친 이후에 노동자가 깨닫게 되는 것은 자신이 '**결코 자유로운 행위자가 아니었다**'는 점, 노동력을 판매할 것인지를 자신이 **자유롭게 결정**할 수 있는 시간이란 노동력을 판매하지 **않으면** 안 **되게** 된 시간이라는 점, 사실 자신에게 달라붙은 흡혈귀는 '근육 한 조각, 힘줄 한 가닥, 피 한 방울이라도 짜낼 수 있는 한' 자신을 놓아주지 않는다는 점 따위다. 자신들을 괴롭히는 뱀을 '방어'하려면 노동자들은 머리를 맞대지 않으면 안 되며, **자유의지**에 따라 자본과 계약을 맺어 자신과 자신의 씨족을 죽음과 노예제에 처하도록 판매하는 것을 방지하는 국법, 즉 강력한 **사회적 장벽**을 **계급으로서** 강요해야 한다."[강조는 **로자 룩셈부르크**][91]

사실 노동자를 보호하는 법이란 상품생산과 상품교환의 토대가 되는 형식적 평등과 자유라는 것이 시장에 노동력이 상품으로 나타난 이래로 이미 부서져 버려 불평등과 부자유로 뒤집혔다는 점을 오늘날의 사회가 처음으로 공식적으로 고백하는 것이다.

3.

잉여가치를 늘리는 자본가의 두 번째 방법은 임금을 떨어뜨리는 것이다. 노동일처럼 임금 역시 그 자체로는 일정한 한계에 묶여 있는 것이 아니다. 임금에 대해 말할 때는 무엇보다도 노동자가 기업주에게 받는 화폐라는 것과 노동자가 그것을 주고 얻는 생활수단의 양이라는 것을 구분해야 한다. 어떤 노동자의 임금에 대해 예를 들어 하루 2마르크에 달한다는 것만 알고 있다면, 이는 전혀 알고 있지 못한 것과 같다. 왜냐하면 동일한 2마르크로 고물가 시기에 구매할 수 있는 생활수단은 저물가 시기에 구매할 수 있는 것보다 훨씬 적기 때문이며, 동일한 2마르크짜리 동전이 어떤 나라에서 뜻하는 생계는 다른 나라에서 뜻하는 생계와는 다르며 한 나라 안에서도 지역마다 그러하기 때문이다. 또한 노동자가 임금으로 이전보다 더 많은 화폐를 받지만 그런데도 생활하는 것이 이전보다 더 나아지는 것이 아니라 여전히 안 좋거나 심지어는 더 나쁠 수도 있다. 따라서 실질임금, 현실적인 임금은 노동자가 얻는 생활수단의 합계인 반면에, 화폐임금이란 명목임금일 뿐이다. 따라서 임금이 노동력 가치의 화폐적 표현일 뿐이라면, 이 가치는 현실에서는 노동자에게 필요한 생활수단에 돌아가는 노동의 양으로 나타난다. 그런데 "필요한 생활수단"이란 무엇인가? 어떤 노동자와 아무런 역할을 하지 않는 다른 노동자 사이의 개인적 차이를 도외시한다면, 나라와 시대가 다르면 노동자계급의 생계가 다르다는 사실은 "필요한 생활수단" 개념이 매우 변하기 쉽고 애매하다는 점을 증명하고 있다. 형편이 나은 오늘날의 영국 노동자는 날마다 비프스테이크를 소비하는 것이 생활에 필요하다고 여기고, 중국 쿨리는 한 줌의 쌀로 생활한다. "필요한 생활수단" 개념이 애매하므로, 임금 크기를 둘러싸고도 노동일 길이를 둘러싸고 벌어졌던 것과 유사하게 자본가와 노동자 사이에 투쟁이 전개됐다. 자본가는 상품 구매자로서 자신의 입장에서 이렇게 설명한다. "내가 모든 정직한 구매자들처럼 노동력 상품에 대해 그 가치에 따라 대가를 지불해야 한다는 것은 전적으로 옳지만, 노동력의 가치란 무엇인가? 필요한 생활수단인가? 자, 물론 나는 내 노동자에게 생존에 필요한 딱 그만큼을 준다. 그런데 한 인간이 생활을 유지하는 데 절대적으로 필요한 것이 무엇인지를 말해 주는 것은 첫째는 과학, 즉 생리학이고, 둘째는 일반적 경험이다. 그리고 내가 이러한 최소한을 머리털만큼도 차이가 나지 않게 정확하게 준다는 것은 자명하다. 왜냐하면 내가 한 푼이라도 더 준다면 나는 정직한 구매자가 아니라 상품을 판매하는 사람에게 자기 주머니에서 선물을 꺼내 주는 바보이며 박애주의자이기 때문이다. 나는 나의 제화공이나 담배 장수에게 한 푼도 선물하지 않으며, 그들의 상품을 가능한 한 저렴하게 구매하고자 한다. 이와 마찬가지로 나는 노동력을 가능한 한 저렴하게 구매하고자 하며, 그리고 내가 나의 노동자에게 간신히 생계를 유지할 수 있는 최소한을 준다고 해도 우리에게는 주고받을 것이 조금도 남아 있지 않다." 이때 자본가는 상품생산의 관점에서 전적으로 정당하다. 그러나 상품 판매자로 맞서고 있는 노동자도 자본가 못지않게 정당하다. "물론 나는 나의 노동력 상품의 사실상의 가치 이상을 주장하지 않는다. 그러나 내가 요구하는 것은 바로 당신이 나에게 완전한 가치를 실제로 지불하라는 것이다. 말하자면 나는 필요한 생활수단 이상을 바라지 않는다는 것이다. 그런데 필요한 생활수단이란 무엇인가? 당신은 한 사람이 생활을 유지하게 되기 위해 최소한으로 필요한 것이 무엇인지를 보여 주는 생리학이라는 과학과 경험이 이에 대해 답을 준다고 말한다. 따라서 당신은 '필요한 생활수단' 개념이라는 것을 절대적이고 생리학적인 필요로 바꿔치기하는 것이다. 그러나 그러면 상품교환의 법칙에 어긋나게 된다. 그 이유는 당신이나 내가 알고 있듯이, 시장에 나온 그 어떤 상품의 가치에 대해서도 결정적인 것은 그 상품의 제작에 사회적으로 필요한 노동이기 때문이다. 제화공이 당신에게 장화 한 켤레를 가져와서는, 4일에 걸쳐 장화 만드는 노동을 했으니 장화 대가로 20마르크를 주장한다면, 당신은 제화공에게 이렇게 말할 것이다. '나는 이런 장화를 공장에서는 12마르크면 얻을 수 있으며, 그 이유는 거기서는 장화 한 켤레가 기계로 하루 만에 만들어지기 때문이다. 따라서 당신의 4일 노동은 — 장화를 기계로 생산하는 것이 이미 관례이므로 — 필요한 노동이 아니다. 당신이 기계로 노동하지 않기 때문에 당신에게는 필요했을지 몰라도 사회적으로 볼 때는 그렇다. 그런데 어쩔 수 없이 나는 당신에게 사회적 필요노동, 말하자면 12마르크만 지불한다.' 당신이 장화를 구매할 때 이렇게 행동했다면, 당신은 나의 노동력 상품을 구매할 때 나에게도 노동력 유지에 사회적으로 필요한 비용을 지불해야 한다. 그러나 나의 생활에 사회적으로 필요한 것이란 우리가 살고 있는 나라에서 지금 시대에 나의 계급에 속하는 한 사람의 통상적 생계비로 간주되는 모든 것이다. 한마디로, 당신이 나에게 주어야 하는 것은 동물에게 그렇듯이 간신히 생활을 유지하는 데 생리학적으로 필요한 최소한이 아니라 나의 일상적인 생계를 보장하는 사회적으로 통상적인 최소한이다. 그래야 비로소 당신은 정직한 구매자로서 상품의 가치를 지불한 것이며, 그렇지 않으면 가치 이하로 구매한 것이다."

우리가 보는 바와 같이, 노동자는 순전히 상품의 관점에서 보자면 적어도 자본가와 마찬가지로 정당하다. 그러나 노동자는 시간이 걸려야만 이러한 관점을 유효하게 만들 수 있다. — 사회계급으로서, 말하자면 전체로서, 조직으로서만 그럴 수 있다는 것이다. 노동조합과 노동자정당이 설립되어야 비로소 노동자는 자신의 노동력을 그 가치로 판매하기 시작하며, 말하자면 자신의 생활 유지를 사회적이고 문화적인 필요 수준에서 주장하기 시작한다. 하지만 어떤 나라에 노동조합이 등장하기 이전이라면, 그리고 모든 개별 산업 분야에서 노동조합이 세력을 얻기 이전이라면, 임금 형성에서 결정적인 것은 자본가의 경향, 즉 생활수단을 생리학적 최소한으로, 말하자면 동물적인 최소한으로 떨어뜨리려는, 즉 노동력에 대해 지속적으로 그 가치 이하로 대가를 지불하려는 자본가의 경향이다. 노동자들이 제휴나 조직으로 저항하며 맞서지 못하여 자본이 고삐 풀린 지배를 휘두르던 시대는 공장법 도입 이전에 노동시간과 관련해서 그랬던 것처럼 임금과 관련해서 똑같이 미개한 방식으로 노동자계급의 처지를 격하시키는 결과를 낳았다. 자본의 지배는 이전의 수공업과 농민경제 시대에 익숙했던 노동자의 생활에 남아 있는 사치, 편의, 쾌적함 따위의 모든 흔적들에 대한 자본가의 십자군원정이었다. 자본의 지배는 노동자의 소비를 단순하고 황량한 행위로, 마치 가축이 먹이를 먹거나 기계에 기름이 칠해지듯이 신체에 최소한의 먹이를 공급하는 행위로 축소시키고자 하는 노력이다. 이와 관련하여, 자본은 응석둥이 노동자들에게 본보기와 예라며 가장 비천하고 욕구가 가장 적은 노동자들을 내세웠다. 노동자의 인간적 생계에 맞선 이러한 십자군원정은 — 자본주의 산업과 함께 — 영국에서 최초로 시작됐다. 18세기에 영국의 한 저술가는 이렇게 한탄했다.[92] "우리의 제조업 노동자가 소비하는 어마어마한 양의 불필요한 물건들이 무엇인지만 생각해 보라. 브랜디, 진, 차, 설탕, 외국산 열매, 독한 맥주, 날염한 아마포, 코담배와 담배 등등이 그런 것이다." 당시 영국 노동자들에게 금욕의 본보기라고 내세운 것은 프랑스, 홀란드, 독일 따위의 노동자들이었다. 그래서 영국의 한 공장주는 이렇게 썼다.[93] "프랑스에서는 노동이 영국보다 1/3이나 싸다. 프랑스의 빈민들(노동자를 이렇게 불렀다 —로자 룩셈부르크)은 혹독하게 노동하며, 먹거나 입는 것이 어렵기 때문이다. 고기를 거의 먹지 않기 때문에 그들의 주식은 빵, 채소, 풀뿌리, 말린 생선이다. 밀이 비싸면 빵을 아주 적게 먹는다." 19세기 초반 경에 미국인 럼포드 백작은 노동자의 식사를 저렴하게 만들 수 있는 요리법이 담긴 특별한 "노동자를 위한 요리책"을 편집했다. 여러 나라의 부르주아지들이 크게 환영하며 받아들인 이 유명한 책에 나온 요리법 하나는 예를 들면 이런 것이다. "7.5펜스의 보리 5파운드, 6.26펜스의 옥수수 5파운드, 3펜스의 청어, 1페니의 소금, 1페니의 식초, 2펜스의 후추와 양념 — 합계 20과 3/4펜스로 64명에게 스프를 제공하게 되며, 게다가 곡물을 평균가격으로 계산하면 두당 비용을 1/4페니로 깎을 수 있다."[94] 유스투스 리비히의 설명에 따르면, 아마도 세상에서 가장 힘들 남아메리카 광산의 노동자들의 일상적 작업이란 180에서 200파운드 무게의 광석을 깊이 450피트에서 채굴하여 어깨에 짊어지고 옮기는 것이지만 그들은 빵과 콩으로만 생계를 잇는다. 그 노동자들은 식량으로 빵만 좋아하겠지만, 주인들은 빵으로는 그렇게 힘들게 노동할 수 없음을 알게 되고는 노동자들을 말처럼 취급하여 빵보다는 콩이 골질을 이루는 데 더 도움이 되기 때문에 강제로 콩을 먹였다.[95] 프랑스를 보자면 이미 1831년에 기아로 인한 노동자들의 최초의 반란이 있었다 — 리옹 견직공의 반란이었다. 그러나 자본은 고유한 의미의 기계공업이 프랑스에 진입하던 1860년대에 제2제국에서 임금을 떨어뜨리며 한없이 복수심을 드러냈다. 기업주들은 저렴한 일손을 찾으려 도시에서 농촌으로 탈출했다. 그리고 계속 가다가 일당 1쑤, 즉 약 4파운드로 일할 여성들을 찾게 됐다. 물론 이러한 영광은 오래 가지 못했는데, 그런 임금으로는 동물적 생존에도 충분하지 않았기 때문이다. 독일을 보자면, 자본은 섬유공업에서 처음으로 이와 유사한 상황을 초래했는데, 1840년대에 생리학적 최소 이하로까지 임금이 깎이자 슐레지엔과 보헤미아에서 기아로 인한 직공織工들의 봉기가 발생했던 것이다.[14] 오늘날을 보자면, 노동조합이 생계에 아무런 영향력도 발휘하지 못하는 도처에서는 — 독일의 농업 노동자, 기성복 제조업, 다양한 가내공업 분야에서는 — 동물적인 최소한의 생활수단이라는 것이 임금을 정하는 규칙이 되고 있다.

4.*

노동하는 사람의 노동 부담이 더 커지도록 옥죄면서 그 생계는 될 수 있으면 동물과 같은 정도로 떨어뜨리며 또 때로는 그보다 상당히 심한 짓을 하는 것을 보면, 현대 자본주의 착취는 그 직전에 있었던 노예경제와 농노제라는 두 경제형태가 가장 사악하게 변질됐을 때, 즉 몰락이 가까워졌을 때 그 두 경제형태가 보인 착취와 유사하다. 그러나 자본주의 상품생산이 완전히 독보적으로 만들어냈고 이전의 모든 시대에는 전혀 알려지지 않았던 것이 있으니, 그것은 노동하는 사람의 부분적인 실업과 그로 인해 지속적인 현상이 된 노동하는 사람이 소비되지 않는 것, 말하자면 노동자 산업예비군이다. 자본주의적 생산은 시장에 의존하므로 시장의 수요를 따라야 한다. 그런데 수요는 끊임없이 변해서, 해마다, 계절별로, 달마다, 이른바 사정이 좋고 나쁨이 교체된다. 자본은 이러한 경기변동에 끊임없이 적응해야 하고, 그 결과로 때로는 노동자를 많이 고용하고 때로는 적게 고용하게 된다. 따라서 시장이 노동력을 아무리 많이 요구해도 그때 필요한 수의 노동력을 수중에 두고 있으려면, 자본은

* 《로자 룩셈부르크의 여백 메모》 예비군의 형성.

고용된 수의 노동자 이외에도 예비로 상당한 수의 고용되지 않은 노동자들을 처분할 수 있도록 두어야 한다. 고용되지 않은 노동자들은 그 상태로는 임금을 받지 못하며, 그들의 노동력은 구매되지 않으며 창고에 재고로 있다. 따라서 노동자계급 일부가 소비되지 않고 있다는 것은 자본주의적 생산의 임금 법칙의 본질적 구성 요인에 속한다. 이 실업자들이 어떻게 생계를 꾸려나가든 자본은 상관하지 않지만, 자본은 예비군을 해산시키려는 어떠한 시도도 자신의 중대사에 대한 위험으로 보고 물리친다. 이에 대한 주목을 끌 만한 예를 1863년의 영국 면화위기가 제공한 바 있다. 미국산 원면의 부족으로 영국의 방적업과 방직업이 갑자기 생산을 중단해야 해서 거의 백만 명의 노동인구가 실직했을 때, 이 실업자들 가운데 일부는 다가오는 아사를 모면하기 위해 오스트레일리아로 이민하기로 결정했다. 이들은 실업 상태에 있는 노동자 5만 명의 이민이 가능하도록 영국 의회에 2백만 파운드스털링을 승인하라고 요구했다. 물론 노동자들의 이러한 무리한 요구에 맞서 면화 공장주들은 분노의 함성을 질렀다. 공업은 기계 없이는 꾸려 나갈 수 없고 노동자들 역시 기계이므로 재고가 있어야 한다는 것이었다. 굶주린 실업자들이 갑자기 떠나가면 "나라"는 4백만 파운드스털링에 달하는 손해를 입어야 할 것이었다. 그렇기 때문에 의회는 이민 기금을 거부했고, 실업자들에게는 자본을 위해 필요한 예비군을 이루라고 굶주림의 족쇄가 채워졌다. 또 다른 노골적인 예는 1871년에 프랑스 자본가들이 제공했다. 꼬뮌이 붕괴된 후 법적 형식을 따라, 또 법적 형식을 따르지 않고, 빠리 노동자에 대한 살육이

어마어마한 규모로 자행되어 수만 명의 프롤레타리아, 게다가 가장 뛰어난 프롤레타리아, 즉 엘리트 노동자층이 살해되자,[96] 복수심이 충족된 기업주층에게는 재고 "일손"의 부족으로 곧 자본이 고통을 겪으리라는 걱정이 생겨났다. 전쟁이 종결된 직후인 당시는 산업이 활기찬 도약을 향해 가고 있었던 때였다. 이러한 이유로 몇몇 빠리 기업주들은 재판이 열렸을 때 꼬뮌투사들에 대한 박해를 완화하여 일손을 군도軍刀의 학살에서 구제하여 자본의 손이 되도록 하기 위해 힘썼다.

그러나 산업예비군은 자본에게 이중의 기능이 있다. 첫째는 갑작스레 산업 도약이 있을 때마다 노동력을 제공하며, 둘째는 실업자와의 경쟁을 겪는 피고용인들에게는 지속적인 압력을 행사해 그들의 임금을 최소 수준으로 떨어뜨린다.

맑스는 자본을 위해 행하는 기능과 생활조건이 다른 모습을 띠는 네 개의 서로 다른 층을 예비군 안에서 구분한다. 최상층은 주기적으로 실업을 겪는 산업노동자이며, 이들은 모든 직업에, 심지어는 가장 처지가 좋은 직업에도 항상 존재한다. 그 인물은 끊임없이 바뀌는데, 그 어떤 노동자라도 일정한 시기에는 실업 상태였다가 다른 시기에는 고용되기 때문이다. 그 숫자 역시 경기 진행에 따라 심하게 변동해서, 공황 때에는 매우 많아지고 호경기에는 얼마 되지 않는다. 그러나 이들은 결코 고갈되지 않고 일반적으로 보자면 산업이 발전함에 따라 증가한다. 두 번째 층은 농촌에서 도시로 몰려드는 프롤레타리아트인 비숙련 노동자들인데, 이들은 보잘것없는 것을 요구하며 시장에 나타나서는 단순노동자답게 일정한 노동 분야라는 족쇄에 묶여 있는 것이 아니라 모든 노동 분야를 위한 저장소 역할을 하며 고용을 애타게 기다린다. 세 번째 범주는 하층에 있는 프롤레타리아들인데, 이들은 정규적으로 고용되지 못하여 임시로 하는 일을 찾아 계속해서 어떤 때는 이것을 하고 다른 때는 저것을 하게 된다. 여기서 가장 긴 노동시간과 가장 낮은 임금을 볼 수 있으며, 그리고 이러한 이유로 이 층은 앞에서 설명한 좀 나은 두 층과 똑같이 자본에게 유용할 뿐만 아니라 없어서는 안 될 층이 된다. 이 층은 공업과 농업에서 남아도는 사람들에서 끊임없이 모집되지만, 특히 몰락하는 소규모 수공업자와 사라지고 있는 별로 중요하지 않은 직업들에서 모집된다. 이들은 가내공업을 위한 폭넓은 토대를 이루며, 일반적으로 이른바 산업의 세트 뒤에서, 즉 공식 무대 뒤에서 영향을 미친다. 그러나 이들은 사라지는 경향을 보이지 않을 뿐만 아니라 그와 반대로 도시와 농촌에서 공업의 영향력이 증대하고 출생률이 상승하면서 증가하고 있다.

마지막으로 프롤레타리아 예비군의 네 번째 층은 직접적인 구호대상자, 즉 빈민인데, 이 가운데 일부는 노동능력이 있는 사람들로서 경기가 좋은 때에는 공업이나 상업에 어느 정도 고용됐다가 공황 시기에는 제일 먼저 내쫓기게 되는 사람들이며, 다른 일부는 노동능력이 없는 사람들로서 더 이상 산업이 사용할 수 없는 늙은 노동자, 프롤레타리아 미망인, 고아와 구호대상 아동, 장애를 입고 신체가 절단된 대공업과 광업의 희생자들, 마지막으로는 유랑인 등등과 같은 노동하는 습관이 없는 사람들이다. 이 층은 곧장 룸펜프롤레타리아로, 즉 범죄자나 매춘

부로 흘러들어간다. 맑스는 구호대상자가 노동자계급의 상이군인 수용소를 이루고 노동자계급 예비군에게 무거운 짐이 된다고 말했다. 산업예비군이 산업발전에서 그랬듯이, 구호대상자의 존재는 산업예비군에서 필연적이고 피할 수 없게 생겨난다. 가난과 룸펜프롤레타리아트는 자본주의 생존조건에 속하며 자본주의와 함께 성장했다. 사회적 부, 기능하는 자본, 그 자본이 고용한 노동자 대중이 크면 클수록, 재고로 보관 중인 실업자 층, 예비군은 더 크다. 고용된 노동자대중과 비교해 예비군이 많으면 많을수록, 빈민, 구호대상자, 범죄자 따위의 최하층은 많아진다. 그러므로 자본 및 부와 함께, 고용되지 못하는 사람과 임금을 받지 못하는 사람도 불가피하게 증가하며, 이로 인해 노동자계급의 거지 층 — 공식적인 빈민 — 도 증가한다. 맑스가 말했듯이, "이것이 자본주의 축적의 절대적이고 일반적인 법칙이다."[97]

이미 말했다시피, 지속적으로 존재하면서 증가하는 실업자 층이 형성된다는 것은 이전의 모든 사회형태에서는 알려지지 않은 일이었다. 꼬뮌주의 원초공동체에서는 생계에 필요한 한에서는 당연히 누구나 노동했는데, 한편으로는 직접적 욕구로부터 그런 것이었고, 다른 한편으로는 부족이라는 공동체의 도덕적 권위와 법적 권위가 가하는 압력 아래서 그런 것이었다. 그러나 또한 모든 사회 구성원들에게는 손에 넣을 수 있도록 생활에 필요한 수단이 지급됐다. 원시적 꼬뮌주의 집단의 생계라는 것은 당연히 매우 낮은 수준이고 단순했으며, 생활 편의 시설은 원시적이었다. 그러나 생활에 필요한 수단이 있는 한, 그

것은 치우치지 않게 모두를 위해 있는 것이어서, 오늘날 의미에서의 가난, 곧 사회에 존재하고 있는 수단의 박탈이란 그 시대에는 전혀 알려지지 않은 일이다. 자연환경의 노여움이 압박하여 원시 부족이 굶주리는 일이 이따금 또는 종종 있지만, 이러한 결핍은 이때는 사회 자체의 결핍이며, 구성원 일부에게는 결핍되어 있고 다른 일부에게는 넘친다는 것은 생각할 수 없는 어떤 것이다. 사회의 생활수단이 대체로 보장되어 있는 한에서는 그 어떤 개별 구성원의 생존도 보장됐기 때문이다.

오리엔트의 노예제와 고대 노예제에서도 같은 것을 보게 된다. 이집트의 국가 노예나 그리스의 사적 노예가 아무리 착취당하고 혹사당한다 해도, 그들이 겪는 초라한 생계와 주인에게 나타나는 넘침 사이의 차이가 아무리 크다 해도, 이 노예의 생계는 노예관계 자체에 의해 보장돼 있었다. 오늘날 자기 말이나 가축이 먹을 것이 없어 죽도록 두지 않듯이, 노예가 먹을 것이 없어 죽도록 두지 않았다. 중세 부역관계에서도 마찬가지였다. 농민층을 땅에 묶어 두었고, 봉건적 복종 체계 전체의 견고한 구조가 있었다. 그 복종 체계에서는 누구든지 다른 사람의 주인이거나 어떤 주인의 시종이거나 동시에 둘 다이거나 해서 누구에게나 특정한 지위가 지정돼 있었다. 그리고 주인이 농노를 대단히 혹독하게 짜냈을지는 몰라도, 어떤 주인에게도 그들을 땅에서 몰아내고, 따라서 그들에게서 생계를 빼앗을 권리가 없었으며, 그와는 반대로 부역관계는 화재, 범람, 우박 등등과 같은 재난이 닥치면 가난해진 농민들을 후원할 의무를 주인에게 부과하고 있었다. 중세 말경에야 비로소, 봉건주의의 붕괴 및 현대 자본주의의 도입과 함께 농민 소유지 몰수가 시작됐다. 하지만 중세에는 노동하는 사람 다수의 생존은 철저히 보장돼 있었다. 부분적으로는 당시에 이미 수많은 전쟁이나 개별적 재산 손실의 결과로 인해 소수의 빈민과 거지가 생겨났다. 그러나 이들 빈민의 부양은 사회의 의무로 여겨졌다. 이미 샤를마뉴는 자신의 법령집에서 다음과 같이 분명하게 정해 두었다. "나라에서 방랑하고 있는 거지에 대해 말하자면, 우리 가신들 가운데 누구나 자신에게 부여된 소유지에서든 자기 집 안에서든 빈민을 먹여 살리기를 바라며 빈민들이 구걸하러 다른 곳으로 떠나도록 두지 않기를 바라노라." 이후에는, 빈민에게 잠자리를 제공하고 노동능력이 있는 빈민에게 일자리를 제공하는 것은 수도사들의 특수한 소명이었다. 따라서 중세에는 무언가가 필요한 사람이라면 누구나 어떤 집에서도 받아들이는 것이 보장돼 있었으며, 자산이 없는 사람의 부양은 단순한 의무로 간주돼서 그런 사람은 오늘날의 거지가 겪는 경멸의 오명에 전혀 엮이지 않았다.

대규모 층의 주민을 실업자로 만들고 벌이가 없게 만든 경우를 과거의 역사는 단 하나 알고 있다. 그것은 이미 언급한 바 있는 고대 로마 농민층의 경우인데, 토지에서 내몰려 프롤레타리아트가 되어 버려 그들에게는 일자리가 남아 있지 않았던 것이다. 이와 같은 농민의 프롤레타리아트화는 당연히 대규모 라티푼디움의 완성 및 노예경제 확산의 논리적이고 필연적인 결과였다. 그러나 농민의 프롤레타리아트화는 노예경제 및 대규모 소유지의 존립에는 전혀 필요하지 않은 것이었다. 그와는 반대로 고용되지 않고 있는 로마 프롤레타리아트는 그냥 불행일 뿐이었으며 사회에 대한 부담일 뿐이어서, 사회는 접근할 수 있는 모든 수단을 통해, 즉 토지의 주기적 분배, 생활수단의 분배, 엄청난 곡식 수입의 조절, 곡물 가격의 인위적 할인 따위를 통해 프롤레타리아트와 그들의 가난을 보호할 길을 찾고자 했다. 결국 고대 로마의 이러한 많은 프롤레타리아트는 나쁘던 좋던 간에 국가가 직접 부양했다.

따라서 자본주의 상품생산이란, 주민 가운데 거대하며 증가하고 있는 층의 실업 및 무일푼 상태와 그들과 마찬가지로 증가하고 있는 다른 층의 적나라한 절망적 가난이 경제의 결과일 뿐만 아니라 경제의 필연이며 생존조건인 인류사에서 최초의 경제형태다. 모든 노동대중의 불안정한 생존, 만성적 결핍, 부분적으로는 특정한 광범위한 층의 적나라한 빈곤, 이런 것이 최초로 사회의 정상적인 현상이 된 것이다. 그리고 오늘날의 사회형태 말고는 다른 어떤 사회형태를 상상할 수 없는 부르주아 학자들은 이처럼 실업자층과 벌이가 없는 층이 자연스럽고 필연적으로 생겨나고 있다는 사실로 머리가 가득 차, 이를 신이 의도한 자연법칙으로 설명한다. 영국인 맬서스는 이를 토대로 19세기 초반에 인구에 관한 유명한 이론을 세웠으니, 그 이론에 따르면 인류에게는 생활수단보다 자식을 더 빨리 증식하는 사악한 습관이 있기 때문에 가난이 생겨난다는 것이다.

그러나 우리가 본 것처럼, 이러한 결과들을 가져온 것은 다른 것이 아니라 그저 상품생산과 상품교환의 작용이다. 형식적으로는 완전한 평등과 자유에서 기인하는 이러한 상품법칙은 완전히 기계적으로, 법칙이나 폭력의 어떠한 개입도 없이, 확고하게 필연적으로, 엄청난 사회적 불평등을 낳았으니, 이는 인간에 대한 인간의 적나라한 지배에서 기인하는 이전의 모든 관계에서는 전혀 알려지지 않았던 불평등이었다. 처음으로 적나라한 굶주림이 노동대중의 삶을 일상적으로 몰아대는 채찍이 됐다. 그리고 이를 자연법칙이라고 설명하기도 했다. 국교회 목사인 타운센드는 이미 1786년에 다음과 같이 썼다. "빈민들이 어느 정도 지각이 없다는 것, 그래서 공동체에서 가장 천하고 가장 더럽고 가장 열등한 기능을 수행하기 위해 그런 사람이 사회에 늘 존재한다는 것은 하나의 자연법칙으로 보인다. 그럼으로써 인간의 행복 기금은 매우 늘어나며, 우아한 사람들은 고역에서 해방되어 지장 없이 더 나은 직업 등등에 전념할 수 있다. …… 빈민법에는 신과 자연이 세상에 세운 이 제도의 조화와 아름다움, 균형과 질서를 파괴하는 경향이 있다."[98]

게다가, 다른 사람의 희생으로 살아가는 "우아한 사람들"은 자신들에게 착취자 생활의 즐거움을 보장하는 그 어떤 사회형태들에서도 이미 신이 손가락으로 가리키는 섭리와 자연법칙을 보았다. 아무리 위대한 인물이라 해도 이러한 역사적 기만을 피해 갈 수 없었다. 예컨대 영국인 목사보다 수천 년 전에 그리스의 위대한 사상가인 아리스토텔레스는 이렇게 썼다. "노예제를 창조한 것은 자연 그 자체다. 동물은 수컷과 암컷으로 나뉜다. 수컷은 완벽한 동물이어서 지배한다. 암컷은 덜 완벽해서 종속된다. 이와 마찬가지로 인류에는, 신체가 정신 아래에 있고 동물이 인간 아래에 있듯이 다른 사람들 아래에 있는 개체들이 있다. 이들은 육체노동에나 쓸모가 있지 무언가 완벽한 것을 수행할 능력은 없는 존재다. 자연은 이 개체들을 노예제에 처하도록 정했는데, 그 이유는 그들에게는 남에게 복종하는 것보다 더 나은 것이 없기 때문이다. …… 노예와 동물 사이에 그리 큰 차이가 있을까? 그 둘의 노동은 닮았고, 그 둘은 우리에게 신체를 통해서만 유용하다. 따라서 이러한 원칙으로부터 우리는 자연이 일정한 인간들은 자유에 맞게 창조했고 다른 인간들은 노예제에 맞게 창조했다는 결론과 따라서 노예가 존재하는 것이 유익하고 정당하다는 결론을 내릴 수 있다."[99] 모든 형태의 착취에 대해 책임이 있는 "자연"은 어쨌든 시간이 흐르면서 미각이 결딴났음에 틀림없다. 그 이유를 말하자면, 아리스토텔레스 같은 자유로운 철학자이자 천재를 등에 업어 치켜세우기 위해 다수 인민대중을 깎아내려 노예제라는 치욕에 처하게 하는 것이 아직도 가치가 있는 일일지라도 오늘날 수백만 프롤레타리아트를 깎아내려 상스러운 공장주들과 살찐 목사들을 사육하도록 하는 것은 별로 유혹적이지 않은 목표이기 때문이다.

5.

지금까지 우리는 자본주의 상품경제가 노동자계급과 그 상이한 층에게 보장하는 생계가 어떤 것인지를 연구했다. 그러나 우리는 노동자의 이러한 생계와 사회적 부 전체와의 관계에 대해서는 아직 정확한 것을 알지 못한다. 왜냐하면 노동자들에게 예컨대 어떤 경우에 이전보다 더 많은 생활수단, 더 충분한 식량, 더 좋은 옷 따위가 생기긴 하지만 그때 다른 계급들의 부가 훨씬 더 빠르게 증가했다면, 사회적 생산물에 대한 노동자의 몫은 줄어든 것이기 때문이다. 노동자의 생계 자체는 다른 계급과 비교해 상대적으로 보면 몫이 줄어드는 반면에 절대적으로 보면 나아질 수도 있다. 그런데 그 어떤 사람과 그 어떤 계급의 생계도 주어진 시간에 같은 사회의 다른 층들과의 관계에서 평가해야만 올바르게 판단할 수 있다. 아프리카의 원시적인, 반半야만적이거나 미개한 흑인 부족의 우두머리의 생계는 독일의 평균적 공장노동자보다 못해서, 말하자면 사는 곳도 더 소박하고 입는 것도 더 나쁘고 먹는 것도 더 조잡하다. 그러나 이 우두머리는 자기 부족의 자산이나 요구와 비교하면 "우두머리답게" 생활하고 있는 반면에, 독일의 공장노동자는 부유한 부르주아지의 사치품이나 오늘날 시점의 요구와 비교하면 실로 궁색하게 생활하고 있다. 따라서 오늘날 사회에서 노동자의 지위를 올바르게 판단하려면, 절대적 임금, 즉 임금의 크기 그 자체뿐만 아니라, 상대적 임금, 즉 노동자의 임금이 자기 노동의 생산물 전체에서 차지하는 몫도 조사하는 것이 필요하다. 우리는 앞서의 예에서, 노동자가 11시간 노동일을 노동하면서 그 가운데 처음 6시간은 자신의 임금, 즉 생활수단을 위해 노동해야 하고 그 다음 5시간은 공짜로 자본가를 위해 잉여가치를 창조해야 한다고 가정했다. 따라서 이 예에서 우리는 노동자를 위한 생활수단의 제작에 6시간 노동이 든다고 가정한 것이다. 또한 우리는 자본가가 될 수 있는 대로 대가가 지불되지 않는 노동, 즉 잉여가치를 증대시키기 위해 모든 수단을 동원해 노동자의 생계 수준을 떨어뜨리려 한다는 것도 알았다. 그런데 노동자의 생계가 변하지 않는다고, 즉 언제나 동일한 양의 식량, 옷, 속옷, 가구 등등을 조달할 수 있는 처지에 있다고 가정하자. 또한 임금이 절대적으로 보면 줄어들지 않는다고 가정하자. 하지만 생산 진보로 인해 이러한 모든 생활수단의 제작에 드는 비용이 저렴해지고 이제 예를 들면 더 적은 시간이 요구되게 되면, 이제 노동자가 자신의 임금을 갚기 위해 노동해야 할 필요가 있는 시간은 짧아진다. 노동자에게 날마다 필요한 양의 식량, 옷, 가구 등등이 요구하는 것이 이제는 더 이상 6시간 노동이 아니라 5시간 노동뿐이라고 하자. 이렇게 되면 노동자는 자신의 11시간 노동일에서 6시간이 아닌 5시간만 자신의 임금을 보상하기 위해 노동하게 될 것이며, 그에게는 6시간 전체가 대가가 지불되지 않는 노동, 자본가를 위한 잉여가치 창출을 위해 남게 된다. 자신의 생산물에 대한 노동자의 몫은 6분의 1 줄고 자본가의 몫은 5분의 1 늘었다. 그러나 이때 절대적 임금은 전혀 하락하지 않는다. 더욱이 노동자의 생계가 나아지는 일, 말하자면 절대적 임금이 예를 들면 10퍼센트 상승하는 일도 있을 수 있으며, 그것도 화폐임금으로만 상승하는 것이 아니라 노동자의 실제 생활수단으로도 상승하는 일도 있을 수 있다. 그러나 같은 시기에 또는 그에 이어 곧바로 노동생산성이 15퍼센트 상승한다면, 생산물에 대한 노동자의 몫, 말하자면 상대적 임금은 절대적 임금이 상승했음에도 불구하고 사실상 하락한다. 따라서 생산물에 대한 노동자의 몫은 노동생산성에 달려 있다. 자신의 생활수단을 더 적은 노동으로 제작할수록 노동자의 상대적 임금은 더 적어진다. 노동자가 입는 셔츠, 장화, 모자가 제작 기술 진보로 인해 이전보다 더 적은 노동으로 만들어진다면, 그는 같은 양의 셔츠, 장화, 모자를 자신의 임금으로 조달할 수 있겠지만, 그럼에도 불구하고 이제 그는 사회적 부, 사회적 총노동 가운데 더 적은 부분을 얻게 된다. 그러나 노동자의 일상적 소비에 들어가는 것은 생각할 수 있는 온갖 생산물과 원료의 일정한 양이다. 왜냐하면 셔츠 제조업뿐만 아니라 셔츠에 원료를 공급하는 면화 제조업, 재봉틀을 공급하는 기계공업, 실을 공급하는 방사공업 역시 노동자의 생계에 필요한 비용을 저렴하게 만들기 때문이다. 이와 마찬가지로 제빵업의 기술 진보뿐만 아니라 곡물을 대량으로 공급하는 미국 농업, 미국의 곡물을 유럽으로 운반하는 철도 운송과 증기선 운송에서의 기술 진보 등등도 노동자의 생활수단을 저렴하게 만든다. 이렇듯 산업에서 기술 진보가 있을 때마다, 인간 노동의 생산성이 상승할 때마다, 노동자 생계에는 점점 더 적은 노동이 들게 된다. 따라서 노동자는 자신의 임금을 보상하는 데는 노동일 가운데 점점 작은 부분을 사용하게 되고, 노동자에게 대가가 지불되지 않는 노동, 곧 자본가를 위해 잉여가치를 창출하는 부분은 점점 커지게 된다.

그런데 항상적이고 멈추지 않는 기술 진보는 자본가에게는 필연이며 생존조건이다. 개별 기업주들 사이의 경쟁은 각각에게 생산물을 가능한 한 저렴하게 제작하지 않으면 안 되게, 말하자면 인간 노동을 가능한 한 절약하며 제작하지 않으면 안 되게 만든다. 그리고 이러저러한 자본가가 공장에 개선된 새로운 공정을 도입했다면, 바로 그 경쟁으로 인해 같은 분야의 다른 모든 기업주는 싸움터에서, 말하자면 상품시장에서 쫓겨나지 않기 위해 그와 마찬가지로 기술을 개선하지 않을 수 없게 된다. 이는 손으로 작동하던 자리에 기계로 작동하는 기술이 전반적으로 도입되고 낡은 기계 자리에 개선된 새로운 기계가 점점 빨리 도입되는 것에서 뚜렷하게 드러난다. 기술상의 발명이 모든 생산영역에서 일용할 양식이 된다. 그리하여 고유한 의미의 생산뿐만 아니라 운송수단에 이르기까지 모든 산업에서 일어나는 기술상의 변혁은 멈추지 않는 현상이고, 자본주의 상품생산의 사활이 걸린 법칙이다. 그리고 그 어떤 노동생산성 진보도 노동자를 부양하는 데 필요한 노동량의 감소로 나타난다. 다른 말로 하자면, 자본주의적 생산은 사회적 생산물에 대한 노동자의 몫을 줄이지 않고는 한 걸음도 나아갈 수 없다. 새로운 기술이 발명될 때마다, 기계가 개선될 때마다, 증기와 전기가 생산과 교통에 응용될 때마다, 생산물에서 노동자 몫은 작아지고 자본가 몫은 커진다. 상대적 임금은 멈추지도 않고 방해를 받지도 않고 점점 더 아래로 하락하며, 잉여가치, 즉 노동자에게 강탈한 자본가의 부富인 대가가 지불되지 않는 노동은 그와 마찬가지로 멈추지도 않고 지속적으로 점점 더 위로 상승한다.

여기에서도 우리는 자본주의 상품생산과 이전의 모든 사회의 경제형태 사이의 분명한 차이를 다시 보게 된다. 우리가 알고 있는 것처럼, 원시 꼬뮌주의사회에서 생산물은 생산된 직후에 모든 노동하는 사람에게, 말하자면 노동하지 않는 사람이 없는 것이나 마찬가지이기 때문에 모든 구성원에게 균등하게 분배된다. 예속관계 아래에서 결정적인 것은 평등이 아니라 노동하지 않는 사람에 의한 노동하는 사람의 착취다. 그런데 노동의 열매에 따라 결정되는 것은 노동하는 사람들, 부역농민들이 자기 노동의 열매에서 가져가는 몫이 아니라 거꾸로 착취자, 부역을 시키는 영주가 가져가는 몫이며, 이 몫은 농민들에게 얻어내야만 하는 일정한 부역과 공과금으로서 정확하게 고정돼 있었다. 그런 다음에 남겨진 노동시간과 생산물이 농민 몫이어서, 일상적 상황이라면, 즉 농노제가 극단적으로 변질되기 전이라면, 일정한 범위에서는 농민에게는 자신의 노동력을 다해 자기 몫을 늘릴 가능성이 있었다. 물론 농민이 이렇게 얻게 되는 몫은 귀족과 성직자가 중세를 거치면서 요구하는 공과금과 부역이 많아짐에 따라 점점 적어졌다. 그러나 아무리 멋대로 정한 기준량이라고는 해도 언제나 그것은 일정하게, 눈으로 볼 수 있게, 인간 — 이 인간이 인간 같지도 않은 잔혹한 인간일지라도 — 이 확정한 기준량이었으며, 이에 따라 생산물에 대한 부역농민 몫과 그의 봉건 흡혈귀 몫이 정해졌다. 그렇기 때문에 중세의 부역농민과 농노는 자기가 지는 부담이 커지고 자기 자신의 몫이 줄어들면 그 사실을 정확하게 보고 느꼈다. 따라서 몫이 줄어드는 것에 맞서는 투쟁이 가능했으며, 또한 실제로 그 투쟁은 착취당하는 농민들이 사태가 눈에 보일 수밖에 없는 곳에서 노동생산물에 대한 자신의 몫이 줄어드는 것에 맞서서 벌이는 공공연한 투쟁으로 터졌다. 특정한 조건에서 이 투쟁은 성공을 거두기도 했다. 도시 시민층의 자유는 다른 것이 아니라, 처음에는 예속된 수공업자였던 사람들이 점차 잡다한 부역과 쿠르메덴, 베스트하웁트, 게반트레흐트[100]와 봉건시대의 수천 개의 착취 수단 따위에서 하나씩 벗어나 마침내 남은 것 — 정치적 권리 —을 공공연한 투쟁으로 정복함으로써 성립된 것이다.

임금제도에서는 생산물에 대한 노동자 몫과 관련하여 어떠한 법적 또는 관습적 규정도 존재하지 않으며, 게다가 강제적이고 자의적일 뿐인 규정이란 존재하지 않는다. 노동자 몫은 그때그때의 노동생산성의 정도에 따라, 기술 상태에 따라 결정되며, 노동자 몫을 끊임없이 무자비하게 떨어뜨리는 것은 착취자의 이러저러한 재량이 아니라 기술 진보다. 따라서 노동자에게서 그의 생산물 가운데 점점 많은 부분을 빼앗고 점점 더 적은 부분을 남기는 것은 전혀 보이지 않는 권력, 즉 경쟁과 상품생산이 낳는 단순하고 기계적인 효과이며, 이 권력은 노동자의 등뒤에서 조용히 눈에 띄지 않게 작동하므로 이 권력에 맞서는 투쟁은 전적으로 불가능하다. 착취자의 인격적 역할은 절대적 임금, 즉 실제적 생계가 문제가 되는 곳에서는 여전히 눈에 보인다. 노동자의 실제적 생계를 더 어렵게 만드는 임금 인하는 눈에 보이게 자본가가 노동자를 암살하는 것이어서, 노동조합이 영향을 미치고 있는 곳이라면 노동자들은 대개 즉각적 투쟁으로 답하며, 상황이 좋은 경우에는 막아 내기도 한다. 이에 반해 상대적 임금의 하락은 겉보기에는 자본가의 최소한의 인격적 개입도 없이 일어나며, 임금제도 내에서는, 즉 상품생산이라는 토대에서는 노동자에게는 이에 대해 투쟁하고 이를 막아 낼 가능성이 전혀 없다. 생산의 기술상의 발전에 맞서, 발명과 기계도입에 맞서, 증기와 전기에 맞서, 운송수단의 개선에 맞서 노동자들이 투쟁할 수는 없다. 그런데 이러한 모든 진보가 노동자의 상대적 임금에 미치는 영향은 상품생산과 노동력이라는 상품의 성격에서 기계적으로 생겨난다. 이러한 이유로 아무리 강력한 노동조합이라 해도 상대적 임금이 급속히 하락하는 경향에는 완전히 무력하다. 이러한 이유로 상대적 임금의 인하에 맞서는 투쟁은 노동력이라는 상품의 성격에 맞서는, 다시 말해 자본주의적 생산 전체에 맞서는 투쟁을 뜻하기도 한다. 따라서 상대적 임금의 하락에 맞서는 투쟁은 더 이상 상품경제의 토대 위에서 벌이는 투쟁이 아니라 이 경제의 존립에 맞서는 혁명적이고 전복적인 돌진이며, 프롤레타리아트의 사회주의운동이다.

그리하여 노동조합이 처음에 격렬하게 투쟁할 때 이에 동조하던 자본가계급은 사회주의 투쟁이 시작된 후에는, 그리고 그런 한에서는, 노동조합이 사회주의에 반대하도록 만들게 된다. 프랑스에서는 단결권 쟁취를 위한 노동자들의 모든 투쟁이 1870년대까지는 헛수고였고, 노동조합은 가혹한 처벌을 받으며 박해를 받고 있었다. 하지만 꼬뮌 봉기가 모든 부르주아지를 붉은 유령에 대한 광기 서린 공포로 몰아넣은 직후, 여론은 냉혹하게 돌변하기 시작했다. 의장 강베따 개인의 기관지인 『프랑스 공화국』과 "싫증 난 공화주의자"의 여당 전체는 노동조합운동을 장려하기 시작했고, 열렬히 선전하기까지 했다. 19세기 초반에는 영국 노동자들이 금욕적인 독일 노동자들을 모범으로 삼았는데, 오늘날에는 그와 반대로 독일 노동자들이 영국 노동자들을, 게다가 금욕적인 것이 아니라 "탐욕적이며" 비프스테이크를 먹는 조합주의자들을 본받아야 할 모범생으로 추천하고 있다. 이렇듯, 절대적 임금의 상승을 둘러싸고 노동자들이 아무리 격노하여 투쟁을 벌인다 해도 이는 부르주아지에게는 지성소 — 상대적 임금을 지속적이고 떨어뜨리게 되는 자본주의의 기계적 법칙 — 를 공격하는 것에 비하면 별로 해롭지 않은 사소한 일로 나타난다는 것이 사실이다.

6.

앞에서 서술한 임금관계의 모든 결과를 종합할 때 비로소 우리는 노동자의 물질적 생활 상태를 결정하는 자본주의 임금 법칙을 생각할 수 있을 것이다. 여기서는 무엇보다도 절대적 임금과 상대적 임금을 구분해야 한다. 절대적 임금은 다시 두 가지 모습으로 나타나, 첫째로는 화폐의 합계로, 즉 명목임금으로 나타나고, 둘째로는 이 화폐로 노동자가 얻을 수 있는 생존수단의 합계로, 즉 실질임금으로 나타난다. 노동자의 화폐임금이 불변인 채로 있거나 오르기까지 한다 해도 생계, 즉 실질임금은 내려갈 수 있다. 그런데 실질임금은 절대적 최소한에 이르기까지, 육체적 최저생계비에 이르기까지 하락하는 지속적인 경향을 보여서, 말하자면 노동력에 대해 그 가치 이하로 대가를 지불하려는 자본의 지속적인 경향이 존재한다. 이러한 자본의 경향에 맞설 균형추는 노동자 조직이 비로소 설치한다. 노동조합의 주요 기능은 노동자의 욕구를 끌어올리고 노동자를 도덕적으로 고양시킴으로써 비로소 육체적 최저생계비 대신에 문화적이고 사회적인 최저생계비, 즉 노동자의 일정한 문화적 생계를 창출하고, 그 이하로 임금이 하락하면 곧바로 단결된 투쟁과 저항을 불러일으키는 것이다. 사회민주주의당의 거대한 경제적 의의 또한 특히 광범위한 노동자 대중을 정신적으로나 정치적으로 흔들어 깨움으로써 그들의 문화 수준을 높이고 이를 통해 경제적 욕구를 높인다는 것에 있다. 예를 들어 신문을 구독하고 팸플릿을 구매하는 것이 노동자의 생활 습관이 되면, 이와 정확하게 일치하여 노동자의 경제적인 생계도 상승하고 그에 따라 임금도 상승한다. 이러한 점에서 볼 때 사회민주당이 낳는 파급효과는 이중적이다. 어떤 주어진 나라의 노동조합이 사회민주당과 공공연하게 동맹을 유지하는 한, 사회민주당을 반대하는 세력은 물론 부르주아층은 앞서 말한 노동조합과 경쟁하는 노동조합을 창립하고자 했으며 그 노동조합은 자기 나름대로 조직의 교육적 효과를 낳고 더 폭넓게 프롤레타리아트의 문화 수준을 높이는 일을 맡게 된다. 그리하여 우리가 알고 있듯이, 독일에는 사회민주당과 결탁하고 있는 자유로운 노동조합 이외에도 수많은 기독교 노동조합, 가톨릭 노동조합, 자유주의 노동조합이 활동하고 있다. 프랑스에서도 비슷하게 사회주의 노동조합을 박멸하기 위해 이른바 황색조합이 창립됐으며, 러시아에서는 오늘날 격렬하게 발발한 혁명적인 대규모 파업을 "황색"조합, 즉 어용노조가 끝냈다. 이에 반해 노동조합이 사회주의와 거리를 두고 있는 영국을 보자면, 부르주아지는 몸소 프롤레타리아층 안에서 동맹이라는 발상을 퍼뜨리는 수고를 떠맡지 않고 있다.

따라서 노동조합은 현대 임금제도에서 필수불가결한 유기적 역할을 수행한다. 노동조합에 의해 비로소 말하자면 상품으로서의 노동력은 그 가치로 판매될 수 있는 입장이 됐다. 노동력과 관련된 자본주의 상품법칙은 라쌀레가 잘못 전제한 것처럼 노동조합에 의해 폐기되는 것이 아니라 반대로 노동조합에 의해 비로소 실현된다. 자본가가 체계적으로 노동력을 헐값에 구매하고자 해도 노동조합 활동 덕분에 노동력은 많건 적건 실질가격으로 상승한다.

하지만 노동조합은 자신의 기능을 자본주의적 생산의 기계적 법칙들의 압력 아래서, 즉 첫째로는 실업 상태 노동자인 상시 예비군이라는 법칙과 둘째로는 경기의 상승과 하강의 지속적 교체라는 법칙의 압력 아래서 수행한다. 이 두 법칙은 노동조합의 효과를 극복할 수 없는 한계 속으로 밀어 넣는다. 산업경기가 끊임없이 교체함으로 인해, 노동조합은 경기가 하강할 때마다 옛 성과를 자본의 새로운 공격으로부터 방어해야만 하며, 경기가 상승할 때마다 하락한 임금 수준을 유리한 상황에 걸맞은 수준으로 오로지 투쟁을 통해 다시 올려야 한다. 이렇듯 노동조합은 언제나 수세에 몰린다. 그러나 실업자인 산업예비군이 노동조합의 활동을 이른바 공간적으로 제한한다. 사정이 좋은 산업노동자의 상층만이 조직과 그 효과에 접근할 수 있으며, 이들에게는 실업이 주기적일 뿐이고 맑스의 표현에 따르자면 "유동적"이다.[101] 이와는 달리 농촌에서 도시로 지속적으로 몰려드는 미숙련 농업 프롤레타리아와 벽돌 제작이나 토목공사와 같은 반쯤은 농업과 같이 불규칙적인 직업을 가진 최하층은 일자리의 공간적이고 시간적인 조건과 사회적 여건으로 인해 노동조합 조직에는 매우 적절하지 않다. 끝으로 불규칙하게 고용되는 실업자, 가내공업 종사자, 더 나아가 우연하게 고용되는 빈민 따위의 광범위한 예비군 하층은 노동조합 조직에서 완전히 벗어나 있다. 일반적으로 말하자면, 어떤 층의 프롤레타리아트에게 궁핍과 압박이 크면 클수록 그들은 노동조합의 영향을 받을 가능성은 더 적다. 이렇듯 노동조합이 펼치는 활동은 프롤레타리아트의 깊이로 보자면 매우 약하게 영향을 미치고 폭으로 보자면 강하게 영향을 미친다. 말하자면 노동조합이 최상층 프롤레타리아트의 일부만 포괄한다 해도 그 영향은 층 전체에 미치게 되는데, 이는 노동조합의 성과가 해당 직업에 고용돼 있는 노동자 대중 전체에게 도움이 되기 때문이다. 따라서 노동조합이 펼치는 활동은 노동조합 조직에서 활동할 수 있는 상층의 산업노동자 전위부대를 곤궁에서 들어 올려 단결하게 하고 공고하게 함으로써 프롤레타리아 대중 내부에 분화가 강화되도록 작용한다. 그럼으로써 노동자계급의 상층과 하층 사이의 간격은 더 넓어진다. 이러한 간격이 영국만큼 넓은 나라는 없는데, 예를 들어 독일에서는 사회민주당이 강력하게 효력을 발휘하고 있는 것과는 달리 영국에서는 노동조합 조직에서 활동할 수 없는 하층에 대해 사회민주당이 노동조합을 보완하며 문화적 영향을 미치지 못하고 있기 때문이다.

자본주의 임금관계를 서술하면서 고용된 산업노동자들에게 실제로 지불된 임금만을 고려하는 것은 완전히 잘못된 것이며, 이런 잘못은 대개는 노동자 자신들도 부르주아지와 부르주아지에게 급료를 받는 글쟁이들에게서 생각 없이 받아들여 습관처럼 나타난다. 잠시 고용되지 못한 숙련노동자부터 가장 밑바닥의 빈민과 공식적 구호대상자에 이르기까지 실업자 예비군 전체는 임금관계를 규정할 때 동등한 권리를 가진 요인으로 참가한다. 잠깐만 고용되거나 전혀 고용되지 못해 궁핍에 시달리는 사람과 쫓겨난 사람으로 이루어진 최하층은 부르주아지가 잘 이해하고 제시한 바의 "공식 사회"에 속하지 않는 찌꺼기 같은 것이 아니라, 예비군이라는 모든 연결 고리를 통해 가장 처지가 좋은 최상의 산업노동자층과도 생생한 유대감으로 연결되어 있다. 이러한 내적 연관은 숫자상으로 나타나는데, 예비군 하층이 경기가 나쁠 때마다 갑자기 증가하고 경기가 나아질 때마다 줄어드는 것을 통해 나타나고, 나아가 계급투쟁이 전개되어 프롤레타리아 대중의 자신감이 높아지면서 공적 빈민 보조금이라는 도피처를 받아들이는 사람의 수가 상대적으로 감소하는 것을 통해서도 나타난다. 마지막으로, 노동하는 도중에 장애를 입거나 불행하게도 60세가 될 그 어떤 산업노동자도 처절한 빈민이라는 하층으로, 프롤레타리아트의 "거지 층"으로 몸소 떨어질 확률이 50/100이다. 따라서 프롤레타리아트 최하층의 생활 상태를 위와 아래로 잡아당기며 움직이는 것은 바로 이 자본주의적 생산의 법칙인 것이며, 이제 비로소 프롤레타리아트는 광범위한 대다수 농촌 노동자층과 함께, 실업자 군대와 함께, 최상층부터 최하층까지 모든 층과 함께 하나의 유기적 전체, 하나의 사회계급을 이루었기에, 이들이 각기 다른 정도로 궁핍과 압박을 겪는 것을 보면 자본주의 임금 법칙 전체를 올바르게 파악할 수 있게 된다. 끝으로, 그러나 절대적 임금의 운동만 안다면 임금 법칙의 절반만 파악하고 있다고 할 수 있다. 노동생산성 진보에 따라 상대적 임금이 기계적으로 하락하게 된다는 법칙을 알아야 비로소 자본주의 임금 법칙의 실제적 파급효과까지 완벽하게 알게 되는 것이다.

노동자의 임금이 평균적으로는 최소한의 필요한 생활수단에 머무는 경향을 보인다는 점은 이미 18세기에 영국과 프랑스의 부르주아정치경제학 창시자들이 관찰한 것이다. 그러나 그들은 이러한 최저임금을 조절하는 메커니즘을 독특한 방식으로, 즉 일을 찾는 노동력의 공급이 변동하는 것으로 설명했다. 이 학자들이 설명하는 바에 따르면, 노동자가 받는 임금이 생활에 절대적으로 필요한 것보다 많으면 결혼이 잦아지고 아이도 많이 낳게 된다. 그럼으로써 노동시장은 다시 넘쳐 자본의 수요를 훨씬 웃돌게 된다고 한다. 그러면 자본은 노동자들 사이의 심한 경쟁을 이용해 임금을 많이 깎는다고 한다. 그러나 임금이 필요한 생계유지에 충분하지 않으면, 노동자들이 대량으로 사멸하여 노동자 대열은 자본이 사용할 수 있는 만큼의 소수만 남게 되고 그럼으로써 임금은 다시 올라간다고 한다. 노동자계급의 과도한 증식과 과도한 사망률 사이를 오가는 이러한 진자를 통해 임금은 언제나 다시 최소한의 생활수단을 얻을 정도로 되돌아온다고 한다. 60년대까지 정치경제학을 지배했던 이 이론은 라쌀레에게도 수용되어 "확고하고 무자비한 법칙"이라 불렸다...

자본주의적 생산이 충분히 발전된 오늘날 보자면 이 이론의 약점은 분명하다. 예컨대 사업이 달아오르고 경쟁이 벌어지면 대공업은 임금을 깎는 일을 지체할 수 없는데, 노동자들이 드디어 넘쳐 너무 자주 결혼해 너무 많은 아이를 낳을 때까지, 이 아이들이 자라서 노동시장에 나타나 원하던 대로 초만원을 이룰 때까지 기다릴 수가 없기 때문이다. 산업의 맥박에 조응하는 임금 운동이란 한 번 흔들리는 데 한 세대, 즉 25년이 걸리는 진자의 느긋한 걸음걸이가 아니며, 임금은 끊임없이 진동하는 운동 속에 있어서, 노동자계급이 자신의 번식을 통해 임금의 수준을 조정할 가능성도 없으며, 공업이 노동자의 번식을 기대하며 자신의 수요를 충족시킬 것을 지체할 수도 없다. 둘째로, 산업 노동시장의 크기를 대체로 결정하는 것은 노동자의 자연적 번식이 아니라, 농촌, 수공업, 소규모 공업과 노동자 자신의 부인과 자식으로부터 지속적으로 유입되는 프롤레타리아트화한 신선한 층이다. 예비군의 모습으로 나타나는 노동시장의 공급과잉이 바로 현대 산업의 한결같은 현상이자 그 생존조건이다. 따라서 임금수준에서 결정적인 것은 노동력 공급의 부침이나 노동자계급의 운동이 아니라 자본의 수요의 부침, 자본의 운동이다. 노동력은 넘치도록 있는 상품이어서 언제나 재고가 있으므로, 자본의 마음에 드는 정도에 따라 값을 더 비싸게 쳐 주기도 하고 더 헐하게 쳐 주기도 하는데, 자본은 고조기에는 노동력을 힘차게 빨아들였다가 공황이 오면 뉘우치고 다시 대량으로 내뱉는다.

이처럼 임금 법칙의 메커니즘은 부르주아정치경제학과 라쌀레가 가정했던 것과는 전혀 다른 것이었다. 하지만 그 결과는, 말하자면 실제로 거기서 생기는 임금관계의 모습은 그들의 낡은 가정에 따른 것보다 훨씬 심한 것이다. 자본주의 임금 법칙이 "확고한" 것은 아니지만, 이 법칙은 고용된 노동자의 임금을 최저생활비로 떨어뜨리고자 하면서 그와 동시에 다수의 고용되지 못한 층 전체를 삶과 죽음 사이에서 탄력적인 가는 동아줄에

매달려 버둥거리게 만드는 방식의 "탄력적" 법칙이기 때문에 더 무자비하고 잔혹하다.

사람을 부추기는 혁명적인 성격을 지닌 "확고한 임금 법칙"이라는 것을 제기하는 것은 부르주아정치경제학의 초기와 청년기에나 가능했다. 라쌀레가 독일에서 이 법칙을 선동의 축으로 만들자마자, 부르주아를 정치경제학적 방식으로 추종하는 하수인들은 서둘러 이 확고한 임금 법칙이 거짓이며 오류가 있는 학설이라고 선언하고 비난했다. 정규적으로 보수를 받으며 공장주 층의 대리인 역할을 하던 파우허, 슐쩨 폰 델리쮜, 막스 비르트 따위의 떼거리 전체는 라쌀레와 확고한 임금 법칙에 맞서 십자군원정을 개시했고, 그러면서 자기들의 조상인 애덤 스미스, 리카도, 그리고 다른 위대한 부르주아정치경제학의 창시자들을 가차 없이 모독했다. 맑스가 1867년에 산업예비군의 영향 아래에서의 탄력적인 자본주의 임금 법칙에 대해 설명하고 증명한 이래로[102] 부르주아정치경제학은 최종적으로 입을 다물었다. 오늘날 공식적 부르주아 전문가 학문에는 도대체 임금 법칙이라는 것이 없으며, 그 학문은 까다로운 주제는 피하면서, 실업은 유감스러운 일이라거나 온건하고 분수를 아는 노동조합이 유용하다는 따위의 연관성 없는 주제에 관해 수다나 떠는 것을 더 좋아할 뿐이다.

정치경제학의 다른 주요한 문제, 즉 자본가 이윤은 어떻게 형성되며 어디서 유래하는가라는 문제와 관련해서도 마찬가지로 구경거리가 있다. 사회적 부에 대한 노동자 몫에 대해 그랬듯이 자본가 몫에 대해서도 18세기 정치경제학의 창시자들은 이미 최초의 과학적 답을 제시했다. 이 이론을 가장 분명한 형태로 제시한 것은 자본가 이윤을 대가가 지불되지 않은 프롤레타리아의 노동이라고 예리하고도 논리적으로 설명한 데이비드 리카도였다.

7.

우리는 임금 법칙을 고찰할 때 노동력 상품의 구매와 판매에서 시작했다. 그런데 노동력 상품이 있으려면 이미, 생산수단이 없는 임금프롤레타리아가 필요하고, 생산수단을 보유한 자본가, 게다가 현대적 기업을 설립하기에 충분한 거대한 규모의 생산수단을 보유한 자본가가 필요하다. 그들은 어디서 상품시장으로 온 것일까? 이전의 서술에서는 상품생산자만을, 즉 자기 생산수단을 가지고 스스로 상품을 생산하고 그 상품을 교환하는 사람들만을 안중에 두었다. 동일한 상품 가치를 교환하는데 어떻게 한편에는 자본이 생겨나고 다른 한편에는 완전한 무일푼 상태가 생겨날 수 있을까? 이제 우리가 알게 된 것처럼, 노동력 상품을 완전한 가치대로 구매해도 이 상품을 사용하면 대가가 지불되지 않는 노동 또는 잉여가치, 즉 자본이 형성되게 된다. 임금노동과 그 결과를 고찰하면 자본과 불평등의 형성이 분명해진다는 것은 확실하다. 그런데 임금노동을 고찰하려면 그 이전에 이미 자본과 프롤레타리아가 있어야 한다! 따라서 질문은 이런 것이 된다. 어디로부터, 그리고 어떻게 최초의 프롤레타리아와 최초의 자본가가 형성됐으며, 어떻게 단순상품생산으로부터 자본주의적 생산으로의 최초의 도약이 이루어졌는가? 달리 말하자면 질문은 이런 것이 된다. 어떻게 중세 소규모 수공업에서 현대 자본주의로의 이행이 일어났는가?

최초의 현대 프롤레타리아트의 형성에 대해서는 봉건주의 해체의 역사가 답을 준다. 노동하는 자가 임금노동자로서 시장에 나타날 수 있으려면 일신상의 자유를 얻어야 했다. 따라서 이를 위한 첫 번째 조건은 농노제에서 해방되고 길드가 강제하는 의무로부터 해방되는 것이었다. 그러나 온갖 생산수단도 잃어버려야 했다. 이는 대규모 "농민 소유지 몰수"를 통해 성취됐으며, 지주였던 귀족은 근대가 밝아올 때 이를 통해 지금의 재산을 형성했다. 수천의 농민이 수백 년 전 이래 자신들 것이었던 토지에서 그냥 내쫓겼고, 농민들의 공동체 토지는 영주 것이 됐다. 예를 들어 영국의 귀족이 이런 일을 한 것은 중세에 무역이 확대되고 플랑드르의 양모 매뉴팩처가 번영하여 양모 산업에 필요한 양을 사육하는 것이 이익을 가져오는 사업이 됐을 때였다. 경작지를 양 방목장으로 바꾸기 위해, 농민들을 집과 농장으로부터 그냥 내쫓았다. 이러한 "농민 소유지 몰수"는 영국에서 15세기에서 19세기까지 계속됐다. 예를 들어, 1814년부터 1820년까지도 서덜랜드 백작의 소유지에서는 거주민을 1만 5천 명 이상 쫓아내고 그들의 촌락을 불사르고 그들의 밭을 방목지로 바꾸어 농민이 있던 자리에 숫양 131,000마리를 길렀다.[103] 독일에 대해 말하자면, 법률의 보호를 받지 못하게 된 추방된 농민들을 이처럼 폭력적으로 "자유로운" 프롤레타리아들로 만들기 위해 특히 프로이센 귀족들이 무슨 일을 했는지는 볼

프의 소책자『슐레지엔의 억만장자』를 보면 알 수 있다. 생존을 박탈당하고 법률의 보호를 받지 못하게 된 농민들에게는 굶주려 죽거나 아니면 언제나 그렇듯 박봉을 받고 자유롭게 자신을 판매할 자유 말고는 아무 것도 남아 있지 않았다.

VII. 자본주의 경제의 경향

1.

우리는 특정한 계획적 생산조직을 갖춘 모든 사회형태 — 원초꼬뮌주의사회, 노예경제, 중세 농노경제 — 가 단계적으로 해체된 후에 어떻게 상품생산이 생성되는지를 보았다. 나아가 우리는 단순상품경제에서, 즉 중세 말기 도시 수공업 방식의 생산에서 어떻게 기계적으로, 말하자면 인간의 의지와 의식이 없이 오늘날의 자본주의경제가 싹트는지를 보았다. 처음에 우리가 제기한 질문은 이런 것이었다. **어떻게 자본주의경제가 가능한가?** 이는 실로 학문으로서의 정치경제학의 본질적인 질문이기도 하다. 이제 그 학문은 우리에게 이 문제에 대한 충분한 답을 주고 있다. 그 학문은 자본주의경제가 그 완전한 무계획성을 고려하고 또 그 어떤 의식적 조직도 없음을 고려할 때 첫눈에 보기에는 불가능한 것, 풀기 어려운 수수께끼임에도 불구하고 하나의 전체로 짜 맞추어져 있으며 존속할 수 있음을 보여 준다. 더 정확히 말하자면 다음과 같다.

상품교환과 화폐경제를 통해 그렇다. 이로써 자본주의경제는 모든 개별 생산자를, 또한 지구에서 가장 외진 지역들을 경제적으로 서로 연결하고 전 세계 차원에서 분업을 관철시킨다.

자유경쟁을 통해 그렇다. 이로써 기술 진보가 보장되는 동시에, 소생산자들을 끊임없이 프롤레타리아로 바꾸어 구매할 수 있는 노동력을 자본에게 공급하게 된다.

자본주의 임금법칙을 통해 그렇다. 이로써 기계적으로 한편으로는 임금노동자들이 결코 프롤레타리아 상태를 벗어나지 못하고 또 자본의 명령에서 빠져나오지 못하게 되며, 다른 한편으로는 대가가 지불되지 않는 노동이 자본에게 점점 더 많이 쌓이고 그럼으로써 생산수단이 점점 더 많이 모이고 확대되는 것이 가능하게 된다.

산업예비군을 통해 그렇다. 이로써 자본주의적 생산에게 사회의 수요에 맞는 그 어떤 확장력과 적응력도 허용된다.

이윤율 균등화를 통해 그렇다. 이로써 한 생산영역에서 다른 생산역역으로 자본이 지속적으로 운동할 조건을 만들고 분업의 균형을 조절한다.

마지막으로, 가격 변동과 공황을 통해 그렇다. 이로써 맹목적이고 무질서한 생산과 사회의 수요 사이에 균형이 부분적으로는 날마다, 부분적으로는 주기적으로 생겨난다.

이러한 방식으로, 즉 앞서 말한 경제법칙의 기계적 작동을 통해, 자본주의경제는 완전히 스스로, 즉 사회의 어떠한 의식적 개입도 없이 형성되고 존속한다. 말하자면, 개별 생산자들 사이에 그 어떤 조직화된 경제적 연관도 없음에도 불구하고, 인간의 경제행위가 전혀 무계획적임에도 불구하고, 사회적 생산이 진행되고 소비를 동반한 생산의 순환이 진행되는 것이 가능하게 되며, 사회의 대다수가 노동에 붙잡혀 있는 것이 가능하게 되며, 열악하든 훌륭하든 사회의 욕구가 충족되는 것이 가능하게 되며, 경제적 진보, 즉 인간 노동의 생산성 발전이 문화 진보 전체의 토대로 보장되는 것이 가능하게 된다.

그런데 이런 것들은 그 어떠한 인간 사회라도 존재하려면 필요한 기본 조건들이며, 어떤 역사적으로 형성된 경제형태가 이런 조건들을 만족시킨 한에서 그 경제형태는 존속할 수 있으며 그 경제형태는 하나의 역사적 필연인 것이다.

그러나 사회관계는 경직된 부동의 형태가 아니다. 우리는 어떻게 사회관계가 시간이 흐름에 따라 여러 차례 변화를 드러내는지, 어떻게 사회관계가 영원히 교체에 처해 인간의 문화진보, 즉 발전이 나아갈 길을 여는지를 보았다. 수천 년에 걸친 장구한 원초꼬뮌주의 경제는 인간 사회를 아직도 절반은 동물적이었던 최초의 존재로부터 더 높은 문화 발전 단계로, 즉 언어와 종교의 형성, 목축과 경작, 정주하는 생활방식과 촌락 형성 따위로 이끌었으나, 그 뒤를 이어 원초꼬뮌주의는 점차 붕괴했으며, 그 뒤를 이어 고대 노예제가 수립돼 그 나름대로 사회생활에서 위대한 새로운 진보를 가져왔고 또 그 진보는 고대 세계의 몰락과 함께 다시 끝났다. 새로운 형태는 중부유럽의 게르만족 꼬뮌주의사회로부터 고대 세계의 잔해 위에서 싹텄다. — 중세 봉건주의의 토대를 이루게 되는 부역경제가 그것이다.

다시 발전이 중단 없이 진행됐다. 중세 봉건사회의 품속에서 완전히 새로운 경제형태와 사회형태의 맹아가 도시에서 생겨나 길드 수공업, 상품생산, 정기적 거래 따위가 생겨나며, 이런 것들이 결국은 봉건적 부역사회를 붕괴시킨다. 봉건적 부역사회는 무너지고, 세계무역, 아메리카 발견, 인도로 가는 항로의 발견 덕분에 수공업적 상품생산에서 자라오른 자본주의적 생산에 자리를 내준다.

자본주의 생산방식으로 말하자면, 이미 애초부터 역사적 진보라는 거대한 전망 전체에서 조망하자면 변경이 불가능하고 영원히 존재하는 것이 아니라 앞서 지나간 그 어떤 사회형태들과 마찬가지로 하나의 이행 국면, 즉 인간의 문화 발전이라는 거대한 사다리의 하나의 가로장일 뿐이다. 그리고 더 자세히 관찰하면 실제로 자본주의 발전 자체가 자기 자신의 몰락을 가져오고 있고 자신을 넘어서고 있다. 지금까지는 자본주의경제를 가능하게 만든 맥락들을 탐구했다면, 이제는 자본주의경제를 불가능하게 만드는 맥락들을 알아야 할 시간이다. 그러려면 자본지배의 고유한 내적 법칙을 그 법칙이 낳는 그 이상의 결과들 안에서 쫓아가야만 한다. 주어진 발전 수준에서 인간 사회가 존재하는 데 꼭 필요한 모든 기본 조건들에 반하는 방향으로 나아가는 것은 바로 이 법칙들 자체다. 자본주의 생산방식이 이전의 모든 생산방식에 비해 특별히 두드러진 것은 자본주의 생산방식에는 기계적으로 지구 전체로 확대되어 더 오래된 그 어떤 다른 사회질서도 몰아내려는 내재적 지향이 있다는 것이다. 원초꼬뮌주의 시대를 보자면, 역사적 연구로 접근 가능한 세계 전체는 똑같이 꼬뮌주의경제로 덮여 있었다. 개별적 꼬뮌주의공동체 및 부족 사이에는 아무런 관계가 없었고, 인접한 공동체들 사이에나 느슨한 관계가 있었을 뿐이다. 그 어떤 공동체나 부족도 독자적으로 폐쇄된 삶을 살았으며, 또한 예를 들어 우리가 중세의 게르만 꼬뮌주의공동체와 남아메리카의 고대 페루의 공동체의 이름이 거의 같아 앞의 것은 "마르크Mark"고 뒤의 것은 "마르카marca"라는 눈에 띨 만한 사실을 발견한다면 이는 단순한 우연이라기보다는 지금까지도 해명되지 않은 수수께끼일 것이다. 고대 노예제가 확산되던 시대를 보아도, 고대의 개별적인 노예경제와 노예국가의 조직과 관계에서 크든 작든 간에 유사성을 발견할 뿐이지 그것들 사이에서 경제생활의 공통성을 발견하지는 못한다. 이와 마찬가지로 길드 수공업의 역사와 그로부터의 해방의 역사는 일치하는 것이 많기도 하고 적기도 하지만, 이탈리아, 독일, 프랑스, 네덜란드, 영국 등등의 대부분의 중세 도시들에서 반복된다. 그러나 대부분 도시마다 독자적으로 역사가 있다.

자본주의적 생산은 모든 나라를 경제적으로 동일한 꼴로 만들 뿐만 아니라 하나의 유일한 거대한 자본주의세계경제로 결합시키면서 모든 나라로 확장된다.

자본주의적 생산은 각각의 유럽 공업국 내부에서는 소규모 영업, 수공업, 소규모 농업 따위를 멈추지 않고 몰아낸다. 이와 동시에 자본주의적 생산은 낙후된 유럽 나라들과 아메리카, 아시아, 아프리카, 오스트레일리아에 있는 모든 나라를 세계경제로 끌어들인다. 이는 세계무역과 식민지 정복이라는 두 가지 방식으로 진행된다. 이 둘은 이미 15세기 말 아메리카 발견 이래로 서로 협력하며 시작됐으며, 그 다음 세기가 지나면서 더욱 확장됐지만, 특히 19세기에 가장 많이 도약하면서 훨씬 더 확장됐다. 이 둘 — 세계무역과 식민지 정복 — 은 다음과 같은 방식으로 서로 협력하며 영향을 미친다. 우선 유럽의 자본주의 산업국들을 다른 대륙에 있는 더 오래된 문화 단계와 경제 단계에 있는 온갖 사회형태, 즉 농민경제, 노예경제, 봉건적 부역경제, 하지만 주로는 원초꼬뮌주의경제와 접촉하게 한다. 이런 경제들은 거래로 끌려들어감으로써 급속하게 해체되고 파탄 난다. 이국땅에 식민지 무역회사가 설립됨으로써, 아니면 직접 정복됨으로써, 생산의 가장 중요한 토대인 토지와 그곳에 있는 가축무리가 유럽 국가들이나 유럽 무역회사 수중으로 떨어진다. 그럼으로써 원주민들의 자생적 사회관계와 경제양식이 도처에서 절멸되며, 종족 전체 가운데 일부는 박멸되지만 나머지 일부는 프롤레타리아트화되어 이러저러한 형태의 노예나 임금노동자로서 산업자본과 상업자본의 명령 아래 놓인다. 19세기 전체를 관통하는 수십 년에 걸친 식민지 전쟁의 역사, 즉 아프리카에서 벌어진 프랑스, 이탈리아, 영국, 독일에 맞선 봉기, 아시아에서 벌어진 프랑스, 영국, 홀란드, 미국에 맞선 봉기, 아메리카에서 벌어진 에스파냐와 프랑스에 맞선 봉기 — 이는 현대 자본이 옛 원주민 사회를 박멸하고 프롤레타리아트화하는 것에 맞서 그 원주민 사회가 벌인 길고도 끈질긴 저항이며, 결국은 자본이 도처에서 승리자로 떠오른 투쟁이다.

식민지 전쟁은 일차적으로는 자본의 지배 영역의 엄청난 확대, 곧 세계시장과 세계경제의 완성을 의미하여, 이제 지구에 거주하는 모든 나라는 서로를 위해 생산물의 생산자이자 소비자가 되며, 서로 손을 잡고 노동하게 되며, 지구를 포괄하는 하나이자 동일한 경제의 참여자가 된다.

그러나 식민지 전쟁의 다른 면은 지구상에 있는 인간 무리

가운데 점점 더 많은 수에게 빈곤화가 진척되는 것과 그들 생존의 불확실성이 진척되는 것이다.

생산력은 제한되어 있고 가진 것은 보잘 것 없지만 모두에게 생존조건이 굳건하고 확실했던 낡은 꼬뮌관계, 농민관계 또는 부역관계가 있던 자리에 자본주의적 식민지 관계, 프롤레타리아트화, 임금노예제 따위가 들어서게 되면서, 아메리카, 아시아, 아프리카, 오스트레일리아에 사는 해당되는 모든 국민들에게 헐벗게 될 정도의 빈곤, 익숙하지 않고 참을 수 없는 노동강도, 게다가 생존의 완전한 불확실성 따위가 등장한다. 땅이 기름지고 자원이 풍부한 브라질이 유럽과 북아메리카의 자본주의의 수요를 위해 거대한 황무지와 천편일률적인 커피 플랜테이션으로 변해 버린 이후에, 그러나 원주민 다수는 플랜테이션에서 일하는 프롤레타리아트화된 임금노예로 변해 버린 이후에, 이들 임금노예는 엎친 데 덮친 격으로 순전히 자본주의적 현상인 이른바 "커피 공황"으로 인해 갑자기 오랫동안 실업과 헐벗을 정도의 굶주림에 내맡겨진다.[104] 거대하고 자원이 풍요로운 인도는 수십 년에 걸친 필사적 저항 후에 영국의 식민지정책으로 인해 자본의 지배 아래 종속됐으며, 그 이래로 수백 만 명을 한꺼번에 급사하게 만드는 기근과 발진티푸스는 갠지스 강 지역을 주기적으로 찾아오는 손님이 됐다. 아프리카 내부에서는 영국과 독일의 식민지정책으로 최근 20년 안에 종족 전체 가운데 일부는 임금노예가 됐으며, 일부는 굶어 죽어 그 뼈가 온갖 지역에 흩어져 있다. 거대 제국 중국*에서 일어난 필사적 봉기와 전염병처럼 돼 버린 굶주림은 유럽 자본이 진입하면서 오래된 농업경제와 수공업경제가 무너진 결과다. 유럽 자본주의가 미국으로 진입할 때의 일을 보자면, 처음에는 원주민인 아메리카 인디언이 박멸되고 또 이주한 영국인들이 그 인디언의 영토를 강탈하는 일이 동반됐고, 그 다음에는 19세기 초반에 영국 공업을 위해 자본주의적 원료 생산 시설을 세우는 것이 동반됐고, 그 다음에는 유럽의 노예상인이 아메리카로 판매한 4백만 명의 아프리카 흑인들을 자본의 명령에 복종하며 면화 플랜테이션, 사탕수수 플랜테이션, 담배 플랜테이션에 일할 노동력으로 만드는 노예화가 동반됐다.

이리하여 대륙이 차례로, 각각의 대륙에서는 지역이 차례로, 인종이 차례로 피치 못하게 자본의 지배에 사로잡히며, 그럼으로써 헤아릴 수 없이 많은 새로운 사람들이 갈수록 프롤레타리아트화, 노예화, 불확실한 생존, 간단히 말하자면 빈곤으로 빠져든다.** 다른 한편, 자본주의세계경제는 지구 전체를 따라다니며 수립되어 점점 심해지는 빈곤, 참을 수 없는 노동 부담, 불확실한 생존의 확대 따위가 확산되도록 하고 있으며, 여기에 상응하여 소수 수중으로 자본이 쌓이고 있다. 자본주의세계경제는 인류 전체가 엄청난 결핍과 고통을 겪고 자본축적이라는 목적을 위해 육체적으로나 정신적으로 타락하며 점점 더 중노동에 메이게 된다는 것을 뜻한다. 이미 보았다시피, 자본주의 생산방

---

* 《로자 룩셈부르크의 여백 메모》 인도의 발진티푸스.

** 《로자 룩셈부르크의 여백 메모》 원시 종족의 박멸.

식에는 다른 이전의 그 어떤 경제형태들에서도 목적이었던 인간의 소비가 자본가 이윤의 축적이라는 고유한 목적에 봉사하는 수단일 뿐인 것으로 된다는 독특한 특성이 있다. 자본의 자기 증식이 시작이자 끝으로, 자기목적이자 생산 전체의 의미로 나타난다. 그런데 이러한 관계가 말도 안 된다는 것은 자본주의적 생산이 세계 생산으로 성장하는 정도만큼만 드러난다. 여기에서, 즉 세계경제 규모에서 자본주의경제의 불합리는 인류 전체가 자신이 무의식중에 창조한 맹목적인 사회권력인 자본의 굴레를 쓰고 끔찍한 고통으로 신음하고 있는 모습에서 그 올바른 표현에 도달한다. 그 어떤 사회적 생산형태들에서도 기본적 목적이었던 것들, 즉 노동을 통한 사회의 부양과 사회의 욕망의 충족이 여기서 비로소 완전히 뒤집혀, 전 지구상에서 인간을 위한 생산이 아닌 이윤을 위한 생산이 법칙이 되며, 과소소비, 소비의 항시적인 불안정, 때때로 인간 대다수가 소비되지 않게 되는 것 따위가 통례가 된다.

이와 동시에 세계경제의 발전에는 또 다른 중요한 현상, 자본 생산 자체를 위해서는 훨씬 중요한 현상이 뒤따른다. 앞서 말했듯이, 유럽의 자본 지배가 비유럽 국가들로 진입할 때 두 단계가 있었다. 먼저, 거래가 침투하고, 그럼으로써 원주민들을 상품경제로 끌어들이고, 현존하던 원주민의 생산형태가 부분적으로 상품경제로 바뀌고, 그런 다음에 이런저런 형태로 원주민에게서 토지를, 따라서 생산수단을 몰수한다. 이 생산수단은 유럽인들의 수중에서 자본으로 바뀌고, 다른 한편 원주민들은 프롤레타리아로 바뀐다. 그런데 이들 앞선 두 단계에 이어 빠르든 늦든 대개는 세 번째 단계가 뒤따른다. 세 번째 단계는 이주한 유럽인들에 의해서건 부유해진 원주민들에 의해서건 식민지 나라에 자체의 자본주의적 생산이 자리를 잡는 것이다. 미국에는 처음에는 영국인들과 다른 유럽 이주자들만 자리를 잡았고, 원주민 홍인종을 장기간의 전쟁으로 박멸한 후에야 미국은 자본주의 유럽을 위한 농업 배후지를 이루어, 영국 공업을 위해 면화와 곡물 같은 원료를 공급하고 그 대가로 온갖 종류의 유럽산 공산물의 고객이 됐다. 그러나 19세기 후반부가 되면 미국에 자체 공업이 일어나, 유럽 산이 수입되지 못하도록 몰아냈을 뿐만 아니라 머지않아 유럽 자체와 다른 대륙에서 유럽 자본주의에게 격렬한 경쟁을 안겨주었다. 인도에서도 토착 섬유공업과 다른 공업에서 영국 자본주의에게 위험한 경쟁자가 생겨났다. 오스트레일리아도 식민국가에서 자본주의 공업국으로 발전하는 동일한 길을 걸었다. 일본에서는 첫 번째 단계에서 — 세계무역과의 충돌로 인해 — 이미 자체 공업이 발전했고, 이 자체 공업이 일본을 유럽 식민지로 분할되지 않도록 보호했다. 중국에서는 유럽 자본주의가 나라를 분할하고 싹쓸이하여 약탈하는 과정이 국내에서의 노력 탓에 복잡해졌는데, 그 노력이란 일본의 도움을 얻어 유럽의 자본주의적 생산으로부터 자체의 자본주의적 생산을 방어하며 자리를 잡게 하는 것이었으며 이로써 주민들에게도 복잡한 이중적인 고통을 안겨주었다. 이러한 방식으로 세계시장의 창출을 통해 전 지구상에서 자본의 지배와 명령이 확산될 뿐만 아니라, 점차적으로 자본주의 생산방식 또한 전 지구상으로 확산된다. 그러나 그럼으로써 자본의 팽창 욕구와 팽창 지역은, 즉 팽창 욕구와 판매 가능성은 점점 서로 곤란한 관계에 빠져든다. 이미 보았듯이, 안정적으로 머무는 것이 아니라 더욱더 넓게, 게다가 더욱더 빨리 팽창해야 하는 것, 즉 훨씬 좋은 기술 수단을 갖춘 훨씬 커다란 기업에서 훨씬 빠르게 훨씬 많은 상품을 생산할 가능성을 갖추는 것이 자본주의적 생산의 가장 내재적인 욕구이자 사활이 걸린 법칙이다. 원래 자본주의적 생산의 이러한 확대 가능성은 그 한계를 알지 못하는데, 그 이유는 기술 진보에 한계가 없고 그럼으로써 지구의 생산력에 한계가 없기 때문이다. 하지만 이 팽창 욕구는 매우 특별한 한계, 구체적으로 말하면 이윤이라는 자본의 이해관계라는 한계에 부딪친다. 생산과 생산의 확대는 최소한 "통상적인" 평균 이윤을 낳는 한에서만 의미가 있다. 그러나 이럴 수 있는지 여부는 시장에 달려 있고, 말하자면 소비자 측의 지불 가능한 수요를 한편으로 하고 생산된 상품의 양 및 가격을 다른 한편으로 하는 둘 사이의 관계에 달려 있다. 따라서 이윤이라는 자본의 이해관계는 한편으로는 훨씬 빠르고 훨씬 많은 생산을 요구하면서도, 확장을 향한 생산의 격렬한 충동을 방해하는 시장의 한계를 스스로 도처에서 창출한다. 이로 인한 결과는, 우리가 이미 본 것처럼, 공업공황과 상업공황이 불가피하다는 것이며, 이 공황으로 인해 그 자체로는 속박된 곳이 없고 한계가 없는 자본주의적 생산 충동과 자본주의적 소비 한계 사이의 관계가 주기적으로 조정되고 자본주의의 계속적 존속과 그 이상의 발전이 가능하게 된다.

물론 더 많은 나라가 자체의 자본주의 공업을 발전시킬수록,

한편으로는 생산의 팽창 욕구와 팽창 가능성은 더 커지며, 이에 비례하여 시장 한계의 확대 가능성은 더 작아진다. 영국이 여전히 세계시장에서 지배적인 자본주의 나라였던 1860년대와 70년대에 영국 공업이 보인 도약과 독일과 미국이 세계시장에서 영국을 눈에 띄게 몰아 낸 지난 20년 동안 영국 공업이 보인 성장을 비교해 보면, 지난 시기와 비교했을 때 성장이 매우 느려졌다는 결론이 나온다. 그러나 영국 공업만의 운명이었던 것에 독일 공업도, 북아메리카 공업도, 결국은 세계의 모든 공업도 직면하게 된다. 자본주의적 생산은 멈추지 않지만, 또한 자체적으로 계속 발전하고자 발걸음을 뗄 때마다 확대되고 발전하는 것이 점점 더 느려지고 어려워지게 되는 시대를 향해 다가가고 있다. 물론 자본주의 발전 자체는 가야 할 길이 멀고, 자본주의 생산방식 그 자체는 아직 지구의 전체 생산 가운데 고작 아주 적은 부분을 나타낼 뿐이다. 유럽에서 가장 오래된 공업국들에도 여전히 대기업과 나란히 낙후된 소규모 수공업 기업이 매우 많이 존재하며, 무엇보다도 농업 생산의 대부분이 말하자면 농민적으로, 즉 자본주의적이 아닌 방식으로 운영된다. 게다가 유럽에는 대공업이 거의 발전되지 않았으며 토착 산업이 대체로 농민적이고 수공업적 성격인 나라도 많다. 그리고 마지막으로 아메리카 북부를 제외한 나머지 대륙에서는 자본주의적 생산 시설이 소규모이고 흩어져 있을 뿐인 한편, 대단히 넓은 지역에서는 부분적으로는 아직 단순상품생산으로도 이행하지 않고 있다. 물론 유럽에서 자체적으로 자본주의적으로 생산하고 있지 않은 사회계층과 나라의 경제생활과 유럽 이외의 나라들의 경제생활 역시 자본주의가 지배하고 있다. 유럽 농민은 아직도 원시적이기 그지없는 분할지 경제를 스스로 경영하고 있을 수도 있으나, 그 농민은 자본주의 강대국의 무역과 조세정책 때문에 접촉하게 된 거대한 자본주의경제, 세계경제에 온몸으로 의존하고 있다. 이와 마찬가지로 유럽 바깥에 있는 원시적이기 그지없는 나라들도 세계무역과 식민지정책을 통해 유럽과 북아메리카 자본주의의 지배 아래 놓이게 됐다. 자본주의적 생산방식은 모든 낙후된 생산형태를 도처에서 몰아낸다면 엄청나게 확대될 수 있을 것이다. 이미 상술한 것처럼, 일반적으로 발전도 이러한 방향으로 나아간다. 하지만 바로 이러한 발전을 겪으면서 자본주의는 근본적인 모순에 연루된다. 낙후된 생산의 자리에 자본주의적 생산이 더 많이 들어서면 들어설수록, 이미 존재하는 자본주의 기업의 팽창 욕구의 입장에서 볼 때 이윤이라는 이해관계가 만들어 낸 시장의 한계는 더 좁아지게 된다. 인간이 생산하는 모든 것을 전 지구상에서 자본주의적으로만 생산하게 될 정도로, 즉 현대의 임금노동자를 갖춘 사적인 자본주의 기업가만이 생산하게 될 정도로 자본주의 발전이 진전된다고 잠시 상상해 보면, 문제는 매우 분명해진다. 그러고 나면 자본주의의 불가능성은 분명하게 드러난다.

후주

[1] 로자 룩셈부르크는 로마자로 표시한 Ⅰ에 해당하는 원고를 다시 로마자 Ⅰ부터 Ⅵ으로 표시해 나누었지만, 여기서는 혼란을 피하도록 1부터 6의 아라비아숫자를 붙였다.

[2] 이렇게 적절하지 않은 점들이 나올 때마다 독일어판 편집자들 "이 점들은 원래 원고에 있는 것"이라고 밝히고 있지만, 한국어판에서는 본문에 점을 그대로 표시하고 따로 주석을 달지는 않았다.

[3] 로자 룩셈부르크는 1837년에 출간된 아돌프 블랑끼의 책 제목을 『경제발전사』라고 하고 그 책 제1장 표제를 인용하고 있지만, 이는 착각이다. 그 책 제목은 『유럽 정치경제학의 역사. 고대에서 현재까지』이며 제1장 제목이 '경제발전사'다.

[4] 각 항목의 합계와 총계가 일치하지 않는 것은 각 항목의 합계는 반올림한 것을 밝혔지만 총계는 본래의 숫자를 더한 것이기 때문이다. "수출"을 설명하는 아래의 숫자들에서도 마찬가지다.

[5] '호르드'란 유랑 생활을 하던 몽골 같은 곳에서 함께 다니던 무리를 뜻하는 '오르두'에서 온 말이다.

[6] 고트프리드 아우구스트 뷔르거Gottfried August Bürger의 시 「레오노레Leonore」에 나오는 구절이다.

[7] 원고에는 "수출"로 되어 있다.

[8] 스코다Škoda는 당시 체코의 자동차 회사이며, 크룹Krupp은 독일의 철강회사다.

[9] 로자 룩셈부르크가 언급한 글래드스턴의 연설이 이루어진 것은 1863년이 아니라 1843년이다. 로자 룩셈부르크는 이 연설을 『자본』 제1권(강신준 옮김, 『자본 Ⅰ-2』, 도서출판 길, 884쪽)에서 인용했다.

[10] 노예제가 미연방 전역에서 폐지된 것은 1865년이다.

[11] 영국은 1882년 7월 11일에 이집트를 공격하기 시작해 9월 14일에 카이

로를 점령했고, 이집트는 명목상으로는 오스만 투르크의 자치지역을 유지했지만 실제로는 영국의 지배를 받게 됐다.

[12] 1839년에서 1842년, 1856년에서 1860년, 두 차례에 걸쳐 벌어진 아편 전쟁을 말한다.

[13] 차티스트Chartist란 1836년부터 남자 보통선거권, 비밀투표, 의회 매년 선거, 의원 재산 자격 폐지, 세비 지급, 평등한 선거구 따위를 요구하는 인민 헌장the People's Chart의 실현을 위해 운동을 벌인 사람들을 말한다. 이 운동은 1848년에 정점에 달했으나, 1850년대 들어 호황과 노동조합 운동의 성장으로 점차 쇠퇴했다.

[14] 1844년 6월 3일 임금 인하와 벌금 부과에 항의하던 슐레지엔과 보헤미아의 직조공들이 구타를 당하고 경찰에 연행되면서 봉기로 발전한 충돌은 십여 명의 사망자를 낳았다. 맑스는 아르놀트 루게Arnolf Ruge가 이 사건을 다룬 기사를 비판하면서 이 사건에 대한 견해를 밝힌 바 있다. (「기사 '프로이센 왕과 사회개혁. 한 프로이센인이'(『전진!』제60호)에 대한 비판적 평주들」, 『칼 맑스 프리드리히 엥겔스 저작 선집』 제1권, 16~23쪽, 박종철출판사.)

3월혁명이란 1848년 2월 27일 독일 바덴에서 민주주의를 요구하며 시작된 혁명이 시가전으로까지 확대된 것을 말한다.

[15] 이 부분은 『꼬뮌주의 선언』 제Ⅰ부를 요약한 것이다. (칼 맑스, 프리드리히 엥겔스, 김태호 옮김, 『공산주의 선언』, 1998년, 7~9쪽 참조.)

[16] 1893년에서 1895년에 남부 브라질에서 군주정에 맞서 벌어졌던 연방주의자들의 혁명을 가리키는 듯하다.

[17] 로자 룩셈부르크는 듀갈드 스튜어트의 글을 『자본』 제1권(강신준 옮김, 『자본 Ⅰ-1』, 648쪽, 각주 304)에서 인용했다.

[18] 『오이겐 씨의 과학 변혁』(『칼 맑스 프리드리히 엥겔스 저작 선집』 제5권, 박종철출판사, 304쪽)에 나오는 구절이다.

[19] 이 구절은 맬서스의 『인구의 원리에 관한 시론』 초판(1803년)의 한 구절이지만, 이후의 판에서는 모두 삭제돼 있다.

[20] 원고에는 "15세기"로 되어 있다.

[21] "18세기 프랑스의 계몽주의자들"이란 곧 중농주의자들이다.

[22] 다리우스 3세가 알렉산드로스 3세에게 패배하여 사망하게 되는 전투에서 벌어진 일을 말한다.

[23] 1806년에 나뽈레옹에게 패배한 후 프로이센은 계몽주의를 기반으로 근대화를 이루려 했으며, 이때 슈타인은 정치, 하이덴베르크는 경제, 샤른호르스트는 군사 부문을 맡아 개혁을 주도했다.

[24] 자꼬뱅Jacobain이란 1789년 프랑스혁명을 이끈 민주주의자들 가운데 급진적인 분파이며 1793년에서 1794년 사이에 혁명의 주도권을 쥐고 있었다.

[25] 라쌀레의 「과학과 노동자Die Wissenschaft und die Arbeiter」(1863년)에 나오는 구절이다.

[26] 칼 맑스, 프리드리히 엥겔스, 김태호 옮김, 『공산주의 선언』, 박종철출판사, 1998년, 2쪽.

[27] Stamm(영어 번역 tribe)은 '부족'으로, Geschlecht(영어 번역 clan)는 '씨족'으로, Blut(영어 번역 blood)와 관계된 것은 '혈족'으로 옮겼음을 밝혀 둔다.

[28] 이하에서 독일어판 편집자는 로자 룩셈부르크가 특별한 표시 없이 인용한 여러 저작이 꼬발렙스끼의 책 『공동체 토지 소유 - 몰락의 원인, 과정, 결과』(모스크바, 1879년)에서 재인용한 것임을 밝히고 해당 쪽을 표시하고 있지만, 한국어판에서는 이를 생략하고 필요한 경우에만 인용된 저작의 제목을 밝혔다.

[29] 꼬발렙스끼의 『공동체 토지 소유 — 몰락의 원인, 과정, 결과』에 인용된 다레스뜨의 저작 『알제리의 소유에 대하여. 1851년 6월 17일 법률에 대한 주석』(빠리, 1852년)를 말한다.

[30] 꼬발렙스끼의 『공동체 토지 소유 — 몰락의 원인, 과정, 결과』에 인용된 뒤부아의 저작 『인도 국민의 성격, 예절, 관습과 그들의 종교 및 세속 제도에 대한 묘사』(런던, 1816년)을 말한다.

여기서 언급되는 시기에 인도를 지배한 것은 '몽골'이 아니라 '무굴'이다. 따라서 로자 룩셈부르크가 인용한 뒤부아의 글에 등장하는 "몽골 정부mongolischen Regierung"는 착각이다. 이는 곧이어 로자 룩셈부르크가 베르니에를 인용하면서 "아시아에서 무굴 대제의 나라들

Länder des Groβmoguls in Asien을 여행한" 것을 언급하는 것에서도 알 수 있다. 원래 뒤부아가 영어로 쓴 책에 잘못이 있는 것인지, 아니면 로자 룩셈부르크가 뒤부아를 인용할 때 이용한 꼬발렙스끼의 책에 잘못이 있는 것인지, 아니면 로자 룩셈부르크가 꼬발렙스끼 책을 인용하며 독일어로 옮길 때 착각이 있었는지는 알 수 없지만, 유럽이 인도를 넘본 것은 '무굴제국'이 힘을 잃기 시작한 때다.

[31] 프랑수와 베르니에의 저술 『여행. 대무굴제국을 묘사하며』가 출간된 것은 1699년이 아니라 1670년이다.

[32] '전면부 인도Vorderindien'란 유럽이 보기에 앞쪽인 인도권, 곧 오늘날로 보면 파키스탄, 네팔, 부탄, 인도, 스리랑카, 미얀마 등을 모두 포괄하는 지역이다. 오늘날의 인도네시아, 말레이시아 등 유럽이 보기에 뒤쪽은 '후면부 인도Hinterindien'라고 했다.

[33] 꼬발렙스끼의 『공동체 토지 소유 — 몰락의 원인, 과정, 결과』에 인용된 제임스 밀의 저작 『영국령 인도의 역사』(런던, 1817년)을 말한다.

[34] 로자 룩셈부르크가 언급하는 모건 저작의 원제는 *Ancient Society, or Researches in the Lines of Human Progress from Savegery through Barbarism to Civilization*이다. 로자 룩셈부르크는 이 책을 카우츠키K. Kautsky와 아이히호프W. Eichhoff 번역으로 1891년 베를린에서 나온 독일어판에서 인용하는데, 독일어 번역본의 제목은 *Die Urgesellschaft oder Untersuchungen über den Fortschritt der Menscheit aus der Wildheit druch Barbei zur Zivilisation*이다. 이하에서 "Urgesellschaft"는 모건의 책을 가리킬 때는 "원시사회"로 옮겼지만, 그 밖의 경우에는 "원초사회"라고 옮겼다. (이 책 제목이 아닌 것으로 "원시사회"로 옮긴 것은 "primitive Gesellschaft"다.)

아울러 밝혀 두자면, 이어지는 로자 룩셈부르크의 서술에서 모건의 개념 "savegery", "barbarism", "civilization"의 독일어 번역으로 등장하는 "Wildheit", "Barbei", "Zivilisation"는 "야만", "미개", "문명"이라 옮겼다. 이하에서 로자 룩셈부르크가 모건에서 인용한 부분은 모두 영어 원문으로부터 다시 번역했다.

[35] 루이스 헨리 모건, 최달곤 · 정동호 옮김, 『고대사회』, 문화문고, 2000

년, 500쪽.

[36] 겐스gens(복수형 겐테스gentes)란 고대 로마에 형성된 씨족을 이르는 말로, 여러 가족으로 이루어져 있었다. 로마 남성 시민의 이름은 개인 이름, 씨족 이름, 가족 이름으로 표시하는데, 가운데 이름이 같은 집단이 겐스다.

[37] 루이스 헨리 모건, 최달곤 · 정동호 옮김, 『고대사회』, 문화문고, 2000년, 106쪽.

[38] 루이스 헨리 모건, 최달곤 · 정동호 옮김, 『고대사회』, 문화문고, 2000년, 642~643쪽.

[39] 1871년 프로이센-프랑스 전쟁에서 프랑스가 패배한 뒤 빠리에서 최초로 노동자들이 권력을 장악했던 빠리꼬뮌을 말한다.

[40] 1873년 2월 프랑스 의회는 알제리에서 가족이나 부족 단위로 점유하고 있던 토지에 개인별 소유권을 수립하는 법을 통과시켰고, 이 법은 발의한 의원의 이름을 따 흔히 '와르니에Warnier 법'이라 불린다.

[41] 1871년에 독일제국이 수립됐고, 그 뒤에 중공업을 중점적으로 육성하는 정책이 펼쳐져 창립자가 난무하는 시기를 겪다가 1873년부터 파산이 시작됐고, 공황을 거쳐 1878년에는 사회주의자를 탄압하는 법률이 제정되기에 이르렀다.

[42] 여기서는 혈족 전체를 가리키는 Sippe를 '일가一家'라고 옮겼다.

[43] 엥엘스의 저작 『가족, 사적 소유, 국가의 기원』(1891년)을 말한다. (『칼 맑스 프리드리히 엥겔스 저작 선집』 제VI권, 박종철출판사, 11~197쪽.)

[44] 호텐토트족은 '남자 중의 남자'라는 뜻의 코이코이족을 경멸적으로 부르는 말이며, 유럽의 탐험가들이 처음 발견했을 때는 목축과 수렵으로 살고 있었으나 지금은 공식 보호구역에 살거나 유럽인 거주 지역에서 노동자로 생활한다.

[45] 헨리 메인의 『동양과 서양의 촌락공동체』 (런던, 1907년)에서 인용한 구절이다.

[46] 원고에는 "만들고"로 되어 있다.

[47] '오전'이라는 뜻의 모르겐Morgen은 두 필의 소가 오전 동안 갈 수 있는

넓이의 땅을 가리키는 게르만족의 단위이며 대략 2에이커(약 8,094㎡)에 달한다.

[48] 외쉬Oesch는 마을 내부 고지대에 있는 습지나 경작지를 이르는 말이고, 게반Gewann은 사각형 모양의 경작지를 이르는 말이다.

[49] 경지 순례Flurumgang란 지역공동체나 종교집단에서 무언가를 기원하기 위해 경지를 돌며 벌이는 행진을 말한다.

[50] 원고에는 면적과 인구가 빈칸으로 되어 있다.

[51] 클라로스는 고대 그리스에 이오니아 해변에 설치한 안식처이며, 이곳에 아폴론 신을 기리는 사원이 있었다.

[52] 가족 세습재산Fideikommiß이란 매각할 수도 없고 분할하여 상속할 수도 없는 대규모 토지 자산으로 이루어진 가족 재산을 말하는데, 융커의 정치권력을 유지하기 위한 경제적 기반 역할을 했다. 연금 신용금고Rentenanstalten란 종신연금처럼 자본을 출자하면 매년 수익을 보장해 주던 사회적 신용금고였다.

[53] 페네스타이는 자유인과 노예의 중간에 해당하는 지위에 있던 고대 그리스 테살리아 지방의 소작농이다.

[54] 라케다이몬은 스파르타를 가리키는 다른 말이다.

[55] 샤뗄은 『서인도의 일반 역사』의 저자가 아니라 에스파냐의 역사가 로페스 드 고마라López de Gómara가 1554년에 낸 그 책을 1569년에 프랑스어로 번역해 책을 낸 사람이다.

[56] 창세기 9장 19절에서 27절에 따르면, 노아가 포도주를 마시고 장막 안에서 벌거벗고 자는 것을 본 아들 함이 이를 형제들에게 알리자 형 셈과 동생 야벳은 아버지의 하체를 보지 않고 옷으로 가렸고, 잠에서 깬 노아는 자신의 벗은 모습을 본 함에게 저주를 내려 함의 아들 가나안의 나라가 셈과 야벳의 종이 되길 원했다.

[57] 교황 바오로 3세의 교서 《하느님의 초월성Sublimus Dei》이 공포된 것은 1531년이 아니라 1537년이다.

[58] 호라체 발러의 책 『1865년부터 1873년 죽을 때까지의 데이비드 리빙스턴의 중앙아프리카 마지막 여행』 제2권(1875년)에서 인용한 것이다.

[59] 에스파냐어 '엥꼬미옌다encomienda'는 위탁이나 위임을 뜻한다. 엥꼬미

엔다 제도에서는 일정한 수의 아메리카 원주민이 노동과 공물을 제공하고 그에 대한 대가로 에스파냐 왕이 지명한 책임자, 곧 엥꼬멘데로 encomendero가 원주민을 교육하고 보호하게 된다.

[60] 오늘날의 미국 남서부, 중앙아메리카, 카리브 해, 필리핀 등을 아우르며 1535년부터 1821년까지 존속했던 누에바에스파냐 부왕령Virreinato de Nueva España을 말한다.

[61] 미따요mitayo란 에스파냐가 아메리카 식민지에서 집단 노동, 곧 미따 mita에 강제로 동원한 인디언을 말한다.

[62] 헤르쉘은 1785년에 자신이 "항성 계측"이라 부른 방법으로 은하수의 지도를 그리려 했으나 실패했다.

[63] 강신준 옮김, 『자본 I-2』, 도서출판 길, 491~492쪽. 이하에서 로자 룩셈부르크가 맑스의 저작을 인용하면서 표시한 쪽수 뒤에 독일어 편집자가 [ ] 안에 넣은 것은 1987년 디츠출판사Dietz Verlag에서 출판한 『칼 맑스 프리드리히 엥겔스 저작집』(MEW)의 권수와 쪽수다.

[64] 파슈토어로 "wund"는 '촌락의 경계'를 뜻하고, "culmee"는 '개관 시설이 부족한 땅'을 뜻한다.

[65] 알제리와 관련된 내용은 원고 앞부분에 없다. 아마도 로자 룩셈부르크의 다른 저작 『자본의 축적 Die Akkumulation des Kapitals』(1913년)에 담긴 내용(황선길 옮김, 『자본의 축적』 제II권, 2013년, 615~628쪽)을 가리키는 듯하다.

[66] 프리드리히 엥엘스, 『러시아의 사회상태』「후기」(1894년)를 말한다. (『칼 맑스 프리드리히 엥겔스 저작 선집』제4권, 박종철출판사, 347~361쪽.)

[67] 원고에는 금액이 빈칸으로 되어 있다.

[68] 치노브니크는 '관리'를 뜻하는 러시아어다.

[69] 사나이나 남자를 뜻하는 러시아어 '무지크'는 혁명 전에는 '농부'를 뜻했다.

[70] 괴테, 『파우스트』 제1부 1976행. (정서웅 옮김, 『파우스트 1』, 민음사, 199년, 108쪽.)

[71] 16세기부터 말라비Malawi 호수 근처에 살던 반투족Bantu이 마라비

Marawi족이며, "마라비족의 땅"에는 현재 말라위공화국이 있다.

[72] 체바는 아프리카 중부와 남부에 거주하는 종족이며, 17세기 초에 처음으로 유럽의 포르투갈인과 접촉했다,

[73] 로자 룩셈부르크가 여기서 언급하고 있는 길드 규정의 예는 원고에서 찾을 수 없다.

[74] 로자 룩셈부르크는 맑스의 『정치경제학 비판을 위하여. 제1분책』「서문」(1859년)에 나오는 다음과 같은 문장을 염두에 두고 있는 것으로 보인다. "따라서 인류는 늘 자신이 해결할 수 있는 과제만 제기하는 셈인데, 왜냐하면 더 자세히 고찰한다면 과제 자체는 해결의 물질적 조건들이 이미 현존하거나 아니면 적어도 형성 과정 중에 있다고 파악됐을 때라야 생겨난다는 점이 언제나 밝혀지기 때문이다."(『칼 맑스 프리드리히 엥겔스 저작 선집』 제2권, 박종철출판사, 478쪽.)

[75] 로자 룩셈부르크는 맑스 『자본』 제1권 제1장 제3절 A의 3 끝 부분에 나오는 다음과 같은 구절을 염두에 두고 있는 것으로 보인다. "아리스토텔레스는 자신으로 하여금 더 이상 분석할 수 없게 한 것이 바로 가치 개념의 결여임을 스스로 우리에게 말한다." (강신준 옮김, 『자본 Ⅰ-1』, 도서출판 길, 118쪽.)

[76] 원고에는 다음과 같은 내용을 썼다가 대각선 두 줄로 지웠으며, 이후에 인쇄된 어떤 판본에도 포함되지 않았다. "이는 오늘날 남서아프리카의 흑인을 대하는 독일에 대해서도 그렇다 할 수 있다."

[77] 허드슨 베이 컴퍼니Hudson Bay Company는 모피 교역을 위해 영국이 1670년에 북아메리카에 설립한 회사이며, 현재에도 캐나다에 본사를 두고 소매업을 하고 있다.

[78] 호메로스, 『일리아스』, 제6권 236행. (천병희 옮김, 『일리아스』, 숲, 2012년, 176쪽.)

[79] 호메로스, 『일리아스』, 제7권 465~474행. (천병희 옮김, 『일리아스』, 숲, 2012년, 207~208쪽.)

[80] 창세기 제23장 제16절에 나오는 이야기다.

[81] 강신준 옮김, 『자본 Ⅰ-1』, 도서출판 길, 334~335쪽.

[82] 강신준 옮김, 『자본 Ⅰ-1』, 도서출판 길, 335~340쪽.

[83] 원고에는 이어져야 할 애덤 스미스의 글이 없다.

[84] 데이비드 리카도, 정윤형 역, 『정치경제학 및 과세의 원리』, 비봉출판사, 1991년, 465쪽.

[85] 시스몽디의 이 말은 맑스도 1869년에 『루이 보나빠르뜨의 브뤼메르 18일』 제2판 서문에서 인용했다. (『칼 맑스 프리드리히 엥겔스 저작 선집』, 제2권, 박종철출판사, 283쪽.)

[86] 세례자 요한 축일은 6월 24일이며, 성 마르틴 축제는 지금의 추수감사절과 비슷한 것으로 수확기에 벌어진다.

[87] 강신준 옮김, 『자본 Ⅰ-1』, 도서출판 길, 334쪽.

[88] 강신준 옮김, 『자본 Ⅰ-1』, 도서출판 길, 378쪽.

[89] 강신준 옮김, 『자본 Ⅰ-1』, 도서출판 길, 346쪽.

[90] 강신준 옮김, 『자본 Ⅰ-1』, 도서출판 길, 376쪽.

[91] 강신준 옮김, 『자본 Ⅰ-1』, 도서출판 길, 422~423쪽.

[92] 로자 룩셈부르크가 여기서 언급하는 "영국의 한 저술가"란 맑스의 『자본』에 나오는 표현 그대로이며, 1870년 런던에서 익명으로 발간된 『무역과 상업에 관한 에세이. 「세금에 관한 고찰」의 저자 지음An Essay on Trade and Commerce. By the Author of 'Consideration on Taxes'』의 저자다. 맑스는 『자본』 제1권에서 그 저자와 저서를 여러 번 언급하고 인용하는데, 로자 룩셈부르크도 『자본』 제1권 제22장 제4절에 인용된 그대로 다시 인용하고 있다. (강신준 옮김, 『자본 Ⅰ-2』, 도서출판 길, 822쪽.)

[93] 이 역시 바로 앞의 인용에 이어 맑스가 『자본』 제1권에서 "노샘프턴셔의 어떤 공장주의 글"이라며 인용한 것의 앞부분이다. (강신준 옮김, 『자본 Ⅰ-2』, 도서출판 길, 822쪽.)

[94] 이 역시 바로 앞의 인용에 이어 맑스가 『자본』 제1권에서 인용한 것인데, 이미 맑스의 인용이 중량과 가격에서 정확하지 않아 여기서는 『자본』 영어판에 따라 번역했다. (강신준 옮김, 『자본 Ⅰ-2』, 도서출판 길, 823쪽.)

[95] 유스투스 리비히의 『농업과 생리학에 적용한 화학』을 인용한 이 설명은 맑스의 『자본』 제1권 제21장 각주 8에 따른 것이다. (강신준 옮김, 『자본 Ⅰ-2』, 도서출판 길, 785쪽.)

[96] 1871년 5월 21일에서 28일 사이에 빠리꼬뮌에 참가했다는 이유로 살해된 사람은 20,000명이 넘으며, 투옥되거나 추방된 사람은 수만 명에 달했다.

[97] 이상의 두 문단은 맑스의 『자본』 제1권 제25장 제4절 앞부분을 요약한 것이며, 마지막 문장은 강신준이 옮긴 『자본 Ⅰ-2』 875쪽에 나온다.

[98] 로자 룩셈부르크는 타운센드의 1786년 저작 『빈민법 논고』의 일부를 맑스가 『자본』 제1권 제23장 제4절에 번역하여 인용한 것을 다시 인용했다. (강신준 옮김, 『자본 Ⅰ-2』, 도서출판 길, 878쪽.)

[99] 아리스토텔레스, 『정치학』, 1254b22~1255a2. (천병희 옮김, 『정치학』, 숲, 2014년, 29~30쪽.)

[100] '쿠르메덴Kurmeden', '베스트하웁트Besthaupt', '게반트레흐트Gewandrecht'란 영주가 죽거나 장원의 소유권이 바뀔 때 상속세 명목으로 농민에게 부과된 세금이며, 현물이나 화폐로 납부해도 됐고 부역으로 대신해도 됐다.

[101] 강신준 옮김, 『자본 Ⅰ-2』, 도서출판 길, 871쪽.

[102] 『자본』 제1권 초판이 출판된 것이 1867년이다.

[103] 이는 맑스의 『자본』 제1권 제24장 제2절에서 인용한 것이다. (강신준 옮김, 『자본 Ⅰ-2』, 도서출판 길, 983쪽.)

[104] 세계 커피 생산의 75퍼센트를 차지하던 브라질은 국제시장에서 커피 가격이 폭락하면서 1907년에 커피 공황을 겪었다.

인물 해설

가미또, 안토니오 칸디도 페드로소 António Candido Pedroso Gamitto (1806~1866) — 포르투갈의 탐험가, 대위.

강베따, 레옹 미셸 Lé[on Michel Gambetta (1838~1882) — 프랑스의 정치가, 의회 의장.

괴테, 요한 볼프강 폰 Johann Wolfgang von Goethe (1749~1832) — 독일의 작가, 자연과학자.

그로세, 에른스트 Ernst Grosse (1862~1927) — 독일의 사회학자, 인종학자.

그리스도 — 예수를 보라.

글라우코스 — 호메로스의 『일리아스』에 나오는 리키아 군의 장군.

글래드스턴, 윌리엄 William Gladstone (1809~1898) — 영국의 정치가, 자유당 지도자, 수상.

길렌, 프란시스 제임스 Francis James Gillen (1855~1912) — 오스트레일리아의 인류학자

까우프만, 꼰스딴찐 뻬뜨로비치 폰 (1818~1882) — 러시아의 투르크스탄 총독 (1867~1882)

께네, 프랑스와 Franşois Quesnay (1694~1774) — 프랑스의 외과의사, 중농주의 경제학자.

꼬발렙스끼, 막씸 막씨모비치 (1851~1916) — 러시아 사회학자, 역사가, 법학자.

나뽈레옹, 보나빠르뜨 Bonaparte Napoléon (1769~1821) — 프랑스의 정치가, 황제(1804~1815).

나쎄, 어윈 폰 Erwin von Nasse (1829~1890) — 독일의 경제학자, 정치가.

네부카드네자르 (기원전 630~562) — 신바빌로니아 칼데아 왕조의 2대 왕(기원전 604 ~ 562).

네텔벡, 요아힘 크리스티안 Joachim Christian Nettelbeck (1738~1824) — 독일의 항해사.

노아 — 『구약』의 등장인물
니꼴라이 1세 (1796~1855) — 러시아의 짜르(1825~1855).
다데, 하인리히 Heinrich Dade (1866~1923) — 독일의 농경제학자.
다레스뜨, 로돌프-마델린느 Rodolph-Madeline Dareste (1824~1911) — 프랑스의 법률가, 법제사가.
다리우스 3세 (기원전 380~330) — 페르시아 아케메네스 왕조의 마지막 왕.
다윈, 찰스 Charles Darwin (1809~1882) — 영국의 생물학자, 박물학자.
뒤링, 오이겐 칼 Eugen Karl Dühring (1833~1921) — 독일의 사회이론가, 정치경제학자.
뒤부아, 장-안또 Jean-Antoine Dubois (1765~1848) — 프랑스의 사제, 교육가.
디오메데스 — 호메로스의 작품 『일리아스』에 나오는 아르고스의 왕.
뜨리로고프, 블라지미르(1899~?) — 러시아의 역사학자.
라벨레, 에밀 우리 빅또르 드 Émile Louis Victor de Laveleye (1822~1892) — 플랑드르의 경제학자.
라스 까사스, 바르똘로메 데 Bartolomé de Las Casas (1474~1566) — 에스파냐의 주교, 역사가, 사회개혁가, 인디언 인권운동가.
라쌀레, 페르디난트 Ferdinand Lassalle (1825~1864) — 독일의 저술가, 정치가, 노동자운동의 지도자.
라첼, 프리드리히 Friedrich Ratzel (1844~1904) — 독일의 지리학자, 인류학자.
라피또, 조세프-프랑스와 Joseph-François Lafitau (1681~1746) — 프랑스의 예수회 선교사, 민속학자.
럼포드, 라이히스그라프 폰 Reichsgraf von Rumford (1753~1814) — 미국 태생의 영국의 물리학자, 발명가.
레만, 칼 Carl Lehmann (1865~1916) — 독일의 사회운동가.
렉시스, 빌헬름 헥토르 리하르트 Wilhelm Hector Richard Lexis (1837~1914) — 독일의 경제학자.
로드베르투스, 칼 Karl Rodbertus (1805~1875) — 독일의 경제학자, 국가사회주의의 창시자.
로셔, 빌헬름 Wilhelm Roscher (1817~1894) — 독일의 역사가, 경제학자.
로스킬, 게오르크 하인리히 Georg Heinich Loskiel (1740~1814) — 라트비아 태

생이며 독일에서 생활한 선교사.

로아이사, 가르시아 데 García de Loaysa (1478~1546) — 에스파냐의 도미니크 수도회 소속 신부.

루이-필립 Louis-Philippe (1773~1850) — 프랑스의 왕(1830~1848).

르뚜르노, 아리스띠드 Aristide Letourneux (1820~1890) — 프랑스의 군사 관료.

리비히, 유스투스 폰 Justus von Liebig (1803~1873) — 독일의 화학자.

리빙스턴, 데이비드 David Livingstone (1813~1873) — 스코틀랜드의 선교사, 탐험가.

리스트, 프리드리히 Friedrich List (1789~1846) — 독일의 경제이론가, 기업주, 외교관.

리카도, 데이비드 David Ricardo (1772~1823) — 영국의 경제학자.

리퍼트, 율리우스 Julius Lippert (1839~1890) — 체코의 정치가, 역사가.

린네, 칼 폰 Carl von Linné (1707~1778) — 스웨덴의 식물학자.

마르비츠, 알렉산더 본 데어 Alexander von der Marwitz (1795~1814) — 프로이센의 귀족, 군인.

마르셀, M. G. M. G. Marcel (1843~1909) — 프랑스의 지리학자.

마이어, 에두아르트 Eduard Meyer (1855~1930) — 독일의 역사가.

만, 에드워드 호레이스 Edward Horace Man (1846~1929) — 영국의 인도 통치 정부의 관료.

맑스, 칼 Karl Marx (1818~1883) — 독일의 철학자, 혁명가, 사회주의자.

매컬리, 토마스 바빙턴 Thomas Babington Macaulay (1800~1859) — 영국의 시인, 정치가, 역사가.

매켄지, 알렉산더 Alexander Mackenzie (1764~1820) — 스코틀랜드의 모피상, 탐험가.

맥기, 윌리엄 존 William John McGee (1853~1912) — 미국의 발명가, 인류학자.

맬서스, 토마스 로버트 Thomas Robert Malthus (1786~1834) — 영국의 목사, 인구학자, 경제학자.

메인, 헨리 서머 Henry Summer Maine (1822~1888) — 영국의 역사가, 인류학자, 법학자.

모건, 루이스 헨리 Lewis Henry Morgan (1818~1881) — 미국의 인류학자. 인종학자.

몬떼이로, 호세 José Monteiro — 포르투갈의 탐험가, 소령.

뫼저, 유스투스 Justus Möser (1720~1794) — 독일의 역사가, 정치가.

무함마드 (570경~632) — 이슬람의 예언자.

므와타 카젬베 (1760~1805) — 루바-룬다 왕국의 지배자.

밀, 제임스 James Mill (1773~1836) — 영국의 신학자, 역사가, 경제학자.

밀, 존 스튜어트 John Stuart Mill (1806~1873) — 영국의 철학자, 경제학자. 자유주의 사상가.

바뵈프, 프랑스와-노엘 (일명 그라쿠스) François-Noël Babeuf (Gracchus) (1760~1797) — 프랑스의 혁명가, 언론인.

바오로 3세 Paul Ⅲ (1468~1549) — 교황(1534~1549).

바이틀링, 빌헬름 크리스티안 Wilhelm Christian Weitling (1808~1871) — 독일의 초기 사회주의 이론가.

버클, 헨리 토마스 Henry Thomas Buckle (1821~1862) — 영국의 사회학자, 역사가.

베네트, 제임스 고든 James Gordon Jr. Bennet (1795~1872) — 미국의 언론인.

베르니에, 프랑수와 François Bernier (1625~1688) — 프랑스 의사, 여행가, 철학자.

베른슈타인, 에두아르트 Eduard Bernstein (1850~1932) — 독일의 사회주의 이론가, 정치가.

베버, 막스 Max Weber (1864~1920) — 독일의 사회학자, 법학자, 경제학자.

베이커, 새뮤얼 화이트 Samuel White Baker (1821~1893) — 영국의 탐험가, 관리, 엔지니어, 작가.

벤조니, 지롤라모 Girolamo Benzoni (1520~1570) — 이탈리아의 여행가, 역사가.

벨러스, 존 John Bellers (1654~1725) — 영국의 교육이론가.

볼프, 빌헬름 Wilhelm Wolff (1809~1864) — 독일의 혁명가, 언론인.

부아기유베르, 삐에르 르 뻬장 씨으 드 Pierre Le Pesant Sieur de Boisguillebert (1646~1714) — 프랑스의 경제학자.

뷔허, 칼 Karl Bücher (1847~1930) — 독일의 경제학자.

브레이, 존 프란시스 John Francis Bray (1809~1897) — 영국의 경제학자이자 사회주의 이론가.

블랑, 장-조셉-루이 Jean-Joseph-Louis Blanc (1811~1882) — 프랑스의 저널리스트, 역사가, 정치가.

블랑끼, 루이-오귀스뜨 Louis-Auguste Blanqui (1805~1881) — 프랑스의 혁명가.

블랑끼, 제롬-아돌프 Jérôme-Adolphe Blanqui (1798~1854) — 프랑스의 경제학자.

비떼, 쎄르게이 율리예비치 (1849~1915) — 러시아의 재무장관, 수상(1905~1906).

비르트, 막스 Max Wirth (1822~1900) — 독일 저술가, 정치경제학자.

비스마르크, 오토 폰 Otto Von Bismark (1815~1898) — 프로이센-독일의 정치가, 초대 재상.

빠르부스(본명 헬판드) (1869~1924) — 유대계 러시아인 사회주의자.

뾰뜨르 1세 (1672~1725) — 러시아의 짜르(1682~1725)

쁠레하노프, 게오르기 발렌찌노지치 (1856~1918) — 러시아 최초의 맑스주의자 가운데 한 사람.

삐싸로, 프란씨스꼬 Francisco Pizarro (1471 또는 1476~1541) — 형제들과 함께 잉카제국을 멸망시킨 에스파냐 출신의 정복자.

사라 — 『바이블』의 등장인물.

생-시몽, 꽁뜨 Comte de Saint-Simon (1760~1825) — 프랑스의 사회개혁가, 초기 사회주의자.

샤뗼, 말리 데 — 푸메, 마르뗑을 보라

샤른호르스트, 게하르트 요한 다비트 발츠 폰 Gehard Johann David Waltz von Scharnhorst (1755~1813) — 프로이센의 관료, 군사 전략가.

샤를르부와, 삐에르 프랑수아-자비에 Pierre François-Xavier Charlevoix (1682~1761) — 프랑스 제수이트교단 소속의 여행가, 역사가.

샤를마뉴 Charlemagne (742~814) — 프랑크제국의 왕(768~814년).

솜로, 펠릭스 Félix Somlô (1873~1920) — 헝가리의 법학자.

슈르츠, 하인리히 Heinrich Schurtz (1863~1903) — 독일의 인종학자, 역사가.

슈몰러, 구스타프 프리드리히 Gustav Friedrich Schmoller (1838~1917) — 독일의 경제학자, 사회과학자.

슈타이넨, 칼 폰 덴 Karl von den Steinen (1855~1929) — 독일의 외과의사, 인종학자, 탐험가.

슈타인, 하인리히 프리드리히 칼 라이히스프라이헤르 폼 Heinrich Friedrich Karl Reichsfreiherr Stein vom (1757~1831) — 프로이센의 정치인.

슐쩨-델리쮜, 헤르만 폰 Herrman von Schulze–Delitzsch (1808~1883) — 독일의 경제학자, 정치가.

스미스, 애덤 Adam Smith (1723~1790) — 스코틀랜드의 도덕철학자, 고전파 정치경제학의 창시자.

스타르케, 칼 니콜라 Carl Nikola Starcke (1858~1926) — 덴마크의 사회학자, 정치가, 철학자.

스튜어트, 듀갈드 Dugald Stewart (1753~1828) — 스코틀랜드의 계몽주의 철학자, 수학자.

스펜서, 왈터 볼드윈 Walter Baldwin Spencer (1860~1929) — 영국-오스트레일리아의 생물학자, 인류학자.

시스몽디, 장 샤를 레오나르드 Jean–Charles–Léonard Simonde de Sismondi (1773~1842) — 스위스의 경제학자, 역사가.

쎄르반떼스, 후안 오르떼스 데 Juan Ortez de Cervantes (?~1629) — 페루에서 태어난 에스파냐 식민지 행정장관.

아꼬스따, 호세 데 José de Acosta (1539~1600) — 에스파냐 출신의 예수회 선교사, 여행가.

아리스토텔레스 (기원전 384년~322년) — 고대 그리스의 철학자.

아브라함 — 『바이블』 의 등장인물.

아크라이트, 리처드 Richard Arkwright (1732~1792) — 영국의 발명가.

아킬레우스 — 그리스신화에 나오는 영웅.

알라딘 —『천일야화』의 등장인물.

알렉산드로스 3세 (기원전 356년 ~ 기원전 323년) — 마케돈의 아르게아다이 왕조의 제26대 군주.

알렉싼드르 2세 (1819~1881) — 러시아의 짜르(1855~1881).
알렉싼드르 3세 (1845~1894) — 러시아의 짜르(1881~1894).
에렌라이히, 파울 Paul Ehrenreich (1855~1914) — 독일의 인류학자.
엥엘스, 프리드리히 Friedrich Engels (1820~1895) — 독일의 사회주의자. 칼 맑스의 평생 동지.
예수 (기원전 약 7~2년 ~ 기원후 약 26~36년 또는 기원후 4년)
오언, 로버트 Robert Owen (1771~1858) — 영국의 기업주, 유토피아사회주의자.
웨스터마르크, 에드바르드 알렉산더 Edvard Alexander Westermarck (1862~1939) — 핀란드의 철학자, 사회학자.
웨이드, 존 John Wade (1788~1875) — 영국의 저널리스트, 경제학자, 역사가.
좀바르트, 베르너 Werner Sombart (1863 ~ 1941) — 독일의 경제학자, 사회학자.
지베르, 니꼴라이 이바노비치 (1844~1888) — 러시아의 경제학자.
쭈리따, 데 알론조 Alonzo de Zurita (1512~1585) — 에스파냐의 법률가, 역사가.
찌꼬띠, 에또르 Ettore Ciccotti (1863~1939) — 이탈리아의 역사가, 정치가.
치체린, 보리스 니꼴라예비치 (1828~1904) — 러시아의 법률가, 정치철학자.
카메론, 베르니 로베트 Verney Lovett Cameron (1844~1894) — 영국의 탐험가.
카이사르, 율리우스 (기원전 100~기원전 44) — 로마의 장군, 정치가.
카트라이트, 에드몬드 Edmond Cartwright (1743~1823) — 영국의 발명가.
칸트, 임마누엘 Immanuel Kant (1724~1804) — 독일의 계몽주의 철학자.
칼 5세 Charles V (1500~1558) — 에스파냐의 왕(1516~1556, 까를로스 1세 Carlos I), 신성로마제국의 황제(1519~1556).
콘라트, 요하네스 Johannes Conrad (1839~1915) — 독일의 경제학자.
콜럼버스, 크리스토퍼 Christopher Columbus (1451~1506) — 이탈리아의 탐험가.
쿠노브, 하인리히 Heinlich Cunow (1862~1936) — 독일의 경제학자, 제2인터내셔널의 이론가.
킨들링어, 니콜라우스 Nikolaus Kindlinger (1749~1819) — 독일의 예수회 수도사, 역사가.
타운센드, 요세프 Joseph Townsend (1739~1816) — 영국의 성직자, 지질학자,

사회학자, 의사.

타키투스, 푸블리우스 코르넬리우스 Publius Cornelius Tacitus (56~117) — 로마의 역사가.

테오폼푸스 (기원전 380~315) — 그리스의 역사가, 수사학자.

톰슨, 윌리엄 William Thompson (1775~1833) — 아일랜드 출신의 정치철학 분야 저술가, 사회개혁가.

티무르 (1336~1405) — 중앙아시아 몽골계 군사 지도자, 티무르제국의 창시자.

파사르게, 오토 칼 지그프리드 Otto Karl Siegfried Passarge (1866~1958) — 독일의 지리학자, 지질학자.

파샤, 이스마일 (1830~1895) — 이집트가 오스만 투르크의 속국이었을 당시 총독(1863 ~ 1879).

파우허, 율리우스 Julius Faucher (1820~1878) — 독일의 경제학자, 저술가.

페리클레스 (기원전 495 ~ 기원전 429) — 고대 그리스 정치인.

펠리뻬 4세 Felipe IV (1605~1665) — 에스파냐 국왕, 포르투갈 국왕, 나폴리 국왕, 시칠리아 국왕.

폰 마우러, 게오르크 루트비히 Georg Ludwig von Maurer (1790~1872) — 독일의 역사가.

폰 만골트, 한스 칼 에밀 Hans Karl Emil von Mangoldt (1824~1868) — 독일의 경제학자.

푸리에, 프랑스와-마리-샤를르 François-Marie-Charles Fourier (1772~1837) — 프랑스의 사회이론가. 초기 사회주의자.

푸메, 마르뗑 (샤뗄, 말리 데) Martin Fumée (Marly de Châtel) (1540~1601) — 프랑스의 작가, 점성술사.

프레이저, 제임스 조지 경 Sir James George Frazer (1854~1942) — 스코틀랜드의 인류학자.

프루동, 삐에르-조세프 Pierre-Joseph Proudhon (1809~1865) — 프랑스의 사회주의자, 경제학자, 사회학자.

하르덴베르크, 칼 아우구스트 폰 Karl August von Hardenberg (1750~1822) — 프로이센의 정치가.

학스타우젠, 아우구스트 폰 August von Haxthausen (1792~1866) — 독일의 농업학자, 정치경제학자, 법학자.

한델만, 고트프리드 하인리히 Gottfried Heinrich Handelmann (1827~1891). — 독일의 역사가, 철학자.

헤겔, 게오르크 빌헬름 프리드리히 Georg Wilhelm Friedrich Hegel (1770~1831) — 독일의 철학자.

헤르쉘, 프레데릭 윌리엄 Frederick William Herschel (1738~1822) — 독일의 천문학자.

헥토르 — 그리스신화에 나오는 트로이의 왕자.

헬름홀츠, 헤르만 폰 Hermann von Holmholtz (1821~1894) — 독일의 생리학자, 물리학자.

호메로스 (기원전 8세기경) — 고대 그리스의 유랑시인.

호비트, 알프레드 윌리엄 Alfred William Howitt (1830~1908) — 영국에서 태어나 오스트레일리아로 간 지질학자, 인류학자, 자연과학자.

훔볼드, 프리드리히 알렉산더 폰 Friedrich Alexander von Humboldt (1769~1859) — 독일의 지리학자, 자연과학자, 박물학자, 탐험가.

힐데브란트, 브루노 Bruno Hildebrand (1812~1878) — 독일의 경제학자, 통계학자, 정치가.

문헌 목록

고마라, 로페즈 데, (샤뗄 번역,) 「서인도의 일반 역사」, 사라고싸, 1554년. (Gómara, López de, Historia general de las Indias, Saragossa, 1554.)

그로세, 에른스트, 「가족형태와 경제형태」, 프라이부르크와 라이프찌히, 1896년. (Grosse, Ernst, Die Formen der Familie und die Form der Wirtschaft, Freiburg und Leipzig, 1896.)

____________, 「예술의 시원」, 라이프찌히 1894년. (Grosse, Ernst, Anfänge der Kunst, Leipzig, 1894.)

꼬발렙스끼, 「공동체 토지 소유 – 몰락의 원인, 과정, 결과」, 모스크바, 1879년.

「나라다」

다레스뜨, 로돌프–만델린느, 「알제리의 소유에 대하여. 1851년 6월 17일 법률에 대한 주석」, 빠리, 1852년. (Darest, Rodolph - Madeline, De la Proprité en Algérie, commentaire de la loi du 17 juin 1851, Paris, 1852.)

다윈, 찰스, 「한 자연과학자의 세계 여행」 제2판, 슈투트가르트, 1899년. (Darwin, Charles, Reise eines Naturforschers um die Welt, 2. Aufl., Stuttgart, 1899.)

「독일제국 통계연감」, 1914년. (Statistische Jahrbuch für das Deutsche Reich, 1914.)

뒤링, 오이겐, 「정치경제학과 사회주의에 대한 비판적 역사, 그 시초부터 현재까지」, 제3판, 라이프찌히, 1879. (Dühring, Eugen, Kritische Geschichte der Nationalökonomie und des Socialismus. 3., theilweise umgearbeitete Auflage, Fues, Leipzig 1879.)

뒤부아, 장–안뜨, 「인도 국민의 성격, 예절, 관습과 그들의 종교 및 세속 제도에 대한 묘사」, 런던, 1816년. (Dubois, Jean-Antoine, Description of the Character, Manners, and Customs of the People of India, and of their Institutions, Religious and Civil, Lonndon, 1816.)

뜨리로고프, 「공동체와 조세」, 쌍뜨 뻬쩨르부르크, 1882년.

「라마야나」. [나라얀, 김석희 옮김, 「라마야나」, 아시아, 2012년].

라스 까사스, 『인디언 몰락에 대한 간략한 설명』, 세비야, 1552년. (Las Casas, Brevissima Relación de la destruycion de las Indias, Sevilla, 1552.)

라쌀레, 페르디난트, 『바스티아-슐쩨 폰 델리쮜 씨, 경제적 율리아누스, 또는 자본과 노동』, 베른슈타인 편집, 『라쌀레의 강연과 저술집』 신종합판, 제3권, 베를린, 1892~1893년. (Lassalle, Ferninand, Herr Bastiat-Schulze von Delitzsch, der ökonomische Julian oder Capital und Arbeit. Reinhold Schlingmann, Hrsg. von Ed. Bernstein, Reden und Schriften, Neue Gesamtausgabe, Band 3, Expedition des Vorwärts Berliner Volksblatt, Berlin, 1892~1893.)

라첼, 프리드리히, 『민족학』, 제2권, 라이프찌히, 1886년. (Ratzel, Friedrich, Völkerkunde, 2. Bd., Leipzig, 1886.)

라피또, 조세프-프랑스와, 『원시시대의 관습과 비교한 아메리카 인디언의 관습』, 빠리, 1724년. (Lafitau, Joseph-François Lafitau, Moeurs des sauvages américaines comparées aux moeurs des premiers temps, Paris, 1724.)

레만 & 빠르부스, 『굶주리는 러시아, 여행 소감, 관찰, 조사』, 슈투트가르트, 1900년. (C. Lehmann & Parvus, Das hungernde Rußland. Reiseeindrücke, Beobachtungen und Untersuchhungen, Stuttgart, 1900.)

로셔, 빌헬름, 『정치경제학 원론. 사업가와 학생을 위한 안내서 겸 독본』, 슈트트가르트, 1900년. (Roscher, Wilhelm, Grundlagen der Nationalökonomie. Ein Hand- und Lesebuch für Geschäftsmänner und Studierende, Stuttgart, 1900.)

로스킬, 게오르크 하인리히, 『복음주의 형제들의 북아메리카 인디언 선교 역사』, 라이프찌히, 1789년. (Loskiel, Georg Heinrich, Die Geschichte der Mission der evangelischen Brüder unter den Indianern Nordamerikas, Leizig, 1789.)

리카도, 데이비드, 『정치경제학 및 과세의 원리』, 1817년. (Ricardo, David, On the Principles of Political Economy and Taxation, 1817.) [데이비드 리카도, 정운형 역, 『정치경제학 및 과세의 원리』, 비봉출판사, 1991년.]

리퍼트, J., 『인류 문화사의 유기적 구성』, 제2권, 슈투트가르트, 1886년. (Lippert, J., Kulturgeschichte der Menschheit in ihrem organischen Aufbau, Bd. 2, stuttgart, 1886.)

『마누』. [이재숙 · 이광수 옮김, 『마누법전』, 한길사, 1999년.]

마르셀, M. G., 『아메리카 학자들의 빠리 국제회의 제8차 회의 보고서』, 빠리, 1892

년. (Gabriel Marcel, Les Fuégiens à la fin du XVIIe siècle. D'après des documents français inédits. Congrès international des Américanistes. Compte-rendu de la 8ème session, tenue à Paris en 1890.)

마우러, 게오르크 루트비히 리터 폰, 『마르크 체제, 장원 체제, 촌락 체제, 도시 체제, 공권력의 역사를 위한 서설』, 뮌헨, 1854년. (Maurer, Georg Ludwig von, Einleitung zur Geschichte der Mark-, Hof-, Dorf- und Stadt-Verfaßung und der öffentlichen Gewalt, München, 1854.)

__________, 『독일 마르크 체제의 역사』, 에어랑엔, 1856년. (Maurer, Georg Ludwig von, Geschichte der Markenverfassung in Deutschland, Erlagen, 1856.)

__________, 『고대사』, 슈투트가르트, 1884년~1902년. (Meyer, Eduard, Geschichte des Alterthums, Stuttgart, 1884~1902.)

마이어, 에두아르트,『고대의 경제 발전』, 예나, 1895년. (Meyer, Eduard, Die Wirtschaftsentwicklung des Altertums, Jena, 1895.)

『마하바라따』. [위야사 지음, 박경숙 옮김, 『마하바라따』 1~5, 새물결, 2012년.]

맑스, 칼, 『자본. 정치경제학 비판 제1권. 자본의 생산과정』, 함부르크, 1867년. (Marx, Karl, Das Kapital. Kritik der politishen Ökonomie, Erster Band. Buch Ⅰ: Der Produktionsprozeß des Kapitals, Hamburg, 1867.) [카를 마르크스 지음, 강신준 옮김, 『자본 Ⅰ-1』, 『자본 Ⅰ-2』, 도서출판 길, 2012년.]

맑스, 칼 & 엥엘스, 프리드리히, 『꼬뮌주의 선언』, 1848년. (Marx, Karl & Engels Friedrich, Das Kommunistishe Manifest, 1872.) [칼 맑스, 프리드리히 엥겔스, 김태호 옮김, 『공산주의 선언』, 박종철출판사, 1998년.]

맬서스, 토마스 로버트, 『인구의 원리에 관한 시론』, 런던, 1803년. (Malthus, Thomas Robert, An Essay on the Principle of Population, as It Affects the Future Improvement of Society, with Remarks on the Speculations of Mr Godwin, M. Condorcet, and other Writers, London, 1803.) [이서행 옮김, 『인구론』, 동서문화사, 2011년.]

__________, 『정치경제학 원론』, 런던, 1820년. (Malthus, Thomas Robert, Principles of Political Economy Considered. With a View To Their Practical Application, London, 1820.)

메인, 헨리, 『동양과 서양의 촌락공동체』, 런던, 1907년. (Maine, Henry, Village-Communities in the East and West, London, 1907.)

모건, 루이스 헨리, 『원시사회, 야만부터 미개를 통해 문명까지 인류의 진보에 대한 연구』, 1877년. (Morgan, Lewis Henry, Ancient Society, or Researches in the Lines of Human Progress from Savegery through Barbarism to Civilization, 1877.) [루이스 헨리 모건, 최달곤 · 정동호 옮김, 『고대사회』, 문화문고, 2000년.]

밀, 제임스, 『영국령 인도의 역사』, 런던, 1817년. (Mill, James, The History of British India, London, 1817.)

『바이블』

발러, 호라체, 『1865년부터 1873년 죽을 때까지의 데이비드 리빙스턴의 중앙아프리카 마지막 여행』, 제2권, 함부르크, 1875년. (Waller, Horace, Letzte Reise von David Livingstone in Centralafrika von 1865 bis zn seinem Tode 1873, Zweiter Band, Hamburg, 1875.)

베르니에, 프랑스와, 『여행. 대무굴제국을 묘사하며』, 1670년. (Bernier, François, Voyages, contenant la description des États du Grand Mogul, Amsterdam, 1670.)

베른슈타인, 에두아르트, 『영국대혁명에서의 사회주의와 민주주의』, 슈투트가르트, 1908년. (Bernstein, Eduard, Sozialismus und Demokratie in der grossen englischen Revolution, Stuttgart, 1908.)

베버, 막스, 「농업의 역사 Ⅰ: 고대의 농업관계」, 『국가학 중형 사전』, 제2판, 제1권, 예나, 1898년. (Weber, Max, Agrargeschichte Ⅰ. Agrarverhältnisse im Altertum, Handwörterbuch der Staatswissenschaften, Jena, 1898.)

베이커, 새뮤얼, 『나일 강의 앨버트 호수와 나일강 수원 탐험』, 런던, 1866년. (Baker, Samuel, The Albert N'Yanza Basin of Nile: and Exploration of the Nile Sources, London, 1866.) [Der Albert Nyanza, das große Beckens des Nile und die Erforschung der Nilquellen, t. 1.]

벤조니, 지롤라모, 『신대륙 이야기』, 베네치아, 1565년. (Benzoni, Girolami, Storia del mundo nuovo, Venezia, 1565.)

볼프, 빌헬름, 『슐레지엔의 억만장자』, 호팅엔-츄리히, 1886년. (Wolff, Wilhelm, Die schlesische Milliarde, Hottingen - Zürich, 1886.),

뷔허, 칼, 『국민경제의 탄생. 강연과 시론』 제5판, 튀빙겐, 1906년. (Bücher, Karl, Die

Entstehung der Volkswirtschaft. Vorträge und Versuche, 5. Aufl., Tübingen, 1906.)
블랑끼, 아돌프, 『유럽 정치경제학의 역사. 고대에서 현재까지』, 빠리, 1837년. (Blanqui, Adolphe, Histoire de l'économie politique en Europe, depuis les anciene jusqué à nos jours, Paris, 1837.)
샤를르부와, 삐에르 프랑수아-자비에, 『에스파냐 섬 혹은 성 도미니크 섬의 역사』, 빠리, 1730년. (Charleroix, Pierre François-Xavier, Histoire de l'Isle Espagnole ou de St. Dominique, Paris, 1730.)
샤를마뉴, 「장원법」. (Charlemagne, Capitulare de villis.)
솜로, 펠릭스, 『원시사회에서의 상품교류』, 브뤼셀, 라이프찌히, 빠리, 1909년. (Somlô, Felix, Der Güterverkehr in der Urgesellschaft, Brüssel, Leipzig, Paris, 1909.)
슈몰러, 구스타프, 「국민경제, 국민경제학, 그 방법론」, 콘라트와 렉시스 편집, 『국가학 중형 사전』 제7권, 예나, 1901년. (Schmoller, Gustav, "Die Volkswirtschaft, die Volkswirtschaftslehre und ihre Methode", Conrad, Lexis, Handwörterbuch der Staatswissenshaften, Ⅶ, Jena, 1901.)
슈타이넨, 칼 폰 덴, 『중앙 브라질의 원시 종족 사이에서. 1887~1888년의 두 번째 싱구 탐험의 여행 스케치와 결과』, 베를린, 1894년. (Steinen, Karl von den, Unter den Naturvölkern Zentral-Brasiliens. Reiseschilderung und Ergebnisse der Zweiten Schingu-Expedltion 1887-1888, Berlin, 1894.)
스미스, 애덤, 『국가의 부의 본성과 원인에 관한 연구』, 런던, 1776년. (Smith, Adam, An Inquiry into the Nature and Causes of the Wealth of Nations, London, 1776.) [아담 스미스, 김수행 옮김, 『국부론 (상)』, 『국부론 (하)』 개역판, 비봉출판사, 2007년.]
스타르케, C. N., 『원시 가족의 기원과 발전』, 라이프찌히, 1888년. (Starke, C. N., Die primitive Familie in ihrer Entstehung und Entwicklung, Leipzig, 1888.)
쎄르반떼스, 후안 오르떼스 데, 「법률가이자 대리인인 후안 오르떼스 데 쎄르반떼스가 인디언의 손상과 감소를 막아 달라고 요청하며 페루 왕국의 엥꼬멘데로에 관해 황제 폐하에게 올리는 청원서」, 마드리드, 1619년. (Cervantes, Juan Ortez de, Memorial que presenta a su Magestad el licenciado Juan Ortez de Cervantes, Abogado y Procurador general der Reyno del Peru y encomenderos, sobre pedir remedio del daño, y diminución des los Indios, Madrid, 1619.)

아리스토텔레스, 『정치학』. [천병희 옮김, 『정치학』, 숲, 2014년.]
아꼬스따, 호세 데, 『인도의 자연과 도덕의 역사』, 바르셀로나, 1591년. (Acosta, José de, Historia natural y moral de las Indias, Barcelona, 1591.)
『야주나발키야』.
에렌라이히 파울, 「보토쿠도족에 대하여」, 『민속학지』 제XIX호. (Ehrenreich, Paul, Über die Botocudes, Zeitschrift für Ethnologie, XIX.)
엥엘스, 프리드리히, 『오이겐 뒤링 씨의 과학 변혁』, 쮜리히, 1886년. (Herrn Eugen Dührings Umwälzung der Wissenschaft, Zürich, 1886.)
오베르랜더, 리하르트, 『리빙스톤의 후계자. 스탠리와 카메론이 동쪽에서 서쪽으로 가로질러 두루 여행한 아프리카. 여행자의 일기, 보고서, 기록에 의거하여』, 라이프찌히, 1879년. (Oberländer, Richard, Livingstones Nachfolger. Afrika von Osten nach quer durchwandert von Stanley und Camerons. Nach den Tagesbüchern, Berichten und Aufzeichnungen der Reisenden, Leipzig, 1879.)
웨이드, 존, 『중산층과 노동계급의 역사』, 런던, 1833년. (Wade, John, History of the Middle and Working Classes, London, 1833.)
좀바르트, 베르너, 『19세기 독일의 국민경제』, 제2판, 베를린, 1909년. (Sombart, Werner, Die deutsche Volkswirtschaft im Neunzehnten Jahrhundert, 2. Aufl. Berlin, 1909.)
지베르, 니꼴라이, 『데이비드 리카도와 칼 맑스』, 모스크바, 1879년.
쭈리따, 데 알론조, 『새로운 에스파냐 지도자들의 여러 계급, 법률, 주민의 관습, 정복 이전에 부과되던 세금과 정복 이후에 부과되는 세금 등등에 관한 보고』, 빠리, 1840년. (Zurita, de Alonzo, Rapport sur les différentes classes de chefs dans la Nouvelle-Espagne, sur les lois, les mœurs des habitants, sur les impôts établis avant et depuis la conquête, etc., etc., Paris, 1840.)
찌꼬띠, 에또르, 『고대 노예제의 몰락』, 베를린, 1910년. (Ciccotti, Ettore, Der Untergang der Sklaverei im Altertum, Berlin, 1910.)
「추기경 법령집」. (Capitula Episcoporum.)
카이사르, 율리우스, 『갈리아 정복』. (Caesar, Julius, Commentarii de Bello Gallico.)
콘라트, 렉시스 편집, 『국가학 중형 사전』 제7권, 예나, 1901년. (Conrad, Lexis, Handwörterbuch der Staatswissenshaften, Ⅶ, Jena, 1901.)

쿠노브, 하인리히, 『오스트레일리아 흑인의 친족조직』, 1894년. (Cunow, Heinlich, Die Verwandtschaftsorganisation der Australneger, 1894.)

쿠노브, 하인리히, 『잉카제국의 사회체제. 고대 페루 농업꼬뮌주의 연구』, 슈투트가르트, 1896년. (Cunow, Heinlich, Die soziale Verfassung des Inkareichs, Stuttgart, 1896.)

타키투스, 푸블리우스 코르넬리우스, 『게르만족의 위치와 기원』. (Tacitus, Publius Cornelius, De origine et situ Germanorum.)

파사르게, 지그프리트, 『칼라하리 사막의 부시맨』, 베를린, 1907년. (Passarge, Siegfried, Die Buschmänner der Kalahari, Berlin, 1907.)

폰 마우러, 게오르크 루트비히, 『독일 마르크 제도의 역사』, 에어랑엔, 1856년. (Georg Ludwig von Maurer, Geschichte des Marken verfasswg in Dentschand, Erlangan, 1856.)

__________, 『마르크 제도, 장원 제도, 촌락 제도, 도시 제도, 공권력 의 역사 입문서』, 뮌헨, 185년. (von Mauer, Georg Ludwig, Einleitung zur Gescichte der Mark-, Hof-, Dorf-und Stadt-verfassung und öffenhichen Gewalt, Müchen, 1854.)

학스타우젠, 아우구스트 폰, 『러시아 농촌 체제』, 라이프찌히. 1866년. (Haxthausen, August von, Die ländliche Verfaßung Rußlands, Leipzig, 1866.)

__________, 『러시아 내부 정세, 국민 생활, 특히 토지제도에 대한 연구』, 하노버, 1847~1852년. (Haxthausen, August von, Studien über die innern Zustände, das Volksleben und insbesondere die ländlichen Einrichtungen Rußlands. Hanover: Hahn, 1847-1852.)

한델만, 하인리히, 『아이티 섬의 역사』, 키일, 1856년. (Handelmann, Heinrich, Geschichte der Insel Hayti, Kiel, 1856.)

헤겔, 빌헬름 프리드리히, 『논리학』, 1831년. (Hegel, Wilhelm Friedrich, Wissenshaft der Logik, 1831.)

호메로스, 『일리아스』. [천병희 옮김, 『일리아스』, 숲, 2012년.]

훔볼트, 프리드리히 알렉산더 폰, 『누에바에스빠냐 왕국의 정치 상황에 대한 시론』 제3권, 튀빙겐, 1812년. (Humboldt, Friedrich Alexander von, Versuch über den politischen Zustand des Königreiches Neu-Spanien, Dritter Band, Tübingen, 1812.)

[해제]

미완성의 강연 교재

로자 룩셈부르크의 『정치경제학 입문』은 미완성 수고다. 이 책자는 1907년부터 베를린에 있는 사회민주당 학교에서 열린 평당원을 상대로 한 정치경제학 강연을 위해 교재로 준비되었으며, 1909년에서 1910년까지 여덟 권의 가제본 소책자로 만들어졌다. 각 권의 제목은 다음과 같다. 1. 정치경제학이란 무엇인가? 2. 사회적 노동. 3. 경제사(원초꼬뮌주의, 노예경제, 부역경제, 길드 상업). 4. 교환. 5. 임금노동. 6. 자본의 지배(이윤율). 7. 공황. 8. 자본주의경제의 경향.

로자 룩셈부르크는 원고 완성 작업을 중단하는데, 칼 카우츠키와의 제국주의 성격에 대한 논쟁과 당내에서 벌어진 수정주의 노선과의 투쟁을 더 중요하게 생각하였기 때문이었다. 작업을 중단하고는 곧바로 『자본의 축적』을 저술한다. 제1차 세계대전 발발과 동시에 보호감호에 처해졌던 로자 룩셈부르크는 1916년 『정치경제학 입문』 집필 작업을 다시 시작했고, 두 편의 글이 추가되었다고 하지만 소제목은 알려지지 않고 있다.

로자 룩셈부르크는 『정치경제학 입문』을 당의 출판사에서 출판하려 했으나 실패하였다. 수고는 저자가 죽은 뒤, 동지이자 독일공산당 창립자 가운데 하나인 레비Paul Levi(1883~1930)에 의하여 처음으로 출간되었다. 독일 파시즘은 로자 룩셈부르크의 모든 저술을 파기하려고 하였으며, 당시 젊은 경제사학자이며 열정적인 자료 수집가인 쿠진스키Jürgen Kucyznski(1904~1997)가 보관한 수고를 출판한 것이 오늘날의 『정치경제학 입문』이다. 여덟 개의 소제목 가운데 "자본의 지배(이윤율)"와 "공황"은 발견되지 않아 포함되지 않았다.

로자 룩셈부르크 (1871~1919)

폴란드 태생의 맑스주의 이론가이자 혁명가. 독일사회민주주의당에서 분리된 독일독립사회민주주의당의 대표적 이론가였으며, 독일공산당의 전신인 스파르타쿠스연맹을 조직했다. 1919년 베를린 혁명 와중에 살해됐다.

황선길

연세대학교 경영학과를 졸업하고 독일 브레멘대학에서 정치경제학과 사회심리학을 공부했다. 안톤 판네쿡의 『노동자 평의회』(빛나는전망, 2005년), 빌헬름 라이히의 『파시즘의 대중심리』(그린비, 2006년), 로자 룩셈부르크의 『자본의 축적 1, 2』(지식을만드는지식, 2013년) 등을 번역했다.

정치경제학 입문

지은이　로자 룩셈부르크
옮긴이　황선길
펴낸곳　박종철출판사

주소　경기도 고양시 덕양구 화중로104번길 28, 704호
전화　031.968.7635(편집) 031.969.7635(영업)
팩스　031.964.7635

초판 1쇄　2015년 10월 30일
초판 3쇄　2021년 06월 15일

값　16,000원

ISBN　978-89-85022-78-1　04300
ISBN　978-89-85022-77-4　04300 (세트)